Roberto Chimenti

COSTRUIRE SITI DINAMICI CON JOOMLA 2.5

EDITORE ULRICO HOEPLI MILANO

Via Hoepli 5, 20121 Milano (Italy)
tel. +39 02 864871 – fax +39 02 8052886
e-mail hoepli@hoepli.it

www.hoepli.it

ISBN 978-88-203-5176-2

Ristampa:

4 3 2 1 0 2012 2013 2014 2015 2016

Copertina: Sara Taglialegne
Stampato da L.E.G.O. S.p.A., stabilimento di Lavis (TN)

Printed in Italy

Sommario

Introduzione ... 9
Facciamo conoscenza con Joomla! ... 10
Perché tante versioni? ... 12
I vantaggi nell'utilizzo di un CMS ... 12
Il sistema statico ... 13
Il sistema dinamico ... 14
Requisiti tecnici del server per Joomla ... 16
Principali funzionalità del CMS Joomla ... 18
Caratteristiche peculiari della versione 2.5 ... 20
In sintesi ... 23

1. Conoscenze di base ... 25
Server locale o remoto? ... 26
Qual è l'effettiva utilità di un server locale? ... 26
Scelta di un server locale ... 27
Installiamo il server Xampp ... 29
Quando il server locale non si avvia ... 30
Composizione del server locale ... 32
Testare il server locale ... 33
PhpMyAdmin: un programma per gestire i database ... 34
Scelta del nome e del server da utilizzare ... 36
Scelta e composizione del nome di dominio ... 36
La corretta scelta dell'hosting ... 37
Cosa acquistare ... 39
Utilizzo pratico dei programmi FTP ... 41
Quello che è necessario sapere su Joomla ... 45
Bisogno di aiuto? ... 46
Terminologia ed elementi di base da conoscere ... 47
Frontend & Backend ... 47
Riconoscere le estensioni ... 48
Utenti e Gruppi ... 51
Categorie nidificate ... 52
Posizionamento dei moduli ... 53
La gestione del Cestino ... 54
Generalità sulle pulsantiere ... 55
Approccio al controllo degli accessi (ACL) ... 56
Esempio pratico sviluppato nel corso del libro ... 58
Conclusioni ... 59

2. Installazione del CMS ... 61
I Step: Procuriamoci Joomla ... 63
II Step: creazione di un nuovo database ... 64
Apertura del database sul server locale ... 65
Apertura del database su server remoto ... 67
III Step: Invio dei file di Joomla sul server remoto ... 69

Dove posizionare i file di Joomla? 69
Una soluzione per il trasferimento rapido dei file di Joomla 70
Trasferimento dei file sul server locale 73
IV Step: Installazione di Joomla 73
1 – Scelta della lingua 74
2 – Controlli di pre-installazione 74
3 – Licenza 75
4 – Database 76
5 – Configurazione FTP (opzionale) 77
6 – Configurazione principale 78
7 – Conclusione 80
Controllo funzionale 80
Accesso al frontend pubblico 81
Accesso al backend amministrativo 82
Ripetere l'installazione 83
Installazione senza i dati di esempio 85
Conclusioni 86
3. Primo approccio al backend 87
I menu amministrativi 91
Il menu: Sito 91
Il menu: Utenti 92
Il menu: Menu 94
Il menu: Contenuti 94
Il menu: Componenti 95
Il menu: Estensioni 97
Il menu: Aiuto 98
Conclusioni 98
4. Configurazione di Joomla! 101
Menu Sito: *Configurazione globale* 102
Configurazione globale: Scheda Sito 103
Approfondimento: Cos'è il file htaccess? 108
Impostazione pratica del file *htaccess* 108
Configurazione globale: Scheda Sistema 113
Configurazione globale: Scheda Server 116
Configurazione globale: Scheda Permessi 121
Terminologia pratica per lavorare con le ACL 123
Alcune FAQ sull'uso delle ACL 125
Approfondimento sull'uso dei permessi *Consenti* e *Nega* 127
Configurazione globale: Filtro di testo 128
A cosa servono e come si usano i filtri testuali 129
Menu sito: *Il mio profilo* 130
Menu sito: *Manutenzione* 130
Controllo globale 130
Pulisci cache 132
Pulisci cache scaduta 132

Pulsante Opzioni 133
Menu sito: *Informazioni di sistema* 134
Eliminare il metatag *generator* 135
Conclusioni 136
5. Gestione utenti, gruppi e livelli 137
Il menu Utenti: *Gestione utenti* 138
Pannello gestione utenti: il pulsante Opzioni 143
Creazione di un nuovo utente 148
Menu Utenti: *Gruppi* 151
I gruppi base operanti nel frontend del sito 152
I gruppi base operanti nel backend amministrativo 153
Gestire i nuovi gruppi 156
Esercizio: Una semplice struttura scolastica 156
Creazione pratica dei gruppi 157
Esercizio: Introduzione degli utenti nei gruppi 159
Menu utenti: *Livelli di accesso* 160
Creazione di un nuovo livello 161
Menu utenti: *Note utenti e Categorie* 163
Menu utenti: *Mass Mail utenti* 164
Registrazione degli utenti da frontend 166
Utilizzo pratico del plugin ReCaptcha 167
Implementare nuovi campi nel form di registrazione 169
Conclusioni 171
6. Gestione menu e relative voci 173
Gestione menu 174
Gestione menu: Scheda Menu 175
Gestione menu: Scheda Voci di menu 177
Menu e Moduli 180
Creazione pratica di un nuovo menu 181
Aggiunta di un modulo 183
Creazione delle voci di menu 185
Conclusioni 194
7. Gestione dei contenuti 195
Il menu dei contenuti 196
Gestione completa di articoli e categorie 196
Creazione delle categorie 198
Esempio: Il setup dei permessi nelle categorie 202
Creare nuovi contenuti 209
Impostazioni globali di categorie e articoli 220
La gestione degli articoli in evidenza 221
Modalità di richiamo degli articoli 222
Collegare articoli statici 223
Collegare articoli dinamici 225
Pianificare l'aspetto della home page 226
Come creare un blog 233

Gestione degli articoli archiviati 236
Aggiungere un modulo per gli articoli archiviati 239
Richiamare liste di articoli 240
Il cestino degli articoli 240
Invio dei contenuti dal frontend del sito 242
Chi può accedere alla creazione di un nuovo articolo 242
L'ambiente per l'editing di frontend 243
Utilizzo del testo segnaposto 245
Contenuti e ACL: considerazioni finali 246
8. La gestione dei media 249
Il centro multimediale di Joomla 250
Le *Opzioni* per gestire i media 252
I permessi della Gestione media 255
Inserire PDF, filmati e Facebook negli articoli 256
Impiego di file in formato PDF 257
Impiego di video in formato Flash 259
Impiego di video YouTube 261
Creare un modulo Mi piace per Facebook 262
Eventuali problemi con il codice 265
Conclusioni 266
9. Gestione pratica delle Estensioni 267
Menu Estensioni: *Gestione estensioni* 268
Le Opzioni 269
La scheda Installa 270
Proviamo a installare un'estensione 272
Disinstallare un'estensione 273
Scheda: Aggiorna 274
Scheda: Gestisci 275
Scheda: Esplora 275
Scheda: Database 276
Scheda: Avvisi 276
La gestione dei moduli 277
Conoscere i nomi delle posizioni modulo 279
Assegnare la posizione a un modulo 280
Il pannello della Gestione moduli 281
I permessi dei moduli 283
Amministrazione pratica dei moduli 284
Installiamo un modulo 289
La gestione dei Plugin 293
Amministrazione dei plugin 294
Installazione pratica di un Plugin per i Social Network 295
I permessi dei Plugin 298
La gestione dei template 299
Il pannello Gestione template 300
La scheda Stili e loro impiego 302

La scheda Template ... 306
Le Opzioni dei template ... 307
La gestione delle lingue ... 308
L'Override nelle lingue ... 310
Le Opzioni delle lingue ... 311
Installazione di una nuova lingua ... 312
Creare un sito multilingua ... 313
1 – Attivazione modulo e plugin ... 313
2 – Impostazione delle lingue dei contenuti ... 315
3 – Creare contenuti in lingua ... 317
4 – Richiamare i contenuti in lingua ... 318
Conclusioni ... 322
10. I Componenti ... 323
Il menu *Componenti* ... 324
Componente: Banner ... 325
Preliminari per la creazione di un nuovo banner ... 326
Creazione di un nuovo banner ... 327
Le Opzioni del componente Banner ... 332
Il componente Contatti ... 333
Creazione delle categorie di contatti ... 334
Inserimento di nuovi contatti ... 335
Le Opzioni del componente Contatti ... 338
Il componente Link Web ... 339
Inserimento di un link web dal frontend ... 340
Le Opzioni del componente Web Link ... 341
Creazione di una voce di menu per i link ... 343
Il componente Messaggi ... 343
Le Opzioni del componente Messaggi privati ... 344
Il componente Motore di ricerca ... 344
Altre funzioni del componente Motore di ricerca ... 347
Il componente News feed ... 348
Cosa sono i News feed? ... 348
Come iniziare a utilizzarli ... 349
Creazione di un nuovo News feed ... 350
Creazione della voce di menu per i News feed ... 352
Le Opzioni del componente News feed ... 352
Componente: Redirect ... 353
Le Opzioni del componente Redirect ... 354
Reperimento di nuovi componenti ... 355
Conclusioni ... 356
11. Aggiornamenti, sicurezza, backup e restore del sito ... 357
Aggiornamenti delle estensioni e del core ... 358
Aggiornare le estensioni ... 358
Aggiornare Joomla da 1.7 a 2.5 ... 360
Aggiornare Joomla da 1.6 a 2.5 ... 361

Aggiornare fuori dalle righe si può? 364
Migrare da Joomla 1.5 alla 2.5 366
Migrazione pratica con il componente JUpgrade 368
Ma devo aggiornare per forza? 371
Il backup del sito 372
Backup e restore automatici con Akeeba 372
Il componente da utilizzare: *Akeeba Backup (ed. 2012)* 373
Installazione del componente 374
Il pannello di controllo di Akeeba 375
Dove salvare il backup 377
La gestione dei profili 379
Creazione dei backup dall'area amministrativa 380
Effettuare backup dal frontend 381
Considerazioni sull'impiego di Akeeba dal frontend 382
Utilizzo del CRON fornito dall'hosting 383
Gestione dei backup ottenuti 384
Il ripristino dei backup 384
I Step: Cosa occorre prima di iniziare 385
II Step: Trasferimento del backup 385
III Step: Ripristino del sito 386
Conclusioni 388
12. Applicazioni e utility veloci 389
Lazybackup 2.5 per salvare il solo database 390
Ripristino manuale di un database 392
Un traduttore immediato con *GTraslate* 392
Autenticazione al sito con un account Gmail 394
Cambiare editor "al volo" 395
Un piccolo modulo per lo slide show di immagini 396
Un modulo per musica, podcast e MP3 398

Introduzione

Questo nuovo libro su Joomla! esce in coerenza con il ciclo di avanzamento promosso dal team degli sviluppatori del CMS che rimane uno degli strumenti più versatili e potenti per la produzione di siti internet dinamici non soltanto eleganti e professionali ma anche semplici da gestire in tutte quelle operazioni che permettono i normali aggiornamenti del software.

Infatti, non è una novità che Joomla! sin dal suo primo apparire sulla platea internet mondiale, proprio per la sua efficacia, abbia convinto nel tempo numerosi webmaster ad abbandonare l'impiego del semplice utilizzo del codice HTML impiegato fino allora per la produzione di pagine web.

Joomla!, insomma, ha fatto e continua a fare scuola in tutto il mondo nel segno di un progetto vincente che per numero di utenti, ampiezza della community e per la disponibilità di estensioni di ogni tipo davvero non ha eguali; a dimostrazione di tutto questo ci sono anche le grandi *web agency* che non disdegnano di utilizzarlo per creare siti per i propri clienti di cui fanno parte grandi nomi di aziende multinazionali, molti personaggi famosi o enti pubblici di vario livello.

Un doveroso ringraziamento va dunque rivolto al team degli sviluppatori per l'enorme e instancabile lavoro che, nel corso di questi anni, ci ha permesso di fruire di un prodotto altamente professionale con il quale riuscire a costruire siti web professionali in maniera veloce e affidabile.

Inoltre, per chi scrive, è veramente un piacere continuare a trattare questo argomento estremamente stimolante, seguendo le continue richieste di chiarimenti e di aggiornamento rivolte da quei lettori che non vogliono subire passivamente l'avanzamento dello stato di sviluppo di Joomla! ma desiderano rimanere sempre aggiornati sugli sviluppi per riuscire a sfruttare le grandi opportunità offerte dalle nuove versioni di questo CMS.

Infine, è speranza viva dell'autore che i lettori di questo libro non solo possano trovare spunti utili per la propria attività o più semplicemente riuscire ad accrescere le proprie conoscenze in un campo che, nel XXI secolo, non può assolutamente rimanere ignorato ma che, allo stesso tempo, possano anche ricevere input utili per la soluzione dei propri problemi e per la conduzione di un'attività ricreativa redditizia e costante nel tempo.

❖ Facciamo conoscenza con Joomla!

Lo sviluppo di Joomla! inizia nell'anno 2005 ma basa le sue radici nel lontano 2001 quando fu rilasciato un CMS assolutamente all'avanguardia per quei tempi che si chiamava *Mambo*.

Prima di allora, per la produzione di siti dinamici, venivano impiegati alcuni prodotti software, programmati in linguaggio *PHP* e *MySQL*, della serie *Nuke* come per esempio il famoso *Phpnuke* in uso ancora oggi.

Il loro impiego però non era troppo immediato; i tempi di apprendimento, soprattutto per gli utenti meno esperti, erano abbastanza lunghi e le modifiche necessarie alle personalizzazioni erano laboriose.

Inoltre, questi CMS non avevano un adeguato sistema che permettesse una grande estrosità nella progettazione grafica; tutti i siti prodotti, invariabilmente, si presentavano estremamente monotoni poiché consistevano di un contenuto centrale, di una o due colonne ai lati per contenere menu e moduli aggiuntivi, una testata e, infine, un piè di pagina (figura in basso).

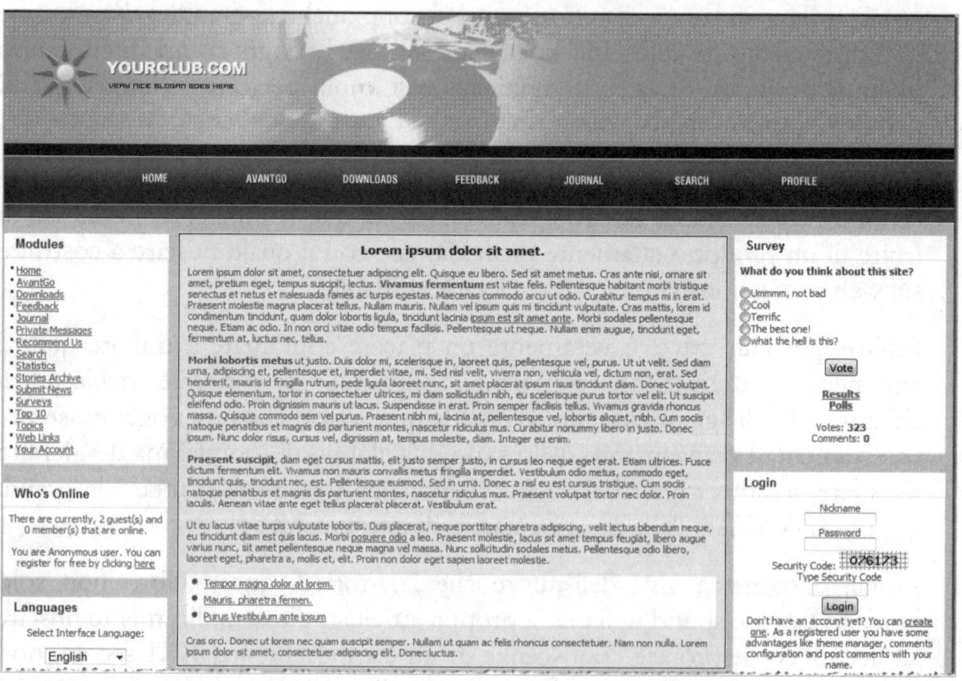

Figura A1 – Tipico aspetto dei siti prodotti con i vari fork Nuke.

Lo sviluppo del CMS Mambo, invece, utilizzò una filosofia d'impiego diversa e, sin da subito, si presentò agli utenti come un prodotto di forte innovazione che, in molti casi, fu un grande precursore di molte soluzioni che, per l'epoca, erano di assoluta novità tanto da guadagnarsi un'enorme popolarità in tutto il mondo aprendo una consistente breccia all'interno dei software Open Source rilasciati con licenza GNU-GPL.

Nel 2005 iniziarono a nascere dissapori e disaccordi tra i membri del team di programmatori e la società australiana Miro con la quale avevano intrapreso lo sviluppo del progetto Mambo.

In sostanza l'azienda Miro, comprendendo le grandi possibilità di business, costituì una fondazione apposita per riuscire a dettare le regole d'impiego del CMS; però, questa mossa non riuscì gradita al team di sviluppo da sempre convinto assertore della libera circolazione del software e di tutte le più elementari regole che sono alla base dell'Open Source, tanto da decidere di lasciare la Miro e aprire un nuovo progetto partendo dalle ceneri di Mambo.

Da quel momento, lo sviluppo di Joomla! non perse più un attimo, infatti, in questi ultimi anni è proseguito incessantemente fino ad arrivare all'attuale nuova esaltante versione 2.5 che, nelle intenzioni del team, sarà supportata a lungo essendo della serie LTS ovvero *Long Term Support*, la stessa che aprirà le porte alla nuova release 3.0.

Nel prospetto in basso vediamo riassunta la vita operativa e di supporto delle varie versioni di Joomla! rilasciate sino a oggi; il fatto che una release non sia più supportata da una certa data in poi non vuol certo significare che non sia più possibile utilizzarla anzi, per alcuni questo è un pregio perché se il sito è attivo già da qualche tempo e funziona correttamente, non c'è alcun motivo di andare a imbarcarsi in operazioni di aggiornamento o di migrazione.

Inoltre, come prodotto obsoleto, va incontro in misura minore a possibili attacchi hacker se tutte le estensioni installate non contengono bug.

Release 1.0.x	Release 1.5.x	Release 1.6.x	Release 1.7.x	Release 2.5
Supportata fino a luglio 2009	Supportata fino ad aprile 2012 *LTS*	Supportata fino ad agosto 2011 *Supporto standard*	Supportata fino a febbraio 2012 *Supporto standard*	Supportata fino a ottobre 2013 *LTS*

Come possiamo osservare dal prospetto sopra riportato, la versione 2.5 è definita a lungo supporto; questo è importante perché permette agli utenti e agli sviluppatori di essere tranquilli del fatto che dopo sei mesi le cose non vengano modificate o stravolte da nuovi rilasci.

Possiamo trovare ulteriori informazioni e aggiornamenti sul sito della grande community internazionale http://community.joomla.org/index.php.

Il nome Joomla! si scrive con il punto esclamativo finale ma da questo momento eviteremo di inserirlo per non creare confusioni con la punteggiatura.

❖ Perché tante versioni?

Molti già sapranno che la release di Joomla 2.5 non è altro che un discreto miglioramento della versione 1.7; nelle intenzioni del team di sviluppo c'è la voglia di arrivare quanto prima alla versione 3 anche per mettersi in pari con la concorrenza più agguerrita e riuscire a recuperare un po' di terreno perso durante la lunga permanenza di Joomla 1.5 arrivato alla release 1.5.25!

In sostanza il cambio di versione segue costantemente lo sviluppo del codice del CMS che, nel tempo, deve porre rimedio ai bug, introdurre nuove funzioni, aumentare le performance generali e, non ultimo, adeguarsi alle nuove esigenze dei server e, più in particolare, ai miglioramenti apportati al linguaggio interprete che è il PHP e a quello del database che necessariamente lo correda.

Tutto questo impegno profuso nello sviluppo permette di implementare non solo nuove funzioni e di migliorare quelle esistenti ma di agire soprattutto sulla piattaforma software ossia il "motore" che permette a Joomla di ottenere gli splendidi risultati che è in grado di offrire; per tutte le nuove versioni che saranno rilasciate, sarà più semplice migrare ed eseguire gli aggiornamenti alle release più recenti a tutto beneficio della semplicità d'impiego. Quest'ultimo fattore è essenziale per tutti quelli che iniziano a utilizzare Joomla a partire dalle versioni disponibili e che non devono temere di essere costretti a compiere complesse operazioni per mantenere il proprio sito sempre aggiornato agli ultimi rilasci del software.

Coloro che volessero approfondire le metodiche che dettano le regole per la numerazione dei software Open Source possono visitare questo indirizzo web: *http://www.pluto.it/files/ildp/doc-it/intro-swlibero/node12.html*.

❖ I vantaggi nell'utilizzo di un CMS

Il termine CMS è un acronimo delle parole *Content Management System* che significa *Sistema per la gestione dei contenuti*; il termine indica quindi la categoria software a cui Joomla appartiene e la sua funzione principale che è quella di gestire in maniera completa ed efficace tutti i contenuti del sito. A beneficio di coloro che ancora non sono pratici di questo tipo di programma rivolto alla produzione di interi siti web è bene chiarire alcuni concetti essenziali iniziando da quelli che si riferiscono alla differenza tra pagine web statiche e dinamiche.

Il sistema statico

Nei primi anni in cui Internet fece la sua comparsa, la modalità di creazione di un sito web era quella di produrre le relative pagine programmandole in linguaggio HTML; con tale metodo, se ci occorre un sito composto da cento pagine, dobbiamo crearle manualmente una per una.

Tutto ciò comporta non solo un'enorme perdita di tempo durante la fase di produzione di ogni singola pagina, ma è anche facile immaginare il lavoro occorrente per ogni operazione di aggiornamento di testo e immagini; quindi, a parte la laboriosità e il tempo richiesto per operazioni di questo tipo, non dobbiamo dimenticare che esse difficilmente possono essere portate a termine da chi non possiede le giuste competenze.

Per chiarire ulteriormente il concetto di statico, qui di seguito, ripercorriamo tutti i passaggi che è necessario compiere per costruire un semplice sito in HTML, utilizzando un normale editor HTML anche di tipo visuale come per esempio il notissimo *Dreamweaver*.

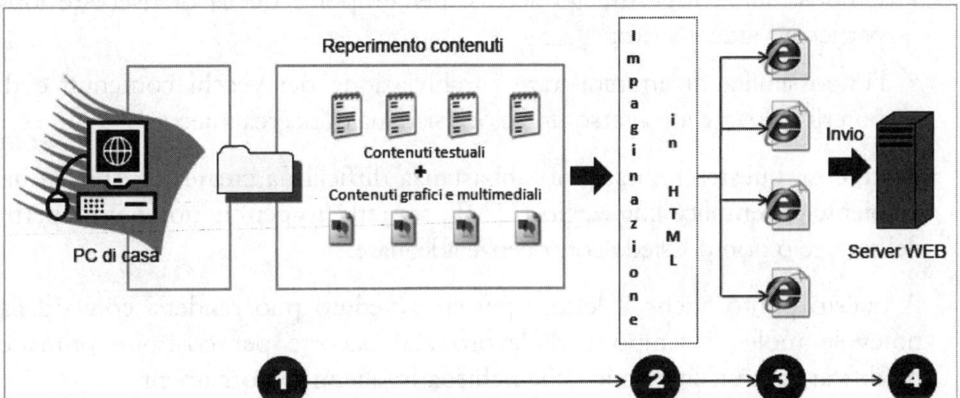

Figura A2 – Schematizzazione della procedura relativa alla creazione di pagine web statiche.

Iniziamo a creare e a salvare sul nostro PC tutte le singole pagine che fanno parte del sito che sarà pubblicato successivamente sul web tramite il trasferimento dei file per via FTP.

Per ognuna delle pagine create dobbiamo necessariamente creare la grafica che dovrà risultare comune a tutto il sito, gli stili ecc.

Successivamente procediamo con i testi, le immagini ecc. controllando a vista il flusso e, se necessario, suddividiamo manualmente il contenuto in più sotto pagine, creando poi l'indice per richiamarle manualmente;

Al termine procediamo a creare i menu di navigazione e a collegare tutti i link delle singole voci alle rispettive pagine.

Proviamo il sito in locale, sul nostro PC, e inviamo il tutto sul nostro server internet in modo da renderlo visibile sul web.

Il sito così prodotto si chiama *statico* perché non consente un aggiornamento in tempo reale dei contenuti; infatti, a ogni modifica dobbiamo richiamare in locale la pagina interessata, apportare i cambiamenti e ricaricare il tutto sul server remoto facendo attenzione a rispettarne la posizione originaria.

Tutta questa procedura si complica maggiormente qualora si rendesse necessario aggiornare frequentemente i contenuti e aggiungere pagine nuove da collegare ad altre voci di menu; a tutto questo occorre aggiungere anche:

- ✓ la mancanza assoluta di automatismi particolari in grado di gestire il flusso e la presentazione degli articoli in maniera adeguata;
- ✓ l'impossibilità di richiamare liste e di suddividere i contenuti in categorie;
- ✓ l'impossibilità di gestire gli accessi per gruppi e quella di riservare loro particolari aree del sito;
- ✓ l'impossibilità di amministrare l'archiviazione dei vecchi contenuti e di poterli ritrovare attraverso un veloce sistema di ricerca interno.

Tutte cose queste che risultano abbastanza difficili da creare e gestire in un ambiente di semplice linguaggio HTML, soprattutto per chi non è un esperto del settore o non possiede conoscenze adeguate.

A questo punto anche il lettore più sprovveduto può rendersi conto della notevole mole di tempo e di lavoro che occorre per costruire prima e modificare poi un sito statico che richieda frequenti aggiornamenti.

Il sistema dinamico

Tutt'altra storia, invece, se utilizziamo un sistema dinamico, come il CMS Joomla, al posto di quello statico per costruire il nostro sito web; infatti, tutte le fasi precedenti e, in particolare, quelle ricorsive relative alla pubblicazione delle pagine statiche appena elencate, sono del tutto superate grazie al concetto di *sito dinamico*.

Quest'ultimo ci consente di tagliare i tempi di realizzazione di un sito in maniera drastica riuscendo a ottenere, nello stesso tempo, risultati funzionali e grafici davvero sorprendenti anche da parte di utenti assolutamente non esperti in materia dopo un brevissimo periodo di apprendistato.

Vediamo adesso quali sono le fasi per ottenere un sito dinamico:

1. procuriamoci l'ultima versione del CMS Joomla;
2. carichiamola sul nostro server internet;
3. procediamo alla creazione di un database mySQL;
4. avviamo dal nostro browser la procedura di installazione guidata.

Pochi minuti e il sito è online, visibile al mondo intero e, soprattutto, già funzionante con alcuni contenuti dimostrativi che permettono di testare da subito le numerose funzionalità.

Nei prossimi capitoli di questo libro vedremo come sia semplice gestire la grafica, i menu e le funzionalità sofisticate con semplici click del mouse; a noi spetta il compito di inserire i contenuti testuali e grafici, operando come se fossimo alle prese con un normale documento Word.

Inoltre, tutte le volte che dovesse servire, potremo procedere all'inserimento di nuovi contenuti sfruttando il potente motore dinamico che crea le pagine web nel momento stesso in cui vengono richieste dai visitatori.

Anche gli aggiornamenti sono altrettanto semplici perché avvengono sempre in tempo reale; a questo scopo possiamo utilizzare un comune browser e procedere a inserire i nuovi contenuti o le correzioni desiderate, operando direttamente online e senza giri inutili.

Il sito dinamico, dunque, è una soluzione ideale che consente un notevole risparmio di tempo, anche quando il sito viene prodotto per terzi e i contenuti devono essere aggiornati da persone senza particolari competenze tecniche.

In buona sostanza, tutta le apparenti difficoltà iniziali consistono nel:

- ✓ riuscire a installare il CMS;
- ✓ riuscire a ottenere una conoscenza minima dei vari comandi offerti dalla potente e versatile interfaccia amministrativa di Joomla 2.5 (figura A3).

Mettendo a confronto i due sistemi statico e dinamico, dunque, davvero non c'è storia! A meno di non volerci accontentare della singola paginetta HTML per fornire ai visitatori un piccolo biglietto da visita.

Quello che ci serve è iniziare ad approfondire la conoscenza del CMS Joomla; è facile prevedere che dopo un brevissimo periodo di apprendistato, non mancherà di regalarci grandi soddisfazioni, sin dalle prime fasi di studio durante la produzione di semplici siti personali o scolastici così come nelle applicazioni professionali più complesse e articolate rivolte al business.

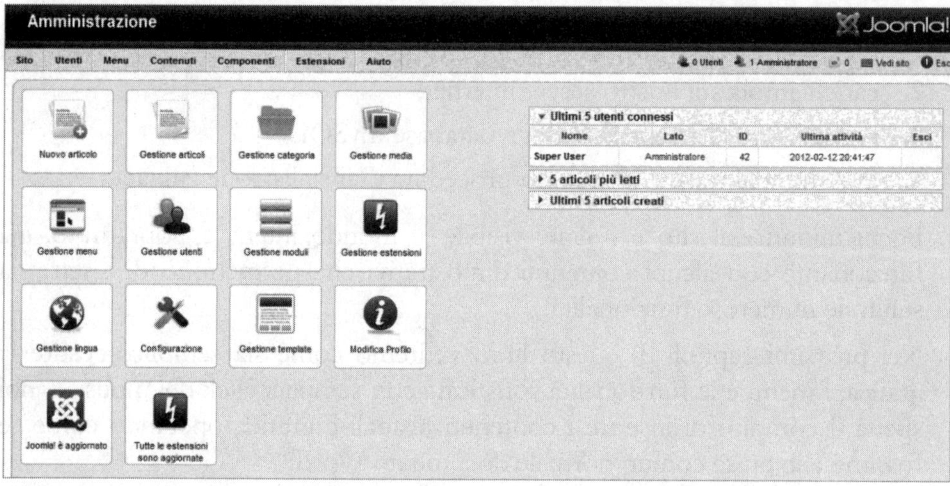

Figura A3 – Il pannello di controllo amministrativo di Joomla 2.5.

❖ Requisiti tecnici del server per Joomla

Joomla è scritto totalmente in PHP (*Hypertext PreProcessor*); si tratta di un linguaggio implementato lato server e il suo funzionamento è relativamente semplice ed efficace. Come accade per tutti gli script dinamici di questo tipo, anche il nostro CMS, per poter funzionare, ha bisogno di essere posizionato su di un web server che possa rispondere adeguatamente alle richieste contenute nel codice di cui è composto.

L'interprete PHP, alle richieste del web server (nel nostro caso Apache), fornisce come risposta pagine HTML complete di grafica e testo impaginato; inoltre non consente che il codice stesso possa essere visto in alcun modo dall'utente finale tramite i normali browser di navigazione. Infatti, il sorgente di qualsiasi pagina PHP può essere modificato solo dal programmatore o dal webmaster competente in questo linguaggio.

Per far funzionare Joomla, oltre al PHP, occorre disporre anche di un database in grado di memorizzare tutta la mole di dati che il CMS dovrà gestire; questo tipo di database è il MySQL, anch'esso prodotto Open Source.

Ma queste informazioni di base ancora non sono sufficienti; per acquistare il servizio più adeguato dobbiamo essere sicuri che il server scelto abbia le versioni più aggiornate del software per gestire l'accoppiata PHP + MySQL. La figura A4 riprende la schermata proposta dal sito di supporto mondiale joomla.org che riguarda queste specifiche.

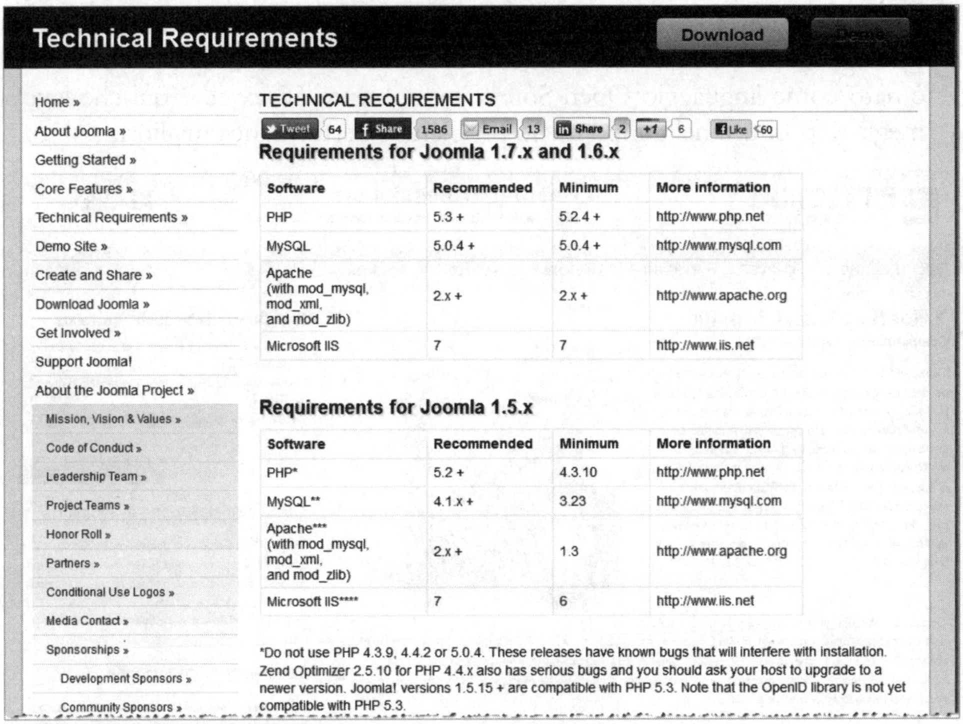

Technical Requirements

Download | Demo

Home »
About Joomla »
Getting Started »
Core Features »
Technical Requirements »
Demo Site »
Create and Share »
Download Joomla »
Get Involved »
Support Joomla!
About the Joomla Project »
Mission, Vision & Values »
Code of Conduct »
Leadership Team »
Project Teams »
Honor Roll »
Partners »
Conditional Use Logos »
Media Contact »
Sponsorships »
Development Sponsors »
Community Sponsors »

TECHNICAL REQUIREMENTS

Tweet 64 | Share 1586 | Email 13 | Share 2 | +1 6 | Like 60

Requirements for Joomla 1.7.x and 1.6.x

Software	Recommended	Minimum	More information
PHP	5.3 +	5.2.4 +	http://www.php.net
MySQL	5.0.4 +	5.0.4 +	http://www.mysql.com
Apache (with mod_mysql, mod_xml, and mod_zlib)	2.x +	2.x +	http://www.apache.org
Microsoft IIS	7	7	http://www.iis.net

Requirements for Joomla 1.5.x

Software	Recommended	Minimum	More information
PHP*	5.2 +	4.3.10	http://www.php.net
MySQL**	4.1.x +	3.23	http://www.mysql.com
Apache*** (with mod_mysql, mod_xml, and mod_zlib)	2.x +	1.3	http://www.apache.org
Microsoft IIS****	7	6	http://www.iis.net

*Do not use PHP 4.3.9, 4.4.2 or 5.0.4. These releases have known bugs that will interfere with installation. Zend Optimizer 2.5.10 for PHP 4.4.x also has serious bugs and you should ask your host to upgrade to a newer version. Joomla! versions 1.5.15 + are compatible with PHP 5.3. Note that the OpenID library is not yet compatible with PHP 5.3.

Figura A4 – Le specifiche server richieste da Joomla 1.7 e 2.5 rispetto alla vecchia versione 1.5.

In buona sostanza i parametri più consigliabili di cui tener conto prima di acquistare l'hosting più adatto al nostro sito Joomla sono:

- ✓ *Server Apache* versione 2.x o superiore con supporto *xml* e *zlib.*
- ✓ *PHP* versione minima raccomandata 5.3 o superiore; per Joomla 2.5 tutte le versioni inferiori (per esempio le vecchie 4.x) sono da considerare obsolete e quindi da non prendere assolutamente in considerazione.
- ✓ *MySQL* versione minima raccomandata 5.04 o superiore.

A tutti coloro i quali entrano solo adesso a trattare gli script dinamici, l'insieme di questi parametri tecnici può risultare incomprensibile; purtroppo, però, non si tratta di scelte sulle quali sia possibile ottenere eccezioni. Prima di procedere all'acquisto del servizio più adatto alle nostre esigenze facciamo bene attenzione alle sue caratteristiche e, se proprio non riusciamo a capire a chi rivolgerci, cerchiamo di indirizzarci verso l'hosting che nelle proprie specifiche dichiara la completa compatibilità con il CMS Joomla.

Infine, per essere sicuri di non avere problemi non solo durante la normale installazione di Joomla ma anche in seguito, ricordiamoci di utilizzare la tipologia di server *Linux* scartando quella in ambiente *Windows*; infatti, il PHP è nato come linguaggio Open Source in ambiente *Linux* ed è qui che lavora meglio e produce nel tempo meno problemi e performance migliori.

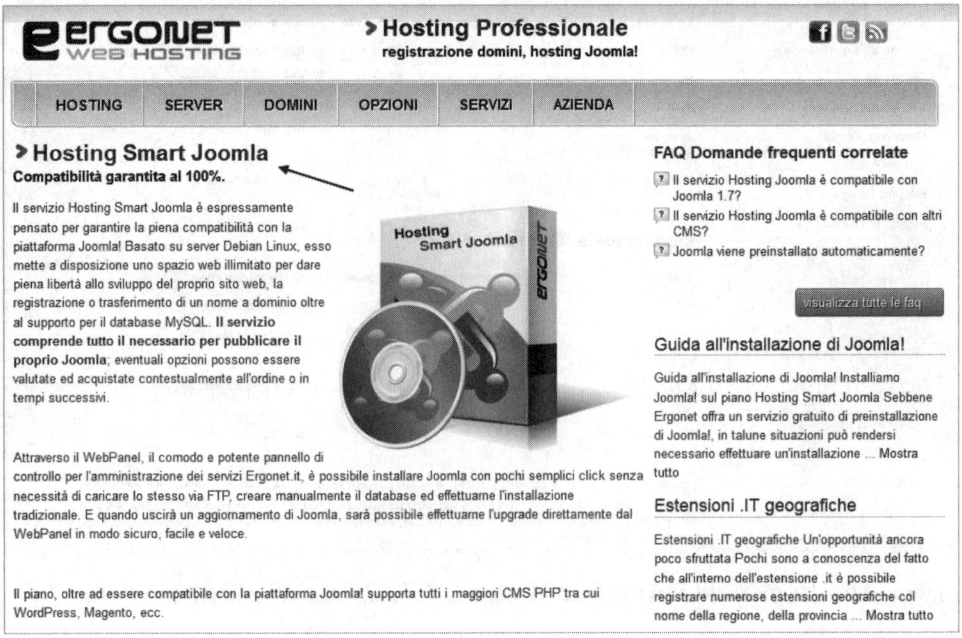

Figura A5 – L'hosting italiano garantito per Joomla offerto da ergonet.it

Nell'attesa di poter acquistare il nostro primo spazio web per pubblicare su Internet il sito, allo scopo di acquisire la necessaria pratica e poter eseguire prove e test di funzionamento, sarà meglio installare sul nostro PC un server locale che riesca a riprodurre la reale attività di un suo omologo internet. Tratteremo diffusamente questo argomento nel prossimo capitolo quando andremo a descrivere tutte le fasi che ci porteranno a installare Joomla 2.5 sia sul server locale sia su quello remoto.

❖ Principali funzionalità del CMS Joomla

Immediatamente dopo aver eseguito l'installazione di base senza alcuno sforzo aggiuntivo, Joomla rende disponibile tutta una serie di funzionalità di tutto rispetto tipiche dei siti professionali; queste permettono agli utenti, anche a quelli meno esperti, di iniziare a presentare il proprio sito web in rete in maniera sufficientemente completa; a seguire esaminiamo quelle principali che possono essere gestite direttamente dal pannello amministrativo.

- ✓ Sito assistito da database indipendente MySQL.
- ✓ Aggiornamenti automatici del core di Joomla e dei componenti installati eseguibili con un solo click.
- ✓ Aspetto grafico gestito attraverso l'uso di eleganti template facilmente interscambiabili e reperibili, per gran parte, gratuitamente sul web.
- ✓ Contenuti e servizi del sito personalizzabili con facilità attraverso la potente e intuitiva interfaccia grafica. È possibile altresì gestire gli articoli facendo sì che siano impaginati con contenuti testuali e multimediali, suddivisi per pagine e impostati per apparire all'interno di un intervallo temporale ben definito.
- ✓ Possibilità di creare un numero illimitato di categorie nidificate per la suddivisione organica e l'archiviazione dei contenuti.
- ✓ Sistema di controllo avanzato per regolare gli accessi (ACL) ai contenuti pubblicati e alle diverse aree del sito; ciò avviene tramite la creazione di gruppi e l'assegnazione di permessi e livelli diversificati a seconda della funzione che desideriamo assegnare a ciascun gruppo.
- ✓ Gestione nativa di contenuti multilingua; dal frontend del sito è possibile filtrare i contenuti in modo che appaiano nella lingua desiderata.
- ✓ Previa autorizzazione amministrativa articoli, notizie, FAQ e link verso siti d'interesse possono essere pubblicati direttamente a cura degli utenti con possibilità di attivare la moderazione prima della pubblicazione.
- ✓ Caricamento di immagini e altri media direttamente dal browser.
- ✓ Interfaccia grafica ampiamente personalizzabile secondo le esigenze.
- ✓ Gestione automatizzata dei menu con possibilità di apertura ad albero (voci, sottovoci ecc.).
- ✓ Interattività assicurata tramite appositi componenti tra i quali: *moduli di contatto*, *commenti*, *forum*, *blog*, *gallerie di immagini* e molti altri implementabili con estrema semplicità.
- ✓ Possibilità di registrazione automatizzata degli utenti e assegnazione di questi ultimi a gruppi con gerarchie diverse; inoltre dalla versione 2.5 è stato implementato il CAPTCHA per la protezione da *spam*.
- ✓ Editor WYSIWYG per la composizione di contenuti in maniera molto simile a quella di un comune programma di videoscrittura; inoltre è

possibile disporre dell'editor *Code Mirror* che permette di lavorare bene sul codice sorgente mostrandolo a colori e in maniera strutturata.

- ✓ Motore di ricerca interno potente e intelligente con risultati indicizzati presentati in modo dinamico (come usa fare Google) in base alla frequenza e al contesto d'uso dei vari termini cercati dagli utenti.
- ✓ Gestore di Newsfeed interni ed esterni.
- ✓ Tutti gli articoli pubblicati si avvalgono della funzione *Invia a un amico*, *Trasforma in PDF* o *Stampa il contenuto.*
- ✓ Gestione avanzata di banner pubblicitari.
- ✓ Funzione di cache per velocizzare il comportamento del CMS.
- ✓ Funzione SEO interna per l'ottimizzazione degli indirizzi web e gestione di svariati metatag per ottimizzare l'indicizzazione da parte dei motori.
- ✓ Lo stesso template può essere riproposto in vario modo tramite la creazione, semplice e veloce, di nuovi stili operando direttamente dal backend amministrativo.

❖ Caratteristiche peculiari della versione 2.5

Volendo focalizzare l'attenzione esclusivamente su alcuni dei miglioramenti apportati in quest'ultima release di Joomla, ecco qui di seguito quelli di maggiore interesse iniziando dalla possibilità di aggiornare la versione 1.7 passando alla 2.5 con un solo click e senza far ricorso a componenti esterni; inoltre c'è da tenere presente che gran parte delle estensioni prodotte per Joomla 1.7 non dovrebbero avere grossi problemi a funzionare anche su questa nuova versione.

- **Nuova funzione di ricerca**

  Si tratta di una nuova funzione molto potente che non tarderà a essere apprezzata dagli utenti; essa permette l'auto-completamento del termine di ricerca partendo da una radice; una cosa del genere accade da qualche tempo anche nel campo di ricerca del motore Google e serve a facilitare il reperimento del termine sulla base di tutti i contenuti incamerati e correttamente indicizzati dal CMS durante la sua attività.

- **Capacità di supportare altri database**

  Da sempre Joomla lavora in unione con il database MySQL, da ora in poi potranno essere utilizzati anche altri tipi di database in modo da potersi connettere più facilmente a soluzioni aziendali diverse.

- **Notifiche di aggiornamento**

  Da questo momento in poi, non correremo il rischio di non sapere quando aggiornare la nostra piattaforma; ben in evidenza, nel pannello amministrativo, il team di sviluppo ha sistemato due pulsanti con la precisa funzione di notificare quando si rendono disponibili nuovi aggiornamenti del *core* di Joomla e quelli dei componenti installati.

- **Check del database**
  All'interno del pannello *Gestione estensioni* è stata aggiunta una nuova funzione che riconosce eventuali problemi legati a un mancato aggiornamento del database andandoli a correggere.
- **Codice CAPTCHA per i form**
  Finalmente abbiamo la possibilità, abilitando l'apposito plugin, di proteggere i nostri form con il codice CAPTCHA; il sistema scelto è quello esterno gestito da Google al quale possiamo accedere con molta facilità tramite un'iscrizione del tutto gratuita.
- **Link per associare moduli a ogni nuovo menu**
  Nel momento in cui andiamo a creare un nuovo menu, ci appare un link che ci permette di associare un apposito modulo; questo non accadeva nelle versioni 1.6/1.7 e creava qualche problema e confondeva i principianti che non avevano riferimenti utili per riuscire a visualizzare il menu appena creato.
- **Utilizzo di layout standard per l'editing di articoli**
  All'interno del pannello di editing dei singoli articoli, ora abbiamo una scheda *Immagini e Link* che consente di scegliere fino a tre file di testo e tre immagini che saranno impaginate secondo uno standard fisso o legato all'uso di appositi CSS. Questo significa regolare l'aspetto degli articoli in maniera che tutti abbiano lo stesso layout grafico senza preoccuparci delle capacità di chi collabora con noi alla pubblicazione delle notizie pubblicate nel sito.
- **Invio email all'amministratore a ogni nuova iscrizione**
  Nelle versioni precedenti questo tipo di impostazione non si poteva modificare mentre adesso abbiamo modo di decidere se l'email di notifica debba essere inviata oppure no; tale impostazione è ora presente nel pannello di configurazione degli utenti.
- **Aggiunta di note alle voci di menu e agli utenti**
  Con questa funzione possiamo inserire delle note che rimangono legate a ciascuna voce di menu o agli utenti; possono tornare utili per segnalare qualcosa ad altri amministratori o come memo di carattere generale per eventuali revisioni o aggiornamenti.

- **Filtri di testo personalizzati**
  Questi erano già presenti nelle versioni 1.6/1.7 ma adesso sono state migliorate le performance di questa importante funzione; possiamo, infatti, permettere solo a particolari gruppi di utenti l'uso di tag particolari in maniera molto più completa e precisa, mentre prima tali impostazioni erano valide per tutti.
- **Elenchi per categorie e sottocategorie**
  Prima della versione 2.5 il richiamo di liste per categorie non includeva anche i contenuti presenti nelle sottocategorie, adesso ciò è possibile poiché possiamo definire il livello di nidificazione cui arrivare.
- **Override per le lingue**
  Finalmente è possibile eseguire traduzioni o modifiche ai messaggi di sistema senza dover editare i file di lingua (pannello *Gestione lingua*); adesso possiamo quindi agire direttamente dal backend amministrativo salvando da qui le modifiche apportate in maniera semplice e veloce.
- **Possibilità di ordinamento dei News Feed**
  In passato dovevamo presentarli così come arrivavano, ora possiamo scegliere se visualizzarli in base alla data più recente o più vecchia.
- **Opzione per l'immagine di sito offline**
  Anche in questo caso non avevamo possibilità di intervenire sull'immagine del sito messo in offline a meno di intervenire direttamente su quella di default; adesso, dal pannello amministrativo possiamo caricare quella che desideriamo mostrare assieme al messaggio personalizzato.
- **Controllo server del supporto zip nativo**
  Durante l'installazione abbiamo adesso anche il controllo riguardante il supporto nativo della compressione zip.
- **Miglioramenti nella gestione SEO e dei metatag**
  Per entrambi questi aspetti ci sono nuove evoluzioni a beneficio del miglioramento dell'indicizzazione da parte dei motori di ricerca.
- **Report per il debug formattati**
  Per i programmatori e per chi ha bisogno di controllare i report di debug adesso questi ultimi sono presentati in maniera ordinata e in forma molto più leggibile rispetto al passato.

Queste sono alcune delle novità più richieste e maggiormente fruibili dagli utenti che le richiedevano a gran voce da tempo, di ognuna di queste ci occuperemo nei rispettivi capitoli di competenza.

❖ In sintesi

Dall'esame delle caratteristiche generali esposte sin qui, possiamo essere certi, dunque, di avere di fronte un programma stabile, ben collaudato e in grado di offrire prestazioni certamente al top della gamma ottenuta dai software finalizzati alla costruzione di siti internet a qualsiasi livello.

Anche coloro che fino ad adesso non hanno mai realizzato un sito web, resteranno piacevolmente sorpresi sia dalla facilità di utilizzo di Joomla sia dalla grande qualità dei risultati che riuscirà a ottenere sin dal primo approccio.

Chi proviene, invece, da altri CMS non potrà fare a meno di apprezzare l'intuitiva e robusta interfaccia grafica amministrativa che consente di eseguire tutte le operazioni di pubblicazione e manutenzione, senza alcuna necessità di mettere mano al codice sorgente o di dover compiere operazioni complicate via FTP, come succede con altri prodotti similari concorrenti.

Non ci resta che immergerci nello studio delle funzionalità del nostro nuovo Joomla, iniziando con la procedura di installazione del CMS eseguita sia su server locale sia remoto.

La raccomandazione di chi scrive è quella di seguire una curva di apprendimento lenta e morbida, senza pretendere di leggere tutto il libro in una serata ed essere pronti a utilizzare pienamente Joomla subito dopo.

Chi proviene dalle precedenti versioni di Joomla e possiede già le nozioni di base essenziali, può tranquillamente oltrepassare i primi argomenti che invece rimangono del tutto essenziali per chi inizia solo adesso la propria avventura con il CMS Joomla.

Infine, agli indirizzi internet riportati più in basso, sul sito dell'autore e all'interno della sezione "manuali hoepli.it" sono disponibili tutti i materiali didattici con licenza GNU-GPL o, in alternativa, in modo che siano tutti di pronto uso e facilmente raggiungibili, sono stati inseriti i collegamenti web ai link proposti nel libro.

www.robertochimenti.it

www.hoeplieditore.it/5176-2

1

Conoscenze di base

Contenuto del capitolo

Iniziamo a conoscere i vari aspetti preparatori essenziali per riuscire a cavarcela con le operazioni che ci porteranno a utilizzare compiutamente Joomla, come quelle riguardanti l'installazione del server locale, l'uso dei programmi FTP e la terminologia da conoscere.

Per il corretto impiego del CMS Joomla, certamente dobbiamo acquisire un minimo di pratica con alcuni elementi che rimangono assolutamente essenziali per acquisire le conoscenze minime che un buon webmaster deve possedere se desidera occuparsi della gestione completa di siti dinamici anche se a solo scopo amatoriale.

Alcuni provider includono, nella propria offerta, la possibilità di installare Joomla con un semplice click tramite un apposito pannello di controllo fornito a corredo con l'hosting acquistato; ciò è molto utile per risparmiare tempo ma non serve assolutamente nulla se è nostro desiderio acquisire le necessarie competenze per saper fare tutto da soli e soprattutto per riuscire a fornire servizi del genere al pubblico e iniziare quindi un'attività remunerativa.

Più in particolare andremo a chiarire i seguenti aspetti:

- ✓ *Utilizzo di un server locale.*
- ✓ *Scelta di un server remoto.*
- ✓ *Scelta del nome di dominio più opportuno.*

- ✓ *Utilizzo di un programma FTP per l'invio dei file da locale a remoto.*
- ✓ *Terminologia di base di Joomla.*
- ✓ *Importanza del controllo degli accessi.*

❖ Server locale o remoto?

Per i principianti questo dilemma spesso rimane poco chiaro nel senso che riesce alquanto difficile comprendere l'effettiva utilità dell'installazione Joomla su un server che poi quasi mai non avrà visibilità su Internet; vediamo dunque di chiarire come stanno le cose e soprattutto perché è assolutamente consigliabile eseguire l'installazione di un server e di Joomla sul nostro PC.

Qual è l'effettiva utilità di un server locale?

Anche se può non sembrare immediatamente evidente, avere un server locale, installato sul nostro PC come un qualsiasi altro programma, è di grande utilità per qualsiasi webmaster alle prese con la costruzione di un nuovo sito web; le più evidenti e immediate sono quelle legate all'estrema velocità con cui possiamo portare a termine qualsiasi azione di modifica o di testing delle estensioni da utilizzare poi nel sito in produzione.

Per tutti quelli che sono programmatori poi, il vantaggio è ancora maggiore perché tutte le modifiche al codice o quelle effettuate durante la progettazione dell'interfaccia grafica del template appaiono immediatamente dopo aver salvato la modifica; ciò non toglie che un numero considerevole di webmaster preferisce comunque lavorare direttamente sul server remoto.

In questo caso dobbiamo stare attenti a non permettere l'accesso a visitatori occasionali o ai motori di ricerca in modo da consentire l'inizio del processo di indicizzazione delle pagine solo quando il sito è stato ultimato con l'inserimento di tutti i contenuti testuali e grafici; come vedremo, Joomla 2.5 permette di tenere il sito in modalità *offline* a tutti i visitatori tranne che agli amministratori fino al completamento della messa a punto.

Ognuno, ovviamente, è libero di operare come meglio crede, ma ribadiamo che la presenza di un server installato in locale (quindi sul nostro PC), può essere un elemento di grande utilità in diverse occasioni come per esempio:

- ✓ **Lo studio e le esercitazioni**: nella pratica quotidiana, un server locale ha la stessa utilità di un simulatore di volo per i piloti a cui serve acquisire la necessaria esperienza prima di poter pilotare un vero aereo. Disporre di uno strumento del genere sul nostro PC significa poter imparare più velocemente senza la paura di sbagliare.

✓ **Test e simulazioni**: anche dopo aver acquisito la necessaria pratica, un server locale ci consente di testare le nuove estensioni, provare nuove soluzioni e tutti gli aggiornamenti man mano che sono rilasciati nel tempo, in maniera davvero sicura. Solo dopo che avremo provato adeguatamente tutto quello che ci serve, potremo spostare i file aggiornati o installare le nuove estensioni con la certezza di non creare danni a quello che già funziona correttamente.

✓ **Preparazione del sito in locale**: senza stress o la paura di sbagliare, possiamo pensare di fare pratica con il nostro negozio e-commerce, provare nuove soluzioni e solo quando tutto sarà pronto, trasferirlo con una semplice procedura (che esamineremo nel dettaglio in seguito) sul server remoto per la completa fruibilità su Internet.

❖ Scelta di un server locale

La disponibilità di questi server da installare come normali programmi è ampia; essi, infatti, possono essere trovati nella versione per *PC* con sistema operativo *Windows*, *Linux* e *Apple*. Qui di seguito ecco alcuni indirizzi web da dove potremo scaricarli gratuitamente:

➢ **http://www.apachefriends.org**

Il link fa riferimento al sito di una grande community storica che nel tempo ha portato avanti, con grande passione, il progetto *Xampp* tenendolo sempre costantemente aggiornato alle ultime versioni di PHP e MySQL; ha il grande pregio di essere disponibile per tutti i maggiori sistemi operativi.

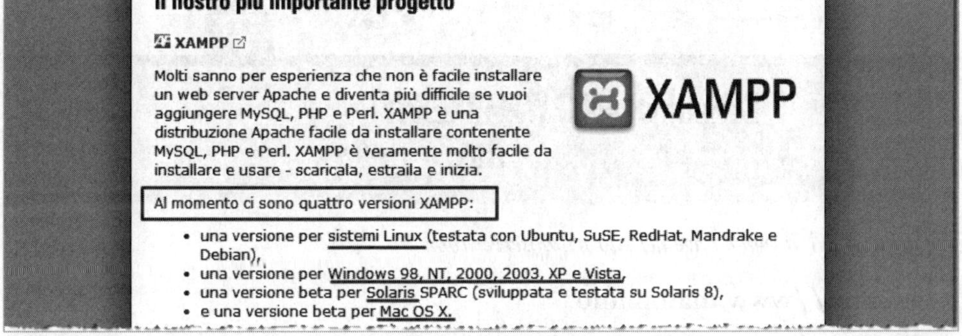

Figura 1.1 – Il server Xampp è disponibile per tutti i sistemi operativi.

Inoltre, è da evidenziare che il sito dispone di istruzioni accurate anche nella nostra lingua e per Windows i pacchetti da scaricare sono disponibili in diversi formati per riuscire ad accontentare un po' tutti:

- ✓ *Installer*: il server viene installato con una procedura molto simile a quella utilizzata per i comuni programmi.
- ✓ *Zip*: il server viene fornito compattato in formato zip; è il formato più conveniente perché non ha bisogno di essere installato ma è sufficiente seguire la semplice procedura guidata come vedremo a breve.
- ✓ *7zip*: altro formato compresso con tecnica *7zip*.

Da notare che sul sito è anche disponibile una versione *.zip* di Xampp USB; una volta scompattato il file su pendrive o hard disk USB, il server è pronto all'uso senza bisogno di installazione alcuna.

- **http://www.wampserver.com**

Si tratta di un altro progetto simile a Xampp ma dedicato (almeno per il momento) solo a sistemi operativi Windows; le lingue disponibili sul sito sono solo l'Inglese e il Francese manca quindi l'Italiano.

Figura 1.2 – La home page del sito wampserver.com

- **http://www.mamp.info**

Si tratta di una soluzione dedicata esclusivamente ai computer Macintosh, infatti, il termine *MAMP* è l'acronimo delle parole *Macintosh*, *Apache*, *MySQL* e *PHP*. Il sito è navigabile solo in lingua inglese e tedesca mentre il software è disponibile anche in lingua italiana.

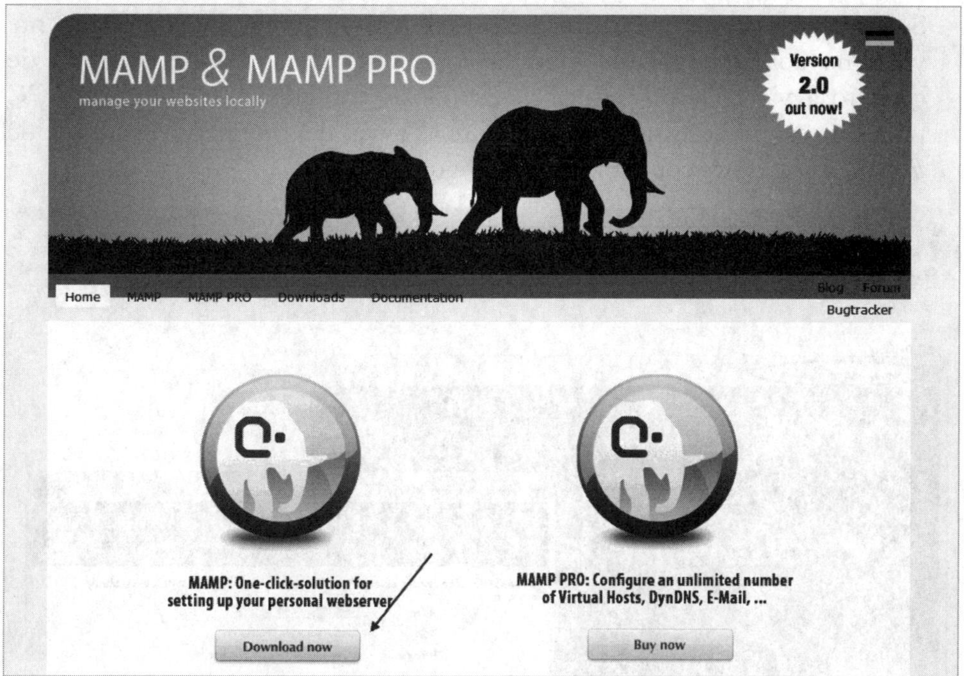

1.3 – La home page del sito mamp.org da dove scaricare il server per Macintosh.

Per il seguito di questo libro, faremo uso del primo server, quello *Xampp* per *Windows* poiché, essendo disponibile per tutti i sistemi operativi, le istruzioni d'uso che andremo a fornire, per gran parte, potranno essere utilizzate anche dai possessori di computer Linux e Mac OS X.

Installiamo il server Xampp

Per semplificare al massimo le operazioni di utilizzo del server, il consiglio è di scaricare la versione zippata poiché ha il grande pregio di poter essere utilizzata senza alcuna installazione.

In sostanza le operazioni concrete da compiere sono:

1. eseguire il download del file *.zip* pesante circa 149 Mb;
2. scompattarlo sul nostro PC all'interno di una cartella chiamata *Xampp*;
3. posizionare la cartella con i file di *Xampp* direttamente sul nostro hard disk in modo che rimanga a livello superiore, per esempio: *C:/xampp*; ciò permetterà di avviare il server senza eseguire alcuna installazione;
4. Procedere ad avviare il server cliccando sull'icona *xampp_start*.

Se tutti i passaggi precedenti sono stati portati a termine correttamente, vedremo aprirsi prima una finestra con lo sfondo nero che ci avvisa del corretto avvio della procedura e, secondo la configurazione del nostro PC, potrebbe essere necessario acconsentire all'avvio del programma da parte del *firewall* di Windows come mostrato in figura 1.4.

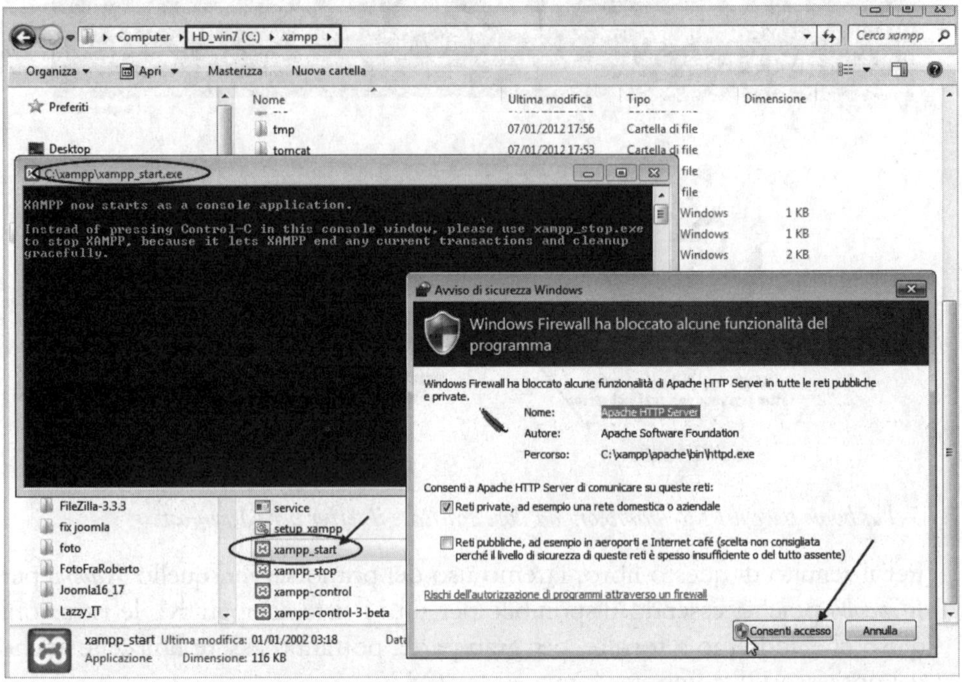

Figura 1.4 – L'avvio del server senza alcuna installazione, dall'icona xampp_start.

Quando il server locale non si avvia

Potrebbe accadere che il server risponda con un errore e non riesca ad avviarsi; del mancato avvio ci accorgiamo subito perché se, dal nostro browser, proviamo a digitare il seguente URL *http://localhost* avremo come risposta il tipico errore di pagina non trovata.

I motivi possono essere diversi e quasi tutti riconducibili al fatto che il server trova le porte del nostro PC, quelle che gli servono per lavorare, occupate da altre applicazioni; queste ultime, evidentemente, devono essere stoppate, altrimenti non ci sarà alcuna possibilità di avviare correttamente il nostro server locale. Uno dei programmi che è solito bloccare l'avvio di *Xampp* è il noto programma di comunicazione *Skype* il quale di default si serve della porta 80 per le sue funzioni.

Se è questo il nostro caso, entriamo nel suo setup seguendo questo percorso:

strumenti → opzioni → avanzate → collegamento

ed eliminiamo il segno di spunta alla voce *Usa le porte 80 e 443 come alternative.*

Altre difficoltà potrebbero sorgere con programmi che pure utilizzano la porta 80 ma è difficile poter fornire indicazioni in questa sede perché molto dipende dal software posseduto e installato sul proprio computer; per cercare di ottenere informazioni sullo stato delle porte, possiamo utilizzare una piccola utility chiamata *xampp_portcheck* che compie la scansione delle porte utili al funzionamento del server e ci fornisce un report sul loro stato in modo da individuare più facilmente eventuali programmi che le bloccano.

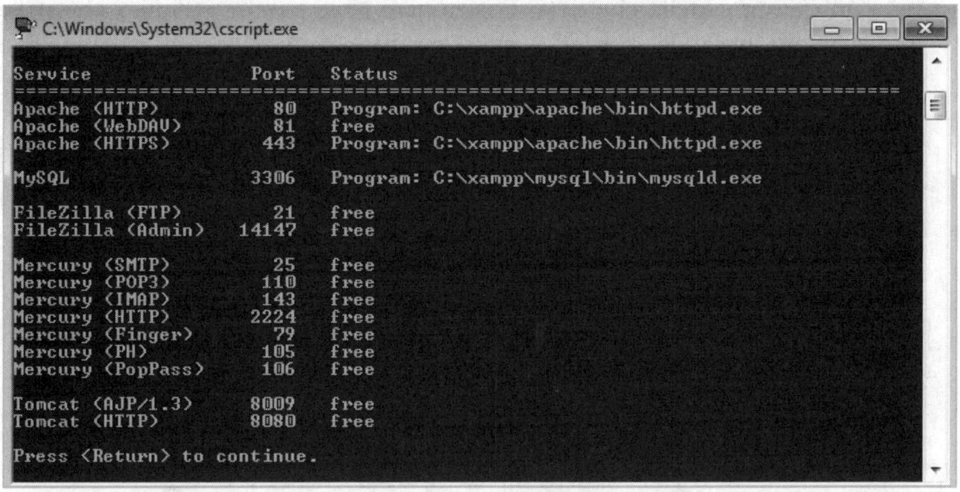

Figura 1.5 – Report dello stato delle porte di un PC creato con xampp_portcheck.

Possiamo trovare questo utile programma che effettua il test delle porte del nostro PC tra i file del server oppure seguire le indicazioni presenti nel materiale a corredo di questo libro scaricabile da questo indirizzo:

http://www.hoeplieditore.it/5176-2

Nella figura 1.5. possiamo osservare che la scansione ha trovato occupata la porta 80 dal server *Apache* che sovraintende al protocollo *http*, la porta 81 utilizzata sempre da *Apache* per i servizi protetti di tipo *https* e la porta 3306 utilizzata dal server *MySQL* per il servizio di database.

In questo caso il report visualizzato è quello risultante dopo l'avvio del server *Xampp* e rappresenta la piena normalità poiché significa che il server locale funziona correttamente.

Composizione del server locale

Nella figura 1.6, possiamo osservare il contenuto della cartella Xampp che contiene tutto il necessario per attivare un server locale sul nostro PC; la descrizione di alcune parti è necessaria per capire come iniziare a muoversi in questo ambiente e soprattutto per focalizzare l'attenzione sulla cartella *htdocs* che la cosiddetta directory pubblica; ossia quella che può essere raggiunta digitando l'indirizzo del server.

Se per esempio adesso proviamo a digitare *http://localhost* ci sarà mostrata la pagina di benvenuto in Xampp; questo accade perché viene caricata una pagina web che si trova proprio nella cartella *htdocs* e in nessun'altra; appare chiaro quindi che se voglio installare Joomla sul server locale o remoto che sia, è in questa cartella che devo posizionare i file perché è l'unica che nelle impostazioni base del server è stata predisposta per essere raggiungibile dall'esterno tramite un comune browser di navigazione.

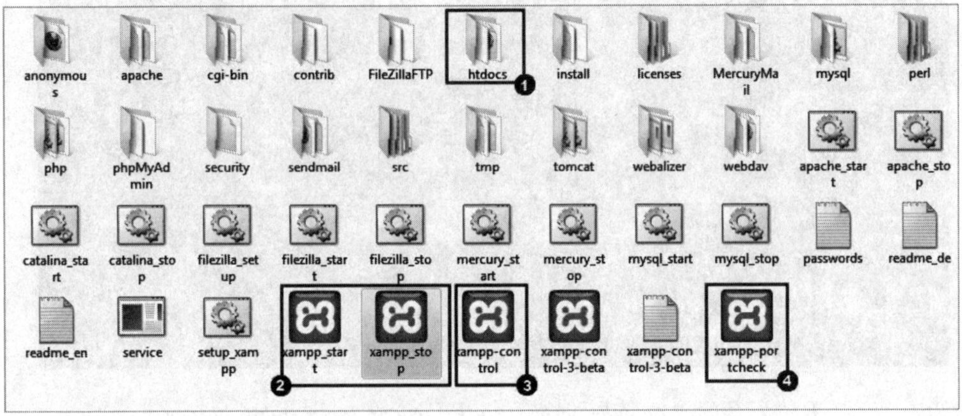

Figura 1.6 – Contenuto della cartella del server locale Xampp.

1. La cartella *htdocs*

È la directory pubblica, ossia quella in cui dobbiamo inserire i file del CMS Joomla o quelli di qualsiasi altro script in PHP. Quando viene digitato l'indirizzo del sito, automaticamente il server cerca e carica la pagina index che trova dentro questa cartella.

Il nome *htdocs* non è vincolante ma tutti i server (ovviamente) devono poter avere una cartella di questo tipo altrimenti non potrebbero mostrare alcuna pagina; sui server condivisi più economici, spesso, è la sola directory a cui l'utente può avere accesso. Al suo interno possiamo sistemare anche più siti ma, per poter fare questo, occorre che essi siano collocati in directory separate per fare in modo che file di natura diversa si mescolino tra loro.

2. Icone *Xampp-start* e *Xampp_stop*

Servono rispettivamente ad avviare e a fermare l'attività del server; nel caso di Xampp scaricato in formato *.zip*, permettono l'espletamento di queste funzioni senza la necessità di eseguire l'installazione stabile, evitando quindi di *sporcare* il file di registro del sistema operativo.

3. Icona *Xampp-control*

Tramite questa icona possiamo avviare un comodo pannello di controllo per gestire le principali funzioni del server. I pulsanti principali *Start/Stop* ci permettono non solo di avviare e fermare il server *Apache* e quello *MySQL* ma anche di controllare, in qualsiasi momento, che siano attivi e funzionanti (*Running*); questo pannello può essere un'alternativa all'uso delle icone descritte al punto 2.

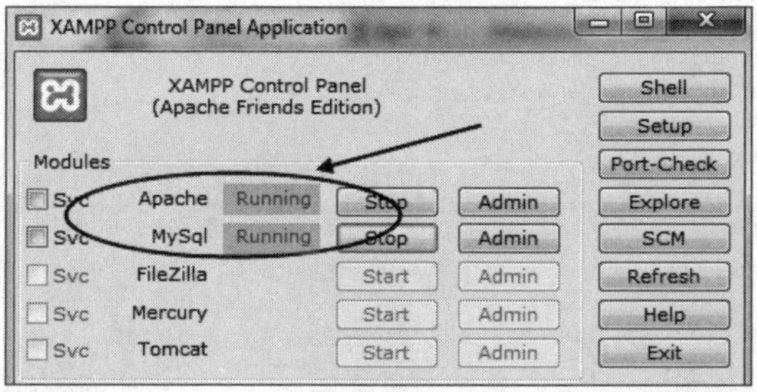

4. Icona *Xampp-portcheck*

Richiama la piccola utility di cui ci siamo occupati nel paragrafo precedente; risulta utile nel caso in cui il server non vuole saperne di avviarsi, infatti ci permette di individuare quali sono i programmi che in quel momento presidiano le porte necessarie al funzionamento del server (figura 1.5).

Le rimanenti cartelle che invece vediamo in figura 1.6 contengono i vari file di servizio del server e non andrebbero mai alterati a meno di non essere particolarmente pratici e di sapere esattamente quello che si sta facendo.

Testare il server locale

Una volta attivato, il nostro server locale si comporta esattamente come quelli utilizzati per internet; l'unica differenza è nell'indirizzo utilizzato per richiamare gli script posizionati nella cartella *htdocs*.

Con Xampp o qualsiasi altro server dello stesso tipo, l'indirizzo va scritto evitando assolutamente di anteporre il classico *www* prima del nome e digitando esattamente:

- ✓ *http://localhost* se abbiamo trasferito i file di Joomla direttamente nella cartella *htdocs* senza racchiuderli in una directory a parte;
- ✓ *http://localhost/nome_cartella*: se invece abbiamo inserito i file di Joomla in una cartella a parte come per esempio *htdocs/nome_cartella*, ciò permette di

effettuare più installazioni del CMS o di altri script a patto di mantenerli separati. L'unico compromesso è di essere costretti ad allungare l'indirizzo con il nome della directory in cui sono stati collocati.

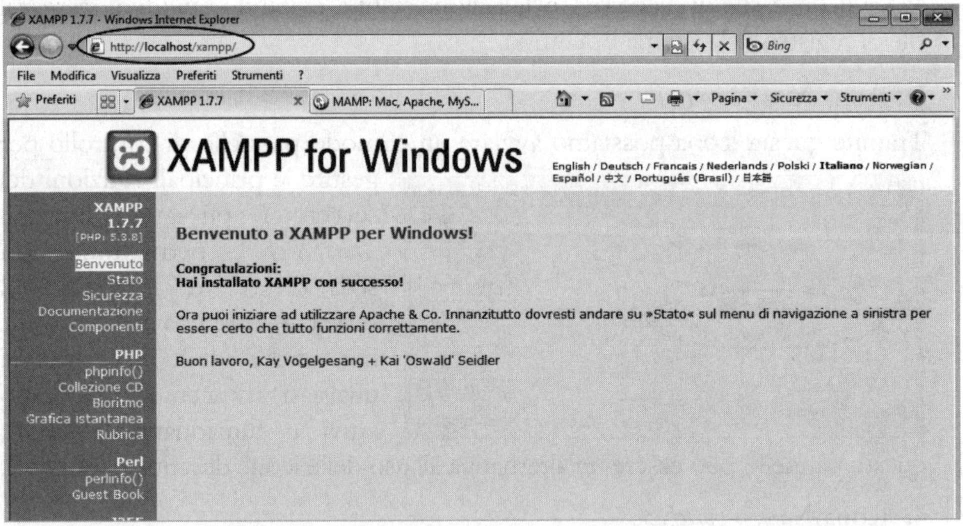

Figura 1.7 – La pagina di benvenuto che ci conferma il corretto funzionamento del server.

Ovviamente la pagina che visualizziamo subito dopo il primo avvio è una semplice dimostrazione che conferma il corretto avvio del server Apache; per installare Joomla ci serve però che anche il server MySQL sia attivo in modo da poter creare un nuovo database e un utente amministratore con relativa password. Porteremo a compimento questa operazione a breve, prima di iniziare l'installazione vera e propria di Joomla.

PhpMyAdmin: un programma per gestire i database

Inclusa nelle varie parti del server locale troviamo anche un'applicazione molto utilizzata sui server internet di tutto il mondo, si chiama *PhpMyAdmin* e serve per creare e gestire i database a vari livelli.

Per quanto riguarda i server internet, la creazione di nuovi database è operata da comodi pannelli di controllo che permettono di eseguire tale procedura in maniera semplice e veloce; in alternativa alcuni provider forniscono già pronti alcuni database con i dati per poterli utilizzare.

In ogni caso questa utility, sempre fornita a corredo, è l'unico mezzo per riuscire a operare direttamente sul database in modo semplice e veloce; infatti, questa rimane un elemento indispensabile perché, in casi di emergenza, solo tramite le sue funzioni potremo cercare di recuperare i dati, operando in modo diretto sulle singole tabelle o salvando tutto il database.

Ritornando all'ambiente locale e al nostro server, va sottolineato quanto sia utile conoscere il programma *PhpMyAdmin*, almeno a livello base; infatti il suo impiego è del tutto essenziale poiché, come già anticipato, permette la creazione sia dei nuovi database sia degli utenti autorizzati a gestirli.

Provare a richiamare questo programma ci serve anche per avere conferma che anche il server MySQL si è avviato e opera correttamente; possiamo farlo subito lanciando dal nostro browser il seguente indirizzo:

http://localhost/phpmyadmin

Qui in basso ecco la schermata principale del *PhpMyAdmin* che impareremo a usare a breve durante le fasi di installazione di Joomla, almeno nelle sue funzioni più importanti.

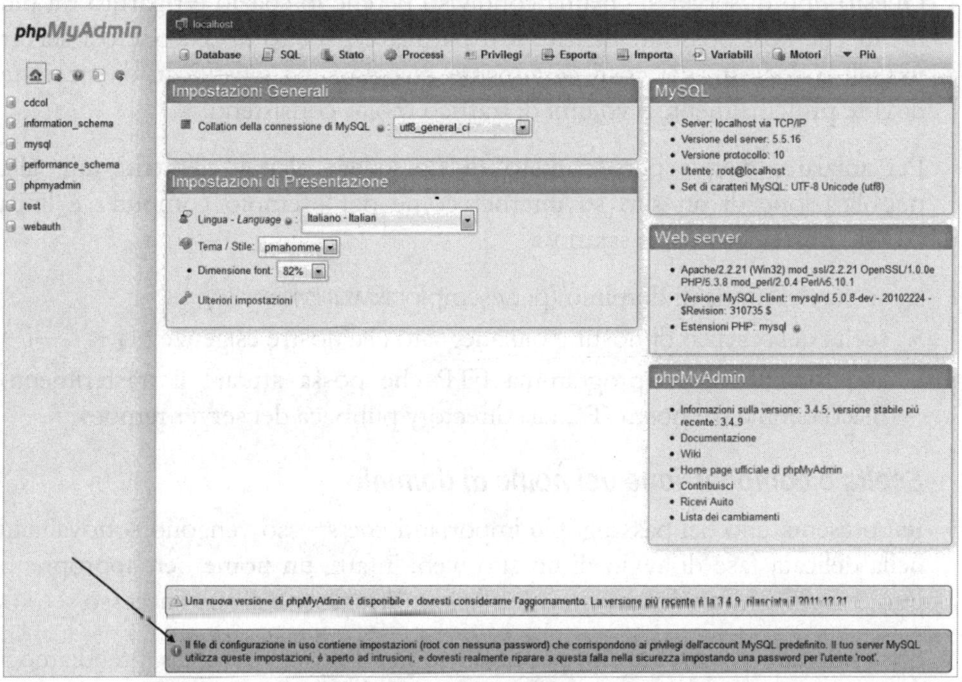

Figura 1.8 – La schermata di avvio del PhpMyAdmin

Nella figura 1.8, da notare la freccia in basso che indica uno dei messaggi di allerta predisposti dal programma; serve a segnalare che l'account dell'utente amministratore, chiamato *root*, non è protetto con password.

Ciò non rappresenta un problema e non deve destare alcuna preoccupazione; infatti, l'utilizzo finale del nostro server non è su Internet ma è esclusivamente locale e pertanto certamente non sussistono reali problemi di sicurezza.

❖ Scelta del nome e del server da utilizzare

La procedura che abbiamo appena esaminato ci ha portato a ottenere, in modo semplice e veloce, un server sul quale eseguire un po' di esercizi e di esperimenti con gli script PHP; ciò nonostante, pur essendo del tutto simile a un vero server internet, non può arrivare a definirsi tale perché, come ben sappiamo, Xampp lavora sul nostro PC senza essere collegato alla grande rete. Da qui derivano tutti i suoi pregi e i suoi difetti.

I server internet, invece, appartengono ad aziende specializzate che concedono in uso, dietro pagamento di un corrispettivo, una certa quantità di spazio disco a tutti quelli che desiderano pubblicare un sito su internet.

Questo tipo di server si chiama condiviso perché lo spazio è ripartito tra più utenti che così possono riuscire a risparmiare rispetto ai più onerosi server virtuali e dedicati, dai costi certamente maggiori ma giustificati da richieste dovute principalmente a volumi di traffico molto consistenti.

Per iniziare, diamo per scontato di possedere alcuni elementi utili alla pubblicazione di un sito su internet come per esempio computer e linea ADSL; i passi successivi saranno:

a. scelta del nome di dominio (per esempio: *www.mionome.abc*);

b. scelta del servizio di hosting più adeguato alle nostre esigenze;

c. acquisizione di un programma FTP che possa attuare il trasferimento fisico dei file dal nostro PC alla directory pubblica del server remoto.

Scelta e composizione del nome di dominio

Rappresenta uno dei passaggi più importanti che spesso vengono sottovalutati nella delicata fase di avvio di un sito web; infatti, un nome ben appropriato può contribuire in misura notevole alla sua diffusione e al suo successo.

Se desideriamo creare un sito per hobby o per il nostro business, prendiamoci tutto il tempo necessario per cercare di trovare un nome che possa identificare al meglio il tipo di attività che abbiamo intenzione di svolgere; infatti, in caso di evoluzioni positive, potremo trarre notevoli vantaggi, anche in termini monetari, qualora il sito dovesse ottenere un discreto successo e diventare ben frequentato.

Un famoso proverbio popolare ci ricorda che "Chi ben comincia è a metà dell'opera"; anche nel caso della scelta del migliore nome da assegnare al nostro dominio questa affermazione è sostanzialmente esatta, soprattutto se al suo interno abbiamo pensato di inserire una parola chiave che ha stretta attinenza con l'argomento trattato dal sito. Nello stesso tempo cerchiamo di evitare l'utilizzo del binomio nome e cognome (anche in forma troncata) perché, ovviamente, può dire poco sul tipo di attività svolta salvo che non faccia parte di marchi famosi e già affermati commercialmente.

Il dominio principale per noi Italiani è ovviamente il *.IT*: questo tipo di scelta è certamente da preferire poiché sarebbe il primo a essere digitato da coloro che non conoscono l'indirizzo completo. In ordine di importanza, seguono poi i domini *.COM* (in genere dedicati ad attività commerciali) e quindi quelli *.EU*, *.ORG* e *.NET*.

Inoltre ricordiamo le estensioni *.NAME*, *.INFO* e *.BIZ* che di norma sono utilizzate come ripiego oppure per creare pagine che poi reindirizzano al dominio principale; l'acquisizione di più estensioni permette di acquisire una maggiore tranquillità poiché, una volta registrato, il nome che abbiamo scelto non potrà essere utilizzato da altri in nessun modo.

Il nome di dominio più classico è quello di secondo livello che tutti conosciamo e che si presenta nella seguente forma: *www.nomedominio.abc*

I domini di terzo livello, invece, sono facilmente riconoscibili perché contengono anche il nome dell'azienda che fornisce il servizio di hosting, per esempio: *http://nomedominio.nomeazienda.abc*

Fino a qualche anno fa l'impiego di questo tipo di dominio, associato all'uso di un hosting gratuito, aveva la sua ragione di esistere perché permetteva di risparmiare notevolmente sulla spesa di registrazione; attualmente però questi costi si sono talmente ridotti che riuscire a trovare provider in grado di fornire servizi discreti a partire da 12 euro/anno non è un problema.

La corretta scelta dell'hosting

Per riuscire a pubblicare il nostro sito su Internet dobbiamo, dunque, acquistare un servizio di hosting calibrato sui nostri reali bisogni; esso va scelto con cura nel mare di offerte disponibili.

Non staremo qui a consigliare questo o quel fornitore ma è importante capire che c'è una variegata diversità tra un hosting e un altro; questi si differenziano tra loro per quanto riguarda la qualità e la continuità del servizio, per i servizi annessi come i pannelli controllo in grado di favorire alcune operazioni tecniche, l'impostazione di CRON ecc. Inoltre non dimentichiamoci della possibilità di ricevere assistenza qualificata anche nei giorni festivi poiché è uno dei fattori importanti in caso di problemi.

Ogni provider può consentire operazioni più o meno estese ma, in ogni caso, tutte le istruzioni necessarie a gestire in maniera ottimale il nostro spazio web devono esserci fornite immediatamente subito dopo aver eseguito l'acquisto.

Abbiamo già avuto modo di specificare che la più corretta tipologia di hosting per utilizzare Joomla è quella di tipo *Linux*. Prima dell'acquisto dobbiamo tenere presente che tutte le nuove release di questo CMS funzionano correttamente solo con le versioni più aggiornate di PHP e MySQL; infatti, sono necessarie almeno le seguenti versioni minime:

- ✓ *server Apache versione 2x o superiore*
- ✓ *interprete PHP versione minima 5.2.4 o superiore*
- ✓ *database MySQL versione minima 5.1.x o superiore.*

Un servizio del genere può arrivare a costare dai 10 ai 100 euro ogni anno; se stiamo iniziando adesso, sarà bene indirizzarci verso quello di costo medio/basso. Questa tipologia comporta una spesa media di circa 35/40 euro l'anno, inclusa la registrazione del dominio.

Più avanti nel tempo, in presenza di accresciute esigenze, potremo effettuare un normale trasferimento verso servizi più consoni alle nuove esigenze; si tratta di un'operazione non complicata né difficile e in parte automatica, che esamineremo in dettaglio nel capitolo dedicato alla sicurezza.

Per essere sicuri di non sbagliare possiamo indirizzarci verso quei provider che offrono hosting ottimizzati per Joomla i cui parametri sono ampiamente pubblicizzati nelle pagine web dei rispettivi siti.

Se proviamo a eseguire una ricerca su Google utilizzando come chiavi di ricerca le parole *hosting + joomla*, ne troveremo diversi, qui di seguito ne proponiamo solo alcuni con l'invito a visitarli per riuscire a confrontare le rispettive offerte:

- ✓ *www.ergonet.it*
- ✓ *www.joomlahost.it*
- ✓ *www.joomlaspace.it*
- ✓ *www.joomlabay.it*

Cosa acquistare

Dopo aver scelto il provider, rimane da capire quale tipologia, tra i vari servizi offerti, possa fare al caso nostro; per saperlo è indispensabile valutare alcuni parametri che possono risultare essenziali per garantire non solo la visibilità continua ma anche la stabilità delle performance nel tempo, anche quando dovessimo far fronte a un picco molto consistente di visitatori.

Le caratteristiche da tenere presenti sono le seguenti:

- **Hosting condiviso, server virtuali e personali**

La scelta dipende dal traffico che pensiamo di sviluppare. Per esempio, un sito che accoglie molti visitatori in contemporanea ha ovviamente esigenze notevolmente differenti rispetto a un altro che, invece, riceve qualche decina di visite per lo più diluite durante la giornata. Inizialmente, nella fase di avvio, può andare bene anche un buon hosting condiviso; quando le esigenze dovessero diventare maggiori, allora potremo pensare a qualcosa di più potente come i server virtuali o quelli dedicati dai costi certamente molto più alti ma in grado di offrire servizi e performance di livello superiore.

- **Consumo di banda**

Attraverso questo parametro è possibile conoscere quanto traffico (in entrata e in uscita) è concesso dal provider; alcuni di questi impongono un limite mensile, mentre altri lo dichiarano *illimitato*. Ciò non vuol dire che lo spazio concesso sia veramente tale perché da un momento all'altro potremmo vedere il nostro sito bloccato per eccessivo consumo delle risorse condivise.

- **Spazio disco disponibile**

Joomla di per sé non occupa molto spazio ma i contenuti da inserire (testi, foto, file ecc.) possono essere anche molto pesanti e quindi meglio preferire provider che offrano almeno 1 Gb di spazio. Alcuni servizi di hosting condiviso di tipo economico promettono la disponibilità di spazi illimitati; ciò non è vero in senso assoluto, significa solo che il provider non impone limiti di massima. Tuttavia non possiamo pensare di approfittarne oltre il lecito perché, anche in questo caso, ci vedremmo sospendere l'account.

- **Uptime del server**

Molti provider italiani tendono a non dichiararlo esplicitamente, come invece fanno quasi tutti i servizi di hosting esteri. Questo valore serve a indicare un parametro molto importante, ossia la continuità del servizio nel tempo. L'esame dell'*uptime* di un server ci consente di capire se la macchina ha subìto qualche stop nell'arco di un periodo definito; il suo valore ottimale dovrebbe essere quanto più vicino al 100%. Ovviamente, nella delicata fase di scelta del miglior servizio di hosting da acquistare, poter valutare questo tipo di parametro è davvero fondamentale perché ci permette di conoscere se il nostro sito risulterà visibile su Internet 24 ore su 24 e in quale misura potrebbe subire delle interruzioni a causa di KO tecnici del server. Per qualsiasi provider riuscire a fornire un servizio di uptime vicino al 100% non è cosa da poco poiché occorrono investimenti consistenti in termini di tecnologia e di personale; non è per niente raro il caso di hosting molto economici e improvvisati che abbiano frequenti blocchi giornalieri variabili da alcuni minuti a molte ore, basta frequentare qualche forum tecnico su questo argomento per capire quanto sia diffuso questo problema.

- **Servizio di backup**

Qualunque sia la tipologia di sito cui ci dedichiamo non è pensabile correre il rischio della totale perdita del nostro lavoro a causa di guasti al server o per hackeraggio del sito. Nella parte di questo libro dedicata alla sicurezza, vedremo come attuare operazioni di backup in maniera autonoma alle quali, per maggiore sicurezza, è sempre consigliabile affiancare anche l'apposito servizio offerto dai provider, se disponibile.

- **Tempi di risposta del server**

È uno di quei parametri spesso sottovalutati ma anch'esso molto importante; infatti, ci permette di conoscere il tempo medio di attesa necessario all'apertura delle pagine del sito. Server condivisi sottoposti a stress, a causa dell'alto numero di siti presenti o anche linee di collegamento congestionate e scarsamente veloci, possono causare tempi di attesa molto lunghi che potrebbero portare i visitatori a spostarsi verso i nostri eventuali concorrenti in grado di offrire performance migliori in termini di velocità.

Tempi di risposta molto alti sono l'indice rivelatore della presenza di tutta una serie di problemi vari, spesso dovuti a uno o anche all'insieme di più fattori concomitanti, come per esempio:

- *dislocazione geografica dei server*: è evidente che un server residente in Italia o in Europa fornisca tempi di risposta più veloci rispetto a un altro che invece è dislocato in America o in Asia. Ciò nonostante, nel nostro Paese, l'impiego di provider americani è molto diffuso perché generalmente offrono servizi di buona qualità a costi minori rispetto a quelli italiani;
- *scarsa disponibilità di banda* dovuta a interconnessione a dorsali internet poco veloci o di scarsa qualità;
- *server tecnologicamente obsoleti*;

– *server non opportunamente dimensionati* rispetto al reale carico di lavoro cui sono sottoposti o, nel caso di server condivisi, con un altissimo numero di siti ospitati e quindi da gestire in contemporanea.

Conoscere i tempi di risposta di un server non è particolarmente difficile, possiamo facilmente provare a interrogarli tramite una semplice istruzione inviata tramite il *Prompt dei comandi* che troviamo all'interno della voce *Accessori* del menu di Windows; all'apertura della finestra con lo sfondo nero che mostra il *Prompt* lampeggiante (figura 1.9), non dobbiamo fare altro che digitare la seguente istruzione e attendere la risposta:

ping www.nomesito.xy

Il test non ha certamente un alto valore tecnico ma permette, operando per confronto e in diverse ore del giorno, di capire il valore di un server rispetto ad altri di pari costo e, almeno sulla carta, di pari prestazioni dichiarate.

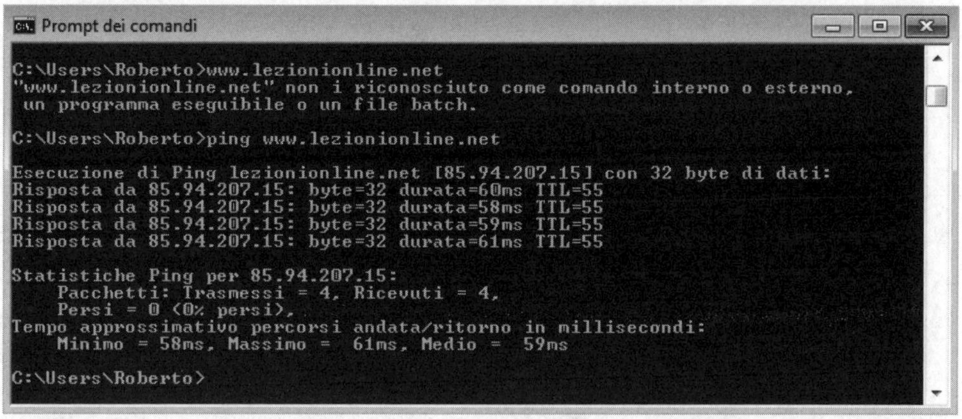

Figura 1.9 – Esempio di utilizzo del comando ping, *dal* Prompt dei comandi *di Windows.*

Utilizzo pratico dei programmi FTP

Il termine FTP è un acronimo inglese che significa *File Transfer Protocol*; in parole semplici si tratta di un protocollo che permette il trasferimento di file in codice binario, da e verso un server remoto.

È ovvio che un tale programma abbia poco valore in ambito locale perché, operando sul nostro PC di casa, può spostare tranquillamente i file in modo manuale con la normale procedura prevista dal sistema operativo; quando il server è remoto, invece, ci necessita un apposito programma che ci consenta di attuare questo trasferimento verso il server o di riportare i file dalla posizione remota al nostro PC magari per motivi di backup.

Il termine FTP è dunque un acronimo inglese che significa: File Transfer Protocol. *Si tratta di un formato diverso rispetto all'http che siamo soliti utilizzare con il nostro browser, poiché impiega un protocollo standard per compiere il trasferimento dati da e verso un server internet.*

Tale standard si rende necessario per oltrepassare i normali problemi che si avrebbero a causa delle differenze di sistema operativo e stoccaggio dei file tra computer diversi e anche molto distanti tra loro.

Durante il trasferimento, inoltre, sono effettuati opportuni controlli in modo da verificare la completa integrità dei file trasmessi.

Al momento dell'acquisto di uno spazio web, il fornitore del servizio ci rilascia i dati di login (nome utente) e la relativa password per l'accesso; entrambi sono assolutamente necessari per attuare il collegamento con il server remoto e intraprendere l'invio dei file al sito.

Se non disponiamo di un software del genere, dobbiamo subito rimediare procurandocene uno; tramite ricerche su Internet è possibile trovarne diversi, sia di natura commerciale sia *freeware*.

Il nostro consiglio è di scaricare e imparare a utilizzare Filezilla; si tratta di un ottimo programma FTP completamente *free* che ha il vantaggio di essere disponibile anche nella nostra lingua e per tutti i principali sistemi operativi quali Windows, Linux e Mac OS X.

Il download del programma Filezilla è assolutamente gratuito e non occorre neanche dover effettuare alcuna iscrizione; possiamo farlo direttamente dal sito dei programmatori a questo indirizzo:

http://filezilla-project.org/download.php

Come possiamo osservare dalla figura 1.10 oltre ai vari sistemi operativi, per quanto riguarda Windows, la scelta ricade su due tipologie di file; la prima permette di scaricare il programma *.exe* che va installato come qualsiasi altra applicazione mentre quella in formato *.zip* può essere più vantaggiosa perché, dopo aver scompattato il file sul nostro PC, funziona senza operare alcuna installazione e quindi comporta minori problemi a livello di sistema operativo.

In ogni caso, qualsiasi sia la nostra scelta, una volta che avremo avviato il programma, nulla cambia nella modalità operativa e nell'interfaccia di lavoro che rimane assolutamente identica in entrambi i casi; infatti, dopo l'avvio del programma dovremmo essere in grado di visualizzare la schermata che possiamo osservare in figura 1.10.

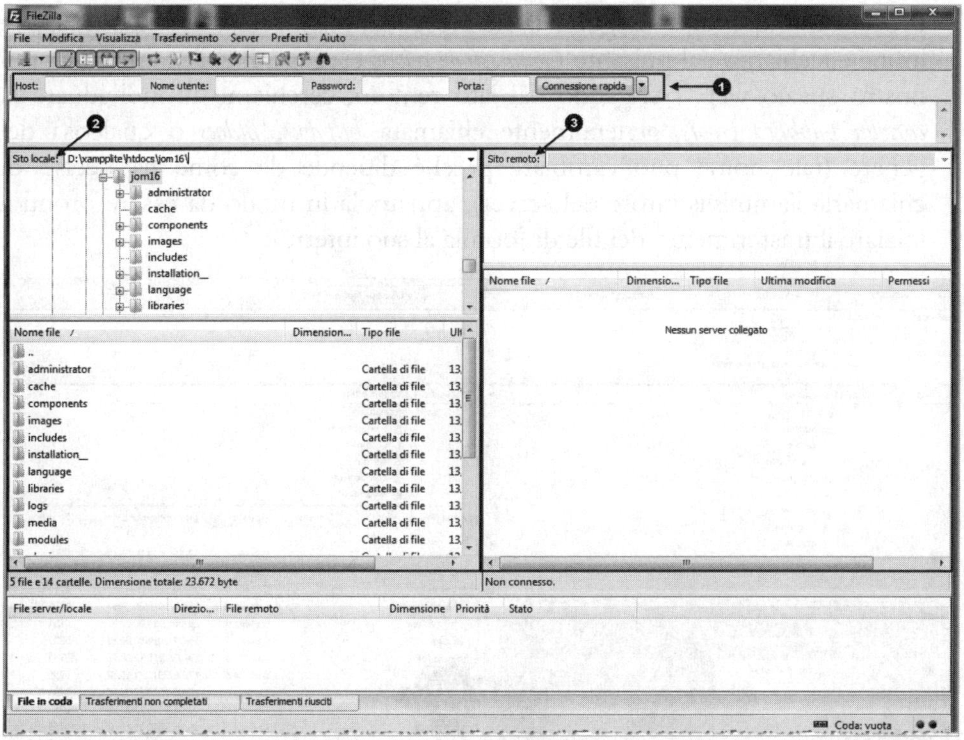

Figura 1.10 – Schermata principale del programma Filezilla.

Con riferimento alla figura precedente, la numerazione indica:

1. *Barra indirizzo e dati*: qui dobbiamo inserire i dati che ci consentano di essere riconosciuti dal nostro server remoto; di norma essi ci vengono forniti al momento in cui acquistiamo l'hosting e dovremmo trovarli nell'e-mail che ci conferma l'acquisto dello spazio web, essi sono:
   - *Indirizzo host*: comunemente, tale indirizzo è scritto con questa forma: *ftp.miosito.xx*; raramente viene utilizzato l'indirizzo IP del server com'è abitudine di qualche provider;
   - *Nome utente*: qui dobbiamo inserire l'*user-id* per il login FTP;
   - *Password*: per l'accesso FTP;
   - *Porta*: di norma è la numero 21 ma è opzionale inserirla; infatti, anche lasciando questo campo vuoto, l'accesso al sito avviene senza problemi.
2. *Vista sito locale*: in questa finestra possiamo navigare all'interno del nostro hard disk per localizzare tutti i file che intendiamo trasferire sul server.
3. *Vista sito remoto*: qui appariranno i file presenti sul server non appena avremo effettuato il login descritto al punto 1 e saremo stati riconosciuti.

Procediamo quindi a eseguire il riconoscimento: inseriamo i nostri dati e infine clicchiamo sul pulsante *Connessione veloce*; eseguito il collegamento con il nostro spazio web, navigando dal lato remoto, cerchiamo di individuare la *cartella pubblica* (*root*), generalmente chiamata *httpdocs*, *htdocs* o qualcosa del genere (tale nome può cambiare perché dipende da come ha deciso di chiamarla l'amministratore del server), apriamola in modo da essere pronti a iniziare il trasferimento dei file di Joomla al suo interno.

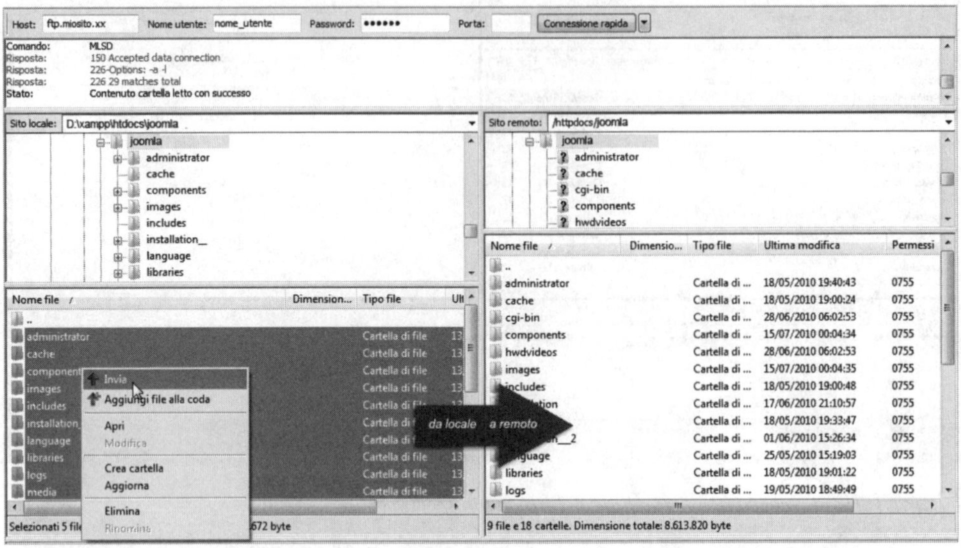

Figura 1.11 – Modalità di trasferimento dei file da locale a remoto.

Dalla schermata riprodotta nella figura 1.11, invece, possiamo ricavare facilmente la corretta sequenza delle operazioni da compiere:

1. se necessario, nella *root* (directory base) del nostro spazio web, creiamo una nuova cartella per contenere i file di Joomla; nell'esempio riportato nella figura 1.11, tale directory si chiama *joomla*;
2. iniziamo l'operazione dal lato locale selezionando tutti i file da trasferire;
3. con la selezione attiva, utilizziamo il tasto destro del mouse e clicchiamo sulla selezione stessa come mostrato in figura 1.11;
4. infine dal menu contestuale che appare, scegliamo la voce *Invia*.

Il programma a questo punto inizia a trasferire i file e non ci resta che attendere pazientemente che tutta l'operazione sia portata a termine senza che siano segnalati errori; il tempo necessario per il completamento dell'upload dipende dal tipo di collegamento utilizzato e dalla velocità del server stesso.

Per tutti i principianti, il consiglio è di non chiudere l'argomento in modo frettoloso ma piuttosto di eseguire molte prove di trasferimento, utilizzando anche piccoli file da inviare sul server e da riportare sul PC.

Tutto ciò serve per accumulare un minimo di esperienza e manualità in questo tipo di operazioni assolutamente essenziali; infatti, fanno parte di una procedura che potremmo utilizzare per operazioni di aggiornamento dei file ma anche in caso di piccole modifiche o personalizzazioni che si dovessero rendere necessarie nella vita operativa della nostra piattaforma Joomla.

❖ Quello che è necessario sapere su Joomla

Attualmente Joomla è impiegato in tutto il mondo sia da webmaster privati sia da professionisti per la produzione di qualsiasi tipo di sito web:

- ✓ personale, hobby, comunità club e associazioni;
- ✓ chiese e scuole di ogni ordine e grado;
- ✓ università;
- ✓ portali governativi;
- ✓ aziende piccole e multinazionali;
- ✓ società sportive;
- ✓ organizzazioni non-profit;
- ✓ negozi elettronici, vendita auto e immobili;
- ✓ riviste e notiziari online.

Visitando questo link: *http://community.joomla.org/showcase/* potremo avere un'idea migliore della qualità e della varietà dei siti prodotti con Joomla in tutto il mondo; per quanto riguarda l'Italia, invece, possiamo visitare l'apposita directory presente sul sito *http://www.joomlashow.it*

Se qualcuno pensa che tutto questo successo sia del tutto normale poiché, tutto sommato, si tratta di un software gratuito, si sbaglia di grosso!

Prodotti analoghi, anch'essi totalmente gratuiti, si dibattono da anni in un limbo frequentato da un'utenza del tutto marginale che è pronta al cambio della piattaforma utilizzata non appena riesce a trovare di meglio.

Tutto ciò può servire a rassicurare chi inizia solo adesso a utilizzare Joomla, che non sta perdendo certamente il proprio tempo; è necessario solo un breve periodo utile ad acquisire una minima confidenza con questo formidabile strumento per costruire interi siti internet e poi, certamente, le soddisfazioni non tarderanno ad arrivare.

Il software Joomla può essere anche modificato e ridistribuito senza dover pagare nulla; possiamo anche utilizzarlo per fini commerciali facendoci pagare per il servizio offerto con la matematica certezza di non infrangere alcun copyright.

Questo non vuol dire che possiamo metterci a vendere il software di per sé ma che possiamo lucrare su tutte una serie di servizi da costruire attorno a esso.

Per esempio un webmaster può pensare di utilizzare Joomla per costruire siti per i propri clienti facendosi pagare per il proprio lavoro creativo come per esempio lo studio grafico, l'installazione e l'assistenza ma certo non per la fornitura del programma di per sé.

Per chi volesse approfondire questo argomento e conoscere gli esatti limiti della licenza GNU-GPL (General Public License) ecco il link giusto da seguire: http://it.wikipedia.org/wiki/GNU_GPL; *inoltre ricordiamo che all'interno della cartella che contiene tutti i file di Joomla è presente un file di testo chiamato license.txt che possiamo consultare in qualsiasi momento.*

Bisogno di aiuto?

Uno dei più grandi valori aggiunti di Joomla è la presenza, in tutto il mondo, di svariate comunità molto attive e motivate che rappresentano un utilissimo e valido aiuto per eventuali difficoltà di varia natura oppure per necessità legate a particolari personalizzazioni o al reperimento di nuove estensioni.

Noi Italiani non potevamo essere da meno e, infatti, il sito ufficiale di supporto nella nostra lingua che troviamo all'indirizzo *www.joomla.it* è uno dei migliori a livello europeo sia per numero di iscritti sia per la quantità e la qualità di articoli, recensioni e tutorial che è possibile trovare al suo interno.

Nella figura 1.12 riportata nella pagina seguente, possiamo osservare la schermata della home page del sito di supporto italiano *joomla.it* da dove possiamo essere aggiornati su tutto quello che riguarda Joomla come nuove versioni, estensioni ecc.; in grande evidenza troviamo l'area forum tenuta aggiornata di continuo da ottimi moderatori.

In sostanza le varie aree di cui è composto questo sito rappresentano veri punti di riferimento assolutamente indispensabili per riuscire a rimanere sempre aggiornati, per ricevere supporto e soprattutto aiuto qualificato quando più ci serve.

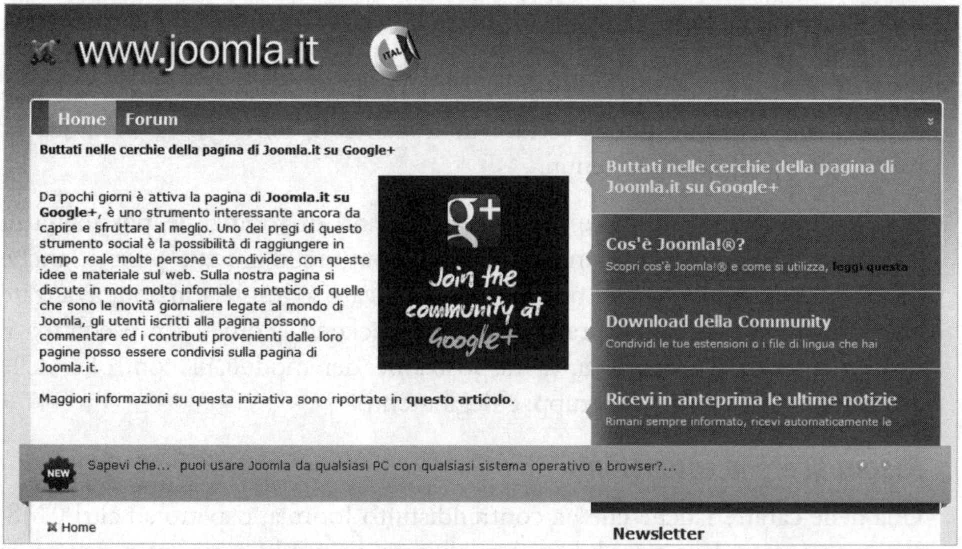

Figura 1.12 – La home page del sito di supporto italiano joomla.it

Infine, non va dimenticato il grande merito di una comunità come quella italiana che provvede alla traduzione e al continuo rilascio delle nuove versioni di lingua in tempo reale, rispetto all'uscita della release inglese.

❖ Terminologia ed elementi di base da conoscere

Nella descrizione delle varie funzioni di Joomla saranno utilizzati spesso alcuni termini che richiamano elementi e aspetti funzionali con i quali dovremo acquisire sin da subito la massima confidenza, prima di addentrarci nelle aree più complesse dell'amministrazione di questo CMS.

Frontend & Backend

Questi due termini fanno parte da sempre della terminologia tipica di Joomla e indicano rispettivamente l'ambiente di navigazione pubblico utilizzato da tutti i visitatori del sito e quello più nascosto dove troviamo il potente pannello di controllo da cui l'amministratore riesce a gestire, nei minimi particolari, tutte le funzioni del sito.

Dalla versione 1.6 di Joomla, il login effettuato dal frontend ha acquisito una maggiore importanza perché tramite la nuova assegnazione dei ruoli, resa molto più potente rispetto alle precedenti versioni, possiamo attribuire ai nostri utenti compiti molto selettivi e personalizzati più in linea alla reale funzione che ognuno di essi dovrà svolgere nel sito.

Joomla 2.5 è quindi in grado di attribuire libertà di movimento ben definite a quegli utenti che, per esempio, devono collaborare con l'amministratore; infatti, con le corrette impostazioni, queste persone possono accedere ad aree di frontend riservate per la lettura di documenti, l'invio o la modifica di particolari tipologie di contenuti.

A parte questo, rispetto alle versioni precedenti di Joomla, le possibilità di azione degli utenti di frontend rimangono comunque limitate perché, anche con i massimi privilegi, essi non possono arrivare a gestire funzioni avanzate che rimangono assoluta prerogativa del backend, come per esempio: il caricamento delle estensioni, la disposizione dei moduli, il controllo delle estensioni e la gestione dei gruppi e degli utenti.

Riconoscere le estensioni

Una delle caratteristiche che ha contraddistinto Joomla, rispetto ad altri CMS, è rappresentata dalla possibilità di migliorare, in modo semplice e veloce, le proprie funzionalità implementate nel framework di base, mediante l'impiego delle cosiddette *Estensioni*.

Anche se spesso sono raccolte in un unico raggruppamento per motivi di semplicità, le estensioni appartengono a due tipologie; nella prima troviamo quelle più importanti, esse hanno il compito di aggiungere nuove funzioni e di modificare la modalità di gestione e presentazione dei dati:

- ✓ *Componenti*
- ✓ *Plugin*
- ✓ *Moduli.*

Nel secondo gruppo, invece, sono incluse queste estensioni:

- ✓ *Temi grafici o template*
- ✓ *File di lingua.*

Queste ultime estensioni, a differenza dalle prime, agiscono rispettivamente sull'aspetto estetico del sito e sulla localizzazione dei vari messaggi di sistema, utilizzati dal CMS, in modo che essi siano mostrati nella lingua che l'amministratore ha scelto come default per tutto il sito.

Ovviamente, tale localizzazione riguarda solo questo tipo di scritte e non i contenuti che devono essere sempre inseriti già nella lingua scelta, a cura dell'utente autorizzato alla pubblicazione.

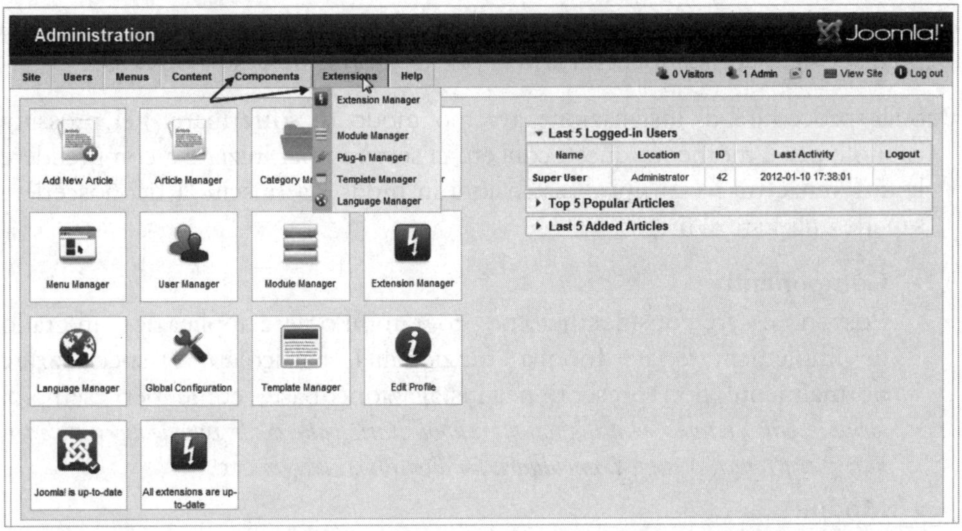

Figura 1.13 – In evidenza i menu amministrativi per la gestione delle estensioni.

Nella figura 1.13 vediamo evidenziato il menu dedicato ai *Componenti* e quello per gestire tutti gli altri tipi di *Estensioni*. Selezionando la voce di menu *Gestione Estensioni*, come già succedeva con le precedenti versioni di Joomla, si apre un pannello che permette sia l'installazione sia l'eliminazione di estensioni eventualmente caricate in precedenza.

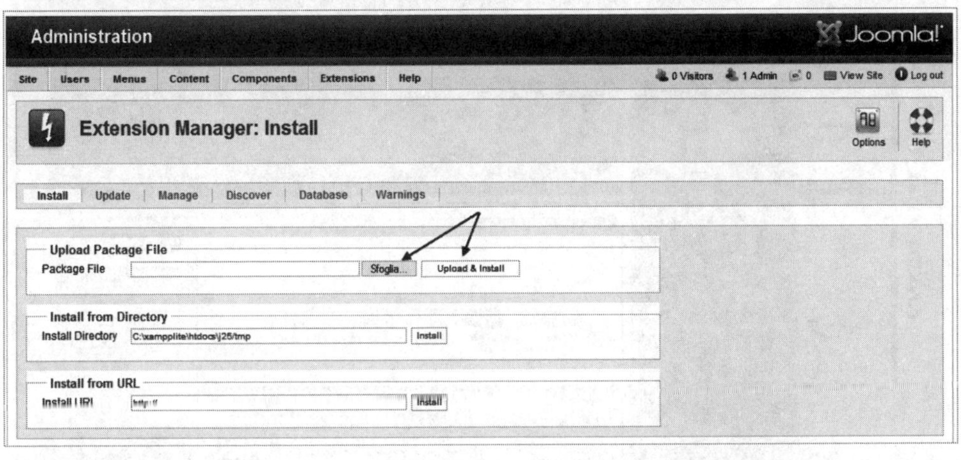

Figura 1.14 – Pannello per il caricamento delle nuove estensioni in Joomla.

Tutte le estensioni possono essere utilizzate da Joomla dopo averle prelevate dai siti che le distribuiscono e, una volta caricate sul nostro hard disk, possono essere installate con un'operazione del tutto automatica utilizzando un'unica procedura valida per tutti i tipi di estensioni, purché esse siano appositamente predisposte o compatibili con la versione di Joomla in nostro possesso.

Sulle procedure di installazione avremo modo di soffermarci nei prossimi capitoli; per il momento questi concetti ci servono per iniziare a comprendere le differenze tra i vari tipi di estensioni in modo da riuscire a riconoscerle e saperle utilizzare al meglio.

- **Componenti**
  Possono essere considerati come programmi o vere applicazioni in grado di implementare in Joomla funzionalità particolari e specializzate normalmente non presenti nell'installazione base, come per esempio: *forum*, *chat*, *gestione eventi*, *annunci pubblicitari*, *gallerie di immagini*, *newsletter*, *negozi elettronici*, *agenzie immobiliari*, *vendita auto*, *alberghi* ecc.
- **Moduli**
  Possiamo definire i moduli come piccole aree nelle quali possono essere mostrati contenuti di vario tipo come per esempio testo e immagini ma anche i risultati dell'elaborazione di alcuni componenti. All'interno di un tema grafico essi possono essere utilizzati in gran numero e contribuiscono non poco alla personalizzazione dell'aspetto finale.

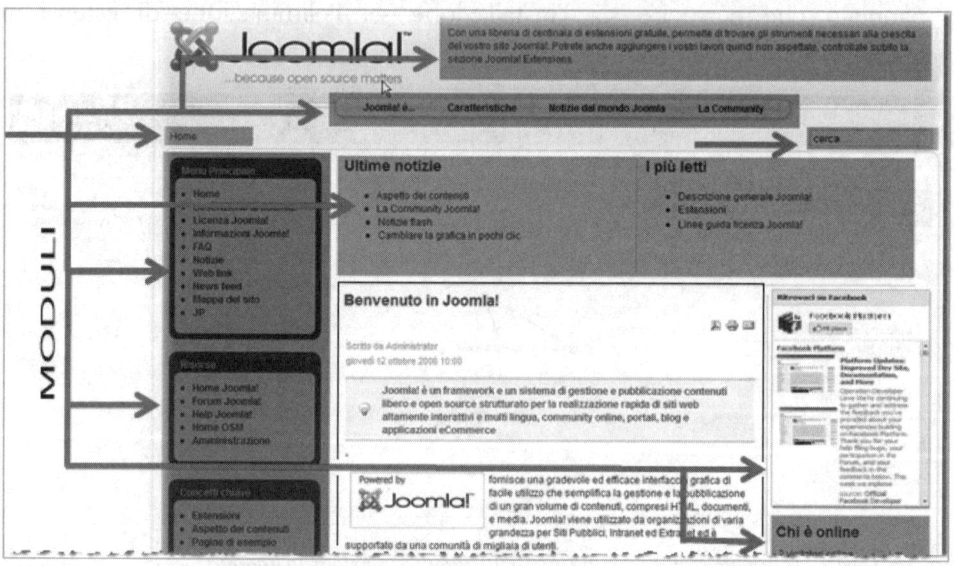

Figura 1.15 – In evidenza i blocchi del template in cui è possibile posizionare moduli diversi.

I moduli, infatti, hanno la prerogativa di poter essere collocati a piacere all'interno del tema grafico scelto, generalmente attorno al blocco centrale, e mostrati solo dove l'amministratore decide che essi debbano apparire.

Si tratta dunque di elementi essenziali quando sono utilizzati per mostrare i *menu* senza i quali sarebbe impossibile la normale navigazione del sito.

- **Plugin**

  Agiscono in maniera diversa rispetto alle altre estensioni; essi intervengono in vario modo, potenziando il comportamento del codice base.

  I *plugin* possono operare in unione a componenti ma anche da soli; infatti, li vediamo attivi a livello di contenuti, editing dei testi, gestione delle immagini, potenziamento delle funzioni di ricerca ecc.

- **Template**

  Sono meglio conosciuti con il nome di temi grafici; tramite loro possiamo modificare l'aspetto estetico del nostro sito in maniera facile e veloce. Da questo punto di vista, Joomla si è sempre saputo distinguere da altri prodotti similari pure presenti nel mondo *Open Source*, perché le soluzioni tecniche adottate dagli sviluppatori hanno sempre permesso all'utente finale di scegliere e personalizzare la veste grafica per riuscire ad assecondare i gusti e le esigenze di ogni singolo utilizzatore.

- **File di lingua**

  Joomla è un prodotto professionale, utilizzato in tutto il mondo; per questo motivo implementa un sistema di cambio della lingua che gli permette di adeguarsi a qualsiasi esigenza; anche le lingue sono installate con la semplice procedura che riguarda tutte le estensioni, nessuna esclusa. Subito dopo possiamo scegliere quella che desideriamo utilizzare per il lato pubblico del sito e per il backend amministrativo.

Tutte le estensioni sono costituite da una serie di file racchiusi in un archivio compresso; quest'ultimo non deve essere mai scompattato prima del caricamento poiché a questo provvede, in modo del tutto automatico, il programma di caricamento e installazione.

Infatti, durante questa operazione, Joomla è in grado di riconoscere il tipo di estensione e di disporre tutti gli elementi contenuti nel pacchetto in maniera corretta. Ciò avviene grazie alla presenza di un particolare file in formato .xml che fornisce al CMS tutte le informazioni utili a svolgere questo tipo di lavoro in maniera corretta.

Utenti e Gruppi

Nella nuova versione 2.5 possiamo gestire l'accesso ai contenuti in maniera differenziata come mai era stato possibile fare prima nelle versioni precedenti alla 1.6; adesso possiamo creare un numero virtualmente illimitato di gruppi per suddividere gli utenti in modo più omogeneo e permettere che questi accedano in maniera esclusiva (e con varie mansioni) a contenuti sia pubblici sia riservati. Possiamo definire le regole di volta in volta a nostro piacimento, addirittura per ogni singolo utente se necessario.

Questo sistema prende il nome di ACL (*Access Control List*); avremo modo di utilizzarlo praticamente in ogni ambiente che andremo a descrivere; si tratta di procedure un po' complesse che possono richiedere un po' di tempo per essere assimilate. In realtà è sufficiente entrare nella logica di funzionamento e tutto sembrerà molto più semplice e diretto; quindi, il consiglio è di procedere con la calma tipica dello *step-by-step*, senza modificare l'ordine di lettura dei capitoli per cercare una forzatura dei tempi di apprendimento.

Per il momento, per tutto ciò che riguarda gli utenti e i gruppi ci basti sapere quanto segue:

a. tutti gli utenti devono far parte almeno di un gruppo ma è possibile essere inseriti anche in più gruppi in modo da sommare i permessi;

b. i permessi non possono essere mai assegnati al singolo utente ma a un intero gruppo; quindi se una sola persona deve poter avere particolari prerogative, è necessario creare un gruppo esclusivamente per quell'utente;

c. i gruppi di default sono gli stessi delle versioni precedenti alla 1.6 di Joomla ma adesso possiamo crearne di nuovi, in maniera illimitata;

d. ogni nuovo gruppo può essere definito *figlio* di un gruppo *genitore* dal quale eredita gli stessi permessi e lo stesso ruolo. L'utilità di creare un gruppo *figlio* è quella di partire da una base di partenza certa per poi andare a modificare le prerogative di quest'ultimo rispetto a quelle del genitore;

e. i gruppi possono essere cancellati, a parte quelli cui si appartiene; quindi rimangono stabili il *Public*, da cui discendono tutti i gruppi principali e quello destinato agli amministratori, ovviamente indispensabile per riuscire a operare nel backend.

Categorie nidificate

Sappiamo già che il nostro Joomla, nella sua accezione più classica, è un ottimo gestore di contenuti; con questo termine intendiamo il flusso di articoli che sono introdotti dall'amministratore o dai suoi collaboratori e infine gestiti dinamicamente dal CMS.

Tutti i contenuti del sito (ossia gli articoli), per essere mostrati secondo un ordine predefinito e, in seguito, ritrovati e archiviati con facilità possono essere suddivisi in categorie che l'amministratore può creare liberamente in base alle proprie esigenze; ciò permette di ottenere una ripartizione organica e ben ordinata dei vari articoli in base all'argomento trattato.

Rispetto alle vecchie versioni 1.5, in questa nuova release di Joomla non esiste più la gerarchia composta dalle *Sezioni* cui erano assegnate le *Categorie* poiché nella release 2.5 tutto è gestito solo attraverso quest'ultime.

Ne risulta una maggiore flessibilità d'uso perché, partendo da una categoria principale, finalmente possiamo creare un numero di sottocategorie nidificate che si espandono ad albero, virtualmente illimitato.

A tutto questo dobbiamo anche aggiungere l'implementazione molto riuscita del sistema di controllo degli accessi (ACL) che consente di diversificare la visibilità dei contenuti stessi in base al gruppo di appartenenza dell'utente.

In buona sostanza possiamo affermare che, già a partire dalla versione 1.6, Joomla è stato notevolmente potenziato nelle sue possibilità, senza che siano andate perse le caratteristiche principali che lo hanno reso un grande software, ossia la grande semplicità di approccio e di utilizzo molto gradita agli utenti.

Posizionamento dei moduli

Un altro aspetto importante con cui dobbiamo fare i conti nelle prime fasi di utilizzo del CMS è capire come sono sistemati e come si chiamano i blocchi in cui possono essere indirizzati i moduli.

Rispetto alle vecchie versioni di Joomla c'è stato qualche cambiamento nella parte concernente la programmazione e la gestione ma, sostanzialmente, tutta la teoria che li riguarda è rimasta immutata.

Molto semplicemente, possiamo dire che i blocchi modulo sono creati dal programmatore del template grafico che, allo stesso tempo, decide dove sistemarli in base al layout grafico risultante dal proprio lavoro; a ogni blocco egli assegna un nome (per esempio: *left*, *right*, *top*, *footer*, *user1*,*user2* ecc.).

In questo modo, dal backend amministrativo possiamo agevolmente disporre i vari moduli, che intendiamo utilizzare, regolandoci in base al nome del blocco.

Nella figura 1.15 abbiamo già visto un esempio che dimostra come i moduli (indicati dalle frecce) possano essere collocati liberamente all'interno di un template conoscendo il nome dei blocchi decisi dal programmatore; al centro invece è sempre presente l'area deputata a presentare i contenuti e tutti i risultati elaborati dai componenti installati nel CMS.

Approfondiremo ulteriormente questa parte sui moduli quando ci troveremo a parlare della loro gestione amministrativa, nel capitolo 9.

La gestione del Cestino

La funzione *Cestino* nell'amministrazione di Joomla è stata sempre presente in tutte le versioni di Joomla che si sono susseguite nel tempo; essa rappresenta tuttora una valvola di sicurezza contro le cancellazioni accidentali perché, per tutti gli elementi più importanti, l'eliminazione non avviene immediatamente ma solo dopo essere entrati nell'ambiente *Cestino*, aver selezionato i file e infine cliccato sul pulsante *Svuota cestino*.

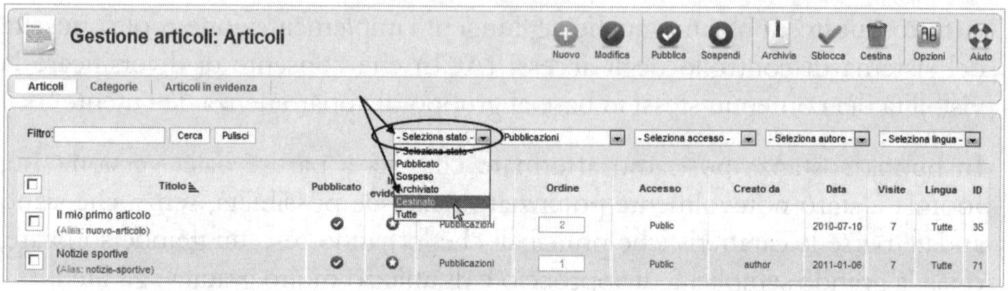

Figura 1.16 – Modalità di richiamo dei file cestinati.

Rispetto alle versioni precedenti però, a partire dalla 1.6, è stato modificato l'accesso ai file cestinati; infatti adesso, per poterli richiamare ed eventualmente cancellare definitivamente oppure ripristinare, dobbiamo agire sul menu *Seleziona stato* che è sempre presente in tutte le pagine di gestione dei vari elementi che compongono Joomla; per esempio nella figura 1.17 vediamo tale menu in azione, proprio nella pagina della *Gestione articoli*.

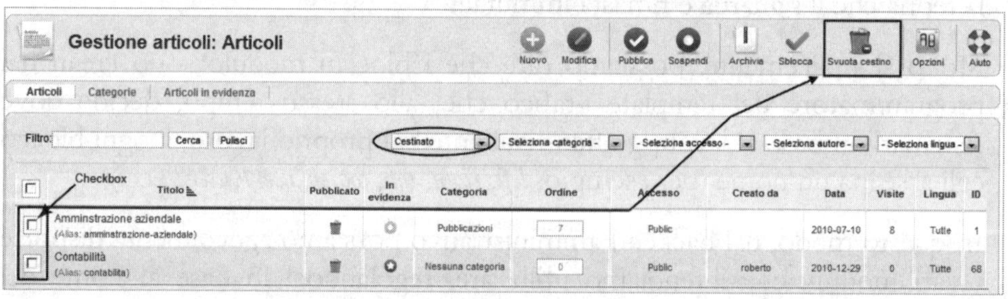

Figura 1.17 – Rimozione definitiva degli elementi selezionati.

Dopo aver scelto la voce *Cestinato*, Joomla ci mostra l'elenco dei file che si trovano in questo stato e ne permette la rimozione definitiva soltanto dopo averli selezionati tramite i rispettivi *checkbox* (posti a sinistra del nome), e infine cliccando sul pulsante *Svuota cestino* (figura 1.17).

Generalità sulle pulsantiere

All'interno dei singoli pannelli amministrativi, i programmatori di Joomla hanno sistemato tutta una serie di pulsanti a icone che servono a velocizzare enormemente l'accesso alle principali funzioni dell'area in cui si trova a operare l'utente; l'aspetto di queste pulsantiere può essere diverso sia per numero degli elementi presenti sia per le funzioni cui possiamo avere accesso.

Torneremo a esaminare alcune di queste quando dovremo trattare argomenti particolarmente importanti, per i quali può valere certamente la pena di descrivere alcune funzioni più particolari. Per il momento ci limitiamo a esaminare la composizione dei pulsanti più importanti e a rendere evidenti le novità che sono state operate nelle versioni a partire dalla 1.6/1.7.

Figura 1.18 – Aspetto della pulsantiera con le funzioni base.

Legenda delle funzioni base (figura 1.18):

✓ *Nuovo*: inizia la creazione di un nuovo elemento (*articolo*, *menu* ecc.);

I pulsanti che seguono devono essere utilizzati previa selezione di uno o più checkbox che sono quei piccoli quadratini che precedono il nome dell'elemento stesso.

✓ *Modifica*: apre il pannello di controllo dell'elemento selezionato;

✓ *Pubblica*: rende visibile online gli elementi selezionati;

✓ *Sospendi*: blocca la pubblicazione degli elementi selezionati;

✓ *Archivia*: archivia gli elementi selezionati;

✓ *Sblocca*: esegue un ripristino funzionale di quegli elementi che sono stati chiusi impropriamente (*icona catenaccio vicino al nome*);

✓ *Cestina*: cestina gli elementi selezionati;

✓ *Rigenera*: si tratta di una funzione di servizio che permette di rigenerare, se occorre, i collegamenti di tutti i menu del sito, ripristinando di fatto la loro normale funzionalità;

✓ *Opzioni*: pulsante presente in tutte le aree amministrative, serve per accedere sia al pannello di controllo dei permessi sia a quello delle impostazioni tipiche dell'area in cui si trova;

✓ *Aiuto*: richiama l'aiuto in linea fornendo indicazioni sulle funzioni presenti nella pagina dalla quale viene aperto; pertanto, in futuro eviteremo di ripresentarlo ogni volta.

Tutti coloro che provengono dalla versione 1.5 di Joomla troveranno diverse anche le opzioni per il salvataggio dei contenuti; nella figura 1.19 in basso possiamo osservare un esempio.

Figura 1.19 – Le opzioni per il salvataggio.

- ✓ *Salva*: memorizza il lavoro in corso o le modifiche effettuate senza uscire dalla pagina dell'editing;
- ✓ *Salva e chiudi*: salva il lavoro e chiude la pagina di editing ritornando all'elenco degli elementi;
- ✓ *Salva e nuovo*: salva il lavoro, chiude la pagina di editing e ne apre una nuova; permette quindi di accelerare i tempi che servono per l'introduzione di una serie di nuovi elementi quali articoli, menu, moduli ecc.;
- ✓ *Salva come copia*: dopo aver aperto e modificato un contenuto già esistente, lo salva con un nuovo nome lasciando intatto l'elemento originale; in sostanza effettua la clonazione di un elemento.

❖ Approccio al controllo degli accessi (ACL)

Chiariamo subito che non si tratta di un'operazione complessa o complicata: dobbiamo soltanto comprendere bene la filosofia di funzionamento studiata dai programmatori per dotare Joomla di un formidabile strumento utile ad assegnare ruoli e permessi ai frequentatori della piattaforma.

Come abbiamo già detto in precedenza, l'importante è non avere fretta a finire in modo da riuscire a seguire lo sviluppo dei vari argomenti senza procedere al capitolo successivo prima di aver assimilato esaurientemente le nozioni di quello precedente.

Per chi inizia, infatti, o per chi è abituato a lavorare con le vecchie versioni di Joomla, il sistema di controllo degli accessi potrà sembrare alquanto complicato; però basterà prendere confidenza con alcune nozioni fondamentali per capire che, tutto sommato, c'è una logica alla base di tutto e che basta seguire alcune regole fondamentali facilmente assimilabili con qualche esercizio pratico.

- ✓ Le ACL attribuiscono, agli utenti del sito, autorizzazioni che consentono loro di accedere ad aree riservate e di compiere azioni, di tipo anche esclusivo, sui vari elementi del sito.
- ✓ Per prima cosa tutte le autorizzazioni sono definite a un livello base chiamato *Globale*; ciò permette di creare una base di partenza o una sorta di stato di default che andrà a interessare, in vario modo, i gruppi di utenti che dovranno operare nel sito.
- ✓ Lo stato di questi permessi, man mano che ci addentriamo nelle varie aree di Joomla, viene ereditato seguendo una gerarchia di questo tipo:

  Globale → Componenti → Categorie → Articoli

  Come vediamo nella figura in basso, la *scalata* ai permessi inizia dalla base partendo dall'*ambiente globale*; man mano che saliamo, gli stessi permessi possono essere modificati per adattarsi alle necessità dei gruppi di utenti interessati a operare in un certo ambiente; in cima troviamo gli *articoli* che, essendo gli ultimi elementi utilizzabili, se necessario, possono ricevere l'ultima modifica dei permessi ereditati nei vari passaggi.

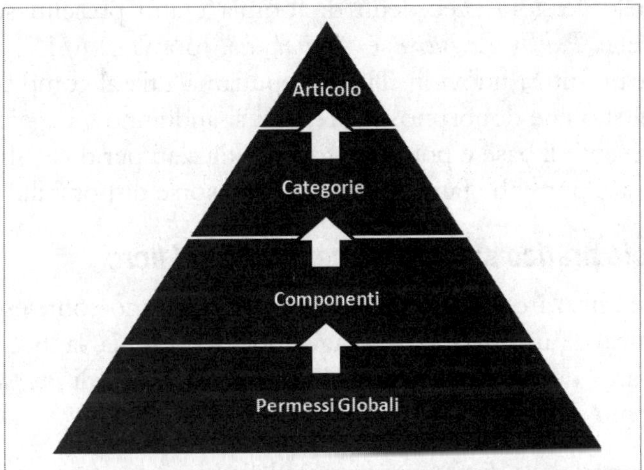

Da rimarcare il fatto che l'ambiente dei componenti non è solo quello abbastanza limitato che ci viene mostrato nel menu *Componenti*; infatti, non dobbiamo dimenticare i componenti di sistema che sono quelli che permettono la gestione degli *utenti*, dei *menu*, dei *contenuti* ecc.

- ✓ I *permessi globali* possono essere assegnati a gruppi di utenti e mai a singoli individui, pertanto si lavora in modo particolare sui gruppi; tutti gli utenti che appartengono a un gruppo possiedono di fatto gli stessi permessi.
- ✓ Un utente può appartenere a più gruppi; per esempio un moderatore, che deve poter accedere a diverse aree riservate per controllare le attività che vi si svolgono, deve appartenere a ciascuno dei gruppi da controllare. Ovviamente l'appartenenza a uno o più gruppi non è decisa dal singolo utente ma è una prerogativa squisitamente amministrativa.
- ✓ Un gruppo non può essere clonato ma questo non ha alcuna importanza perché è sufficiente renderlo *figlio* di un altro gruppo; quest'ultimo, essendo *genitore*, trasmette ai propri discendenti le proprie caratteristiche. In questo modo riusciamo a creare nuovi gruppi di utenti che utilizzano questa solida base di partenza per eventuali diversificazioni nelle azioni che potranno compiere all'interno del sito.
- ✓ Un ulteriore tipo di controllo può essere operato dai *Livelli di accesso*; essi operano solo dal frontend del sito e servono a riunire uno o più gruppi all'interno di un certo livello per riuscire ad assegnare la visibilità di svariati elementi, come per esempio *voci di menu*, *moduli*, *categorie* ecc., solo a chi appartiene a un determinato livello.

  Nelle versioni precedenti di Joomla erano presenti solo i seguenti tre livelli: *Public*, *Registered* e *Special*; da Joomla 1.6/1.7, invece, possiamo creare tutti i nuovi livelli che reputiamo utili al completo funzionamento del sito che dobbiamo gestire; essi si andranno ad aggiungere a quelli già presenti di base e potranno essere utilizzati per diversificare come meglio non si potrebbe fare l'impiego delle risorse disponibili.

Esempio pratico sviluppato nel corso del libro

L'idea è utilizzare il seguente scenario: prenderemo come esempio la struttura gerarchica di una scuola immaginando che abbia la necessità di riservare alcune aree del sito a uso della *direzione scolastica*, degli *insegnanti* e degli *alunni*. Inizieremo creando i seguenti gruppi ben distinti:

1. Il gruppo della *direzione scolastica* e della *direzione amministrativa*; al suo interno saranno presenti come utenti il *preside* e il *dirigente amministrativo* assieme a eventuali collaboratori dello staff. Le prerogative di questi utenti saranno totali perché dovranno muoversi liberamente per tutto il sito, pubblicare contenuti e operare controlli e moderazione.
2. Il gruppo degli *insegnanti* che potrà accedere in maniera riservata all'area assegnata per la sola lettura di circolari e avvisi non pubblici.

3. Un ulteriore gruppo di *insegnanti moderatori* con il compito di controllare i lavori degli alunni e quindi pubblicarli.
4. Due gruppi distinti di *alunni* che potranno inviare i propri lavori nell'area a loro riservata, visibile al pubblico; inoltre i due gruppi non potranno interferire tra loro poiché ognuno potrà operare solo nell'area assegnata.

Per ottenere queste funzionalità dovremo esplorare le possibilità offerte dalle ACL della nuova versione di Joomla 2.5, concedere i giusti permessi ai gruppi e utilizzare anche i livelli per concedere accessi alle aree in maniera esclusiva.

L'esempio sarà sviluppato nei vari capitoli e l'invito, sin d'ora, è quello di seguirlo non solo con una lettura attenta ma anche cercando di riprodurre sul nostro server di prova lo sviluppo delle impostazioni riportate tutte necessarie per ottenere una perfetta taratura delle prerogative richieste dal sito.

❖ Conclusioni

Dopo la lettura di questo capitolo, tutti quelli che arrivano dalle vecchie versioni di Joomla 1.0 e 1.5 non avranno mancato di apprezzare la grande libertà di movimento e tutte le nuove possibilità nella gestione degli utenti e delle aree riservate come mai era stato possibile fare in precedenza.

Anche la nuova gestione dei contenuti, unita alla possibilità di assegnare ruoli ben definiti perfino a una singola persona, aprono grandi orizzonti nella creazione di siti web più complessi e molto articolati certamente in grado di accontentare anche i webmaster più esigenti.

Ovviamente, le novità non si fermano a quelle appena elencate; nel corso dei prossimi capitoli di questo libro avremo modo di apprezzare altre piccole grandi innovazioni che rendono tutte le nuove versioni di Joomla 2.5 un eccellente software assolutamente completo sotto ogni punto di vista.

2

Installazione del CMS

Contenuto del capitolo

Tutti i passaggi essenziali per riuscire a installare Joomla sia sul server remoto sia su quello locale di cui abbiamo parlato nel capitolo precedente. Le due procedure sono peraltro simili e si differenziano solo per il mancato utilizzo della procedura FTP *e per le modalità di apertura del nuovo database, entrambe operazioni molto più semplici in ambito locale.*

Sin dalle sue prime versioni, una delle migliori prerogative di Joomla è stata la semplicità della procedura di installazione che permette a chiunque di riuscire a terminarla con successo in pochi minuti; le uniche competenze richieste sono quelle riguardanti l'utilizzo del programma FTP indispensabile per portare i file del CMS dal nostro PC al server remoto di lavoro.

Alcuni provider facilitano questo tipo di operazione fornendo Joomla già installato o concedendo ai propri utenti la possibilità di utilizzare particolari pannelli di controllo (*Cpanel*, *Plesk* e altri) che, oltre a permettere l'esecuzione delle operazioni più comuni come l'apertura di nuovi database, la gestione delle caselle di posta ecc., consentono anche di portare a termine, con un solo click, l'installazione automatica e immediata degli script più diffusi tra i quali ovviamente non può mancare Joomla.

Nell'esempio riportato nella figura 2.1, vediamo, ben evidenziate con un cerchio, proprio le funzioni essenziali presenti nel *Cpanel*.

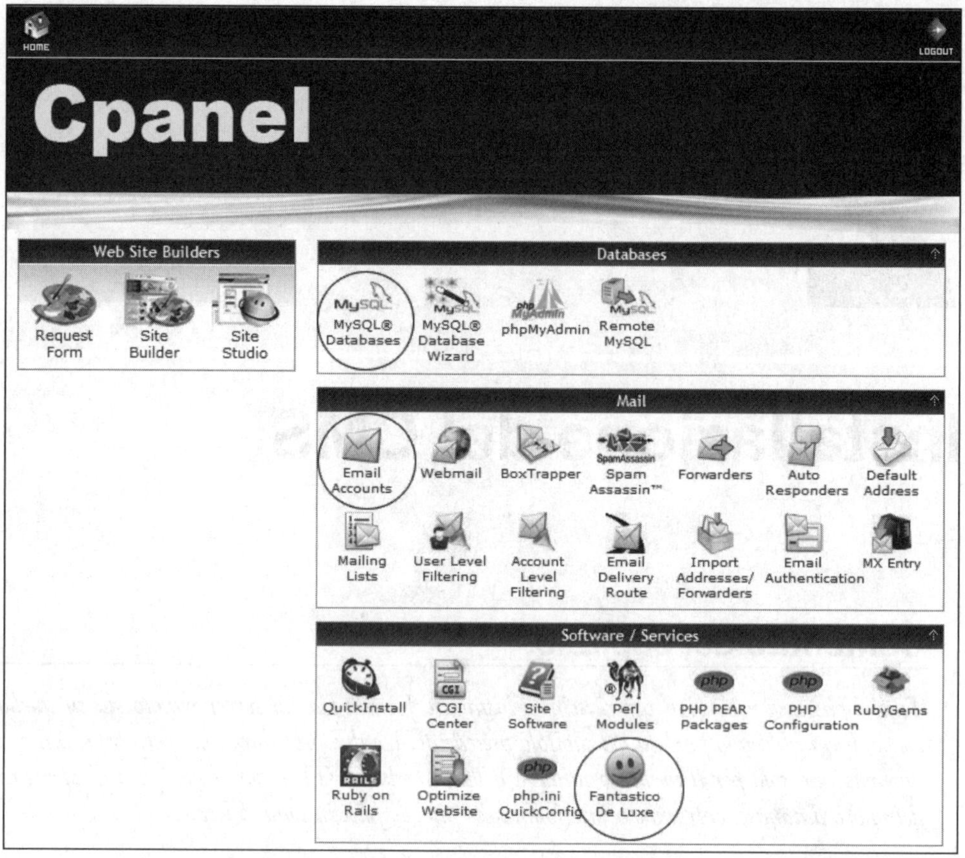

Figura 2.1 – Un aspetto del classico Cpanel molto utilizzato per favorire le operazioni di base.

- ✓ *icona MySQL*: serve per la creazione e la gestione dei database utilizzati dalle applicazioni dinamiche come Joomla;
- ✓ *icona Email*: permette la creazione delle caselle di posta legate al dominio;
- ✓ *icona Fantastico*: avvia l'installazione automatica di vari script PHP tra i quali, ovviamente, c'è anche la possibilità di scegliere Joomla.

In altri tipi di pannelli, ovviamente, può cambiare la disposizione delle icone e la quantità di scelte offerte ma essenzialmente funzionano tutti nello stesso identico modo; sebbene l'utilizzo sia immediato e intuitivo, il loro impiego presenta un aspetto negativo dovuto al fatto che al principiante non è richiesta alcuna esperienza pratica come, per esempio, le più elementari operazioni FTP, alla base delle conoscenze minime che qualsiasi webmaster dovrebbe possedere. La mancanza di tali nozioni, alla lunga, potrebbe tradursi in una serie di problemi qualora egli dovesse trovarsi nella necessità di manipolare o recuperare file per via FTP; per questo motivo, a chi inizia, consigliamo di leggere attentamente le prossime pagine e di seguire tutti i passaggi descritti nei vari paragrafi, perché sono assolutamente necessari per ottenere una corretta installazione di Joomla e saperla mantenere vitale e sempre performante durante tutto l'arco di vita del sito.

Mettiamo da parte quindi tutti i vari automatismi, e andiamo avanti portando a termine tutti i seguenti passaggi necessari per l'installazione del nostro CMS:

1. *procuriamoci in rete l'ultima versione di Joomla*;
2. *procediamo alla creazione di un nuovo database MySQL*;
3. *trasferiamo i file Joomla dal nostro PC al server*;
4. *installiamo la nostra copia di Joomla facendo attenzione alla scelta della userid e della password che utilizzeremo per la gestione amministrativa del CMS*.

Questi quattro punti, con un po' di pratica, possono essere realmente portati a termine in pochi minuti; eccoli descritti dettagliatamente qui di seguito.

❖ *I Step*: Procuriamoci Joomla

Trovare in rete il pacchetto dei file necessari per eseguire l'installazione di Joomla è un'operazione semplice e veloce; infatti, il sito principale che offre il supporto mondiale (*http://www.joomla.org*) permette di eseguire il download immediato senza peraltro richiedere alcuna iscrizione; teniamo presente però che la distribuzione internazionale è solo in Inglese quindi, per ovvi motivi, è meglio utilizzare quella che possiamo trovare già localizzata nella nostra lingua, sul sito di supporto italiano all'indirizzo: *http://www.joomla.it*.

Anche in questo caso, per riuscire a portare a termine il download del pacchetto Joomla, non vi sono particolari formalità; infatti, ci basta utilizzare il link presente nella home page del sito, entrare nell'area download e iniziare a scaricare l'ultima release disponibile del CMS.

> *Il pacchetto standard di Joomla comprende numerosi file e directory che, per motivi di praticità, generalmente troviamo in formato compresso in modo da riunirli in un unico archivio con estensione .zip oppure .tar.*
>
> *Il contenuto dei due archivi è ovviamente identico: scegliamo quello più adatto al nostro sistema operativo. Si tratta solo di compattare il file sul nostro PC e scegliere se utilizzare i file risultanti sul nostro server locale oppure se inviarli sul server remoto tramite l'aiuto di un programma FTP come Filezilla descritto nel capitolo precedente.*

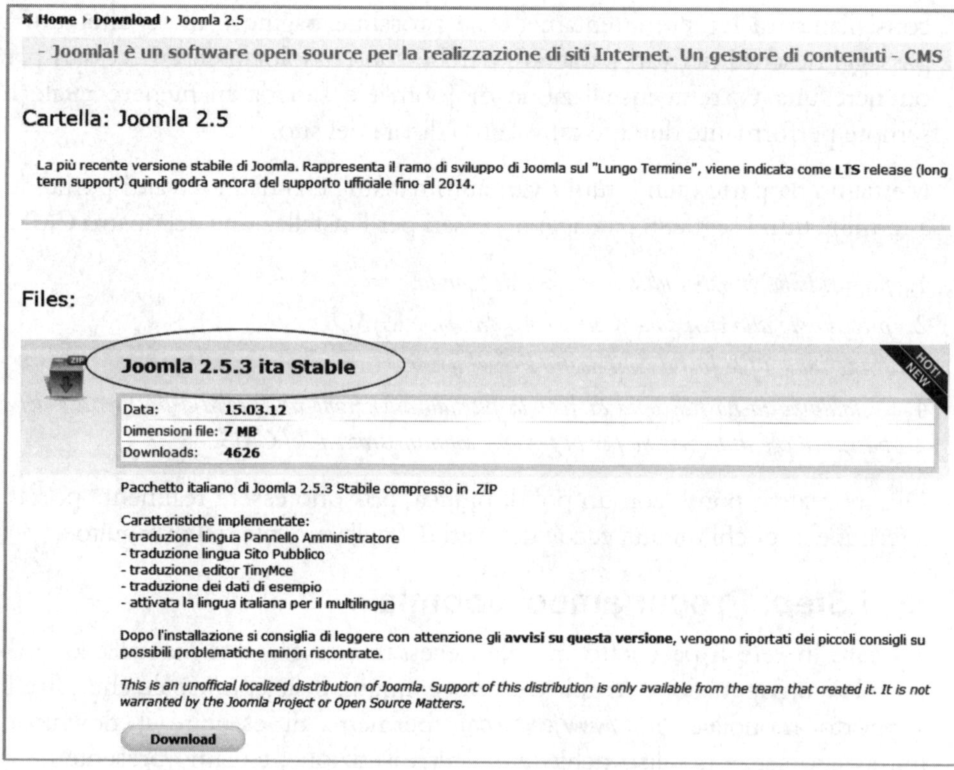

Figura 2.2 – L'area download da cui scaricare la nostra copia aggiornata di Joomla.

Dopo aver completato il download, il file compresso va scompattato sul nostro PC salvo che il nostro hosting non ci fornisca la possibilità di utilizzare qualche utility presente nel proprio *Cpanel* in grado di compiere questa operazione direttamente sul server remoto, guadagnando moltissimo tempo.

Infatti, il trasferimento delle svariate migliaia di file di cui è composto Joomla richiede molto lavoro e tempo poiché ogni file viene trattato singolarmente; invece quando inviamo un unico archivio compresso, l'operazione viene svolta con un notevole risparmio di tempo.

❖ *II Step*: creazione di un nuovo database

Prima di iniziare con l'installazione vera e propria del CMS, dobbiamo essere sicuri di possedere gli indispensabili dati di accesso necessari ad amministrare il database MySQL; quest'ultimo è indispensabile poiché Joomla lo utilizza per l'archiviazione dei dati dinamici che andranno a popolare il nostro sito.

Nei paragrafi che seguono, avremo modo di descrivere nel dettaglio questo tipo di operazione da eseguire sia sul server locale, descritto nel capitolo precedente, sia su quello remoto che ci saremo procurati; le due procedure, pur essendo abbastanza simili tra loro, presentano alcune differenze che riguardano le modalità di creazione.

Apertura del database sul server locale

In questo caso si tratta di un'operazione da portare a termine in maniera del tutto manuale; essa consiste nel compiere alcune operazioni fondamentali tramite le quali arriviamo a definire i parametri essenziali per gestire il database che sono:

- ✓ *nome del database*
- ✓ *userid* e *password* di chi dovrà amministrarlo.

Impiego pratico del programma *phpMyAdmin*

Dopo esserci accertati di aver avviato sia il server Apache sia quello MySQL, dobbiamo richiamare l'utility *phpMyAdmin*; si tratta di un programma che normalmente è presente in tutti i server Linux e viene impiegato proprio per consentire la completa gestione dei database; nel caso del server locale siamo noi gli amministratori e quindi dobbiamo provvedere manualmente alla creazione dei database che ci servono. Possiamo avviarlo digitando nella barra degli indirizzi del nostro browser il seguente indirizzo:

http://localhost/phpmyadmin

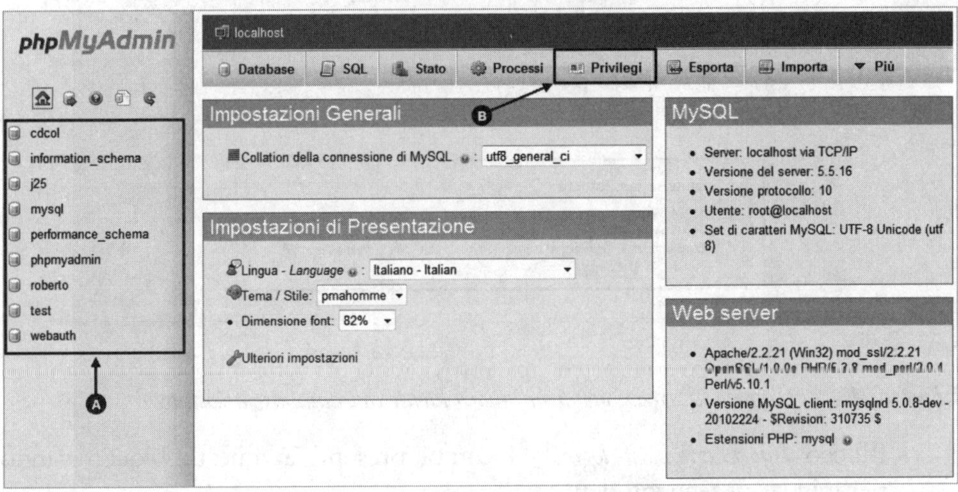

Figura 2.3 – La pagina principale del programma phpMyAdmin.

Nella figura in alto possiamo vedere l'aspetto della sua pagina principale, si tratta di un programma molto complesso che potremo imparare a utilizzare meglio quando avremo maggiore esperienza; per il momento ci interessa seguire la procedura di creazione del nuovo database e del relativo utente amministratore; facciamo attenzione alle due zone indicate dalle frecce:

A. *Elenco dei database già aperti* – Mostra tutti i database già operativi; quando saremo più esperti, da qui potremo richiamarli per compiere operazioni di manutenzione o riparazione delle tabelle;

B. *Scheda Privilegi* – Questa funzione è quella che utilizzeremo subito per eseguire il nostro lavoro.

Iniziamo dunque cliccando sulla scheda *Privilegi* e poi sul link *Aggiungi un nuovo Utente*; a questo punto ci viene mostrata una schermata (figura 2.4) molto ordinata ed essenziale nella quale, con un po' di attenzione, possiamo impostare i vari parametri senza pericolo di sbagliare; nella stessa figura possiamo osservare l'esatta sequenza delle operazioni da compiere.

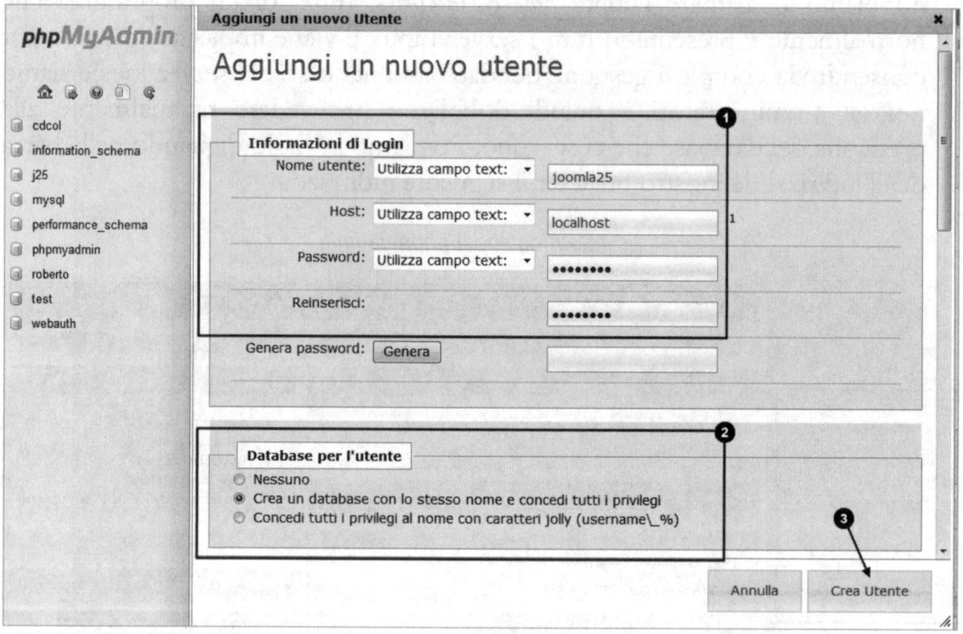

Figura 2.4 – Il pannello di creazione di un nuovo utente con database associato.

1. Blocco *Informazioni di login* – I campi presenti in questo blocco vanno riempiti con i seguenti dati:

   a. *Nome utente*: possiamo sceglierlo a nostro piacimento purché il nome sia composto da caratteri alfanumerici e senza spazi;

   b. *Host*: il valore da inserire è *localhost*;

c. *Password*: scegliamo da noi la parola chiave e, per sicurezza, riscriviamola anche nel campo *Reinserisci* posizionato più in basso.

2. *Database per l'utente* – In questo blocco dobbiamo solo selezionare l'opzione *Crea un database con lo stesso nome e concedi tutti i privilegi*; così facendo procediamo a creare in modo veloce e semplice sia l'utente principale sia un nuovo database entrambi con lo stesso nome; quindi, nel caso dell'esempio proposto in figura 2.4, entrambi si chiameranno joomla25.
3. *Crea Utente* – Ultimate le operazioni precedenti, non ci resta che cliccare su questo pulsante per finalizzare tutta la procedura.

A questo punto non ci resta altro da fare che chiudere il programma *phpMyAdmin* e procedere con l'installazione vera e propria di Joomla seguendo i sette passaggi che andremo a descrivere dettagliatamente a breve.

Apertura del database su server remoto

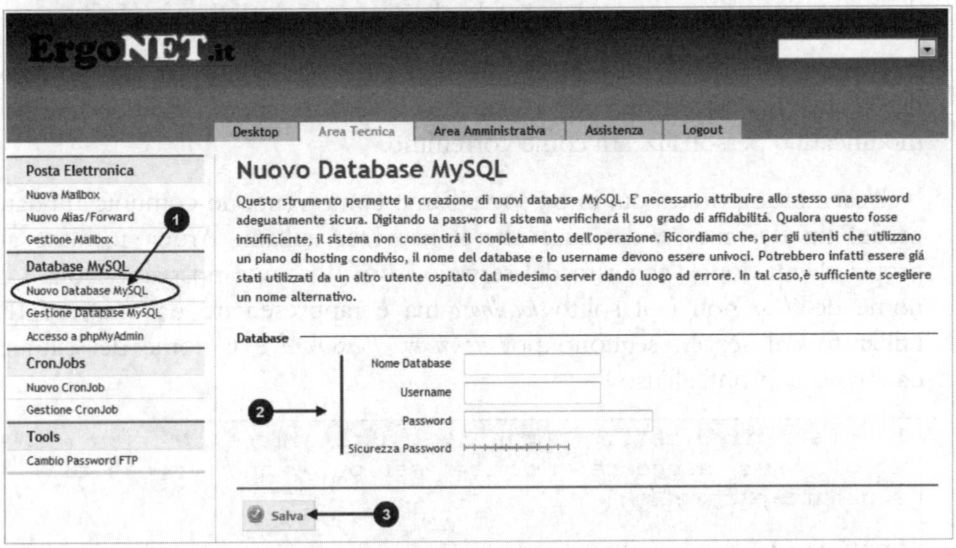

Figura 2.5 – Il pannello per la creazione e la gestione dei database del provider ergonet.it

Nel momento in cui decidiamo di operare direttamente sul server esterno necessario per pubblicare il nostro sito su Internet, le cose si semplificano di molto perché tutti i provider forniscono un comodo pannello di controllo dal quale il cliente stesso può arrivare a creare personalmente tutti i database che gli servono in maniera semplice e veloce.

Le modalità di creazione dipendono dal tipo di pannello utilizzato dal nostro fornitore; nella figura 2.5, per esempio, vediamo quello dell'hosting italiano ergonet.it tramite il quale gli utenti possono operare la creazione immediata di un nuovo database tramite i seguenti tre semplici passaggi:

1. *Nuovo database MySQL*: cliccando su questa voce di menu (figura 2.5) apriamo la pagina che ci permette di impostare da noi i dati relativi al nuovo database che desideriamo utilizzare per installare Joomla.
2. *Campi del database*: in quest'area dobbiamo inserire i soliti valori richiesti per identificare e gestire il database: *nome database*, *username* e *password*; se decidiamo di utilizzare password complicate, non fidiamoci della nostra memoria e appuntiamo questi dati sul nostro block notes, per averli subito disponibili quando ci serviranno.
3. *Salva*: cliccando su questo pulsante, se non appaiono messaggi di errore, il database viene creato e l'operazione può dirsi conclusa.

Per l'utente finale, l'impiego di questi pannelli non solo semplifica la creazione dei nuovi database ma, allo stesso tempo, permette anche di scegliere i nomi e di personalizzare le password, in modo che siano più facili da ricordare.

In altri casi, è il provider stesso che fornisce già pronti questi dati al momento dell'acquisto dell'opzione MySQL; così facendo, però, non possiamo modificarli o personalizzarli come vorremmo.

Nell'esempio riportato qui in basso vediamo come vengono comunicati i dati predefiniti dei cinque database che il provider italiano Aruba fornisce ai propri clienti dopo l'acquisto del servizio MySQL; come possiamo notare il nome dell'*host* non è il solito *localhost* ma è rappresentato dal numero IP utilizzato dal server, seguono poi *username*, *password* e il nome dei cinque database già pronti all'uso.

```
Lo staff di aruba.it comunica l'attivazione del servizio MySql. Per accedere tramite script vanno impostati i seguenti parametri:

host : 62.149.xxx.xxx
username : Sql1xxxx
password : 123a456b  (composta da otto caratteri)
nomedatabase : uno dei 5 già creati di default
(Sql119xxx_1, Sql11xxxx_2, Sql11xxxx_3, Sql11xxxx_4,
Sql11xxxx_5)
```

A prima vista questo modo sembrerebbe il più semplice perché ci basta ricopiare i dati forniti senza dover compiere altre operazioni; tuttavia non sono pochi quelli che preferiscono utilizzare dati personalizzati non solo per poterli ricordare più facilmente ma anche per riuscire a individuare più velocemente quale applicazione utilizza un certo database; in ogni caso, qualsiasi sia il metodo utilizzato, l'importante è disporre dei dati per finalizzare l'installazione del nostro CMS, pertanto teniamoli a portata di mano perché dovremo utilizzarli a breve subito dopo aver trasferito i file di Joomla sul server di lavoro.

❖ *III Step*: Invio dei file di Joomla sul server remoto

Ci siamo già occupati di questa procedura nella parte del precedente capitolo in cui abbiamo descritto l'impiego dei programmi FTP. Arrivando alla fase di attuazione pratica non ci resta che raccomandare di prestare particolare attenzione al trasferimento dei file inclusi nel pacchetto base di Joomla, perché è una di quelle operazioni per le quali serve un po' di pazienza; infatti, essa può protrarsi per diversi minuti e, qualora qualcuno dei file non fosse trasferito in modo corretto o arrivasse incompleto, il CMS sarebbe del tutto inutilizzabile. In questi casi il programma dovrebbe segnalare il problema con opportuni messaggi di errore, in modo da consentirci di ripetere dall'inizio tutta la procedura di trasferimento; solo così saremmo sicuri di iniziare e completare correttamente tutta la procedura di installazione di Joomla.

Dove posizionare i file di Joomla?

Prima di iniziare il trasferimento può essere il caso di decidere se vogliamo lasciare liberi i file di Joomla nella *root* del sito oppure racchiuderli in una directory apposita; esaminiamo i pregi e i difetti di queste scelte.

- ✓ *File di Joomla direttamente nella root del server*: per chi non lo sapesse, la *root* del server è quella a cui si accede con l'indirizzo base, per esempio: *www.miosito.xy* oppure il solo *localhost* per i server locali; il vantaggio è quello che i visitatori accedono alla home page del sito digitando semplicemente il nome del dominio. Questa prima soluzione va molto bene per chi utilizza lo spazio web solo per un unico sito mentre presenta qualche inconveniente per tutti coloro che desiderano gestire più siti sotto lo stesso dominio; il problema nasce dal fatto che i file delle varie installazioni si andrebbero a mescolare tra loro con conseguente sovrascrittura di tutti quelli che possiedono lo stesso nome.
- ✓ *File di Joomla collocati in una directory*: un'altra possibilità è di inserire ogni installazione in una cartella separata in modo che, utilizzando anche database diversi, sia possibile mantenere più di un sito sotto lo stesso dominio. In questo caso l'inconveniente deriva dal fatto che il nome dell'indirizzo si allunga poiché dobbiamo aggiungere il nome della cartella in cui si trovano le varie installazioni; per esempio se inseriamo Joomla in

una directory chiamata *home* avremo: www.miosito.xy/home oppure per il server locale *localhost/home*.

Quest'ultima soluzione è adottata da molti siti e non presenta particolari problemi purché nella *root* sia collocata una pagina di benvenuto che poi reindirizza, tramite l'impiego di un apposito pulsante, al sito principale; ciò consente agli utenti di digitare il solo indirizzo di base per poi accedere, in seconda battuta, alla home page vera propria.

Una soluzione per il trasferimento rapido dei file di Joomla

Tutti coloro che hanno già utilizzato un qualsiasi programma FTP sanno bene che per trasferire diversi megabyte di file singoli si perde molto più tempo rispetto a quando inviamo un unico archivio compresso dello stesso peso.

Nel caso specifico di Joomla questo succede perché il suo pacchetto di installazione è composto di diverse migliaia di file, per ognuno dei quali il programma FTP deve ripetere le stesse operazioni di apertura, chiusura e di controllo che complessivamente finiscono con il provocare una cospicua dilatazione del tempo necessario per completare tutto il trasferimento.

Per questo motivo, la soluzione migliore è certamente quella di inviare sul server un unico file compresso contenente tutti i file di Joomla e scompattarlo direttamente in remoto.

Ovviamente su quei server che rendono disponibile l'uso dei *File Manager* tutto ciò non è un problema, perché tra le funzioni di queste utility c'è anche quella della decompressione remota dei file; se però il nostro hosting non include questo servizio, non ci restano che due scelte:

a. *trasferire i file singolarmente via FTP rassegnandoci a una lunga attesa*;
b. *ricorrere a una piccola utility che ci permetta di scompattare l'archivio direttamente sul nostro server remoto.*

Nei passaggi che seguono, descriveremo proprio questa seconda opportunità perché rappresenta una valida soluzione non solo per caricare in breve tempo i file di Joomla ma anche per eseguire un aggiornamento manuale.

Quale utility impiegare

Se, come dicevamo, il nostro server non ci fornisce un *File Manager*, dobbiamo per forza ricorrere a qualche programma che possa svolgere il lavoro di scompattare gli archivi compressi una volta che li avremo portati in remoto.

Tra i materiali disponibili per questo libro troviamo anche un utilissimo script in PHP che si chiama *kickstart.php*. Si tratta di un'applicazione a sé stante che in passato era fornita con il notissimo componente *Joomlapack* utilizzato per il backup e il successivo ripristino automatico di tutto il sito; questo script serve unicamente per operare una semplice decompressione di file in formato *.zip*.

Per soddisfare le nostre esigenze più immediate esso è stato modificato in modo che possa svolgere questo tipo di lavoro nella maniera più semplice possibile ed essere alla portata anche degli utenti meno esperti; infine, onde evitare confusioni con lo script originale, hanno pensato di cambiare il suo nome da *kickstart.php* in *kickstartzip.php*.

> *Attualmente il componente per il backup automatico di cui parliamo è stato aggiornato e ha cambiato il suo nome da* Joomlapack *ad* Akeeba Backup*; di questa utilissima estensione avremo modo di riparlare, più diffusamente, nel capitolo dedicato alle copie di sicurezza del sito.*

L'impiego della nostra utility è davvero semplicissimo perché non occorrono competenze particolari, infatti, non dobbiamo fare altro che eseguire le seguenti operazioni:

1. *trasferirlo sul nostro server remoto*;
2. *sistemarlo nella stessa directory in cui abbiamo posizionato il file compresso di Joomla, come mostrato nella figura 2.6*;
3. *richiamare da browser il file kickstartzip.php*;

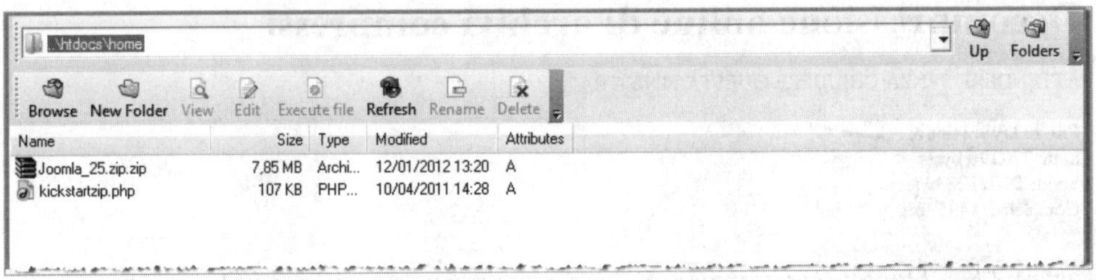

Figura 2.6 – Il nostro kickstart in azione nella cartella in cui dovrà essere installato Joomla.

Dopo aver sistemato i due file nella stessa directory non ci resta che richiamare la nostra utility direttamente dal browser; per esempio, se abbiamo sistemato Joomla in una cartella chiamata *home*, l'URL da utilizzare sarà:

http://www.miosito.abc/home/kickstartzip.php

Subito dopo aver digitato il corretto indirizzo dovrebbe apparirci la schermata riprodotta nella figura 2.7, nella quale possiamo osservare un menu a discesa che permette di scegliere tutti i file compressi che lo script ha trovato nella sua stessa directory di lavoro.

Nel nostro caso c'è un unico archivio *.zip* ma se ve ne fossero altri, sarebbe possibile scegliere quello desiderato.

Figura 2.7 – La fase di avvio della scelta del pacchetto da scompattare.

Cliccando sul bottone *Scompatta questo file* il programma si mette subito all'opera; durante questa fase dobbiamo attendere che tutto il processo sia completato e quindi non dobbiamo mai uscire dalla pagina mostrata nella figura 2.8, pena l'immediata sospensione dell'operazione in corso.

Figura 2.8 – Durante la lavorazione il programma mostra il numero dei file trattati.

Tutta la procedura dovrebbe essere completata in due o tre minuti ma molto dipende dal traffico e dalla mole di lavoro svolta in quel momento dal server.

Al termine ci sarà mostrato un messaggio che ci avvisa del completamento dell'operazione; a questo punto, possiamo chiudere la finestra di lavoro della nostra utility e iniziare, se vogliamo, le operazioni di installazione di Joomla. L'unica accortezza da adottare è quella di cancellare, o rinominare, sia l'archivio compresso sia il file *kickstartzip.php* per motivi di sicurezza.

Teniamo presente che lo script kickstart, di cui abbiamo appena descritto il funzionamento, può essere utilizzato non solo per gli archivi di Joomla, ma anche per qualsiasi file compresso in formato .zip; *quindi risulta essere molto utile anche per effettuare eventuali aggiornamenti manuali del CMS perché i nuovi file, man mano che vengono scompattati, vanno a sovrascrivere quelli vecchi.*

In questo senso potrebbe essere molto utile acquisire una maggiore esperienza su questo tipo di procedure, eseguendo alcuni test pratici sul nostro server locale in modo da poterne valutare i risultati.

Trasferimento dei file sul server locale

Se ci troviamo a operare sul server locale come quello che abbiamo descritto all'inizio del secondo capitolo, tutto è ovviamente più facile perché il pacchetto di Joomla scaricato dalla rete può essere scompattato facilmente con le solite utility tipo *Winzip* o *Winrar* che tutti abbiamo sui nostri PC.

A questo punto, senza far alcun uso di programmi FTP, non ci resta che spostare manualmente i file del CMS nella solita cartella pubblica che, come sappiamo, nel server *Xampp* si chiama *htdocs* (figura 1.6).

Da questo momento in poi tutte le operazioni di installazione del CMS Joomla, e in particolare l'aspetto delle schermate che stiamo per mostrare, rimane assolutamente identico a prescindere dalla tipologia di server, del browser o del sistema operativo adottato; pertanto, nel seguito di questo libro, non sarà effettuata più alcuna distinzione tra le operazioni da svolgere in locale e quelle sul server remoto.

❖ *IV Step*: Installazione di Joomla

Dopo tanta preparazione finalmente è arrivato il momento di eseguire la nostra prima installazione di Joomla che avviene tramite i *sette passaggi guidati* che stiamo per descrivere qui di seguito.

Per iniziare questa procedura dobbiamo semplicemente richiamare l'indirizzo del nostro sito, quindi:

- ✓ *http://www.miosito.xy* se abbiamo scelto di inserire Joomla nella *root* del nostro spazio web;
- ✓ *http://www.miosito.xy/nome-directory* se, invece, abbiamo preferito racchiudere i file del nostro CMS in una cartella predisposta allo scopo.

1 – Scelta della lingua

In questo primo passaggio dobbiamo scegliere la lingua da utilizzare per l'installazione in corso; se abbiamo scaricato il pacchetto localizzato in Italiano, questa sarà la lingua scelta di default per tutto il sito.

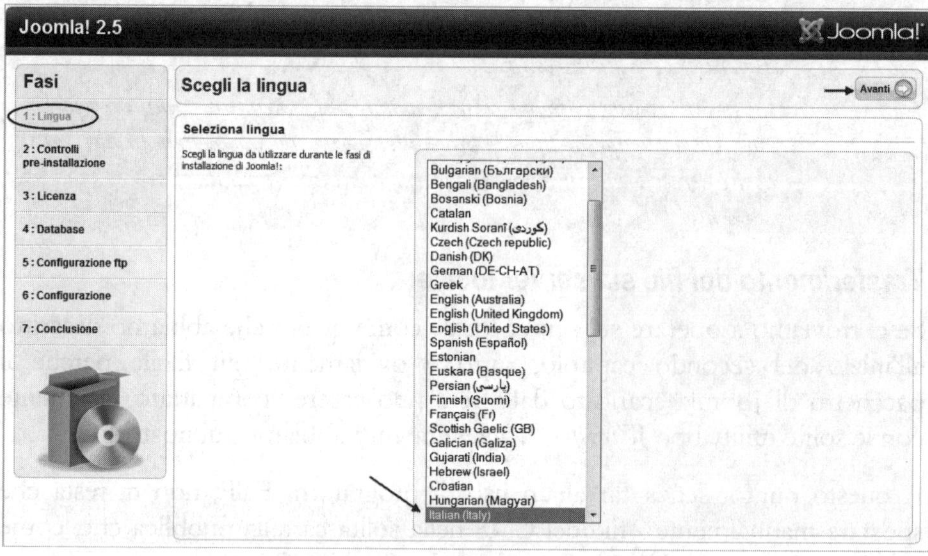

Figura 2.9 – Fase 1: la scelta della lingua di installazione

2 – Controlli di pre-installazione

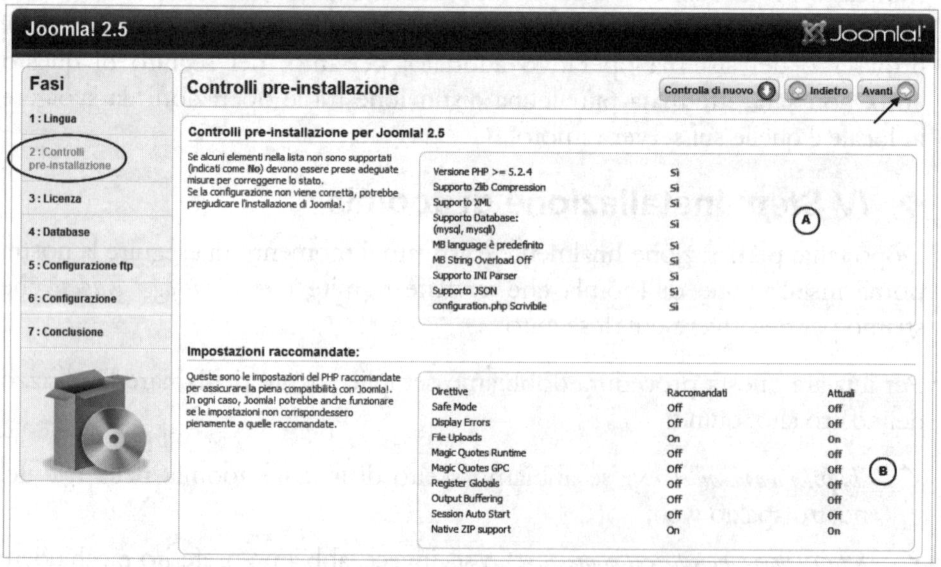

Figura 2.10 – Fase 2: check di verifica dei requisiti tecnici richiesti da Joomla.

In questo secondo passaggio, Joomla esegue un test per verificare che il server, sul quale stiamo eseguendo l'installazione, abbia tutte le caratteristiche richieste. Come vediamo nella figura 2.10, sono presenti due aree di controllo separate che abbiamo indicato con le lettere A e B.

A. Quest'area mostra i parametri assolutamente indispensabili, richiesti dal CMS, per essere installato; ognuno di essi deve dimostrare di aver superato il test mostrando accanto un *Sì* di colore verde; in caso contrario il server sul quale stiamo lavorando non è adatto allo scopo e la stessa procedura di installazione potrebbe rifiutarsi di proseguire.

B. In questo blocco, invece, abbiamo le impostazioni raccomandate; esse andrebbero osservate per non incorrere in problemi di sicurezza del sito o anche in malfunzionamenti di vario tipo che si potrebbero verificare dopo la sua pubblicazione. Infatti, diversamente da quanto accade per i parametri contenuti nel blocco A, la mancata corrispondenza di qualcuna di queste voci permette di proseguire e completare l'installazione di Joomla.

3 – Licenza

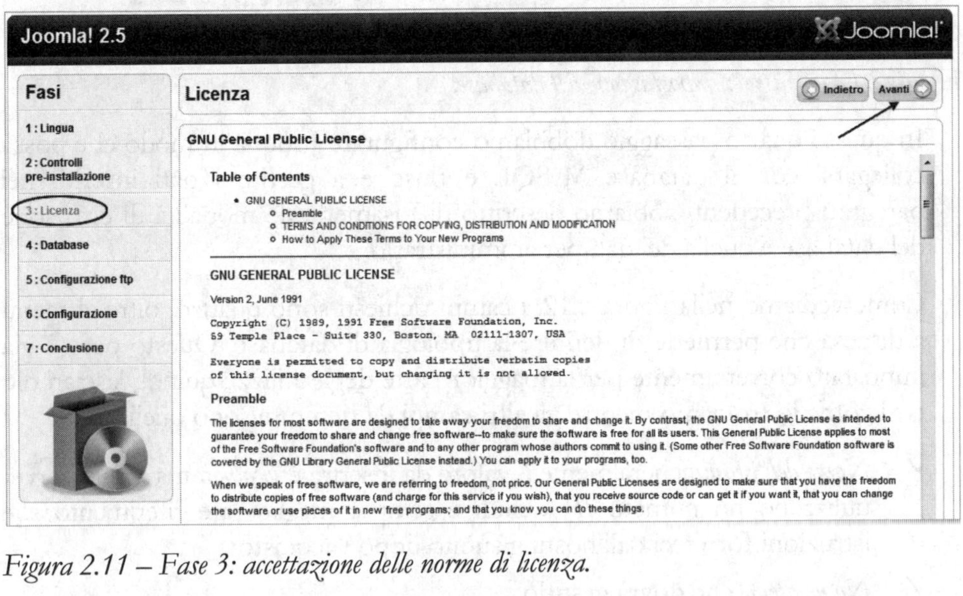

Figura 2.11 – Fase 3: accettazione delle norme di licenza.

Questo passaggio è solo una formalità; infatti, non dobbiamo impostare nulla. Possiamo decidere di leggere, oppure no, le norme della licenza GNU-GPL che è proposta in questa pagina ma, in ogni caso, dobbiamo sapere che, se decidiamo di procedere allo step successivo cliccando sul pulsante *Avanti*, sottoscriviamo in pieno le regole e accettiamo implicitamente di osservarle.

Per chi non avesse pratica con i software distribuiti con questo tipo di licenza, il consiglio è di dare una lettura, anche veloce, utile a capire in modo definitivo quali siano le regole da osservare e i limiti di utilizzo imposti.

4 – Database

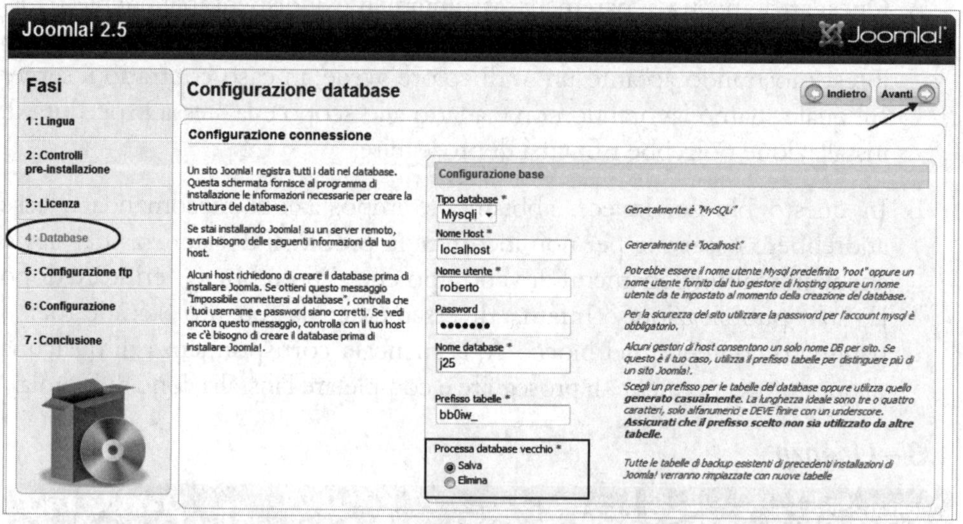

Figura 2.12 – Fase 4: impostazione del database.

In questo quarto passaggio dobbiamo configurare Joomla in modo che possa collegarsi con il database MySQL e riuscire a gestire i dati inseriti; nei paragrafi precedenti abbiamo descritto diffusamente le modalità di creazione del database e quella dei dati per amministrarlo.

Come vediamo nella figura 2.12, i campi richiesti sono quattro, oltre al menu a discesa che permette di definire la tipologia di database. Questo però è già impostato correttamente per la maggior parte degli utilizzi; quindi, lasciamolo così come lo troviamo mentre gli altri campi da riempire sono quelli soliti:

- ✓ *Nome dell'Host*: generalmente il valore da inserire è *localhost* ma alcuni server utilizzano un numero *IP*, quindi è sempre meglio fare riferimento alle istruzioni forniteci dall'hosting subito dopo l'acquisto;
- ✓ *Nome utente* che dovrà gestirlo;
- ✓ *Password* per l'accesso al database;
- ✓ *Nome del database*;
- ✓ *Prefisso tabelle*: a differenza di quanto avveniva con le vecchie versioni di Joomla 1.0 e 1.5, il valore di default per il prefisso delle tabelle non è più

*jos_* ma, per motivi di sicurezza, viene generato casualmente di volta in volta ed è quindi sempre diverso a ogni installazione.

Più in basso a questi campi, indicato da un riquadro, vediamo il blocco che contiene le impostazioni che permettono di eseguire un backup di eventuali tabelle già presenti nel database o di cancellarle, nel caso fossero trovate.

> *A questo proposito è bene rimarcare quanto sia importante non utilizzare mai lo stesso database per più script dinamici o peggio per più installazioni di Joomla; infatti, è molto facile, durante questo tipo di lavoro, distrarsi e ritrovarsi con un archivio, frutto di molto lavoro, cancellato in maniera irreparabile.*

Subito dopo aver fornito gli input corretti nei campi obbligatori e cliccato sul pulsante *Avanti*, dovremo attendere qualche attimo per permettere la verifica dei parametri appena forniti.

Durante l'espletamento di questa fase, può succedere che siano visualizzati messaggi d'errore che indicano possibili incongruenze nei dati inseriti; in questi casi possiamo essere certi che abbiamo commesso qualche errore e quindi dobbiamo prestare maggiore attenzione alle impostazioni digitate nei primi quattro campi, digitandole nuovamente.

5 – Configurazione FTP (opzionale)

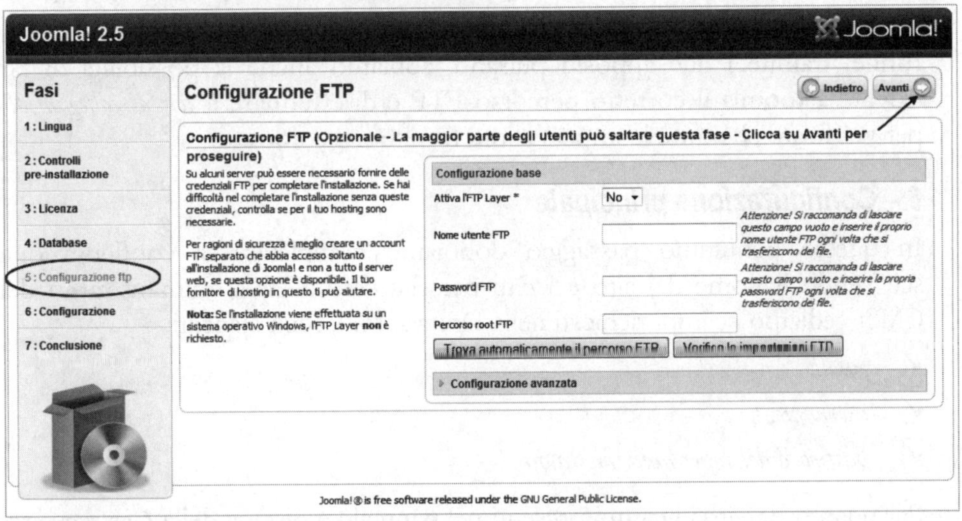

Figura 2.13 – Fase 5: I controlli opzionali per la configurazione FTP.

Questo quinto passaggio non è obbligatorio, quindi possiamo decidere di andare oltre senza fornire alcun dato; se dovesse risultare necessario, dopo aver portato a termine l'installazione, potremo utilizzare questa funzione, impostando i parametri richiesti nel pannello amministrativo di Joomla.

Utilizzare la funzione FTP, in alcuni casi, potrebbe servire a non avere problemi durante il caricamento di aggiornamenti ed estensioni. Infatti, su alcuni server, l'installazione di queste ultime potrebbe essere negata per motivi legati alla sicurezza, con il risultato pratico di non riuscire a installare alcuna nuova estensione. Nelle impostazioni avanzate, invece, possiamo scegliere di salvare la password di accesso in modo da non essere costretti a doverla digitare a ogni nuovo accesso.

I dati richiesti possono essere uguali a quelli che abbiamo già utilizzato per il trasferimento FTP dei file di Joomla e che abbiamo inserito nel programma Filezilla; per motivi di sicurezza, però, sarebbe consigliabile avere un account FTP indipendente, laddove questo sia possibile.

Dopo aver attivato l'*FTP Layer* dobbiamo riempire i campi relativi a:

- ✓ *nome utente per l'accesso FTP*;
- ✓ *password per accesso FTP*;
- ✓ *percorso del server* necessario a raggiungere i file di Joomla; quest'ultimo non può essere indicato a priori perché cambia secondo i provider e il tipo di server utilizzato.

Infine, tramite i due appositi pulsanti, abbiamo anche la possibilità di far trovare a Joomla il corretto percorso FTP e di effettuare il *test di collegamento* per verificare che tutte le impostazioni fornite siano corrette.

6 – Configurazione principale

In questo penultimo passaggio dobbiamo completare la configurazione scegliendo il nome del sito e i dati per l'accesso all'area amministrativa del CMS; vediamo i campi richiesti nella figura 2.14. Eccoli elencati:

- ✓ *email*;
- ✓ *username*;
- ✓ *password del super amministratore*.

Per quanto riguarda i campi presenti nel pannello a discesa della *Configurazione avanzata*, invece, trattandosi dei tag *descrizione* e *keywords*, possiamo decidere di lasciarli vuoti perché questo lavoro potrà essere svolto più proficuamente nella *Configurazione generale* del CMS, dopo che avremo ultimato l'installazione.

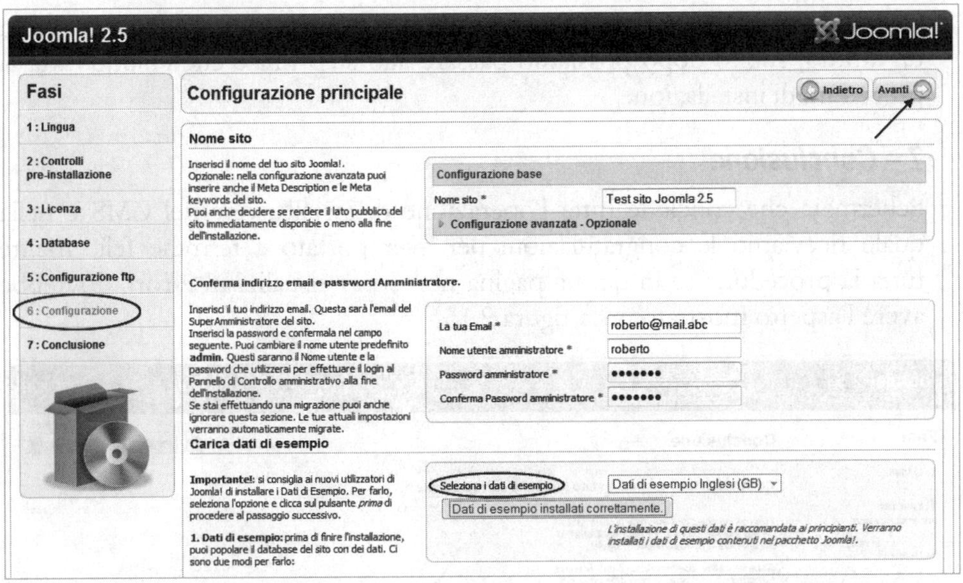

Figura 2.14 – Fase 6: Impostazioni per l'accesso amministrativo.

Rispetto alle versioni precedenti di Joomla, adesso possiamo scegliere da noi l'*username* dell'amministratore; questo nome era assegnato dal sistema uguale per tutti ed era: *admin*. Nel tempo tutto ciò è diventato un problema perché, dopo aver terminato l'installazione, pochissimi utenti pensavano di cambiare questo importante parametro e quindi la quasi totalità dei siti era maggiormente esposta agli attacchi degli hacker, giacché il 50% delle credenziali di accesso era facilmente immaginabile.

> *Il consiglio è di scegliere con cura username e password per l'accesso amministrativo, cercando di inframmezzare numeri con lettere sia minuscole sia maiuscole in modo da rendere molto più difficile il lavoro di chiunque tentasse di risalire ad esse; infine non dimentichiamo di scrivere questi dati e di conservarli in un posto sicuro.*

Installare i dati di esempio?

Un'altra opportunità offerta dal pannello del *VI step* è di poter installare alcuni contenuti di esempio che servono a rendere navigabile il nostro sito sin da subito; per chi inizia o per chi installa per la prima volta Joomla è sicuramente un'operazione fortemente consigliata perché essa permette di familiarizzare velocemente con le principali funzioni base del CMS. Questi dati potranno essere eliminati molto facilmente quando non saranno più utili.

Cliccando sul bottone *Installa i dati di esempio*, il caricamento dei dati è svolto in un attimo; subito dopo possiamo passare allo step finale che chiude tutta la procedura di installazione.

7 – Conclusione

Schermata che conclude tutta l'operazione di installazione del CMS e nella quale riceviamo le congratulazioni per aver portato a termine felicemente tutta la procedura: se in questa pagina non sono visualizzati errori, dovrebbe avere l'aspetto mostrato nella figura 2.15.

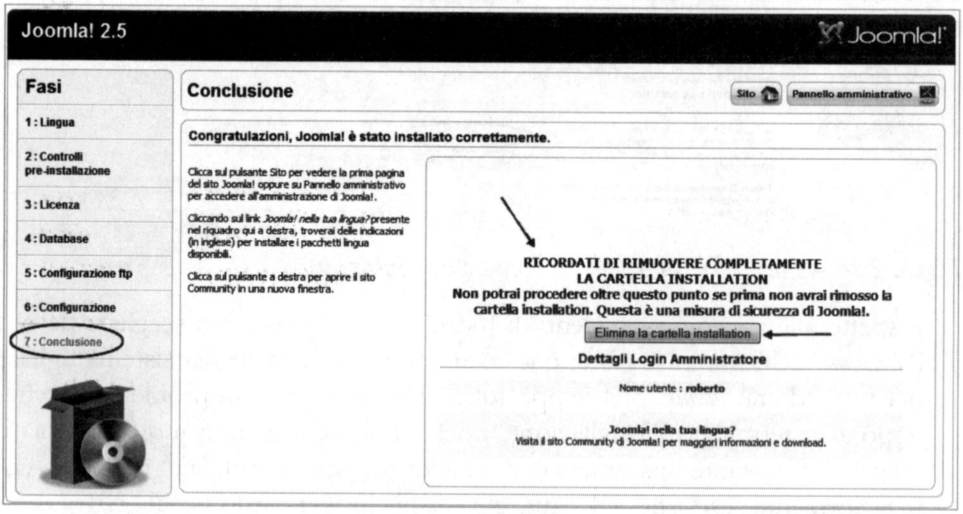

Figura 2.15 – Fase 7: Conclusione dell'installazione.

Come ricordato dall'avviso posto al centro, prima di accedere al nostro sito, dobbiamo necessariamente rimuovere (o rinominare) la cartella chiamata *installation* che è stata utilizzata dal CMS per la propria installazione; questa operazione possiamo anche farla compiere al programma; infatti, cliccando sul pulsante *Elimina la cartella installation*, essa viene rimossa automaticamente.

Invece se vogliamo rinominarla possiamo agire operando via FTP; subito dopo potremo utilizzare le due icone presenti in alto a destra in questa stessa schermata. Rispettivamente esse permettono di richiamare il frontend del sito oppure la pagina di *login* per accedere all'area amministrativa.

❖ Controllo funzionale

Subito dopo aver ultimato i sette passaggi necessari a completare l'installazione di Joomla, possiamo richiamare il frontend del nostro sito per essere certi che tutto sia andato per il verso giusto.

Accesso al frontend pubblico

Secondo le nostre condizioni di lavoro (locale o remoto), non ci resta che digitare uno degli URL riportati qui di seguito e subito dopo dovremmo riuscire a visualizzare la schermata iniziale riportata nella figura 2.16.

- *http://www.miosito.abc* se abbiamo scelto di caricare i file di Joomla nella root del nostro server remoto;
- *http://www.miosito.abc/joomla* se invece abbiamo preferito creare una directory apposita per racchiudere tutti i file del CMS. Nel nostro esempio, tale directory si chiama *joomla* ma ovviamente possiamo utilizzare qualsiasi altro nome che riteniamo più opportuno. L'unica attenzione da prestare è quella di scegliere solo lettere minuscole e di scrivere tutto senza spazi.

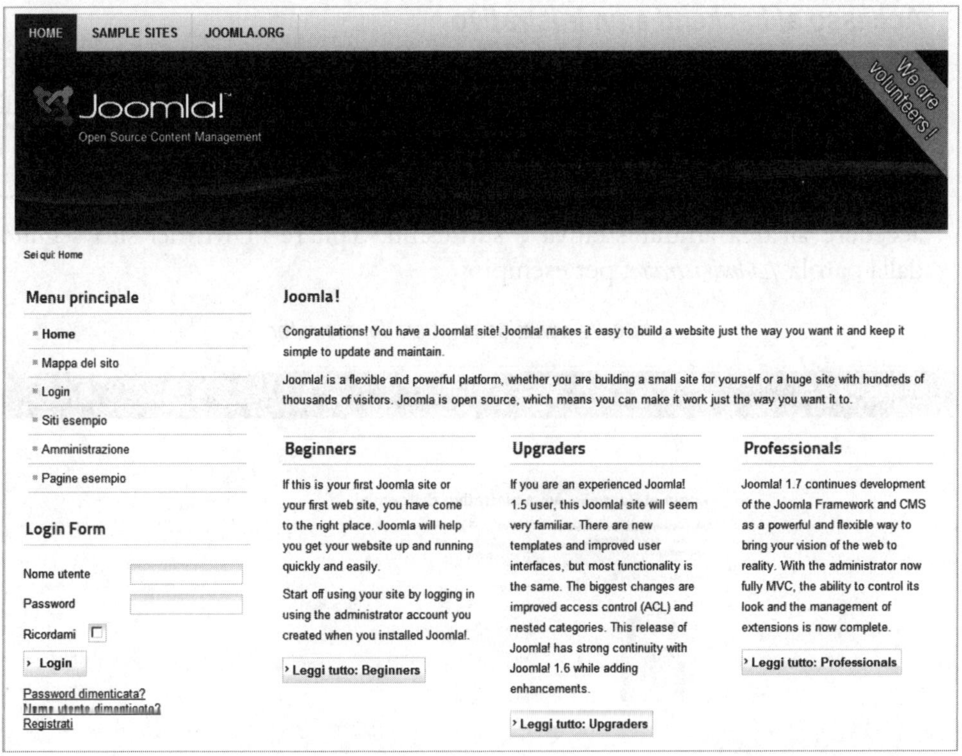

Figura 2.16 – Aspetto del frontend del sito con i contenuti dimostrativi.

Allo stesso modo, se operiamo sul server locale, possiamo richiamare il nostro sito tramite indirizzi di questo tipo:

- *http://localhost* se abbiamo scelto di caricare i file di Joomla direttamente nella root del nostro server locale;

– *http://localhost/joomla* se invece, come nel caso precedente, abbiamo preferito utilizzare una directory apposita per racchiudere tutti i file.

> *Facciamo attenzione al fatto che negli indirizzi locali il prefisso* www *non va mai inserito altrimenti il browser cerca l'*URL *sulla rete internet anziché rimanere nell'ambiente ristretto del nostro* PC*.*

Il sito così come si presenta è anche perfettamente funzionante in tutte le sue parti, possiamo provare a effettuare il login dal frontend inserendo i dati che abbiamo scelto per l'amministratore durante l'installazione.

Accesso al backend amministrativo

Dalla home page del sito abbiamo la possibilità di utilizzare un link apposito che, di norma, è sempre presente nelle installazioni quando scegliamo di caricare i dati di esempio; esso serve proprio per favorire i principianti.

In seguito, nei siti in produzione, tale link può essere omesso perché per accedere all'area amministrativa è sufficiente digitare l'URL del sito seguito dalla parola */administrator*, per esempio:

http://www.miosito.abc/administrator

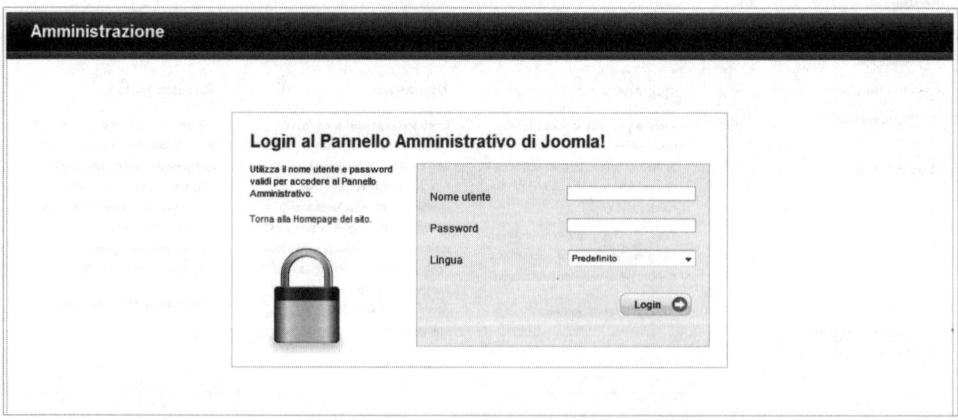

Figura 2.17 – Maschera di login per l'accesso all'amministrazione del sito.

Come vediamo nella figura in alto, nella maschera di login troviamo i campi nei quali inserire la nostra *userid* e la *password* che abbiamo scelto durante il *VI step* dell'installazione di Joomla appena eseguita; inoltre, se occorre, possiamo modificare la lingua di default con cui visualizzare il backend.

❖ Ripetere l'installazione

Può succedere che qualcosa non sia andato per il verso giusto o che per distrazione non ci siamo appuntati la password inserita durante la fase di installazione del CMS; in questo caso possiamo ripetere certamente tutta la procedura, ma dobbiamo considerare che dopo aver completato una qualsiasi installazione qualcosa è cambiato all'interno della cartella Joomla, altrimenti richiamando l'URL del nostro sito ripartirebbe nuovamente il setup.

Intanto se abbiamo cancellato la cartella *installation*, come richiesto al termine dell'installazione, dovremo per forza ricaricarla manualmente mentre se l'abbiamo rinominata, basterà ripristinare il suo nome originale.

In seguito dobbiamo cancellare (o rinominare) il file *configuration.php* che è stato creato durante l'installazione per fare in modo che il programma, non trovandolo, riavvii la procedura ex novo; a questo punto richiamiamo l'URL del sito e vedremo ripartire nuovamente la procedura di installazione con i sette passaggi che abbiamo appena esaminato.

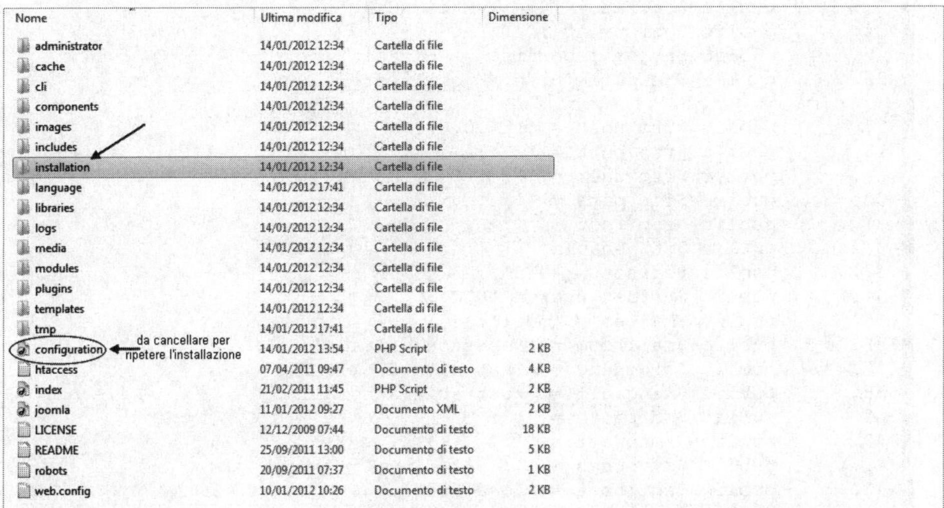

Figura 2.18 – File e cartella che compongono il CMS Joomla.

Riassumendo:

1. La cartella *installation* esiste già prima dell'installazione ma va cancellata o meglio rinominata al termine, altrimenti il CMS non si avvia.
2. Il file *configuration.php* non esiste prima dell'installazione poiché viene creato al suo completamento, inserendo al suo interno tutti i dati che necessitano a Joomla per potersi collegare al database e avviare correttamente il CMS con le preferenze impostate dall'amministratore.

Qui di seguito ecco un esempio del contenuto del file *configuration.php* creato dall'installazione eseguita sul server locale.

```
<?php
class JConfig {
	public $offline = '0';
	public $offline_message = 'Sito fuori servizio per manutenzione.<br /> Riprovare più tardi.';
	public $display_offline_message = '1';
	public $offline_image = '';
	public $sitename = 'Test sito Joomla 2.5';
	public $editor = 'tinymce';
	public $captcha = 'recaptcha';
	public $list_limit = '20';
	public $access = '1';
	public $debug = '0';
	public $debug_lang = '0';
	public $dbtype = 'mysqli';
	public $host = 'localhost';
	public $user = 'root';
	public $password = '';
	public $db = 'j25';
	public $dbprefix = 'bb0iw_';
	public $live_site = '';
	public $secret = 'ji4oTvMkbeQRHxH5';
	public $gzip = '0';
	public $error_reporting = 'default';
	public $helpurl='http://joomla.org/{major}{minor}:{keyref}';
	public $ftp_host = '127.0.0.1';
	public $ftp_port = '21';
	public $ftp_user = '';
	public $ftp_pass = '';
	public $ftp_root = '';
	public $ftp_enable = '0';
	public $offset = 'UTC';
	public $offset_user = 'UTC';
	public $mailer = 'mail';
	public $mailfrom = 'roberto@mail.abc';
	public $fromname = 'Test sito Joomla 2.5';
	public $sendmail = '/usr/sbin/sendmail';
	public $smtpauth = '0';
	public $smtpuser = '';
	public $smtppass = '';
	public $smtphost = 'localhost';
	public $smtpsecure = 'none';
	public $smtpport = '25';
	public $caching = '0';
	public $cache_handler = 'file';
	public $cachetime = '15';
	public $MetaDesc = '';
	public $MetaKeys = '';
	public $MetaTitle = '1';
	public $MetaAuthor = '1';
	public $robots = '';
	public $sef = '1';
	public $sef_rewrite = '0';
	public $sef_suffix = '0';
	public $unicodeslugs = '0';
	public $feed_limit = '10';
```

```
        public $log_path = 'C:\\xampp\\htdocs\\home/logs';
        public $tmp_path = 'C:\\xampp\\htdocs\\home/tmp';
        public $lifetime = '15';
        public $session_handler = 'database';
}
```

L'operazione di installazione, dunque, può essere ripetuta tutte le volte che vogliamo, utilizzando sempre gli stessi file e lo stesso database; va solo ricordato che quest'ultimo è già popolato con i dati dell'installazione precedente, quindi poiché questi erano solo legati a un'installazione di prova, nel IV step (figura 2.12) possiamo impostare la voce *Processa vecchio database* selezionando l'opzione *Elimina* per fare in modo di cancellare tutti i dati presenti in modo da inizializzare ex novo la creazione delle tabelle.

Per tutti gli utenti che iniziano adesso a lavorare con Joomla, il consiglio è dunque di non cancellare la cartella *installation* ma di rinominarla agendo per via FTP in caso di server remoto o direttamente se si utilizza quello locale; in questo modo sarà possibile ripetere l'installazione tutte le volte che vogliamo.

❖ Installazione senza i dati di esempio

Nel *VI step* possiamo decidere tranquillamente di non installare i dati di esempio; infatti, essi hanno la sola utilità pratica di farci vedere un frontend già popolato con i menu di navigazione e con alcuni articoli in modo da permetterci un rapido orientamento tra le funzioni base del CMS Joomla.

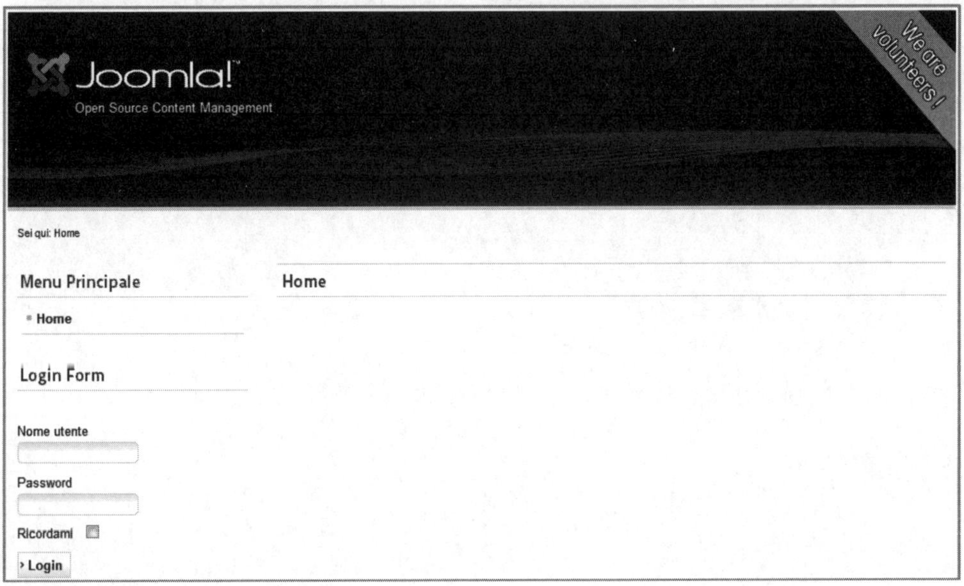

Figura 2.19 – Aspetto del sito dopo l'installazione eseguita senza caricare i dati di esempio.

Quindi, se scegliamo di non caricare questi dati, una volta terminata l'installazione, aspettiamoci di vedere una home page del tutto spoglia; rispetto alla home page mostrata in figura 2.16, mancano i menu di navigazione e tutti gli articoli dimostrativi; ciò potrebbe disorientarci se siamo ancora principianti. È per questo motivo che consigliamo di non dimenticare di caricare questi dati almeno sino a quando non saremo diventati più esperti nel gestire le principali funzioni del nostro CMS.

❖ Conclusioni

Capitolo certamente essenziale per tutti coloro che desiderano iniziare a far tutto da soli per arrivare gradualmente a utilizzare Joomla nella creazione dei propri siti; per questo motivo, se qualcosa ancora non fosse chiaro, il consiglio è quello di riprendere subito questi concetti dall'inizio prima di proseguire; molto consigliato è l'approntamento del server locale in modo da poter testare di volta in volta i concetti appresi.

In questo capitolo abbiamo esaminato le fasi di acquisizione del pacchetto Joomla e le modalità di impiego su server sia locale sia remoto, non tralasciando le modalità di trasferimento via FTP dei file.

Infine abbiamo descritto le sette fasi dell'installazione del CMS e le modalità che ci permettono di replicare questa procedura fino a quando non avremo acquisito la necessaria esperienza nel compiere questa operazione, tanto essenziale quanto vitale, con la massima disinvoltura.

3

Primo approccio al backend

Contenuto del capitolo

Un tour veloce per conoscere e prendere confidenza con tutti i comandi che sono presenti nel pannello amministrativo, tramite il quale possiamo non solo gestire le funzioni standard del nostro sito ma anche arrivare a implementarne di nuove tramite l'installazione di estensioni.

Subito dopo aver eseguito il login per l'accesso al backend di Joomla ci appare il pannello di controllo del CMS che rappresenta il vero cuore di tutto il sistema; esso ci permette di gestire ogni più piccolo aspetto del nostro sito.

Per questo motivo è assolutamente indispensabile preventivare un po' di tempo per arrivare a conoscerlo bene e riuscire ad acquisire tutta la necessaria confidenza; solo così saremo in grado di utilizzare e sfruttare al massimo tutta la potenza delle numerose funzioni amministrative presenti.

In questo capitolo daremo uno sguardo a volo d'uccello su tutti i comandi presenti nell'area amministrativa mentre, in quelli successivi, andremo a esaminarli uno per uno in maniera pressoché completa in relazione alla particolare funzione tecnica che ognuno di essi è chiamato a svolgere nella gestione del sito in produzione. Possiamo osservare l'aspetto del pannello di controllo in figura 3.1; lo abbiamo suddiviso in quattro aree numerate per poterle individuare agevolmente, ognuna di esse contiene comandi e informazioni di vario tipo a uso esclusivo dell'amministratore.

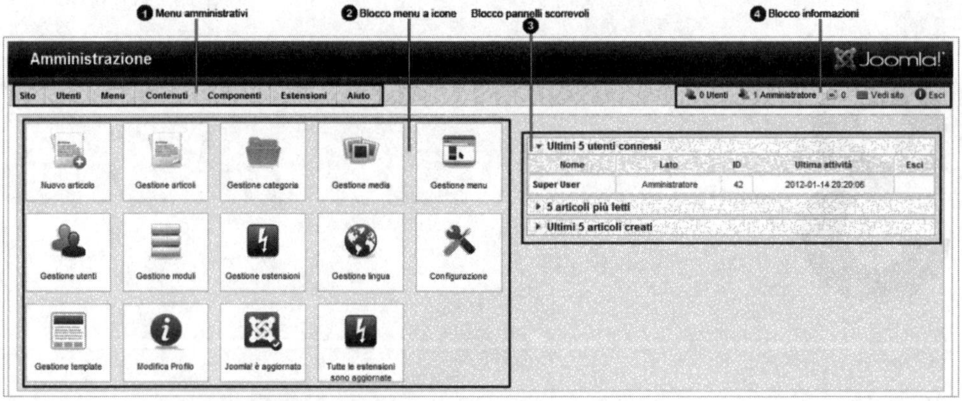

Figura 3.1 – Il pannello amministrativo di Joomla 2.5

1. **Blocco dei menu amministrativi**: le voci presenti all'interno di ciascuno di essi sono numerose e molto articolate; avremo modo di esaminarle, funzione per funzione, nei prossimi capitoli.
2. **Blocco icone**: al suo interno troviamo una serie di icone che richiamano i comandi di uso più frequente; gli stessi comandi, ovviamente, sono presenti anche tra le voci dei *menu amministrativi* individuati al punto 1.

   Più in particolare, tutte le icone presenti in questo blocco possono essere utilizzate per il richiamo veloce dei seguenti comandi amministrativi:

   – *Nuovo articolo*

     Rappresenta la via più breve per iniziare a scrivere un nuovo articolo.

   – *Gestione articoli*

     Richiama la lista di tutti gli articoli inseriti nel CMS da qualsiasi utente; essa non è una semplice lista perché, come vedremo, è dotata di comandi molto avanzati per *modificare*, *cancellare*, *ordinare* ecc. qualsiasi tipologia di contenuto.

   – *Gestione categorie*

     Anche questa è una voce molto utilizzata perché serve per creare tutte le categorie che ci servono per un ordinamento ragionato dei contenuti.

   – *Gestione media*

     Consente il caricamento e la gestione dei media (immagini, suoni, filmati ecc.) che utilizzeremo nei nostri contenuti.

   – *Gestione dei menu*

     Permette la creazione, la modifica e l'ordinamento dei menu e delle varie voci che li compongono.

– *Gestione utenti*

Richiama la lista degli utenti iscritti al sito; inoltre permette la creazione dei gruppi e l'assegnazione individualizzata dei privilegi.

– *Gestione moduli*

Avremo modo di parlare diffusamente dei moduli e del modo con cui essi possono essere creati, sistemati e gestiti attraverso questo comando.

– *Gestione estensioni*

Questa icona richiama un pannello multifunzione attraverso il quale possiamo caricare qualsiasi nuova estensione e arrivare a gestirla in ogni suo aspetto come per esempio l'aggiornamento automatico.

– *Gestione lingua*

Permette di scegliere la lingua di default con cui saranno visualizzati il frontend e il backend amministrativo.

– *Configurazione*

Apre il pannello che contiene le impostazioni globali, ossia quelle che valgono per tutto il sito.

– *Gestione template*

Completa gestione dei temi grafici e degli stili del sito.

– *Modifica profilo*

Apre la scheda personale dell'amministratore per eventuali modifiche o correzioni ai dati contenuti.

– *Aggiornamenti core di Joomla* (nuovo)

Questo pulsante cambia aspetto secondo lo stato di aggiornamento del core di Joomla; se è tutto a posto mostra un segno di spunta di colore bianco su sfondo verde assieme al seguente messaggio: *Joomla è aggiornato* (figura 3.1).

– *Aggiornamenti estensioni* (nuovo)

Anche l'icona di questo pulsante può cambiare aspetto in relazione allo stato di aggiornamento delle estensioni installate nel CMS; in situazioni normali mostra il messaggio: *Tutte le estensioni sono aggiornate.*

3. **Blocco pannelli scorrevoli**: sono posizionati sul lato destro del pannello di controllo, permettono di visualizzare all'istante alcune informazioni, anche di tipo statistico, come per esempio:

   a. *Gli ultimi utenti connessi.* In questo caso, le informazioni includono la data dell'ultimo collegamento, il numero di identificazione (*ID*) assegnato all'utente dal sistema e inoltre la possibilità immediata di forzare il suo logout (per esempio nel caso di utenti invadenti).

b. *Articoli più letti*. Il pannello mostra i contenuti più graditi o più cliccati dai visitatori del sito; questa informazione non solo ha un valore statistico ma, nel tempo, ci consente di conoscere, a colpo d'occhio, quali argomenti vale la pena di valorizzare e quali abbandonare perché di scarso interesse.

c. *Ultimi articoli creati*. Pannello molto utile quando disponiamo di collaboratori autorizzati a pubblicare autonomamente contenuti di vario tipo; infatti, al suo interno sono mostrati gli ultimi inserimenti disponendoli in ordine cronologico decrescente.

> *I tre pannelli scorrevoli appena descritti possono essere eliminati, modificati o spostati; si tratta, infatti, di semplici moduli e come tali vanno gestiti tenendo presente che si tratta di elementi che sono inseriti nel pannello amministrativo all'interno del blocco chiamato* cpanel.

4. **Blocco informazioni**: qui troviamo alcune notizie di uso immediato per l'amministratore.

   a. *Utenti connessi*;

   b. *Numero di amministratori connessi*. Questa informazione può essere utile quando esistano più utenti amministrativi che si occupano della gestione, anche parziale, del sito.

   c. *Messaggi*. Il numero che precede il nome indica se vi sono messaggi in attesa per l'amministratore; in questo caso, egli non deve far altro che cliccare sulla parola *Messaggi* per aprire l'apposita pagina che ne permette la gestione completa.

   d. *Vedi sito*. È un link molto utile che permette di aprire, in una nuova pagina, il frontend del sito allo scopo di verificare rapidamente il risultato del lavoro operato nel backend.

> *Facciamo attenzione al fatto che essere loggati come amministratori al backend del sito non significa esserlo anche nel frontend.*
>
> *Joomla infatti, per aumentare la sicurezza del sito, impone il doppio login in modo del tutto indipendente per i due ambienti.*

e. *Esci*. Com'è facile intuire, questo link permette la chiusura della sessione di lavoro amministrativo e l'uscita immediata dal backend.

In sostanza, rispetto alle versioni precedenti di Joomla, in questa release 2.5 notiamo la presenza, nel *blocco delle icone*, di due pulsanti in più che permettono non solo di ottenere informazioni sull'aggiornamento dei file di Joomla ma anche di quello delle estensioni installate.

❖ I menu amministrativi

Sin dal primo accesso nell'area amministrativa di Joomla non possiamo fare a meno di apprezzare la cura con cui i programmatori hanno predisposto i vari elementi studiando la migliore ergonomia di lavoro possibile.

Al solo scopo di fornire un primo orientamento, qui di seguito elenchiamo tutti i menu presenti con le relative voci contenute al loro interno fornendo, nello stesso tempo, una breve descrizione della funzione espletata da ciascuna di esse; nei capitoli seguenti, invece, avremo modo di esaminare ogni singola voce in modo più particolareggiato e completo.

I menu presenti nella versione 2.5 di Joomla, nell'ordine, sono i seguenti:

- ✓ **Sito**
- ✓ **Utenti**
- ✓ **Menu**
- ✓ **Contenuti**
- ✓ **Componenti**
- ✓ **Estensioni**
- ✓ **Aiuto**

Il menu: Sito

Da questo menu possiamo fornire le *impostazioni globali* che sono quelle che valgono per tutto il sito; inoltre possiamo eseguire alcune operazioni di manutenzione e ricevere informazioni di sistema e sul profilo della persona che sta operando nell'ambiente amministrativo; eccole (figura 3.2):

- ➢ *Pannello di controllo*
  Permette il ritorno alla *home* del pannello amministrativo.
- ➢ *Il mio profilo*
  Apre la scheda personale dell'amministratore.

- *Configurazione globale*
  Rappresenta certamente la voce più importante di questo menu perché apre un complesso pannello formato da quattro schede attraverso le quali possiamo impostare tutti i parametri principali del CMS, chiamati appunto *Globali*; nel prossimo capitolo avremo modo di descrivere tutte le funzioni in maniera completa.
- *Manutenzione*
  Consente alcune operazioni di servizio come la pulizia della *cache* o la gestione del cosiddetto *Controllo globale* che permette di chiudere eventuali *task* di lavoro da cui siamo usciti in maniera non corretta.
- *Informazioni di sistema*
  Attraverso questa voce possiamo visualizzare e consultare tutti i parametri del server utilizzato per l'installazione di Joomla; per esempio, la versione del *PHP*, le sue impostazioni, i permessi assegnati alle directory e così via. È un pannello che ha solo scopo informativo sullo stato della piattaforma software utilizzata e sui permessi assegnati ai file del CMS.

Figura 3.2 – Il menu Sito con tutte le voci presenti al suo interno.

Il menu: Utenti

Le maggiori novità, attese da tutti i vecchi utenti di Joomla, sono racchiuse proprio in questo menu; si tratta di impostazioni che (finalmente) permettono la creazione dei gruppi di utenti cui possono essere assegnate prerogative personalizzabili in modo davvero molto completo. Tutto questo non era possibile nelle versioni precedenti del CMS poiché il controllo degli accessi (ACL) ai contenuti del sito era gestito in modo molto rigido e senza alcuna possibilità di personalizzare permessi e creare nuovi livelli.

Figura 3.3 – L'importantissimo menu dedicato agli utenti, ai gruppi e ai livelli.

- *Gestione utenti*
  Permette di visualizzare la lista degli utenti, aggiungerne di nuovi e operare sospensioni, cancellazioni o ricerche di persone registrate in base a vari parametri. Ovviamente è possibile assegnare ciascun utente a un gruppo già creato e assegnargli uno specifico livello di accesso.
- *Gruppi*
  Tramite questa voce è possibile gestire i gruppi eventualmente già creati in precedenza e crearne di nuovi.
- *Livello di accesso*
  Consente la visualizzazione, la modifica e la creazione dei nuovi livelli di accesso in modo da concedere o limitare le possibilità di movimento degli utenti all'interno del frontend di Joomla.
- *Note utenti*
  Si tratta di una nuova prerogativa di Joomla implementata nella versione 2.5; in sostanza permette di allegare delle note descrittive per ogni utente. Le note possono essere numerose tanto che è possibile dividerle per categoria e ogni utente ne può avere anche più di una. Inoltre assieme alle note possiamo definire anche una data che potrebbe servire, per esempio, per una revisione dei permessi o per segnalare il termine futuro di una collaborazione in corso.
- *Categorie note utenti*
  Questa voce permette di categorizzare le note di cui sopra.
- *Mass mail*
  Permette l'invio massiccio di email agli utenti registrati; è una funzione presente anche nelle vecchie versioni del CMS ma, in questa nuova versione di Joomla, è presente un maggiore controllo nella scelta dei gruppi di chi dovrà ricevere le email.

Il menu: Menu

Figura 3.4 – Menu dedicato alla gestione completa dei menu del sito.

Contiene una sola voce principale *Gestione menu*; questa permette, durante la costruzione del sito, di creare menu e, ovviamente, di aggiungere, editare o cancellare le relative voci di ognuno di essi; se in fase di installazione del CMS abbiamo deciso di caricare anche i dati dimostrativi, subito sotto questa voce, troveremo elencati anche i nomi dei vari menu che servono a gestire i contenuti dimostrativi (figura 3.4).

- *Gestione menu*
  Serve per la creazione e la gestione completa di tutti i menu del sito.

Il menu: Contenuti

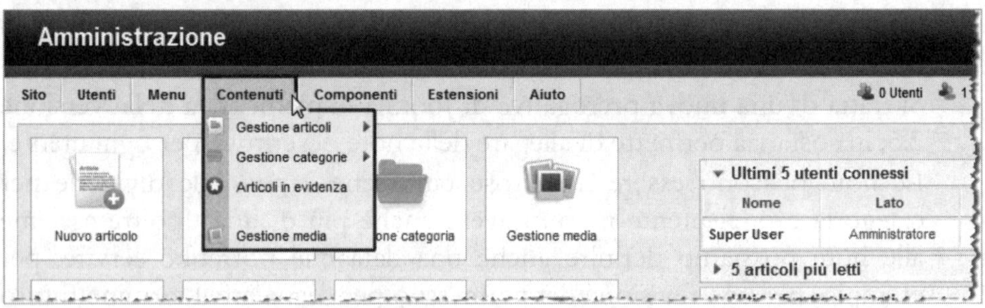

Figura 3.5 – Menu per la gestione dei contenuti e dei media da includere al loro interno.

È certamente il nucleo principale per un gestore di notizie qual è Joomla e rappresenta l'altra grande novità delle nuove versioni di Joomla dal 2011; come vedremo più dettagliatamente nel capitolo 7, tramite questo menu possiamo arrivare a gestire ogni singolo contenuto. Infatti, abbiamo modo di introdurlo, se necessario, in una struttura multilivello composta di categorie ramificate ad albero in grado di soddisfare qualsiasi esigenza nella produzione di siti anche particolarmente complessi.

Rispetto alle vecchie versioni di Joomla, quindi, abbiamo una grande e più estesa libertà di movimento nella creazione e catalogazione dei contenuti pubblicati; le voci che sono presenti in questo menu sono le seguenti:

- *Gestione articoli*
  Da questa voce possiamo richiamare l'elenco di tutti i contenuti già presenti nel CMS; come vedremo, con tal elenco, è possibile compiere ricerche, modifiche, cancellazioni, archiviazioni, sospensioni ecc. Al suo interno è presente una sola voce, *Nuovo articolo*, che replica il comando già presente nel menu a icone e che è presente anche nell'elenco articoli di cui abbiamo appena parlato.
- *Gestione categorie*
  Voce di menu che consente di avviare la suddivisione organica dei contenuti tramite la creazione di nuove categorie secondo una struttura molto ramificata; anche in questo caso, come per gli articoli, è mostrato l'elenco delle categorie con tutte le opzioni di creazione e modifica.
- *Articoli in evidenza*
  In fase di creazione di un nuovo articolo possiamo decidere se esso dovrà essere mostrato nella home page del sito e quindi essere posizionato in modo più evidente rispetto agli altri; l'utilizzo di questa voce ci permette di visualizzare l'elenco di tutti gli articoli messi in evidenza, così da poterli gestire con maggiore comodità.
- *Gestione media*
  È la classica voce che permette di caricare e gestire tutti i media che dovranno essere utilizzati all'interno degli articoli. Nelle vecchie versioni di Joomla questa voce era collocata nel menu *Sito* mentre adesso ha trovato una posizione più adatta e più correlata al suo impiego.

Il menu: Componenti

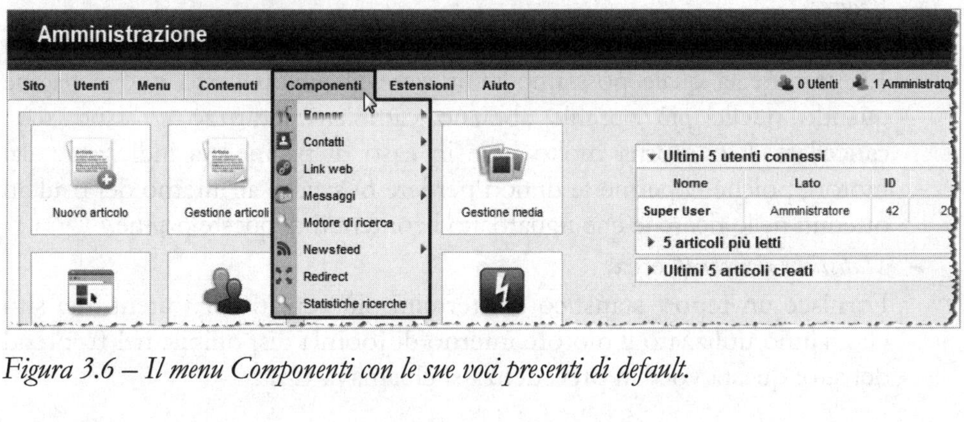

Figura 3.6 – Il menu Componenti con le sue voci presenti di default.

Questo menu mostra tutti i componenti installati nel nostro CMS; quelli nuovi, ovviamente, andranno ad aggiungersi a questo elenco; di base, Joomla possiede sette componenti che sono quelli mostrati nella figura 3.6: essi sono forniti allo scopo di implementare alcune funzionalità di base e farle trovare già pronte all'uso immediatamente dopo la prima installazione.

- *Banner*
  Consente di gestire un completo circuito di banner pubblicitari a rotazione.
- *Contatti*
  Creazione di piccoli *form* a uso dei visitatori del sito da utilizzare per contattare uno o più responsabili del sito.
- *Link Web*
  Si tratta di un componente storico, presente in tutte le versioni di Joomla; permette di gestire un elenco di link utili.
- *Messaggi*
  Consente lo scambio di messaggi privati tra gli amministratori del sito; ciò è molto utile quando le persone autorizzate ad accedere al backend di Joomla sono diverse e si devono tenere necessariamente in contatto.
- *Motore di ricerca*
  Si tratta di una nuova e potente funzione implementata nella versione 2.5; permette l'auto-completamento dei termini di ricerca recuperandoli nei dati presenti nel CMS che sono stati preventivamente indicizzati; ciò consente di ottenere risultati molto veloci partendo da una radice comune. Per riuscire a sfruttare questa nuova funzione dobbiamo attivare un apposito plugin come vedremo nel capitolo 10.
- *Newsfeed*
  Componente per l'impiego nel sito di newsfeed provenienti dall'esterno; è anche possibile suddividerli per categorie.
- *Redirect*
  Si tratta di una nuova funzione implementata per la prima volta su Joomla 1.6, tramite la quale possiamo indirizzare gli utenti verso nuove pagine quando quelle più vecchie abbiano cambiato indirizzo o siano state cancellate. Ciò ritorna molto utile in caso di pagine già indicizzate dai motori, poiché ci permette di non perdere posizioni all'interno dei risultati ottenuti nelle ricerche che riguardano i contenuti di queste pagine.
- *Statistiche ricerche* (Cerca)
  Fornisce un report statistico dei termini più cercati dagli utenti del sito che hanno utilizzato il motore interno di Joomla disponibile nel frontend del sito; questa voce in precedenza si chiamava *Cerca.*

Il menu: Estensioni

Permette la gestione completa delle estensioni di Joomla, incluse le operazioni di caricamento e cancellazione dei componenti, che sono presenti nel menu esaminato nel paragrafo precedente.

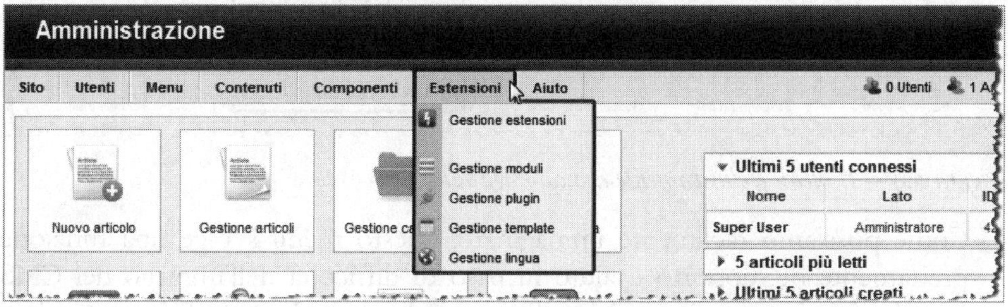

Figura 3.7 – L'importantissimo menu per la completa gestione delle estensioni.

- *Gestione estensioni*

  Apre il classico pannello, già presente in Joomla 1.5, che permette di installare tutte le nuove estensioni che desideriamo implementare; inoltre, in questa versione sono presenti nuove opzioni che, come vedremo meglio più avanti, servono per l'aggiornamento automatico, per gestire la visibilità o la cancellazione, per mostrare le estensioni che non sono passate attraverso il normale processo di installazione e, infine, per rilevare eventuali avvisi su tutte quelle estensioni che dovessero presentare problemi di varia natura.

- *Gestione Moduli, Plug-in, Template e Lingue*

  Ognuna di queste voci serve per entrare nelle rispettive aree di competenza per gestire le funzioni di *moduli*, *plugin*, *template* e *file di lingua*; queste funzionano tutte alla stessa maniera, infatti, ognuna di esse richiama un pannello con l'elenco delle estensioni sulle quali ci serve lavorare.

Nelle nuove versioni di Joomla, finalmente, oltre alle normali funzioni di *ricerca*, *ordinamento*, *cancellazione* ecc., possiamo assegnare la visibilità di particolari estensioni solo ai gruppi di utenti desiderati, diversificando in questo modo e in maniera netta le possibilità di movimento di ciascun gruppo all'interno delle pagine del sito e nell'uso di particolari risorse.

Ogni pannello amministrativo di Joomla dispone di un pulsante *Opzioni* che permette di assegnare questi permessi in maniera molto dettagliata non solo nella gestione degli articoli ma anche in qualsiasi altro ambiente di Joomla: da quello *Globale* a quelli che gestiscono gli *utenti*, i *menu*, i *contenuti* e tutte le altre *estensioni* come *moduli*, *plugin*, *componenti*, *lingue* e *template*.

Il menu: Aiuto

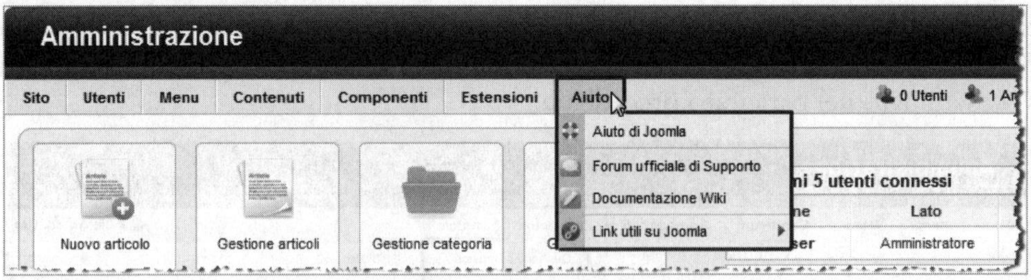

Figura 3.8 – Il menu esclusivamente dedicato agli aiuti.

Come possiamo facilmente immaginare, questo menu svolge una funzione prettamente di supporto e aiuto in caso di difficoltà nell'impiego del CMS Joomla; funziona in maniera intelligente, nel senso che apre l'aiuto correlato con la pagina amministrativa in cui ci troviamo.

Al suo interno troviamo quattro voci che rimandano l'utente ai seguenti link:

- *Aiuto di Joomla*

Permette di visualizzare un completo aiuto in linea organizzato alfabeticamente per tipologia di funzione, all'interno della stessa area amministrativa.

- *Forum ufficiale di supporto*

Carica la pagina del forum di supporto internazionale *http://forum.joomla.org/* al suo interno troviamo aree in tutte le lingue compresa quella italiana.

- *Documentazione Wiki*

Anche in questo caso ci appare una pagina esterna che fa capo alla documentazione ufficiale di Joomla contenente guide e manuali di supporto all'uso del CMS *http://docs.joomla.org/*

- *Link utili su Joomla*

Qui troviamo diversi link che fanno capo a siti appartenenti alla comunità Joomla e che possono essere d'aiuto per trovare non solo notizie, estensioni e risorse in generale ma anche gadget appartenenti al mondo Joomla.

❖ Conclusioni

Questo primo approccio all'area amministrativa di Joomla ci è servito per prendere confidenza con l'interfaccia e per conoscere la posizione dei vari comandi presenti in questa versione 2.5 che non presenta grosse differenze rispetto alla precedente versione 1.7; tali differenze diventano numerose se invece facciamo un confronto con le versioni ancora più vecchie.

Coloro che provengono da queste ultime certamente non tarderanno a orientarsi anche se, per motivi di ottimizzazione e di miglioramento dell'ergonomia di lavoro, alcune voci di menu sono state spostate e qualche funzione è stata eliminata dai menu principali per essere inclusa in quelli a discesa presenti nelle liste; un esempio su tutti è la funzione *Cestino* che ora si trova collocata nel menu *Seleziona stato*, come mostrato nella figura 3.9.

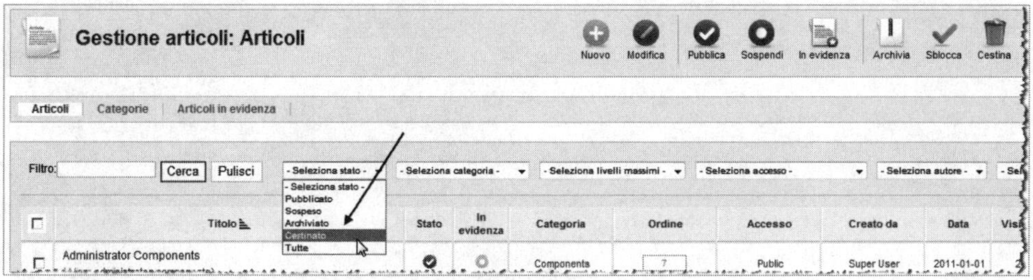

Figura 3.9 – Richiamo della lista dei contenuti cestinati.

4

Configurazione di Joomla!

Contenuto del capitolo

Questo capitolo è dedicato interamente ai comandi che regolano le impostazioni di base e alle modalità di interazione con gli utenti di Joomla; si tratta di una serie di comandi del tutto essenziali per la vita operativa della piattaforma che ci apprestiamo a gestire, pertanto, è molto importante seguire con molta attenzione la descrizione di ciascuno di essi.

La configurazione generale, o meglio globale, del sito è piena prerogativa del primo menu disponibile nell'area amministrativa; possiamo certamente definirlo il più importante perché al suo interno possiamo eseguire una serie di impostazioni tanto essenziali quanto vitali per il corretto funzionamento di qualsiasi sito Joomla. Dopo averle salvate, gran parte di esse sono trascritte nel file di configurazione chiamato *configuration.php*; come ricorderemo, questo file è generato subito dopo il completamento dell'installazione e contiene tutte le istruzioni di base necessarie al CMS per potersi avviare seguendo proprio queste impostazioni.

È inutile sottolineare quindi quanto sia indispensabile e importante il file di configurazione per l'avvio del sito; per questo motivo, il consiglio è di eseguire una copia di sicurezza e di conservarla nel caso ne avessimo bisogno in seguito. Il motivo è molto semplice: alcuni dei tentativi di hackeraggio, di cui può essere vittima qualsiasi sito dinamico, puntano proprio a cancellare o modificare questo file, possedere una copia significa un ripristino immediato.

❖ Menu Sito: *Configurazione globale*

Figura 4.1 – Il primo dei menu amministrativi di Joomla è anche il più importante.

Iniziamo a esaminare il menu *Sito* descrivendo la sua voce più importante che si chiama *Configurazione globale*; l'accesso a questo pannello amministrativo avviene dall'omonima voce di menu oppure cliccando direttamente sull'icona indicata in figura 4.1, presente nel pannello di controllo.

Nella schermata mostrata in figura 4.2, sono contenuti tutti i comandi che ci consentono di iniziare a compiere le prime impostazioni di base che andranno a influenzare alcune funzioni del nostro CMS; tra le più importanti abbiamo il setup riguardante i *metadata*, il *SEO*, i parametri della *cache*, la durata delle sessioni, i parametri per l'accesso FTP, l'orario, la posta e, certamente non ultimi, i permessi globali da attribuire agli utenti.

Il pannello della *Configurazione globale* è composto di cinque schede (o *tab*):

- ✓ *Sito*;
- ✓ *Sistema*;
- ✓ *Server*;
- ✓ *Permessi*;
- ✓ *Filtri di testo*.

Iniziamo a descriverle una alla volta notando subito che, rispetto alla versione di Joomla 1.7, è stata aggiunta la scheda *Filtri di testo* che in precedenza era pertinenza del pannello *Gestione contenuti*.

Configurazione globale: Scheda Sito

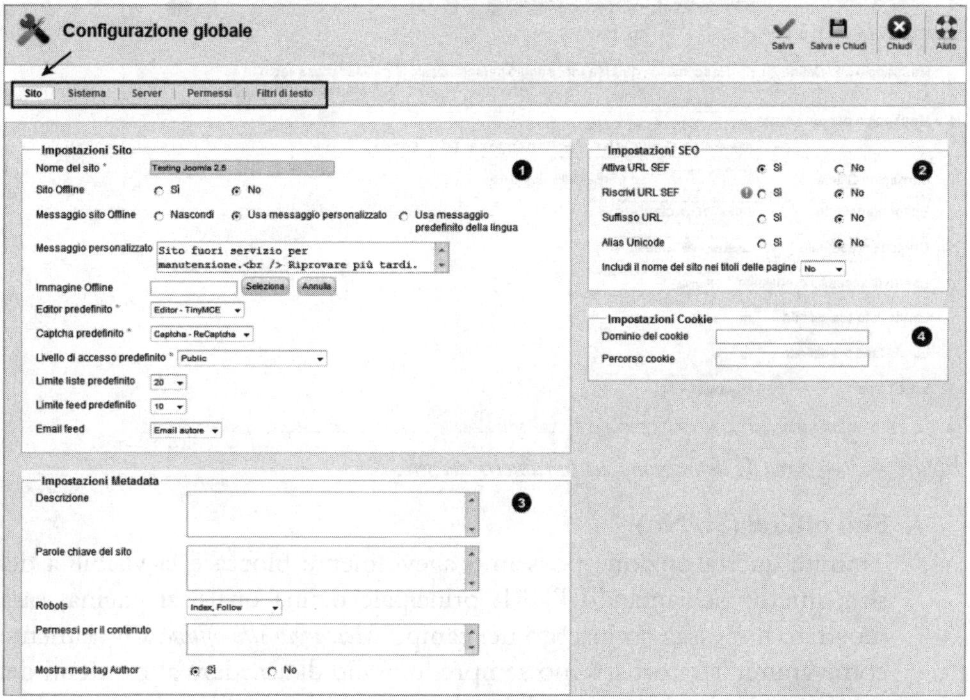

Figura 4.2 – La scheda Sito nel pannello di Configurazione globale.

Questa prima scheda appartenente alla *Configurazione globale* del sito è mostrata nella figura precedente; essa presenta alcune impostazioni di base molto semplici che però vanno eseguite con attenzione perché servono anche a influenzare direttamente il modo con cui i motori di ricerca andranno a indicizzare il nostro sito.

La schermata proposta in figura 4.2 è stata suddivisa in quattro aree in base alla tipologia di controllo che vi è contenuta; iniziamo a esaminarle singolarmente, evidenziando la funzione dei campi presenti.

Area 1: *Impostazioni sito* (figura 4.3)

- **Nome del sito**

  Permette di impostare il nome del sito che sarà visualizzato come titolo sulla barra del browser; per questa ragione è sempre una buona prassi includere qualche *parola chiave* particolarmente in linea con il tipo di contenuto trattato dal sito stesso; per esempio: *Mobilificio Rossi & C – Camerette e cucine di legno massello a prezzi di fabbrica.*

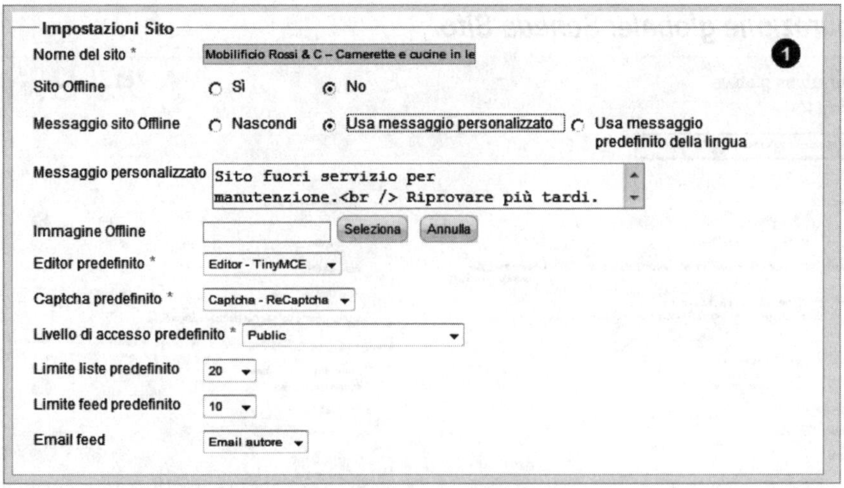

Figura 4.3 – Area 1: definizione dei parametri del sito.

- **Sito offline (Sì/No)**
  Tramite questa opzione possiamo agevolmente bloccare la visibilità del sito; infatti, richiamando l'URL principale o una qualsiasi pagina, sarà mostrato il messaggio inserito nel campo *Messaggio sito offline*. Ovviamente come amministratori saremo sempre in grado di accedere al frontend del sito in modo da poter controllare gli effetti di eventuali modifiche attuate durante il periodo di *offline*.
- **Messaggio sito offline**
  Sono presenti tre opzioni:
  – *Nascondi*: Joomla non mostra alcun messaggio.
  – *Usa messaggio personalizzato*: con questa opzione, ai nostri visitatori apparirà il messaggio inserito nel campo successivo.
  – *Usa messaggio predefinito della lingua*: sarà mostrato il messaggio di base presente nei file di ogni lingua.
- **Immagine offline**
  Nelle vecchie versioni di Joomla non era possibile cambiare, dal pannello amministrativo, l'immagine mostrata nella schermata di sito *offline* che invariabilmente era il logo del CMS; utilizzando questo comando, adesso possiamo invece selezionare un file grafico personalizzato prelevandolo direttamente dal nostro PC.
- **Editor predefinito**
  Joomla, oltre all'editor di base che serve ad aiutare la formattazione dei contenuti inseriti, può utilizzare anche altri prodotti similari, creati da terze parti; da questo menu possiamo scegliere quale editor utilizzare

come default per tutti gli utenti del sito. In alternativa, possiamo scegliere di utilizzare il cosiddetto *CodeMirror* che permette l'introduzione di codice sorgente oppure di disabilitare completamente tutti gli editor in modo che non possa esserne utilizzato nessuno.

- **Captcha predefinito**
  Si tratta di una nuova implementazione effettuata dalla versione 2.5 di Joomla; finalmente abbiamo la possibilità di proteggere i *form* del sito con un sistema antispam; in questo menu troviamo il sistema gestito da Google che si chiama *ReCaptcha* e che è anche l'unico presente. Possiamo però installarne anche altri e, una volta attivato il relativo plugin, il suo nome apparirà all'interno di questo stesso in maniera che possa essere scelto come sistema base di protezione antispam del sito.
- **Livello di accesso predefinito**
  Definisce il gruppo di appartenenza da assegnare a chi arriva sul sito senza aver eseguito il login; l'impostazione di default si chiama *Public* ma, da questo menu, possiamo modificare questa impostazione scegliendolo tra i gruppi di utenti utilizzati per il sito.
- **Limite lista predefinito**
  Questo campo imposta il numero massimo di righe che devono essere visualizzate nelle liste e negli elenchi di vario tipo; il valore base è 20.
- **Limite feed predefinito**
  In questo caso, l'impostazione definisce il numero massimo di elementi visualizzabili quando è richiesto un elenco di *feed*; il valore base è 10 ma, come accade per liste, se occorre possiamo modificarlo.
- **Email feed**
  Tramite questa impostazione, possiamo fare in modo che nel feed sia mostrata anche l'email dell'autore oppure quella del sito di riferimento.

Area 2: *Impostazioni SEO* (figura 4.4)

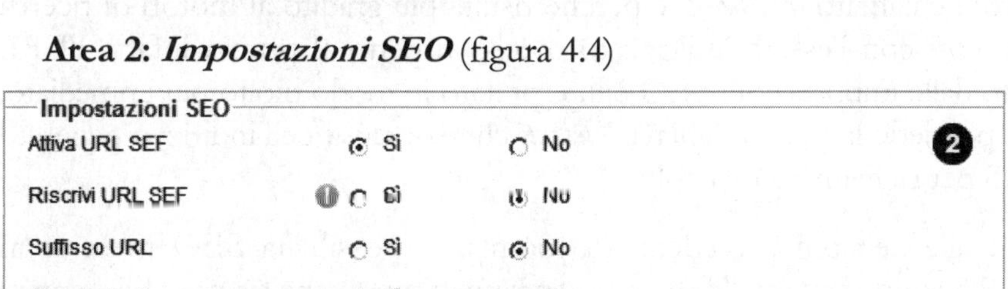

Figura 4.4 – Area 2: area relativa ai parametri SEO.

Si tratta di impostare alcuni parametri veramente importanti che permettono a Joomla di mostrare tutti gli indirizzi che puntano alle proprie pagine nel formato cosiddetto *amichevole*.

Che cosa significa tutto questo è presto detto: prima di tutto chiariamo il significato del termine SEO. Si tratta di un acronimo delle parole inglesi *Search Engine Optimization* e serve a indicare tutta una serie di tecniche atte ad aumentare il volume di traffico verso un sito web. Esse puntano a ottimizzare sia gli indirizzi sia alcune parti del codice sorgente, facendo in modo che siano particolarmente graditi ai motori di ricerca; tutto ciò porta a una migliore indicizzazione dei contenuti e quindi a un migliore posizionamento rispetto a siti concorrenti che trattano gli stessi argomenti.

Come possiamo osservare in figura 4.4, tramite le impostazioni contenute in questo riquadro SEO, possiamo fare in modo che gli indirizzi delle pagine contengano anche il nome del sito nei titoli delle pagine; ciò può risultare importante se nel titolo sono contenute parole chiave che possano favorire l'indicizzazione dei contenuti presentati.

Per esempio, l'indirizzo di un normale contenuto di Joomla che ha per nome *Manifattura dei tessuti pregiati*, senza alcuna impostazione SEO, potrebbe essere il seguente:

www.miosito.abc/index.php?option=com_content&view=article&id=53&Itemid=280

Invece, con la sola attivazione dell'opzione URL SEF come mostrato nella figura più in basso, lo stesso indirizzo diventa il seguente:

www.miosito.abc/index.php/manifattura-di-tessuti-pregiati

A questo punto dovrebbe essere molto facile intuire perché il secondo indirizzo è chiamato *amichevole* e perché risulta più gradito ai motori di ricerca finendo così con l'essere indicizzato meglio rispetto al primo; infatti, l'URL prodotto dalle impostazioni SEO è interpretato in modo molto più immediato; inoltre, possiede la parola "chiave" *tessuti* che è inclusa nell'indirizzo generato dal CMS per richiamare l'articolo.

Rispetto alle versioni precedenti di Joomla, le possibilità SEO presenti in Joomla 2.5 sono state migliorate e potenziate in modo che sia possibile evitare il ricorso a estensioni esterne in grado di svolgere il medesimo lavoro.

Passiamo adesso a esaminare tutti i parametri presenti in questo secondo blocco riguardante il complesso delle impostazioni SEO che sono le seguenti:

- **Attiva URL SEF**

  Questa è l'impostazione principale che attiva la riscrittura degli indirizzi in modo amichevole; infatti, le parole Search Engine Friendly formano l'acronimo SEF che serve a indicare proprio questa importante funzione.

- **Riscrivi URL SEF**

  Questa opzione può essere attivata solo da chi impiega server *Apache*; consente di utilizzare una funzione interna del server stesso che permette di ottenere la riscrittura degli indirizzi.

  Per far questo, però, dobbiamo prima trovare il file *htaccess.txt*, operazione non difficile poiché è presente tra i file base di Joomla, impostarlo opportunamente e infine rinominarlo in *.htaccess*, scritto proprio come lo leggiamo, cioè con il punto avanti e senza alcuna estensione. Ne parleremo ancora al termine di questo paragrafo.

- **Suffisso URL**

  Se è impostata sul *Sì*, Joomla aggiunge il suffisso *.html* all'indirizzo della pagina visualizzata; questo è anche utile per mascherare, agli occhi dei meno esperti, l'impiego di un CMS e a far sembrare il sito come se fosse composto di semplici pagine HTML. In sostanza, l'URL di esempio mostrato nella pagina precedente diventerebbe così:

  www.miosito.abc/index.php/manifattura-di-tessuti-pregiati.html

- **Alias Unicode**

  Non è indispensabile per il corretto funzionamento del CMS ma può diventare un elemento indispensabile quando dobbiamo utilizzare contenuti che includono set di caratteri molto diversi dal nostro (per esempio il cirillico, l'arabo ecc.). In questo caso le scelte possibili sono due: usare la *traslitterazione* (valore di default) oppure ripiegare utilizzando un *alias* che include le parole da definire.

> *Per traslitterazione, si intende la trascrizione di una parola o di un testo che utilizza un sistema alfabetico di arrivo diverso da quello originale, seguendo uno specifico schema di trasformazione che fa corrispondere a ciascuna lettera (o a ciascun gruppo di lettere) una o più lettere.*
>
> *In questo modo è possibile operare la ricostruzione del testo originale anche solo in base alla conoscenza del suddetto schema (Wikipedia).*

- **Includi il nome del sito ai titoli delle pagine**

  Come possiamo intuire dal nome, attivando questa opzione avremo come risultato l'aggiunta del nome fornito al sito negli indirizzi di tutti i contenuti mostrati dal CMS; ciò potrebbe tornare utile quando tale nome contiene una o più parole chiave utili all'indicizzazione; a questo proposito ricordiamo che il nome del sito è definito nell'area 2 di cui abbiamo parlato nel paragrafo precedente.

APPROFONDIMENTO: COS'È IL FILE HTACCESS?

Si tratta di un normale file di testo salvato in modalità "*solo testo*", cioè senza alcun attributo (come *grassetto*, *corsivo*, *font* ecc.); è in grado di imporre alcune direttive al server Apache, attraverso opportuni comandi scritti nel file stesso; nel nostro caso abilita il *mod_rewrite*, ossia il modulo che soprassiede alla riscrittura degli URL, ma può servire per tante altre cose. Queste regole vengono osservate esclusivamente all'interno della directory in cui il file viene collocato, incluse tutte le sue sottodirectory.

Tramite il file *.htaccess* è quindi possibile configurare il server in modo da riuscire a far funzionare applicativi che hanno bisogno di particolari impostazioni lato server. È pertanto uno strumento molto potente, tanto che alcuni hosting ne limitano l'utilizzo e, in qualche caso, lo vietano completamente perché, essendo in grado di inviare comandi direttamente al server *Apache*, può comportare problemi se fosse impiegato per scopi non leciti oppure anche solo in maniera impropria.

Nella cartella di Joomla esiste il file *htaccess.txt* che serve come base di partenza, infatti, rimane del tutto inattivo fino a quando non lo rinominiamo in *.htaccess*; subito dopo scompare alla vista poiché è considerato dal server un elemento di sistema molto importante e quindi da proteggere.

Per poterlo modificare nuovamente occorre sovrascriverlo con un nuovo file oppure, tramite l'uso di un programma FTP come Filezilla, dobbiamo impostare la visualizzazione dei file nascosti in modo che torni visibile, quindi rinominarlo con il suffisso *.txt*, aprirlo con un normale editor, correggere l'impostazione desiderata e infine ricaricarlo sul server; in alternativa a questa manovra, possiamo anche trascriverlo con un nuovo file.

IMPOSTAZIONE PRATICA DEL FILE *HTACCESS*

1. Iniziamo aprendo il file *htaccess.txt* con un programma di trattamento testi qualsiasi; se non abbiamo editor per codici, va bene anche il normale *WordPad* di *Windows*.

2. A questo punto ci appare un listato con diverse linee di comando che, in gran parte, servono per preservare il sito da attacchi esterni. In questo stesso listato prestiamo particolare attenzione alle due linee indicate nella

figura 4.5; esse sono le uniche che ci servono per attivare la funzione di riscrittura degli indirizzi e sono anche quelle che possono essere soggette a modifiche.

```
## Can be commented out if causes errors, see notes above.
Options +FollowSymLinks

## Mod_rewrite in use.

RewriteEngine On  <-----


##
# Uncomment following line if your webserver's URL
# is not directly related to physical file paths.
# Update Your Joomla! Directory (just / for root).
##

RewriteBase /   <-----
```

Figura 4.5 – Le due linee essenziali per ottenere la riscrittura degli indirizzi.

- La prima freccia in alto indica la linea che abilita il modulo *rewrite* del server *Apache* che permette la riscrittura degli indirizzi; dobbiamo lasciarla così come si vede, senza alcun simbolo di cancelletto (#) prima del comando *RewriteEngine On*. Infatti, tutti i comandi preceduti da questo simbolo non sono presi in considerazione dal server perché appaiono come semplici commenti, quindi, è come se non ci fossero.
- La seconda freccia, più in basso, serve a indicare la posizione dei file di Joomla. Con la sintassi adottata nell'esempio, gli stessi file risultano posizionati nella cosiddetta *root* del sito, ossia nella directory principale. Se invece volessimo inserirli in una sottodirectory, dobbiamo adeguare il percorso modificando la linea n. 2 come segue:

  ```
  RewriteBase /nome_directory
  ```

  Per esempio, se volessimo chiamare la directory che racchiude i file di Joomla con il nome dello stesso CMS, questa linea diventerebbe:

  ```
  RewriteBase /joomla
  ```

3. Infine, dopo aver modificato e salvato il file *htaccess.txt* (facciamo attenzione a salvarlo sempre in modo solo testo *.txt*) sul nostro PC, trasferiamolo sul server nella *root* di Joomla; a questo punto dobbiamo rinominarlo esattamente con questo nome: *.htaccess* cioè inserendo un puntino prima del nome ed eliminando l'estensione del file *.txt*.

Non occorre fare altro; può essere utile segnalare che alcune volte potrebbe verificarsi un blocco del server non appena abbiamo apportato il cambio di nome al file *.htaccess.* In sostanza appare una schermata che riporta un preoccupante *Internal Server Error* (figura 4.6) e il sito non è più raggiungibile. Se ciò dovesse accadere, è possibile che sia stato commesso un errore nella compilazione del file e quindi dobbiamo necessariamente ripetere tutta l'operazione. Questo tipo di problema potrebbe essere dovuto al fatto che il server da noi utilizzato non consente l'impiego del comando impartito, perché errato oppure perché vietato, quindi blocca l'esecuzione dello script segnalando l'errore all'utente.

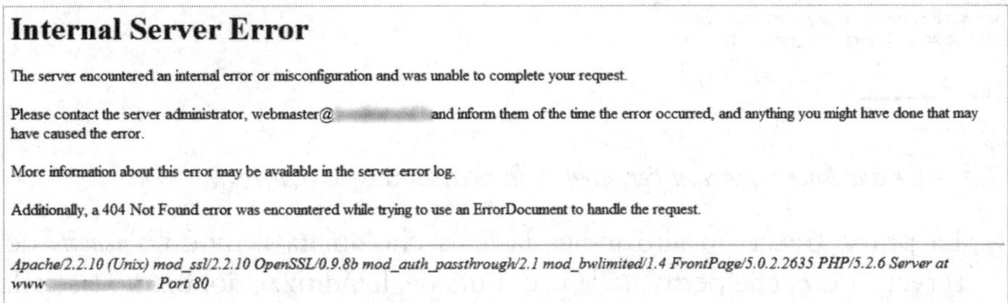
Internal Server Error

The server encountered an internal error or misconfiguration and was unable to complete your request.

Please contact the server administrator, webmaster@ and inform them of the time the error occurred, and anything you might have done that may have caused the error.

More information about this error may be available in the server error log.

Additionally, a 404 Not Found error was encountered while trying to use an ErrorDocument to handle the request.

Apache/2.2.10 (Unix) mod_ssl/2.2.10 OpenSSL/0.9.8b mod_auth_passthrough/2.1 mod_bwlimited/1.4 FrontPage/5.0.2.2635 PHP/5.2.6 Server at www Port 80

Figura 4.6 – Schermata di errore dovuta a una cattiva impostazione del file .htaccess

In ogni caso nessuna paura: qualunque sia la ragione del malfunzionamento, ci basterà cancellare il file *.htaccess* o, in alternativa, riportarlo al suo nome originario *htaccess.txt*, per ripristinare subito la piena visibilità del sito.

> *Se per qualsiasi motivo, dopo aver rinominato il file htaccess non siamo più in grado di visualizzarlo, possiamo ricorrere a un piccolo escamotage: con il* Blocco note *di Windows salviamo un documento completamente vuoto con il nome* htaccess.txt, *portiamolo sul server e rinominiamolo in* .htaccess. *In questo modo il vecchio file che crea problemi viene sostituito con il nuovo e tutto torna a funzionare normalmente*

Area 3: *Impostazioni Metadata* (figura 4.7)

I *metadata* fanno parte, a buona ragione, del web semantico; la loro funzione è di fare in modo che i dati pubblicati all'interno di una qualsiasi pagina web possano essere riconosciuti e classificati in maniera organica; in parole povere essi servono a passare informazioni supplementari ai motori di ricerca senza che queste stesse informazioni siano visibili ai normali visitatori.

Trascurare di ottimizzare i metatag significa perdere molte posizioni all'interno delle *SERP* (*Search Engine Result Page*), ossia nelle pagine di risultati ottenute da chi compie una normale ricerca utilizzando *keyword* appropriate o intere frasi tramite un normale motore di ricerca.

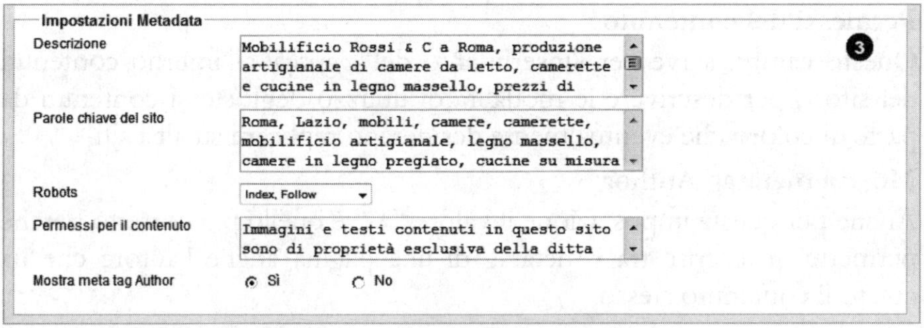

Figura 4.7 – Area 3: Le delicate impostazioni metadata per i motori di ricerca.

Gli elementi da impostare in quest'area sono molto semplici; per esempio se facciamo riferimento alla figura in alto, i dati inseriti all'interno dei campi *Descrizione* e *Keywords* potrebbero senz'altro andare bene per il sito di un mobilificio artigianale che produce mobili di qualità.

- **Descrizione**
  In questo campo dobbiamo inserire una frase, non troppo estesa, ma piuttosto che abbia un senso compiuto che riesca a descrivere bene il contenuto del sito. Non occorre scrivere molto testo, sono sufficienti un paio di righe facendo in modo che siano presenti almeno un paio di termini chiave inseriti nel titolo, nelle keywords e nei contenuti della pagina.
- **Parole chiave del sito**
  Le *parole chiave* o *keywords* sono termini inseriti nel codice delle pagine web e sono utilizzate dai motori per associare il nostro sito alle ricerche che impiegano gli stessi termini. Il consiglio è di selezionare non più 10/15 termini perché, in molti casi, un alto numero di *parole chiave* potrebbe rivelarsi un'operazione addirittura controproducente; in sostanza dobbiamo cercare di focalizzare l'attenzione sui termini che riteniamo siano quelli più rappresentativi della nostra attività e inserirli all'interno di questo campo separandoli con una virgola.
- **Robots**
  Da questo menu a discesa possiamo fornire al sito le impostazioni globali che i motori dovranno osservare riguardanti i link presenti nelle pagine.

index, follow	autorizza i motori non solo a indicizzare la pagina ma anche a seguire i link presenti per indicizzare anche quei contenuti
no index, follow	non indicizza la pagina ma segue i link presenti
index, no follow	indicizza la pagina ma non segue i link presenti
no index, no follow	non indicizza la pagina e non segue alcun link

- **Permessi del contenuto**

  Questo campo serve per l'inserimento del *copyright* all'interno contenuti del sito o per descrivere le modalità di utilizzo degli stessi contenuti da parte di coloro che eventualmente desiderano replicarli su altri siti.
- **Mostra metatag Author**

  Anche per questa impostazione il valore "*Sì*" è quello più corretto perché permette di inserire tra i metatag di una pagina anche l'autore che ha creato il contenuto stesso.

Più in basso possiamo osservare, una volta terminate queste impostazioni globali, come si presenta il codice iniziale di una qualsiasi pagina generata da Joomla; i *metatag* di cui abbiamo appena parlato sono stati posti in grassetto per meglio evidenziarli.

```
<!DOCTYPE html PUBLIC "-//W3C//DTD XHTML 1.0 Transitional//EN"
"http://www.w3.org/TR/xhtml1/DTD/xhtml1-transitional.dtd">

<html xmlns="http://www.w3.org/1999/xhtml" xml:lang="it-it" lang="it-it"
dir="ltr" >

            <head>

<base href="http://www.miosito.abc" />

   <meta http-equiv="content-type" content="text/html; charset=utf-8" />

   <meta name="keywords" content="Roma, Lazio, mobili, camere, camerette,
mobilificio artigianale, legno massello, camere in legno pregiato, cucine
su misura" />

   <meta name="rights" content="Immagini e testi contenuti in questo sito
sono di proprietà esclusiva della ditta Rossi & C" />

   <meta name="author" content="Roberto" />

   <meta name="description" content="Mobilificio Rossi & C a Roma,
produzione artigianale di camere da letto, camerette e cucine in legno
massello, prezzi di fabbrica" />

   <meta name="generator" content="Joomla! 2.5 - Open Source Content
Management"/>

   <title>Chi siamo - Mobilificio Rossi & C - Camerette e cucine in legno
massello a prezzi di fabbrica</title>

   <link href=/templates/beez_20/favicon.ico"
```

Può essere utile ricordare che, a meno di banali tentativi di protezione, possiamo riuscire a visualizzare il codice sorgente di qualsiasi pagina web, cliccando con il tasto destro qualsiasi punto della pagina che non sia occupato da immagini o testo; poi, dal menu contestuale che si apre, scegliamo la voce *Mostra HTML* oppure *Mostra codice sorgente*, secondo il tipo di browser utilizzato.

Area 4: *Impostazioni Cookie* (figura 4.8)

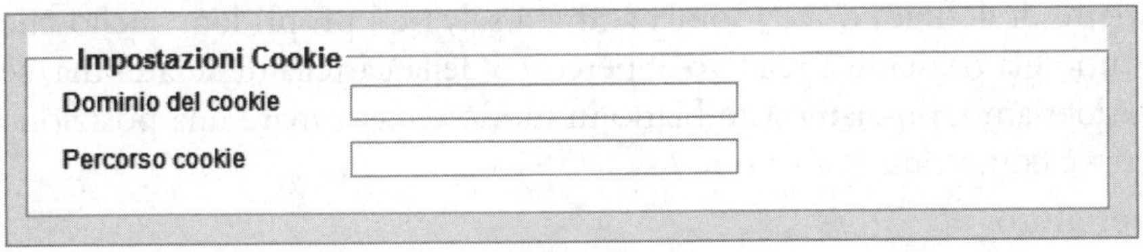

Figura 4.8 – Area 4: Le semplici impostazioni dei cookie.

Quest'ultimo blocco appartenente al pannello *Sito* contiene solo due campi nei quali possiamo indicare i parametri concernenti i *cookie* che servono a tenere aperta la sessione: il *dominio* e il *percorso*. La loro impostazione può tornare utile nel caso in cui abbiamo la necessità di mantenere loggati utenti che abbiano già eseguito l'accesso nel dominio principale e che poi si debbano spostare verso sottodomini nei quali siano installati altri siti Joomla.

Configurazione globale: Scheda Sistema

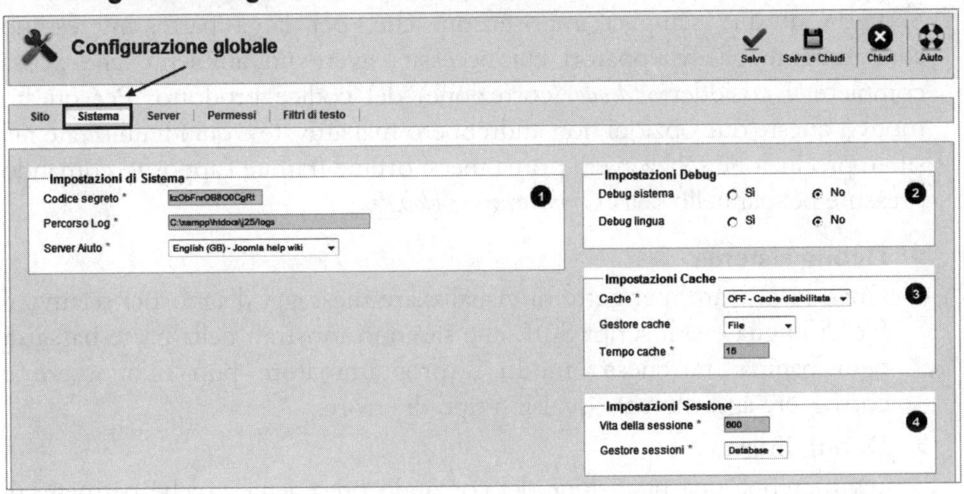

Figura 4.9 – Il pannello molto tecnico con le impostazioni di sistema.

Questa scheda contiene alcuni parametri tecnici già correttamente impostati di default; i valori presenti sono quindi quelli ottimali e dovrebbero andare bene nella grande maggioranza dei casi.

Area 1: *Impostazioni di sistema*

- **Codice segreto**

  In questo campo è mostrato un codice alfanumerico casuale assegnato, in maniera del tutto automatica, al CMS durante l'installazione; è utilizzato per motivi di sicurezza e non può essere modificato.

- **Percorso log**

  Permette di definire dove Joomla andrà a salvare i propri log; quello che troviamo già presente è relativo al percorso della cartella di default ma, se lo desideriamo, possiamo cambiarlo in modo da assegnare una posizione diversa e conosciuta solo a noi.

- **Server aiuto**

  Come già sappiamo Joomla è un software tradotto in quasi tutte le lingue del mondo; con questa opzione possiamo scegliere il server dal quale saranno prelevate le schermate di aiuto. In caso di bisogno, ci basta cliccare sull'icona a forma di salvagente presente in tutti pannelli amministrativi nella barra dei comandi in alto a destra (figura 4.9).

  Ovviamente a ogni server corrisponde una lingua diversa in modo che ciascun amministratore possa scegliere la propria e tutti gli aiuti disponibili possano essere diretti e interpretati facilmente.

Area 2: *Impostazioni debug*

Si tratta di due semplici impostazioni che, per larga parte, interessano squisitamente gli sviluppatori cui necessita avere un ambiente che possa compiere il cosiddetto *debug* (correzione) del codice prodotto. Per questo motivo queste due opzioni non andrebbero mai attivate e quindi utilizzate nei siti in produzione senza averli prima messi offline tramite l'apposito comando presente nel pannello della *Configurazione globale*.

- **Debug sistema**

  Quando attivato, permette di visualizzare messaggi diagnostici relativi ai file di lingua e agli script SQL che saranno mostrati nella parte bassa di ogni pagina; in questo modo il programmatore può riconoscere e correggere agevolmente qualsiasi tipo di errore.

- **Debug lingua**

  Sembrerebbe una ripetizione del comando precedente poiché permette di eseguire anche il debug di lingua, ma in questo caso si tratta di una funzione più semplice il cui report non si mescola con altri tipi di messaggi; inoltre non fornisce elementi di correzione particolarmente dettagliati.

Area 3: *Impostazioni Cache*

La cache è gestita direttamente a livello di server; essa permette di conservare le ultime pagine richieste dai visitatori e di tenerle in memoria per un tempo predefinito in modo da velocizzare il caricamento delle stesse pagine da parte di altri utenti che, nel frattempo, dovessero richiederle.

Per comprendere meglio come funziona questa funzione, facciamo un esempio: immaginiamo che sul nostro sito si trovino dieci visitatori, il primo aspetta un po' in più a visualizzare una certa pagina perché essa dev'essere prodotta dinamicamente tramite interrogazioni al database e infine convertita in HTML; tutti gli altri nove, invece, all'interno del periodo di tempo definito nel campo *Tempo cache*, otterranno tempi più rapidi di risposta perché sarà mostrata loro la pagina memorizzata in HTML.

- **Cache**

  Da questo menu a discesa possiamo abilitare o disabilitare la funzione di cache e sceglierne la modalità di lavoro che sono le seguenti:

  – *On - Cache progressiva*: riserva un'area molto grande in cui sono conservati parecchi elementi comuni del sito; non va bene per quelli che dispongono di un numero elevato di pagine o che utilizzano server poco performanti.

  – *On - Cache conservativa*: a essa è riservato uno spazio più piccolo ma, in compenso, può essere aggiornato più frequentemente del precedente.

  – *Off - Cache disabilitata*: comando che disabilita la funzione di cache.

- **Gestore cache**

  Al momento l'unica opzione che possiamo scegliere è quella che ci consente di servirci della cache utilizzando la modalità di memorizzazione su file; quest'ultimo sarà salvato all'interno della cartella *cache* presente nella root di Joomla. Questa directory, per ovvi motivi, dev'essere pienamente scrivibile altrimenti potrebbe succedere che tutti i valori memorizzati non potrebbero rimanere attivi per il tempo programmato.

- **Durata della cache**

  Questo parametro definisce per quanti minuti debbano essere conservati i file nella cache prima della loro cancellazione; il valore impostato di default è pari a 15 minuti.

  Questo valore va bene per gli utilizzi più generali e non andrebbe abbassato se non c'è un effettivo bisogno causato da pagine del sito che si aggiornano di continuo, minuto per minuto.

  In buona sostanza non esiste un valore di cache generico che vada bene per tutti perché tale valore dipende non solo dal numero di visitatori del sito e da quello delle pagine che normalmente sono visitate giornalmente, ma anche dalla frequenza degli aggiornamenti e dal tipo di server utilizzato; infatti, su quelli condivisi, valori molto bassi di durata della cache potrebbero causare un rallentamento di tutte le altre operazioni.

Area 4: *Impostazione sessione*

Con il termine vita della sessione si intende il numero di minuti durante i quali gli utenti registrati mantengono attivo il proprio login dopo l'ultima operazione. Il valore di default, per motivi di sicurezza, non andrebbe mai aumentato in modo eccessivo perché questa impostazione influenza anche la sessione di lavoro del backend amministrativo.

- **Vita della sessione**
  Questo campo permette di modificare la durata del login; ovviamente dopo questo periodo la sessione scade solo se durante tutto il tempo siamo rimasti inattivi e non sono state eseguite operazioni sulla pagina.
- **Gestore di sessione**
  Rappresenta la modalità utilizzata da Joomla per utilizzare la sessione dopo che gli utenti si sono loggati al sito; il metodo di default è quello che è utilizzato globalmente e si appoggia al database.

Configurazione globale: Scheda Server

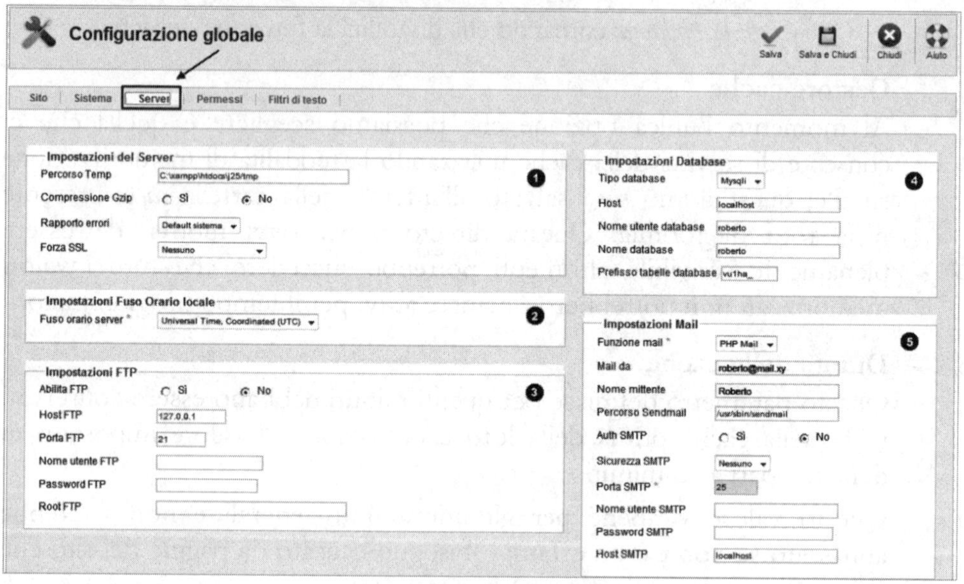

Figura 4.10 – L'ampio pannello dedicato a vari parametri del server.

Come possiamo facilmente arguire dal nome, questa terza scheda ci permette di intervenire su alcune impostazioni importanti del server utilizzato per la pubblicazione del sito, come quelli riguardanti il fuso orario, l'accesso FTP, il database e la posta. È suddivisa in cinque aree; le iniziamo subito a descrivere qui di seguito seguendo la numerazione proposta nella figura 4.10.

Area 1: *Impostazioni del server*

- **Percorso Temp**

  In questo campo troviamo già impostato il percorso del server che Joomla deve seguire per trovare la cartella dove sono depositati i file temporanei; di default essa si chiama *tmp* e possiamo trovarla nella *root* del CMS. Volendo possiamo anche pensare di sistemarla in un posto diverso in modo che non sia facilmente raggiungibile dall'esterno; in questo caso l'unica accortezza da adottare è quella di sincerarci che la directory sia scrivibile.

  Da tener presente che la mancata possibilità di scrittura in questa cartella porta in maniera inevitabile al fallimento di varie operazioni; infatti, al suo interno vengono eseguite diverse importanti procedure di sistema come per esempio il caricamento e la decompressione dei file di tutte le estensioni, per procedere poi alla normale procedura di installazione.

- **Compressione Gzip**

  Per sfruttare questa prerogativa, occorre che il server utilizzato ne preveda l'utilizzo; possiamo verificare la sua disponibilità già nella seconda fase dell'installazione di Joomla, infatti, tale parametro è uno di quelli richiesti durante il check di *pre-installazione* (figura 2.10).

  La sua attivazione consente di comprimere, al volo, le pagine prima di inviarle all'utente che le ha richieste in modo da ottenere una maggiore velocità nel trasferimento e nelle performance generali del sito; al loro arrivo, il browser provvederà a decomprimerle per riuscire a visualizzarle in maniera completa e corretta.

  Questa opzione non è attiva di default, infatti, andrebbe utilizzata tenendo conto che questo tipo di attività continua assorbe notevoli risorse; quindi, andrebbe impiegata solo se necessario e comunque solo sui server maggiormente performanti.

- **Rapporto errori**

  In questo caso troviamo un menu a discesa che permette di scegliere la modalità di salvataggio dei report nei quali sono trascritti gli errori che si sono verificati durante l'uso di Joomla. Le possibilità sono le seguenti:

  – *Default*: produce report di media lunghezza che vanno bene nella gran parte dei casi con una giusta occupazione di spazio sul disco.
  – *Semplice*: produzione di report minimi ed essenziali che vanno a occupare pochissimo spazio.
  – *Massimo*: report molto dettagliati e completi (molto spazio occupato).
  – *Nessuno*: in questo caso Joomla blocca totalmente la produzione dei log.

- **Forza SSL**

  La parola SSL è un acronimo formato dalle lettere *Secure Sockets Layer*; esso ci fornisce la possibilità di utilizzare protocolli di collegamento sicuri e crittografati nelle pagine in cui c'è necessità, per esempio, di trattare dati personali o bancari allo scopo di consentire acquisti o registrazioni.

  Attenzione al fatto che non tutti gli hosting offrono di base la possibilità di operare sotto SSL; generalmente però è possibile acquistare questa opzione a parte. Solo dopo l'acquisto sarà possibile utilizzare tale funzione su Joomla scegliendo da questo menu se debba essere implementata per tutte le aree del sito oppure per il solo backend, allo scopo di offrire una maggiore sicurezza all'ambiente amministrativo.

Area 2: *Impostazione fuso orario locale*

- **Time zone**

  Questo è un parametro che va impostato qualora il nostro server si dovesse trovare in un paese estero che utilizza un diverso fuso orario; serve a mostrare l'ora corretta nei vari contenuti dinamici, post del forum ecc.

Area 3: Impostazioni FTP

Ci siamo già occupati di questi parametri durante l'installazione base di Joomla, al V step; in quel momento avevamo anticipato che, se necessario, avremmo potuto rimandare il setup perché sarebbe stato possibile farlo in seguito operando dal backend, ossia proprio da qui.

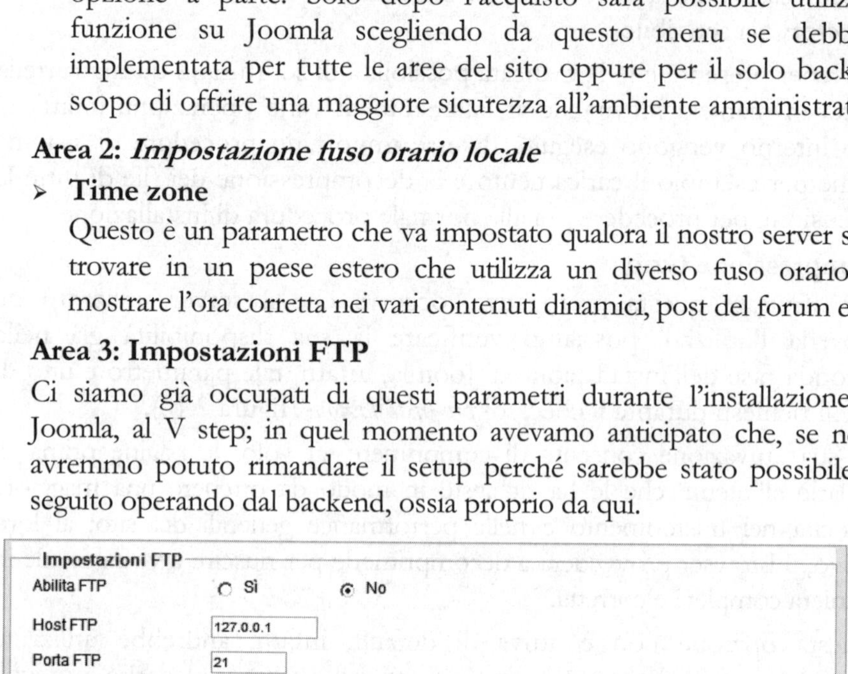

Figura 4.11 – Area delle impostazioni per l'utilizzo della funzione FTP.

In sostanza questa configurazione potrebbe rendersi necessaria a causa delle restrizioni che alcuni server impongono nella scrittura di file all'interno delle directory del sito, per motivi di sicurezza.

Possiamo accorgerci dell'esistenza di questo problema durante la normale procedura che permette di installare un'estensione qualsiasi, perché questa non viene portata a termine proprio per l'impossibilità di scrivere sul server.

Se questo accade, dobbiamo sapere che possiamo superare queste restrizioni con l'inserimento dei normali dati utilizzati per l'accesso FTP (gli stessi che utilizziamo per impostare Filezilla o programmi simili); ovviamente in mancanza di problemi di questo genere, possiamo evitare di attivare questa funzione e di compilare i campi presenti che sono i seguenti.

- **Abilita FTP**
  Di default questa opzione è sul *No*; nel momento in cui decidiamo di attivarla, occorre che tutti i dati inseriti nei campi che seguono siano corretti altrimenti non sarà possibile salvare la configurazione in modo permanente.
- **Host FTP**
  Il nome dell'host FTP; questo dato assieme a tutti gli altri che seguono ci sono stati forniti dal nostro hosting al momento dell'attivazione del nostro dominio.
- **Porta FTP**
  Il valore *21* già presente in questo campo è quello corretto e non va cambiato a meno di non ricevere indicazioni diverse dal nostro hosting.
- **Nome utente FTP**
  Campo per l'inserimento del nome utente per l'accesso FTP.
- **Password FTP**
  Campo per l'inserimento della password di accesso FTP.
- **Root FTP**
  Richiede l'inserimento del percorso necessario a raggiungere i file di Joomla; per esempio, se volessimo metterli in una sottodirectory chiamata *home*, in questo campo dovremmo scrivere */httpdocs/home*, mentre se decidessimo di inserirli direttamente nella *root* sarebbe sufficiente scrivere solo: */httpdocs*. Attenzione al fatto che sia il nome della cartella pubblica (nel nostro caso *httpdocs*) sia il percorso per raggiungerla non è uguale per tutti i fornitori di hosting e quindi potrebbe essere necessario adeguarlo.

Area 4: *Impostazioni database*

I dati che troviamo in questi campi sono quelli inseriti in fase di installazione e riguardano il collegamento con il database MySQL. Diciamo subito che, se non fossero corretti, non riusciremmo neanche a vedere una pagina del sito; essi non vanno quindi modificati salvo che non sia necessario. Eventuali aggiornamenti o modifiche andrebbero apportate direttamente nel file di configurazione di Joomla che, come sappiamo, si chiama *configuration.php*.

Area 5: *Impostazioni mail*

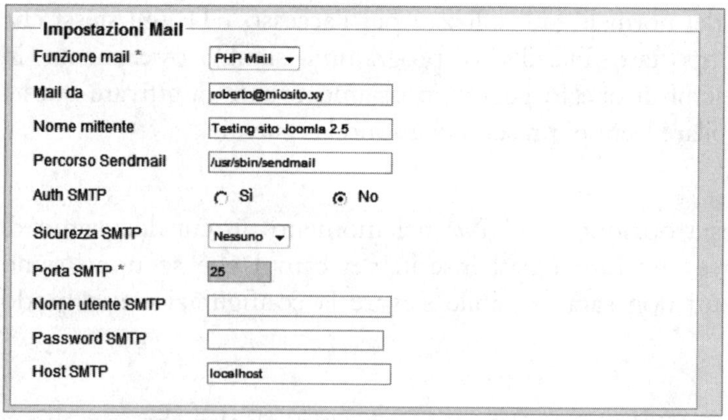

Figura 4.12 – Le impostazioni relative all'invio di email dal sito.

Per gestire alcune funzionalità interattive del sito, Joomla si serve anche dell'invio automatico di vari tipi di email. Normalmente, per questi invii, il CMS fa uso della funzione *PHP mail* ma, in alcune circostanze, questa attività potrebbe non essere disponibile per vari motivi; in questi casi, possiamo utilizzare la funzione *SMTP* la cui impostazione ricorda quella dei normali programmi di posta come *Outlook Express* e simili.

La figura 4.12 mostra nel dettaglio tutti i campi del blocco *Impostazioni mail* presente nella scheda *Configurazione globale → Server* e riguardanti il setup base per utilizzare la funzione *PHP mail* del server.

Se invece, per un qualsiasi motivo, questa funzione non fosse disponibile sul nostro server e la posta non riuscisse a partire, allora dobbiamo per forza di cose utilizzare la modalità di invio *SMTP* come mostrato in figura 4.13.

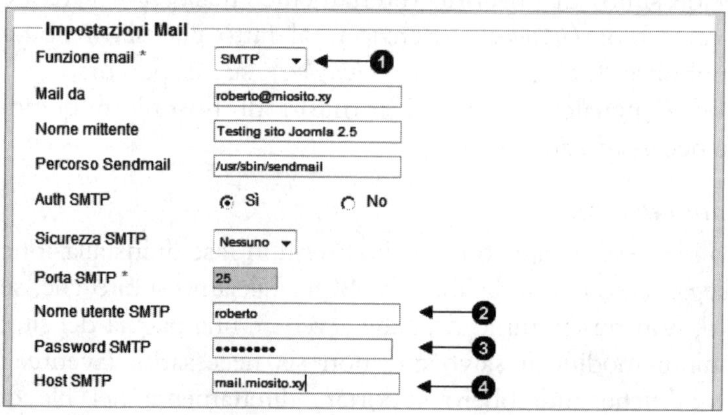

Figura 4.13 – In evidenza il setup SMTP per l'invio di posta.

I passaggi da effettuare, con riferimento alle frecce numerate della figura precedente, sono i seguenti:

1. scegliamo di utilizzare il sistema di invio *Server SMTP*;
2. inseriamo qui l'*userid* dell'utente di posta;
3. inseriamo la *password* assegnata alla casella di posta;
4. indichiamo il nome dell'*Host SMTP* riguardante il server utilizzato.

Completata l'operazione, possiamo eseguire immediatamente un test di funzionamento; allo scopo, è sufficiente aprire il modulo di contatto dal frontend e provare a spedirlo per verificare se Joomla invia la mail utilizzando la funzione *SMTP*. Se l'email viene spedita e ricevuta correttamente, abbiamo ultimato con successo l'impostazione; diversamente c'è sicuramente un errore nei parametri del server SMTP utilizzato o nei dati di riconoscimento.

Configurazione globale: Scheda Permessi

Questo è paragrafo fondamentale perché iniziamo finalmente a parlare della parte certamente interessante che riguarda la gestione delle ACL.

Il termine ACL è un acronimo inglese che significa *Access Control List* e serve a indicare tutta una serie di operazioni che permettono di diversificare le possibilità di azione di ciascun utente quando, a vario titolo, accede al sito.

Prima di iniziare va chiarito che il discorso delle ACL è abbastanza complesso e andrebbe assimilato con calma; infatti, richiede la piena comprensione della filosofia di funzionamento così come l'ha concepita il team di sviluppo e dei rapporti che regolano i vari meccanismi di cui è composto.

La scheda dei *Permessi*, insomma, è solo il primo passaggio che incontriamo per arrivare a completare una configurazione personalizzata e ben bilanciata in stretta relazione con le esigenze di ogni webmaster.

In figura 4.14 possiamo osservare come si presenta il pannello che permette di assegnare i permessi ai vari gruppi presenti nel sito; a questo proposito va chiarito che inizialmente sono presenti alcuni gruppi di base, ognuno dei quali, possiede permessi diversificati che permettono, all'amministratore del sito, di fissare con cura la possibilità di azione di ciascuno di essi.

Due dei gruppi presenti (*Negozio* e *Gruppo clienti*) fungono da esempio mentre tutti gli altri sono quelli storici che sono stati sempre presenti in tutte le versioni precedenti di Joomla; il consiglio è di lasciare solo questi ultimi in modo da avere punti di riferimento certi per la creazione dei gruppi che ci servirà creare per il nostro sito.

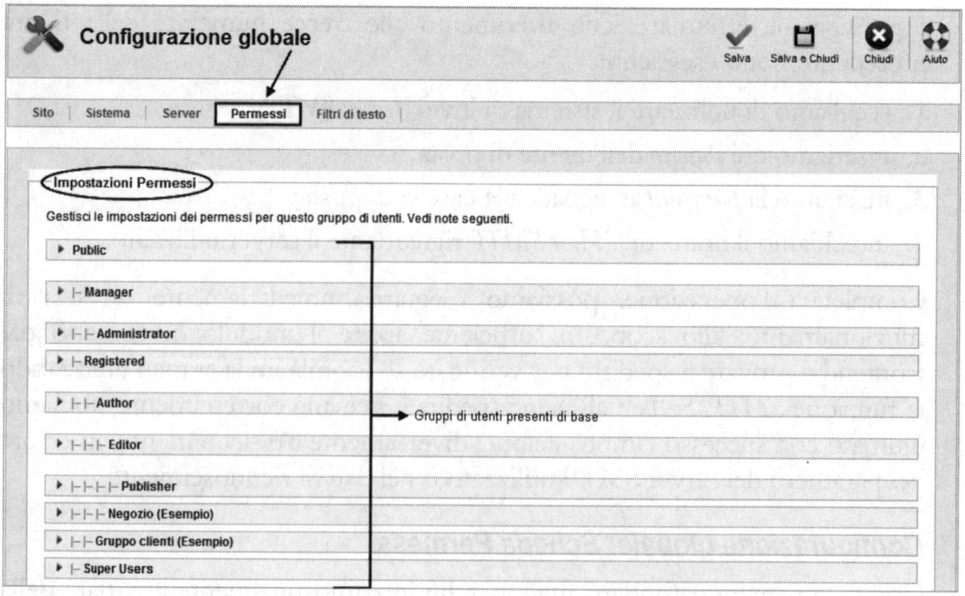

Figura 4.14 – Il pannello dei permessi da assegnare ai gruppi di utenti

Nella figura in alto, dunque, sono mostrati i gruppi già presenti di base ma da qui non possiamo né crearne di nuovi né tantomeno cancellarli; possiamo solo amministrarli in modo da assegnare loro i permessi che poi ricadranno sugli utenti che faranno parte dei gruppi stessi.

Cliccando sul nome di ciascun gruppo, abbiamo la possibilità di assegnare dieci tipologie diverse di permessi o *azioni* (freccia 2 figura 4.15).

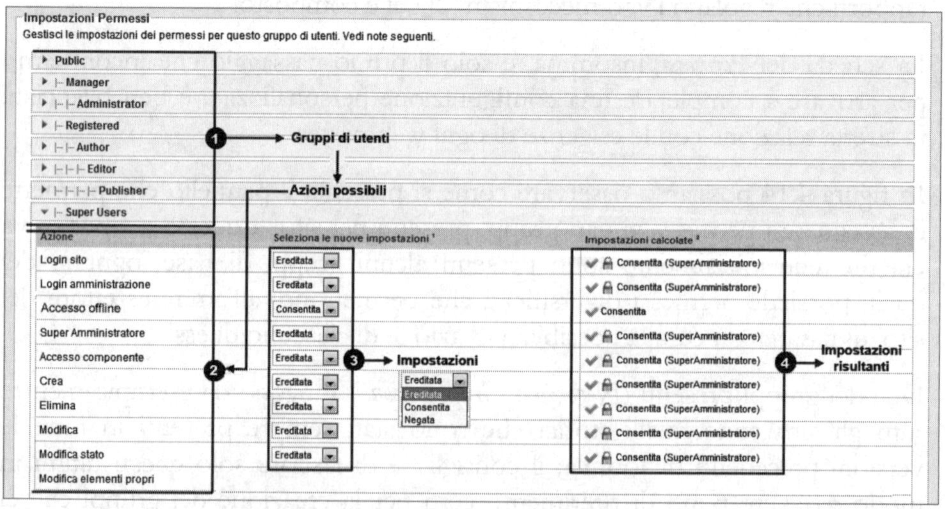

Figura 4.15 – Rapporti tra gruppi di utenti, azioni possibili e impostazioni.

Ciascuna azione può essere *ereditata* (da un gruppo genitore), *consentita* oppure *negata*; tutto questo sarà molto più chiaro dopo aver fatto un po' di pratica, per il momento è bene fissare alcuni concetti fondamentali.

TERMINOLOGIA PRATICA PER LAVORARE CON LE ACL

✓ **Gruppi di Utenti**: come abbiamo già detto, quelli che vediamo nella figura precedente sono i gruppi base presenti subito dopo la normale installazione di Joomla. Com'è facile supporre, ogni gruppo serve a riunire utenti in possesso delle stesse prerogative; rispetto alle vecchie versioni di Joomla 1.0 e 1.5, adesso non abbiamo più limiti al numero di gruppi che possiamo creare. Inoltre, un utente può essere incluso in più gruppi e riuscire a sommare i permessi di ciascun gruppo.

Dopo aver compreso bene il loro funzionamento, se lo dovessimo reputare necessario, potremmo pensare di eliminare tutti i gruppi presenti di default in modo da lasciare solo quelli creati da noi, più rispondenti ai nostri bisogni.

Non possono essere cancellati i due gruppi principali che sono: il *Public* (quello in cui troviamo solo i semplici visitatori) e il *Super utente*; perché rappresentano rispettivamente il livello base dal quale iniziano a nascere tutti i gruppi discendenti e quello *super amministrativo* che è l'unico in grado di operare la *creazione* e la *modifica* dei gruppi stessi.

Il consiglio è di conservarli tutti (almeno per il momento) perché, per il principio dell'ereditarietà che li lega, sono ottime basi di partenza per ottenere nuovi gruppi più o meno diversificati.

Tutti i gruppi disponibili fruiscono di un sistema a pannelli scorrevoli che permette la visualizzazione immediata e completa dei permessi assegnati, semplicemente cliccando sul nome del gruppo stesso.

✓ **Azioni**: sono dieci in totale e ognuna di esse rappresenta un tipo di autorizzazione diversa che sarà possibile fornire, negare o far ereditare a ciascuno dei gruppi elencati al punto 1.

Le dieci azioni sulle quali possiamo agire sono le seguenti:

1. *Login al sito*: capacità di eseguire l'accesso al frontend del sito.
2. *Login amministrazione*: capacità di accedere al backend amministrativo.
3. *Accesso offline*: capacità di accedere al frontend del sito anche quando questo è stato messo in offline dall'amministratore.
4. *Super amministratore*: permette di eseguire qualsiasi tipo di azione in tutto il sito senza avere problemi con eventuali disposizioni contrarie; è l'unico permesso facoltativo per questo gruppo di utenti.

5. *Accesso componente*: capacità di cambiare le impostazioni di una o più estensioni, come per esempio quando ci serve concedere a un nostro cliente l'accesso amministrativo per permettergli di impostare, in modo autonomo, i vari parametri di un componente che lo riguarda.
6. *Crea*: capacità di generare un contenuto o un nuovo elemento in uno dei componenti di Joomla.
7. *Elimina*: capacità di eliminare un contenuto o un elemento.
8. *Modifica*: capacità di modificare un contenuto o un elemento.
9. *Modifica stato*: capacità di modificare lo stato di un contenuto in modo che possa essere *pubblicato*, *disattivato*, *archiviato* e *cestinato*.
10. *Modifica elementi propri*: questo tipo di permesso consente agli utenti di un gruppo di modificare esclusivamente gli elementi che hanno creato da sé.

✓ **Permessi**: come possiamo osservare nella figura 4.16, per ciascuno dei gruppi creati e in relazione a ciascuna azione, esiste un piccolo menu a discesa che permette di definire se al gruppo possa essere *consentita*, *negata* o *ereditata* l'azione corrispondente; nell'esempio proposto, si tratta di scegliere se concedere una di queste possibilità nella creazione di un nuovo contenuto agli utenti che appartengono al gruppo *Author* che operano esclusivamente nel frontend del sito.

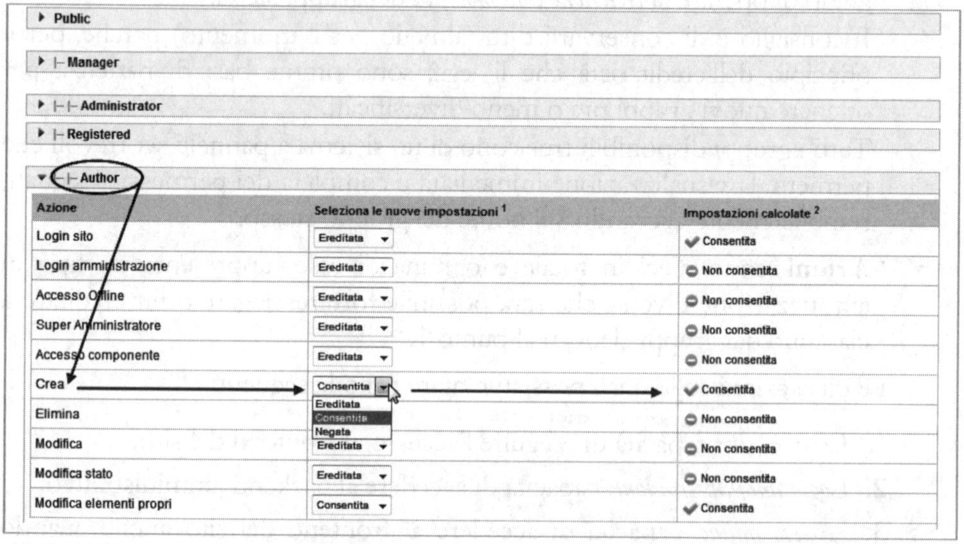

Figura 4.16 – Esempio di assegnazione del permesso globale Crea al gruppo Author.

Per ciascuna delle dieci azioni disponibili, le opzioni presenti sui rispettivi menu a discesa sono tre, ossia:

- ✓ **Ereditata**: con questa prima scelta l'autorizzazione a un'azione viene ereditata da un livello inferiore; qualora non esista nulla da ereditare, il permesso è negato sempre e in ogni caso. Per esempio, nella figura 4.16, vediamo che il gruppo Author ha parecchie azioni impostate su *Ereditata*, ma siccome il gruppo discende da quello degli utenti registrati, non può ereditare di certo alcuna autorizzazione di livello più alto che, infatti, non è concessa in nessun caso.
- ✓ **Nega**: l'autorizzazione al tipo di azione cui si riferisce è negata, non solo al gruppo genitore ma anche a tutti i gruppi figli; in particolare su questi ultimi, eventuali impostazioni diverse come *Consentita* o *Ereditata*, non avranno quindi alcun effetto.
- ✓ **Consenti**: con questa impostazione l'azione è consentita ma sempre a condizione che nel gruppo genitore la stessa non sia impostata su *Negata*; perché in questo caso, come già specificato, non sarà possibile utilizzarla.

Se siamo al primo approccio con le ACL di Joomla, probabilmente, non abbiamo ancora ben chiara la situazione; tutto ciò è abbastanza normale perché questo nuovo sistema è anche alquanto complesso da configurare in maniera efficace; inoltre per raggiungere una piena padronanza occorre iniziare a utilizzarlo ed eseguire esercitazioni di vario tipo.

La lettura di questo manuale è utile per avere qualche indicazione di massima; è necessario che ognuno si formi la propria esperienza operando sul campo in maniera pratica ricreando situazioni reali come possono essere le strutture gerarchiche di scuole, uffici, società, club e associazioni.

Tutto ciò è ancora più vero se pensiamo che le *Autorizzazioni globali*, di cui stiamo parlando, rappresentano solo il primo step al quale andremo presto ad aggiungere ulteriori nozioni importanti che riguardano altri ambienti legati alla *gestione degli utenti*, *dei gruppi* e *dei livelli di accesso.*

Alcune FAQ sull'uso delle ACL

Facciamo ancora riferimento alla figura 4.14 e analizziamo la situazione base; cerchiamo di capire le modalità di configurazione dei gruppi base di frontend, ossia: *Registered*, *Author*, *Editor* e *Publisher*.

Più in particolare, accertiamoci di essere in grado di rispondere correttamente a tutte le seguenti domande prima ancora di leggere la risposta posizionata subito sotto ciascuna di esse:

1. *Perché i gruppi sono disposti in ordine sfalsato?*

L'ordine sfalsato permette di ricevere un'istantanea dello stato riguardante la cosiddetta *discendenza* dei vari gruppi creati in Joomla.

Per esempio, è sufficiente un colpo d'occhio per capire che:

- ✓ il gruppo *Registered* è sicuramente figlio del gruppo *Public* da cui eredita lo stato dei permessi iniziali;
- ✓ lo stesso accade con il gruppo *Author* nei riguardi del gruppo *Registered*;
- ✓ il gruppo *Editor* è figlio dell'*Author*;
- ✓ il gruppo *Publisher* è certamente figlio dell'*Editor*.

Conoscere lo stato della cosiddetta *discendenza* di un gruppo è utile perché permette di replicare le impostazioni del genitore sui gruppi discendenti in modo che non debbano essere reimpostate ogni volta nei gruppi figli.

2. *Perché al gruppo Registered è consentito solo il login al sito?*

Il motivo è facilmente intuibile; infatti, il gruppo degli utenti registrati discende da quello *Public* il quale, di base, non possiede alcuna autorizzazione e quindi non è in grado tramandare assolutamente nulla ai propri discendenti.

Ciò è normale perché il gruppo *Public* serve a raccogliere solo utenti anonimi che sono semplici visitatori del sito. Partendo da questa base, si rende pertanto necessario differenziare il gruppo degli *Utenti registrati*, rispetto alle prerogative assegnate al genitore, aggiungendo solo la possibilità di compiere il login dal frontend; solo così tutti gli utenti che appartengono al gruppo *Registered* potranno accedere alle aree riservate del sito.

3. *Come mai i gruppi Author, Editor e Publisher che discendono dal gruppo degli utenti registrati non hanno l'opzione Consenti abilitata relativamente all'azione Login sito come accade per il gruppo Registered?*

Non ne hanno alcun bisogno, perché ereditano tale impostazione in modo del tutto automatico dal gruppo genitore da cui derivano.

4. *Perché ognuno dei tre gruppi precedenti Author, Editor e Publisher possiedono solo le seguenti azioni Consentite?*

Gruppo *Author*: azione *Crea* → *Permetti*;
Gruppo *Editor*: azione *Edita* → *Permetti*;
Gruppo *Publisher*: azione *Modifica stato* → *Permetti*.

Quello che vediamo è una conseguenza di quanto abbiamo spiegato sinora; infatti, dovrebbe apparire ovvio che, in questo momento, il gruppo *Publisher* è quello con il numero maggiore di autorizzazioni poiché eredita la somma dei permessi appartenenti a tutti gli altri gruppi di livello più basso. Ciò dovrebbe apparire ben chiaro in base alla situazione dei permessi di default mostrata nella figura 4.17, dove a colpo d'occhio possiamo rilevare che tutti gli utenti del gruppo *Publisher* possono:

✓ *effettuare il login* dal frontend del sito in base all'autorizzazione ereditata dal gruppo genitore *Registered*;

✓ *creare contenuti* (autorizzazione ereditata dal gruppo *Author*);

✓ *modificare i contenuti* (autorizzazione ereditata dal gruppo *Editor*).

In più, rispetto ai gruppi genitori, il *Publisher* possiede un'altra possibilità che gli permette di cambiare lo stato degli articoli; questo gli permette di pubblicarli senza dover attendere la moderazione dei supervisori.

▾ |-|-|-|- Publisher ←

Azione	Seleziona le nuove impostazioni [1]	Impostazioni calcolate [2]
Login sito	Ereditata ▾	✓ Consentita
Login amministrazione	Ereditata ▾	⊖ Non consentita
Accesso Offline	Ereditata ▾	⊖ Non consentita
Super Amministratore	Ereditata ▾	⊖ Non consentita
Accesso componente	Ereditata ▾	⊖ Non consentita
Crea	Ereditata ▾	✓ Consentita
Elimina	Ereditata ▾	⊖ Non consentita
Modifica	Ereditata ▾	✓ Consentita
Modifica stato	Consentita ▾	✓ Consentita
Modifica elementi propri	Ereditata ▾	✓ Consentita

Figura 4.17 – Stato dei permessi di base assegnati al gruppo dei Publisher.

APPROFONDIMENTO SULL'USO DEI PERMESSI *CONSENTI* E *NEGA*

Per chi inizia solo ora a esaminare i permessi delle nuove versioni di Joomla potrebbe essere non molto chiara la funzione dell'opzione *Eredita*; infatti, da un'occhiata superficiale al pannello dei permessi mostrato nella figura precedente, sembrerebbe sufficiente utilizzare solo le voci *Consenti* e *Nega* per decidere se permettere o meno un certo tipo di azione ai vari gruppi in gioco.

Chiariamo subito che ciò non è assolutamente corretto perché dobbiamo tenere sempre in considerazione il fattore dell'ereditarietà che è alla base di tutta la struttura che assegna i permessi.

Per esempio, negando esplicitamente un certo tipo di permesso, avremo come risultato che i gruppi discendenti erediterebbero questo stato di divieto e in nessun caso potrebbero modificare questa impostazione.

Se, per esempio, guardiamo lo stato dei permessi del gruppo *Publisher*, di certo possiamo capire come sia impossibile riuscire a consentire il permesso di accedere al backend amministrativo perché, essendo un'azione *negata* al gruppo genitore, non può essere *ereditata* in alcun modo.

Oltre a questo dobbiamo tenere presente che l'impostazione *Ereditata* non consente l'acquisizione di alcuna autorizzazione salvo che questa non sia trasmessa da un gruppo genitore; quindi, in sostanza, vale il principio secondo il quale se non c'è nulla da ereditare il permesso è comunque sempre negato.

Configurazione globale: Filtro di testo

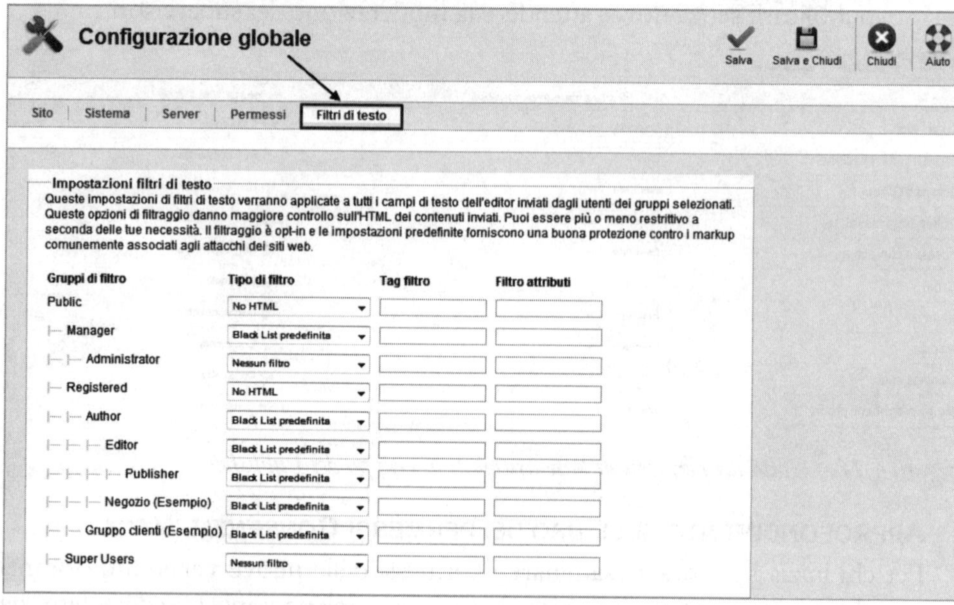

Figura 4.18 – Definizione globale dei filtri per evitare l'introduzione di codice maligno.

Questo pannello nelle precedenti versioni di Joomla 1.6 e 1.7 era stato inserito nelle *Opzioni* dei contenuti; la sua sistemazione è certamente migliore in questo ambiente poiché essendo la sua una funzione prettamente di controllo su tutto quello che è inviato dall'esterno, non poteva certo fermarsi al solo ambiente degli articoli; questa sistemazione attuale, dunque, assume un significato più globale che adesso riguarda tutti i vari contenuti gestiti dai componenti presenti nel CMS.

A COSA SERVONO E COME SI USANO I FILTRI TESTUALI

I termini *Filtri di testo* ci forniscono un'indicazione abbastanza sommaria dell'utilità di queste impostazioni che sono utilizzate per il controllo di tutto quello che è inoltrato da parte degli utenti iscritti al sito.

In buona sostanza, per ogni singolo gruppo, possiamo definire quali *tag* HTML consentire e quali vietare; quindi, dopo aver creato i nostri gruppi possiamo operare una discriminazione nell'uso del codice, che ciascuno di essi può inviare, in maniera molto veloce e precisa. Questo ci permette di aumentare il grado di sicurezza del nostro sito mettendoci al riparo dall'invio, anche involontario, di virus o codici maligni.

Il menu *Tipo di filtro* associato a ciascun gruppo presenta cinque opzioni:

✓ *Blacklist predefinita*: include di base alcuni tag HTML vietati agli utenti del gruppo scelto; essi sono i seguenti: *applet, body, bgsound, base, base font, embed, frame, frameset, head, html, id, iframe, ilayer, layer, link, meta, name, object, script, style, title, xml*. Inoltre in questa stessa *blacklist* sono anche inclusi i seguenti attributi: *action, background, codebase, dynsrc, lowsrc*.

✓ *Blacklist personalizzata*: permette di creare una blacklist personalizzata in modo da concedere l'uso di *tag* particolari senza doversi allargare più di tanto; teniamo presente che, per esempio, la *blacklist predefinita* blocca gli script per visualizzare filmati *YouTube* e quelli in formato *Flash*. Pertanto a gruppi di utenti particolari come moderatori o collaboratori affidabili, possiamo assegnare certamente una blacklist più morbida.
È sempre possibile aggiungere nuovi *tag* e *attributi* scrivendoli nei rispettivi campi e separandoli opportunamente con una virgola o uno spazio.

✓ *Whitelist*: questa lista riguarda invece i *tag* che gli utenti possono utilizzare; ognuno di essi va scritto all'interno dei campi *Filtro tag* e *Filtro attributi*.

✓ *No HTML*: al momento del salvataggio del contenuto cancella qualsiasi *tag* presente nel testo senza compiere alcuna eccezione; come possiamo osservare nella figura 4.18, questa modalità viene assegnata di default agli utenti pubblici e a quelli registrati per ovvie ragioni di sicurezza.

✓ *Nessun filtro*: non opera alcun taglio del codice inviato. Ovviamente si tratta dell'opzione meno sicura in assoluto che potrebbe esporci ad attacchi hacker di diverso tipo; è l'opzione attribuita di default ai gruppi degli amministratori di primo e secondo livello poiché si presume che siano composti da persone assolutamente affidabili.

❖ Menu sito: *Il mio profilo*

Questa voce apre la scheda personale dell'utente loggato in quel momento nel backend amministrativo; permette non solo di modificare i propri dati ma anche di personalizzare alcuni parametri quali:

- ✓ il template del backend;
- ✓ la lingua sia del frontend sia del backend;
- ✓ il tipo di editor per l'inserimento dei contenuti;
- ✓ il sito dal quale ricevere aiuto;
- ✓ definire il nostro fuso orario.

Ognuna di queste impostazioni è già settata con valori di default che possono essere modificati rapidamente scegliendo uno dei valori presenti nei rispettivi menu a discesa predisposti a questo scopo proprio sul lato destro del pannello raffigurato nella figura 4.19.

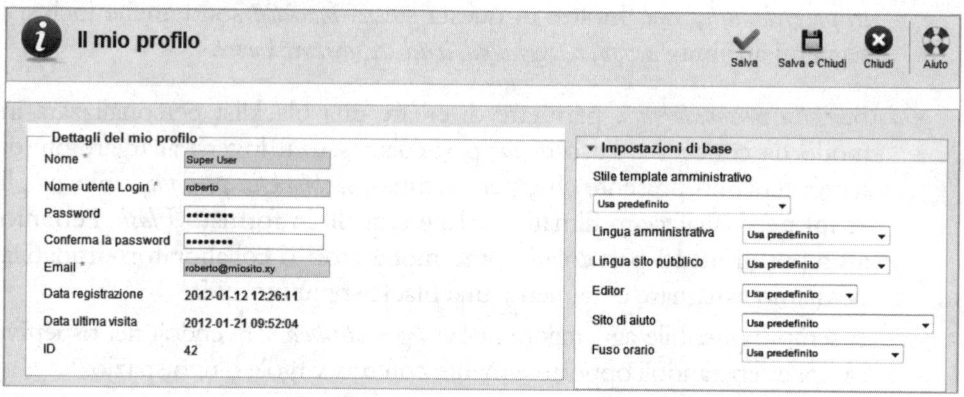

Figura 4.19 – Le semplici impostazioni del pannello richiamato dalla voce Il mio profilo.

❖ Menu sito: *Manutenzione*

Al suo interno sono presenti tre sottovoci ognuna delle quali, com'è facile dedurre, svolge una funzione di manutenzione come descritto qui di seguito.

Controllo globale

Si tratta di un comando presente anche nelle vecchie versioni di Joomla che serve a recuperare l'accesso a tutti quei contenuti o elementi del CMS rimasti bloccati in seguito alla mancata corretta chiusura della sessione di lavoro in qualcuno degli ambienti dinamici di Joomla. Questo accade spesso quando, per esempio, siamo al lavoro per modificare un contenuto e veniamo distratti da una telefonata o da un'altra incombenza; dopo qualche minuto di inattività la sessione scade e il contenuto rimane aperto come se l'utente ci stesse ancora lavorando. In questi casi, il contenuto resta bloccato (nelle liste appare con l'icona di un piccolo catenaccio accanto) e l'accesso alla modifica dello stesso elemento da parte di altri utenti non è possibile (figura 4.20).

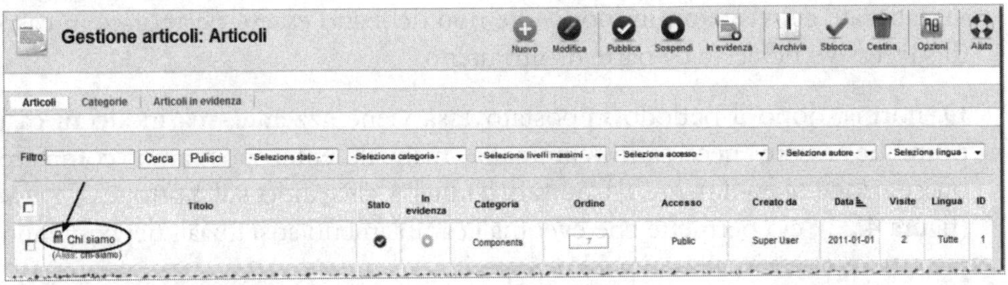

Figura 4.20 – In evidenza il simbolo del catenaccio accanto a un articolo bloccato.

Tutti gli elementi che si trovano in un tale stato possono essere ripristinati richiamando il pannello del *Controllo globale* di cui ci stiamo occupando; infatti, come vediamo nella figura 4.20, esso ci evidenzia, nella colonna di destra, quanti elementi risultano bloccati in ciascuno dei settori del CMS soggetti a questo tipo di controllo.

Figura 4.21 – Esempio di report degli elementi bloccati all'interno del CMS.

Nella stessa figura possiamo rilevare facilmente che ci sono vari elementi bloccati; in questa situazione conviene sempre rimettere le cose a posto cliccando sul pulsante *Sblocca* della pulsantiera posta in alto a destra (figura 4.21); diversamente altri utenti amministratori non potranno entrarvi.

Pulisci cache

Come abbiamo già avuto modo di spiegare, quando abbiamo descritto i vari parametri presenti nella *Configurazione globale*, la *cache* permette di migliorare le prestazioni del nostro sito perché conserva in memoria le ultime pagine visualizzate dai visitatori in modo che non debbano essere rielaborate in caso di successive richieste da parte di altri utenti.

Di norma, dopo il periodo impostato essa viene azzerata, ma in alcuni casi potrebbe essere necessario eliminarla manualmente; possiamo compiere quest'azione agevolmente da questo pannello cliccando sul bottone *Elimina* (figura 4.22); ciò permette che eventuali cambiamenti sostanziali dei contenuti possano essere visualizzati nel breve periodo.

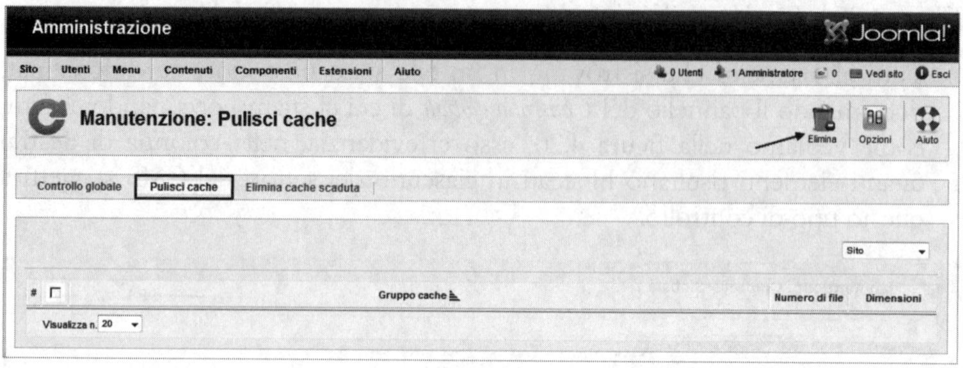

Figura 4.22 – Pannello che permette la cancellazione della cache.

Questo comando elimina definitivamente tutti i file presenti nell'area di cache e quindi il sito potrebbe subire alcuni rallentamenti, soprattutto se è molto frequentato; ovviamente, tale rallentamento avverrà solo fino a quando la cache non sarà ricreata nuovamente con i nuovi contenuti.

Pulisci cache scaduta

È un comando molto simile al precedente, ma in questo caso la ripulitura avviene in maniera molto fine andando a esaminare ciascun file conservato e controllando, di volta in volta, che non sia diventato obsoleto.

Questa operazione è ovviamente molto più lenta della precedente e, in caso di siti molto corposi, può assorbire molto tempo e risorse al server utilizzato, pertanto va usata solo in caso di reale necessità.

Tra l'altro ogni tipo di server ha un tempo predefinito per portare a termine le operazioni richieste dagli utenti, quindi potremmo incorrere in errori di *timeout* dovuti al fatto che l'operazione di ripulitura richiede più tempo di quello consentito; tutto questo può accadere più facilmente sui server condivisi e su quelli particolarmente trafficati e con poche risorse.

Pulsante Opzioni

Nel pannello della *Manutenzione*, c'è anche un pulsante che sarà presente praticamente in ogni ambiente di Joomla; si chiama *Opzioni* e lo vediamo indicato nella figura 4.23 qui in basso.

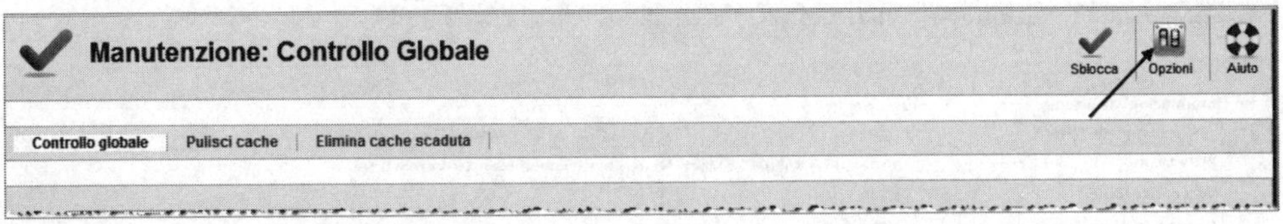

Figura 4.23 – In evidenza il pulsante Opzioni tipico di molti ambienti di Joomla.

Questo pulsante rimane attivo in tutte e tre le schede del menu *Manutenzione* del sito appena esaminate ed è posizionato nella pulsantiera in alto a destra; la sua presenza sarà costante in tutti i settori amministrativi che incontreremo da qui in poi e pertanto è meglio iniziare subito a prendere la dovuta confidenza. Infatti, tramite questo pulsante è possibile assegnare i permessi ai vari gruppi che dovranno utilizzare un certo tipo di funzione.

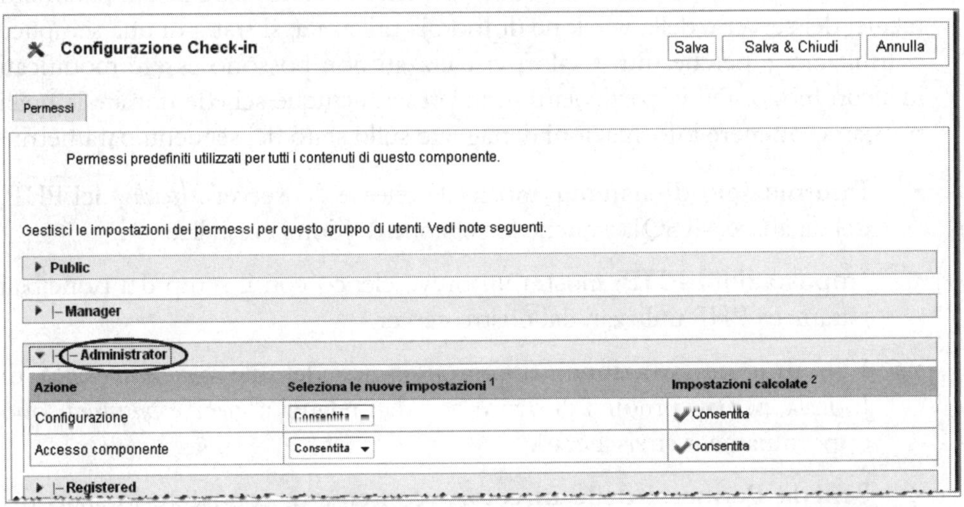

Figura 4.24 – I permessi del gruppo Administrator per operare nell'ambiente Manutenzione.

Dopo aver cliccato sul bottone *Opzioni*, vediamo aprirsi una finestra popup mentre tutto lo sfondo viene passato in penombra (figura 4.24); in questa finestra è presente il tipico setup dei permessi tramite il quale possiamo definire esattamente quali gruppi hanno l'accesso alle funzioni di *Manutenzione del sito*. Per esempio, nella stessa figura 4.24, possiamo osservare come sono impostati i valori di default dei permessi che consentono l'accesso al pannello per la configurazione dei parametri di manutenzione.

❖ Menu sito: *Informazioni di sistema*

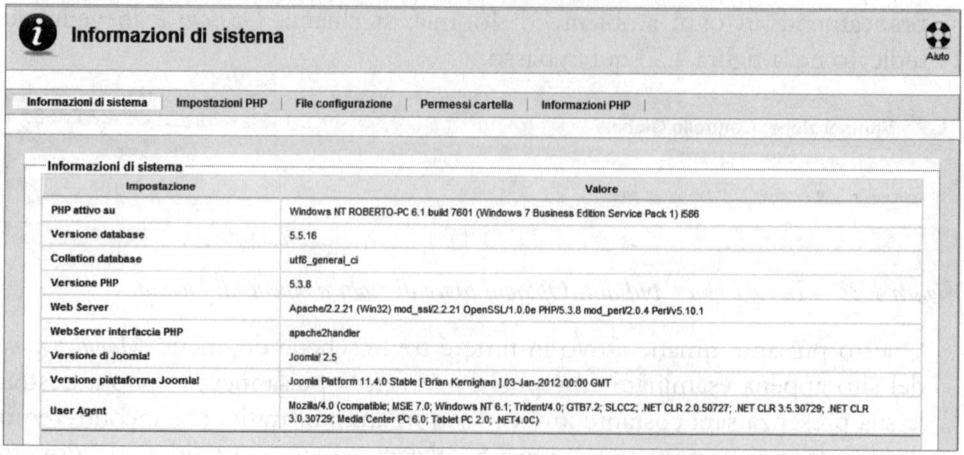

Figura 4.25 – Pannello che permette di conoscere tutte le informazioni tecniche.

L'esame di questa voce del menu *Sito* permette di controllare alcuni parametri tecnici del server e della versione di Joomla utilizzata; si tratta di una semplice consultazione perché tutti i valori visualizzati non possono essere modificati in alcun modo. Più in particolare sono presenti cinque schede tramite le quali possiamo ottenere informazioni dettagliate sullo stato dei seguenti parametri:

- ✓ **Informazioni di sistema**: mostra la release del server *Apache*, del PHP, del database MySQL e anche la versione di Joomla installata.
- ✓ **Impostazioni PHP**: mostra un breve elenco con il setup dei principali parametri PHP utilizzati dal nostro server.
- ✓ **File di configurazione**: riporta il listato del file *configuration.php* di Joomla; per ovvi motivi di sicurezza i dati relativi a *userid* e *password* sono opportunamente mascherati.
- ✓ **Scheda Permessi delle directory**: consente di conoscere lo stato dei permessi di scrittura di tutte le directory di Joomla.
- ✓ **Scheda PHP Information**: riporta il setup della configurazione PHP che non riguarda solo la versione utilizzata ma permette di conoscere anche lo stato di ogni singolo parametro.

❖ Eliminare il metatag *generator*

Per completare il setup della nostra configurazione di Joomla, proponiamo una semplice soluzione per eliminare il *tag generator* dal codice che crea le pagine del nostro sito; nei paragrafi precedenti abbiamo costatato quanto sia semplice ottenere la visualizzazione del codice di qualsiasi pagina web visualizzata sul nostro browser (click tasto destro sulla pagina e poi scelta della voce *Visualizza sorgente pagina* dal menu contestuale che appare).

```
<!DOCTYPE html PUBLIC "-//W3C//DTD XHTML 1.0 Transitional//EN" "http://www.w3.org/TR/xhtml1/DTD/xhtml1-transitional.dtd">
<html xmlns="http://www.w3.org/1999/xhtml" xml:lang="it-it" lang="it-it" dir="ltr" >
      <head>
            <base href="http://localhost/j25b/index.php/it/" />
  <meta http-equiv="content-type" content="text/html; charset=utf-8" />
  <meta name="generator" content="Joomla! - Open Source Content Management" />
  <title>Home</title>
  <link href="/j25b/index.php/it/?format=feed&amp;type=rss" rel="alternate" type="application/rss+xml" title="RSS 2.0" />
  <link href="/j25b/index.php/it/?format=feed&amp;type=atom" rel="alternate" type="application/atom+xml" title="Atom 1.0" />
  <link href="/j25b/templates/beez_20/favicon.ico" rel="shortcut icon" type="image/vnd.microsoft.icon" />
```

Figura 4.26 – In evidenza il tag "generator" presente su tutti i siti Joomla.

Questo tag "generator" è inserito automaticamente da Joomla e serve a identificare il programma che ha prodotto la pagina; però, in qualche caso può essere utile procedere alla sua rimozione allo scopo di nascondere (per vari motivi) il tipo di generatore impiegato. Ciò può tornare utile anche ai fini della sicurezza, poiché molti hacker cercano i siti da attaccare eseguendo ricerche proprio sui nomi convenzionali che sono sempre presenti all'interno dei codici delle pagine web.

In ogni caso se vi è una necessità del genere possiamo eseguire questa operazione molto velocemente, caricando un apposito plugin che svolge egregiamente questo tipo di lavoro.

Il plugin si chiama *ByeByeGenerator* e possiamo scaricarlo direttamente dal sito del programmatore senza neanche eseguire la registrazione:

http://www.richeyweb.com/development/joomla-plugins/61-byebyegenerator

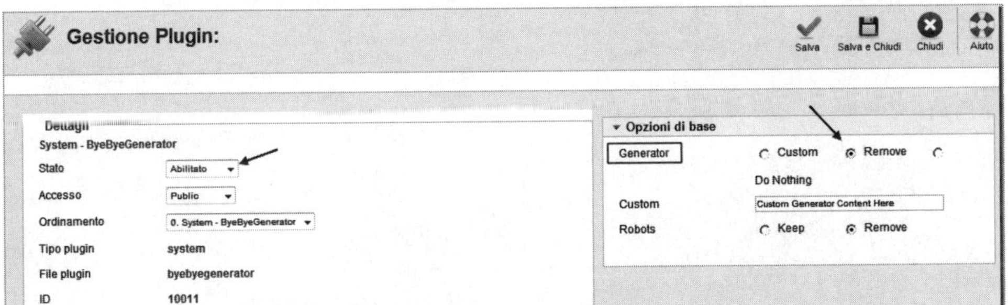

Figura 4.27 – Il pannello di controllo del plugin ByeByeGenerator.

Il funzionamento è davvero banale, installiamo il plugin e abilitiamolo… non occorre fare altro! Per chi lo desidera o in caso di effettiva necessità, c'è anche l'opzione che permette di personalizzare il nome del programma generatore e rimuovere anche il tag *Robots*.

❖ Conclusioni

In questo importante capitolo abbiamo esaminato le modalità di configurazione globale del nostro CMS che includono:

- ✓ *la configurazione del sito;*
- ✓ *la configurazione di sistema;*
- ✓ *la configurazione del server;*
- ✓ *la configurazione dei permessi.*

Proprio con quest'ultima, abbiamo iniziato a confrontarci con le impostazioni riguardanti lo stato dei permessi globali assegnati ai vari gruppi di utenti presenti nel CMS; in questo tipo di operazione abbiamo imparato come tali permessi, di base, siano validi per tutto il sito e che sarà possibile modificarli all'occorrenza per adeguarli alle esigenze tipiche del sito che stiamo costruendo. È per questo motivo che torneremo spesso a parlare di questo argomento estremamente importante.

Proprio a riguardo delle ACL, qualcosa probabilmente non risulterà del tutto chiaro ma, essendo questo solo il primo tassello di un discorso che porteremo avanti in ciascuno dei prossimi capitoli, è d'obbligo un po' di pazienza perché per arrivare a comprendere tutte le modalità di funzionamento dei permessi e dei livelli non è certo sufficiente quanto descritto sinora ma occorre anche un po' di studio e di applicazione pratica.

5

Gestione utenti, gruppi e livelli

Contenuto del capitolo

Iniziamo adesso a esplorare il menu che permette la completa gestione degli utenti, dei gruppi e dei livelli che sono elementi tutti interconnessi tra loro; ci soffermeremo sulle ampie opportunità offerte dal nuovo sistema ACL che ovviamente riguarda gli utenti e le loro possibilità di movimento e azione all'interno del sito.

Tutti quelli che hanno lavorato con le vecchie versioni di Joomla fino alla 1.5.x non mancheranno di ritrovarsi in un ambiente apparentemente molto simile ma con alcune nuove funzioni in grado di schiudere grandi opportunità nella costruzione dei nostri siti dinamici.

Infatti, queste nuove prerogative ci permettono di definire nei minimi dettagli sia le norme di utilizzo di ogni singolo contenuto sia quelle che regolano l'accesso alle aree del sito che, per vari motivi, desideriamo mantenere riservate a particolari gruppi di utenti come nel caso di abbonamenti a servizi, club e associazioni o riviste online, tanto per fare qualche esempio.

Con le nuove versioni di Joomla è cambiata anche la filosofia che regolava i rapporti tra i gruppi presenti; il *super amministratore*, infatti, poteva davvero essere considerato l'imperatore sovrano di tutta la piattaforma e aveva diritto di accesso, senza alcun limite, a tutti gli ambienti di backend e di frontend. Adesso, invece, pur conservando intatte le sue prerogative nell'area di amministrazione, può succedere che dal frontend non riesca ad accedere a un semplice contenuto semplicemente perché ci siamo dimenticati di includerlo nel gruppo che ha i corretti diritti per poterlo fare; tutto questo non vuole anticipare nulla delle cose di cui ci occuperemo in questo capitolo, ma serve solo per iniziare ad apprezzare meglio tutte le ampie possibilità offerte dalla nuova piattaforma Joomla e a comprenderne la filosofia di funzionamento.

❖ Il menu Utenti: *Gestione utenti*

Figura 5.1 – Il menu che permette la completa gestione degli utenti.

Come possiamo osservare dalla figura in alto, il menu dedicato alla gestione degli utenti è davvero essenziale; attraverso le sue voci possiamo:

- ✓ *gestire gli utenti e crearne di nuovi;*
- ✓ *gestire i gruppi e crearne di nuovi;*
- ✓ *gestire i livelli di accesso e crearne di nuovi;*
- ✓ *creare delle note per ciascun utente ben suddivise per categorie;*
- ✓ *inviare una mail a tutti gli utenti o solo a quelli appartenenti a un particolare gruppo.*

Nel nuovo sistema di controllo degli accessi implementato dalla versione 1.6, gli utenti sono quelli più semplici da comprendere perché per imparare a gestirli correttamente ci basta conoscere alcuni semplici concetti.

- ✓ Tutti gli utenti *non registrati* possono fruire delle aree a carattere generale e pertanto sono considerati *utenti pubblici*. Ovviamente essi non hanno alcun diritto e pertanto non potranno accedere né visualizzare alcun contenuto riservato ai gruppi di livello superiore.
- ✓ Come già succedeva nelle versioni precedenti di Joomla, gli utenti che portano a termine la normale procedura di registrazione dal frontend del

sito sono immessi automaticamente nel gruppo *Registered.* Quest'ultima è un'impostazione di default che, se necessario, possiamo modificare come vedremo a breve; gli utenti di questo gruppo possono operare solo nel frontend del sito senza alcuna possibilità di accedere al backend.

✓ L'assegnazione di un utente ad altri gruppi avviene nel backend per opera di chi ha i diritti amministrativi per eseguire questa operazione.

✓ Non è assolutamente possibile assegnare autorizzazioni direttamente agli utenti ma solo ai gruppi; quindi se desideriamo che solo un utente abbia prerogative particolari dobbiamo necessariamente:
   - *creare un nuovo gruppo;*
   - *assegnare a questo gruppo tutte le autorizzazioni desiderate;*
   - *inserire al suo interno solo quel particolare utente.*

✓ Ogni utente può appartenere a più gruppi contemporaneamente.

Iniziamo a esplorare la *Gestione utenti* cliccando sull'omonima voce di menu: ci appare un pannello con l'elenco degli *utenti registrati* sui quali possiamo eseguire diverse operazioni, come per esempio *filtrare le ricerche*, *attivare*, *bloccare*, *modificare* e *cancellare* qualsiasi utente (figura 5.2).

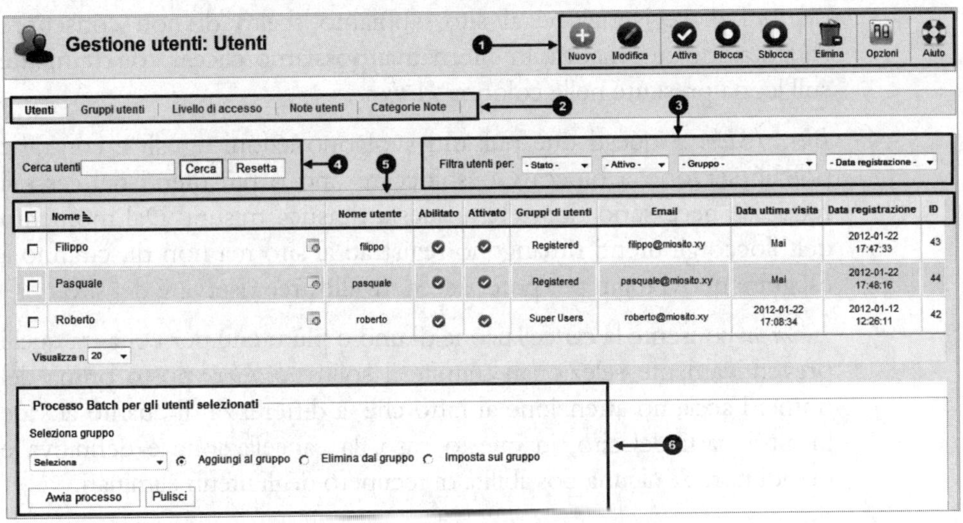

Figura 5.2 – Il completo pannello che permette la gestione degli utenti.

Il pannello della *Gestione utenti* è molto completo e, per certi versi, può sembrare molto affollato di comandi e menu che però sono tutti necessari per un'immediata e veloce tenuta amministrativa; inoltre teniamo presente che questo tipo di grafica si ripeterà per tutti gli altri ambienti del CMS pertanto è bene prendere la dovuta confidenza e imparare a utilizzarlo pienamente.

Per una migliore individuazione delle aree di questo pannello e per evitare confusioni le abbiamo numerate (figura 5.2); qui di seguito ecco spiegata la funzione di ognuna di esse:

1. **Pulsantiera principale**

Include tutta la serie di icone necessaria alla gestione degli utenti; a parte il primo pulsante *Nuovo*, tutti gli altri comandi possono agire su uno o più elementi della lista sottostante; in quest'ultimo caso dobbiamo prima selezionarli cliccando sul *checkbox* posto a sinistra del nome, seguendo una prassi che troveremo in uso anche in tutti gli altri ambienti di Joomla.

Ecco, qui di seguito, la funzione dei vari pulsanti presenti:

- ✓ *Nuovo*: apre una scheda per la creazione manuale di un nuovo utente.
- ✓ *Modifica*: apre la scheda dell'utente selezionato nella lista; in alternativa possiamo cliccare direttamente sul nome dell'utente desiderato.
- ✓ *Attiva*: permette l'attivazione manuale di un utente quando, nelle opzioni di registrazione al sito, abbiamo scelto di non consentire l'attivazione automatica; in alternativa possiamo cliccare direttamente sull'icona presente nella colonna *Attivato*.
- ✓ *Blocca/Sblocca*: questi due pulsanti svolgono azioni uguali e contrarie poiché servono a bloccare o sbloccare uno o più utenti nel caso si rendesse necessario ricorrere a questa drastica misura. Dal momento del blocco gli utenti rimangono registrati al sito ma non riusciranno a eseguire nuovi login per poter accedere alle aree riservare del sito.
- ✓ *Elimina*: consente la cancellazione di uno o più utenti per volta tra quelli preventivamente selezionati tramite il solito *checkbox* posto prima del nome. Facciamo attenzione al fatto che, a differenza di quanto accade in altre parti del sito, in questo caso, la cancellazione è definitiva e quindi non c'è alcuna possibilità di recupero degli utenti eliminati.
- ✓ *Opzioni*: questo pulsante lo troviamo presente in tutte le principali aree del pannello amministrativo di Joomla; è importante perché ci permette di impostare sia i parametri principali dell'ambiente in cui si trova sia di agire sui permessi da assegnare agli utenti che dovranno utilizzare quello stesso ambiente; merita quindi un'attenzione particolare e, infatti, non potremo fare a meno di dedicargli un apposito paragrafo più avanti.

2. Blocco schede

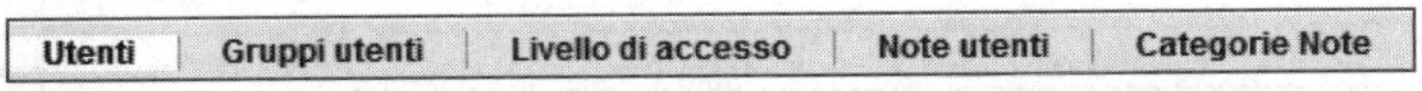

Quest'area include un sistema di cinque schede o *tab* richiamabili anche dalle stesse voci del menu *Utenti* (figura 5.1); esse aprono altrettanti pannelli che contengono rispettivamente la gestione degli *Utenti*, dei *Gruppi*, dei *Livelli*, delle *Note utenti* e delle *Categorie Note*. Si tratta dunque di una scorciatoia che permette istantaneamente di arrivare nell'ambiente desiderato senza ricorrere all'uso del menu.

3. Filtra utenti per:

In questo blocco sono presenti quattro menu a discesa tramite i quali possiamo riuscire a filtrare l'elenco degli utenti registrati al sito per farci mostrare solo chi è in possesso di determinate caratteristiche.

- ✓ *Stato*: è quello tipico degli utenti: *Abilitato* o *Disabilitato*.
- ✓ *Attivazione*: anche in questo caso possiamo scegliere tra due chiavi che ci permettono di visualizzare solo gli utenti *Attivati* o quelli *Non attivati*.
- ✓ *Gruppo*: all'interno di questo terzo menu a discesa, invece, troviamo l'elenco dei gruppi presenti nel sito; scegliendo uno di questi possiamo facilmente e in maniera istantanea visualizzare a video solo gli utenti appartenenti a un certo gruppo.
- ✓ *Data registrazione*: Questo quarto e ultimo menu a discesa contiene alcune opzioni che possiamo utilizzare per richiamare all'istante la lista degli utenti che si sono registrati da un certo periodo in poi; i valori previsti in questo menu sono i seguenti: *oggi*, *ultima settimana*, *ultimo mese*, *ultimi 3 mesi*, *ultimi 6 mesi*, *ultimo anno*, *più di un anno*.

4. Cerca utenti

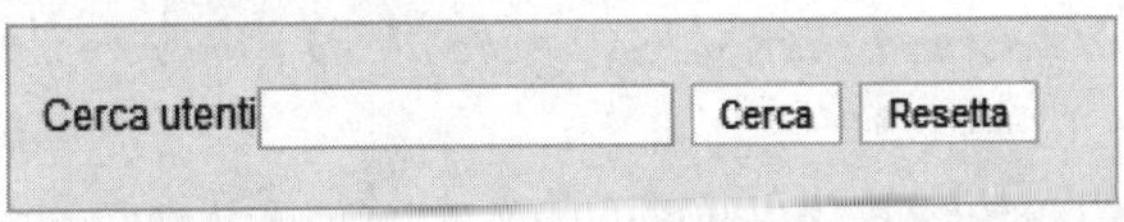

Si tratta di un campo nel quale possiamo scrivere la nostra chiave di ricerca rappresentata dal nome o dall'userid dell'utente desiderato; subito dopo non ci resta che cliccare sul pulsante *Cerca*.

Il bottone *Resetta*, invece, permette di azzerare il campo e tornare a visualizzare la lista completa degli utenti.

5. Intestazione colonne

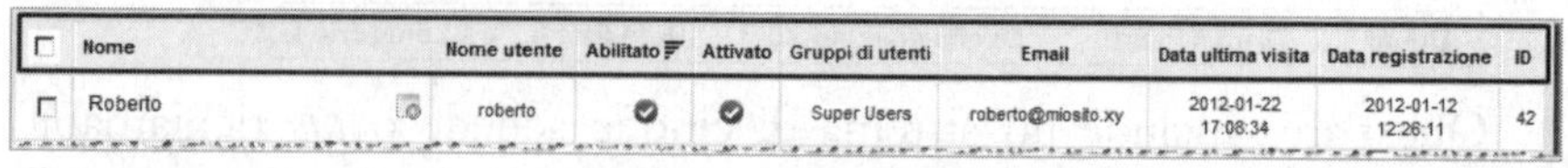

	Nome		Nome utente	Abilitato	Attivato	Gruppi di utenti	Email	Data ultima visita	Data registrazione	ID
	Roberto		roberto			Super Users	roberto@miosito.xy	2012-01-22 17:08:34	2012-01-12 12:26:11	42

Ogni colonna della nostra tabella utenti è ben descritta da un nome che ci consente di conoscere a colpo d'occhio lo stato dei seguenti parametri:

- ✓ *il nome*;
- ✓ *il nome utente*;
- ✓ *lo stato di abilitazione*;
- ✓ *lo stato di attivazione*;
- ✓ *il gruppo di appartenenza*;
- ✓ *l'email*;
- ✓ *la data dell'ultima visita*;
- ✓ *la data di registrazione.*

Da evidenziare che, cliccando su ciascuna delle intestazioni delle colonne, possiamo facilmente modificare l'ordine della lista secondo un andamento ascendente o discendente.

Inoltre prestiamo anche attenzione all'ultima colonna chiamata *ID*; essa mostra il numero assegnato dal sistema a ciascun utente, in maniera automatica e univoca, nel momento in cui egli completa la sua registrazione al sito; tale numero è molto importante perché rappresenta un parametro tecnico che il sistema utilizza per identificare e gestire gli iscritti al sito. Tale numero è progressivo e parte dal 42 assegnato a chi ha eseguito l'installazione.

La differenza tra utente attivato e abilitato è la seguente: un utente che abbia completato correttamente tutta la procedura automatica di iscrizione si troverà automaticamente nella condizione di attivato e abilitato (ossia non bloccato); a questo punto la persona iscritta si può loggare al sito e navigare da utente registrato nelle aree riservate del sito.

In casi particolari, però, l'amministratore può decidere di disabilitare il suo accesso al sito, quindi, l'iscritto si troverà a essere sempre attivo perché comunque ha completato la registrazione al sito, ma non potrà accedervi, con il normale login, a causa del blocco imposto.

Questo tipo di modifica è ovviamente possibile solo dal backend operando nella scheda Modifica utente che esamineremo a breve oppure cliccando direttamente sulle icone presenti nella colonna Abilitato.

6. Processo batch per gli utenti selezionati

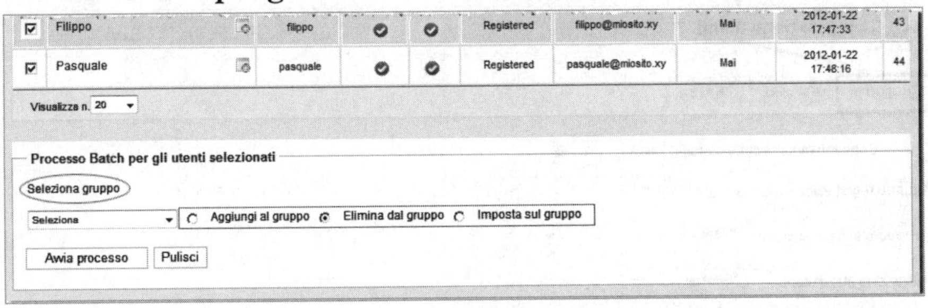

Il titolo fa capire ben poco sulla reale funzione svolta da questo blocco situato nella parte bassa del pannello *Gestione utenti*; in altre parole utilizzando quest'area abbiamo la possibilità di *aggiungere*, *spostare* o *eliminare* gli utenti preventivamente selezionati nella lista in alto; ecco come utilizzare correttamente quest'area.

a. Per prima cosa dobbiamo selezionare gli utenti presenti nella lista in alto, utilizzando il *checkbox* presente prima del nome.

b. Dal menu *Seleziona gruppo* scegliamo il gruppo di destinazione degli utenti selezionati.

c. Adesso non ci resta che selezionare una delle tre funzioni possibili che sono le seguenti:
   - *Aggiungi al gruppo*: con questa modalità il gruppo scelto si aggiunge a quelli già posseduti dall'utente.
   - *Elimina dal gruppo*: l'utente selezionato viene tolto dal gruppo scelto.
   - *Imposta sul gruppo*: l'utente viene incluso nel gruppo scelto.

d. Infine clicchiamo sul pulsante *Avvia processo* per ultimare la procedura richiesta; un messaggio ci confermerà se tutta l'operazione è stata completata con successo.

Un rapido controllo alla colonna *Gruppi di utenti* ci fornirà la conferma che il *processo batch* ha sortito gli effetti desiderati.

Pannello gestione utenti: il pulsante Opzioni

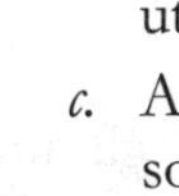

Il pulsante *Opzioni*, come già abbiamo avuto modo di anticipare, riveste particolare importanza poiché serve a impostare i parametri di base del componente in cui si trova a operare; in questo caso l'ambiente è quello degli *utenti* e quindi le opzioni offerte riguardano tutti i comandi che servono proprio alla loro gestione. Cliccando su questo pulsante apriamo un pannello composto di tre schede; queste permettono di impostare i parametri del *componente*, l'*invio massiccio di posta* e i *permessi*.

Scheda 1: *Componente*

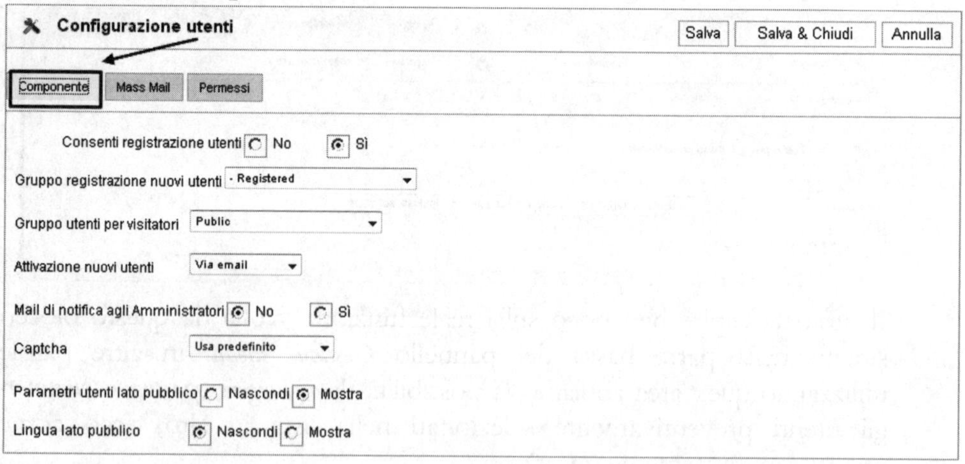

Figura 5.3 – Opzioni che servono a regolare la modalità di registrazione degli utenti.

In questa prima scheda (figura 5.3), possiamo influenzare le impostazioni che permettono ai visitatori di registrarsi al sito; ecco le opzioni presenti:

- **Consenti registrazione utenti**
  Questa opzione è abilitata di default e ciò vuol dire che gli utenti seguiranno la procedura standard basata sulla compilazione online di un breve form in cui ogni utente fornisce la propria userid, password e un'email valida. Se invece neghiamo questa possibilità, gli utenti dovranno essere immessi a mano da qualcuno che possegga i giusti permessi per eseguire questa operazione.
- **Gruppo registrazione nuovi utenti**
  In questo menu a discesa sono elencati tutti i gruppi che abbiamo deciso di impiegare nel nostro sito; dobbiamo scegliere quello nel quale desideriamo far confluire i nuovi utenti registrati; il valore di default che è il gruppo *Registrati* dovrebbe andare bene nella gran maggioranza dei casi.
- **Gruppo utenti per visitatori**
  Gruppo predefinito di coloro che ancora non hanno eseguito il login.
- **Attivazione degli utenti**
  Questa impostazione serve a determinare il modo con cui gli utenti possono diventare utenti registrati; le possibilità sono:
  – *Automatica*: dopo aver compilato il form di registrazione, ogni utente riceve un'email al proprio indirizzo contenente un link da cliccare per attivare automaticamente il proprio account.

- *Amministratore*: in questo caso l'attivazione richiede l'intervento manuale di un amministratore; per siti molto trafficati è certamente una scelta che richiede un certo impegno, ma consente di avere il pieno controllo di tutti i nuovi arrivati, evitando che si attivino account non graditi.
- *Nessuna*: con questa impostazione, gli utenti vengono registrati subito senza neanche essere soggetti al controllo di validità tramite l'email; questa impostazione è poco consigliabile perché può essere fonte di molto SPAM e account indesiderati.

➢ **Mail di notifica agli amministratori**
Permette di definire se gli amministratori del sito debbano ricevere o no una notifica a ogni nuova iscrizione; nelle versioni precedenti, tale invio era attivo di default e non poteva essere disattivato.

➢ **Captcha**
Attiva la funzione *Captcha* per l'antispam di cui parleremo a breve; da questo menu a discesa possiamo solo scegliere se attivare l'unico sistema fornito con l'installazione base di Joomla che è l'ottimo *ReCaptcha* di Google. Qualora decidessimo di installare altri plugin di questo tipo, i loro nomi apparirebbero in questo stesso menu in modo da poterli selezionare.

➢ **Parametri utenti lato pubblico**
Se impostato su *Mostra*, richiamando la propria scheda, gli utenti possono riuscire a modificare le preferenze come per esempio l'*editor* e il *sito di help* da utilizzare per ottenere aiuti in caso di difficoltà.

➢ **Lingua lato pubblico**
Attivando questa impostazione gli utenti possono scegliere la lingua con la quale visualizzare il frontend del sito.

Scheda 2: *Mass Mail*

Figura 5.4 – Il semplice pannello per l'invio massiccio di email agli iscritti.

In questo caso si tratta di scegliere se desideriamo inserire una o più parole nel campo dell'oggetto come prefisso e in quello del corpo della mail come suffisso (ossia al termine del testo); tutto quello che scriveremo in questi due campi apparirà poi nelle email inviate tramite la voce di menu *Mass Mail*; per chi non ha esigenze particolari, questi due campi possono restare vuoti.

Scheda 3: *Permessi*

La scheda dei *Permessi* ci mostra un piccolo pannello molto simile a quello che abbiamo già incontrato nel setup dei permessi della *Configurazione globale*; in quel caso, l'impostazione serviva a fornire le autorizzazioni per tutto il sito mentre adesso i permessi sono rivolti esclusivamente al componente della *Gestione utenti* nel quale le uniche autorizzazioni da definire sono quelle che permettono di accedere alla configurazione della *Gestione utenti*.

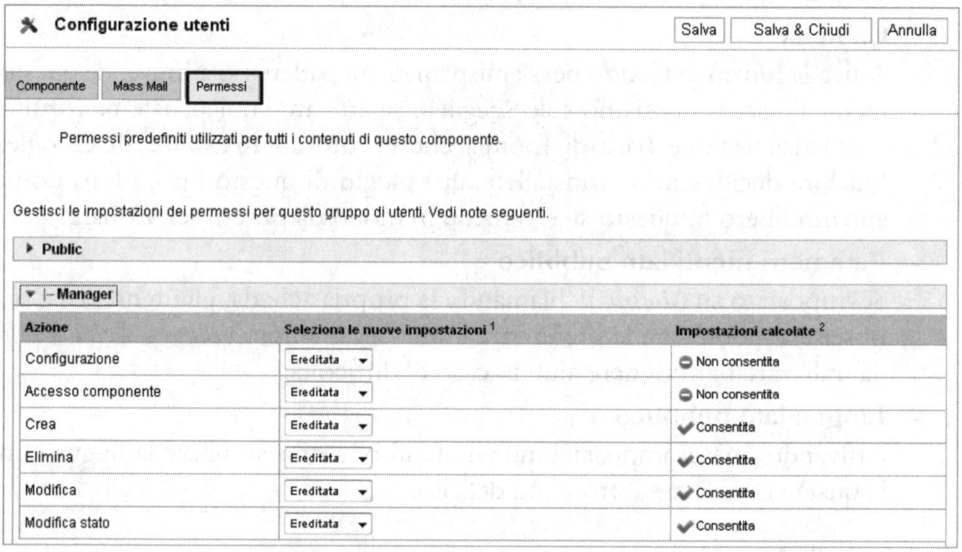

Figura 5.5 – Lo stato dei permessi del gruppo Manager nella configurazione utenti.

Nella figura 5.5 vediamo i permessi assegnati al gruppo *Manager* che è quello di livello più basso tra coloro che hanno accesso al backend; come vediamo essendo un account minimo non può accedere al componente né può configurarlo perché le prime due azioni non sono consentite.

Vediamo queste autorizzazioni nel dettaglio:

✓ *Configurazione*: permette di definire l'accesso al pulsante *Opzioni* della *Gestione utenti*; i gruppi che non hanno questo privilegio non arrivano neanche a visualizzare il pannello che contiene tale pulsante e quindi tantomeno possono operare questo tipo di configurazione.

- ✓ *Accesso componente*: accesso al pannello amministrativo *Gestione utenti*. Se proviamo a concedere questo tipo di permessi agli utenti del nostro gruppo *Manager*, potremo notare che questi guadagnano l'accesso al pannello della *Gestione utenti* ma non a quello delle *Opzioni*.

Quanto appena detto è molto importante per comprendere a fondo il funzionamento dei permessi e dei ruoli da assegnare a ciascun gruppo; infatti, tutti i comandi che seguono possono essere utilizzati solo se l'accesso al componente risulta consentito altrimenti, per ovvi motivi, non essendo visibile il pannello della *Gestione utenti*, neanche i suoi pulsanti saranno raggiungibili.

- ✓ *Crea*: accesso al pulsante *Nuovo* per la creazione di nuovi utenti;
- ✓ *Elimina*: accesso all'omonimo presente per cancellare utenti;
- ✓ *Modifica*: accesso alle schede degli utenti per eventuali modifiche;
- ✓ *Modifica stato*: accesso ai pulsanti *Attiva*, *Blocca*, *Sblocca*;
- ✓ *Modifica elementi propri*: permette solo la modifica dei propri contenuti.

In chiusura può essere utile riproporre un paio di concetti chiave:

a. i permessi possono essere assegnati solo ai gruppi di utenti e mai a singole persone, quindi non è entrando nella *Gestione degli utenti* che possiamo conferire loro le autorizzazioni globali; da questo pannello possiamo solo decidere chi può amministrare quest'area e chi può gestire le impostazioni che regolano i modi di registrazione che abbiamo esaminato nella scheda *Componente* mostrata nella figura 5.3.

b. È sempre utile tenere presente anche la struttura gerarchica dei permessi di Joomla che è la seguente:

IMPOSTAZIONI GLOBALI → COMPONENTE → CATEGORIA → ARTICOLO

Quindi, man mano che proseguiamo in tale struttura, le varie autorizzazioni decise negli ambienti precedenti possono essere sovrascritte purché l'impostazione riguardante i permessi non risulti bloccata dal valore *Negata*.

Attualmente siamo passati dalle impostazioni globali del sito a quelle del primo componente che abbiamo incontrato, che ci permette di gestire gli utenti; se prestiamo particolare attenzione alle possibilità offerte dal sistema di assegnazione dei permessi, certamente non avremo alcuna difficoltà a comprendere le impostazioni che verranno; per questo motivo la cosa migliore è quella di eseguire l'esercizio proposto nel paragrafo seguente, utilizzando una qualsiasi installazione di prova su server locale o remoto.

❖ Creazione di un nuovo utente

Di norma, gli utenti di un sito si iscrivono volontariamente tramite la procedura standard; questa prevede il riempimento di un piccolo form; in alcuni casi però è l'amministratore che preferisce iscrivere le persone manualmente in maniera da tenere sotto controllo con molta attenzione la cerchia di chi dovrà frequentare il sito; inoltre, la procedura che stiamo per esaminare è utile per eventuali modifiche ai dati degli utenti, per cancellazioni, attivazioni o per eventuali sospensioni operate in maniera del tutto manuale.

In questo modo, ovviamente, abbiamo un maggior carico di lavoro ma anche il grande vantaggio di precludere l'accesso alle aree riservate del sito a chiunque non sia conosciuto; nello stesso tempo, blocchiamo alla radice l'invio di SPAM di varia natura e incontri con persone non gradite.

Possiamo iniziare questa procedura tramite la voce di menu:

Utenti → Gestione utenti → Aggiungi nuovo utente

oppure cliccando l'icona *Nuovo* presente nella finestra *Gestione utenti* (figura 5.6).

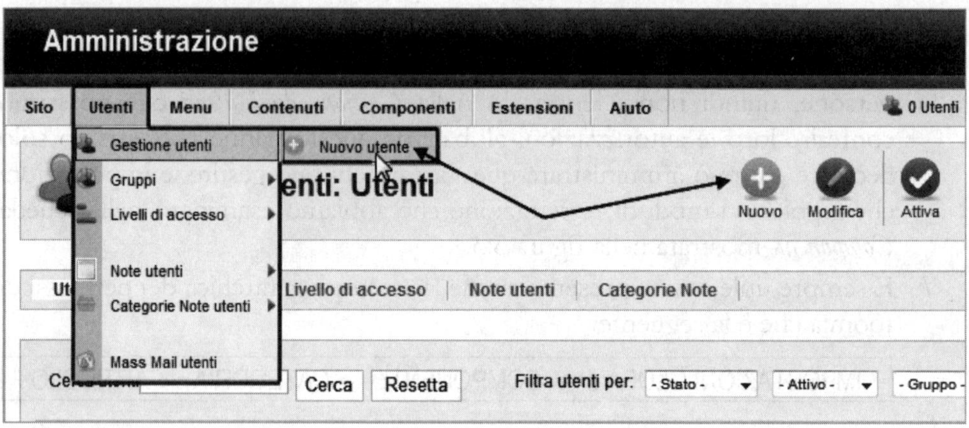

Figura 5.6 – Le due modalità di accesso al pannello di creazione dei nuovi utenti.

IL pannello che ci viene offerto vale sia per la creazione sia per la modifica degli utenti; contiene una serie di campi obbligatori che sono distinguibili perché hanno uno sfondo leggermente colorato di azzurro e poi anche perché il nome del campo è contrassegnato da un asterisco.

Come sarà consuetudine anche per tutti gli altri pannelli più importanti di Joomla, per meglio distinguere le varie aree di cui è composto, le abbiamo numerate in modo da fornire un riferimento rapido a ciascuna funzione assegnata ai campi presenti (figura 5.7).

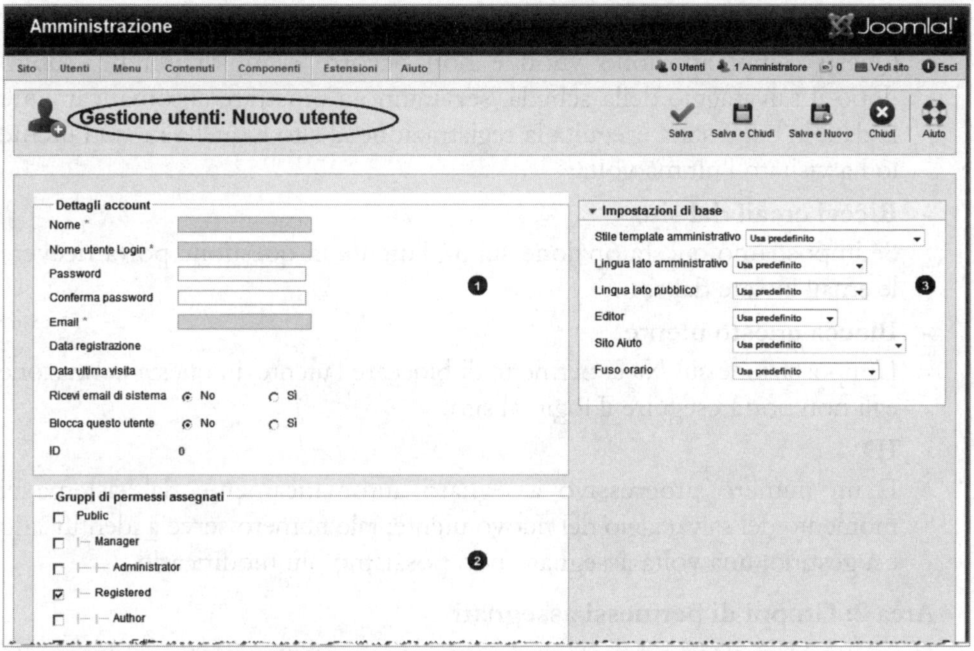

Figura 5.7 – Pannello per la creazione di nuovi utenti o per la modifica dei dati inseriti.

Area 1: Dettagli account

- **Nome** (obbligatorio)
  È il campo che serve ad accogliere il nome di battesimo dell'utente; al suo interno possiamo introdurre anche il cognome ma teniamo presente che in alcune parti del CMS questo potrebbe essere visualizzato per intero; per ovvi motivi di privacy, la cosa potrebbe risultare poco gradita.
- **Nome utente login** (obbligatorio)
  In questo caso si tratta invece di scegliere l'*username* necessario per eseguire il login al sito e farsi riconoscere; il nome scelto non dev'essere già utilizzato da un altro utente altrimenti, al momento del salvataggio, ci sarà segnalato l'errore.
- **Password e Conferma Password**
  Questi due campi accolgono la password che, assieme al *Nome utente* del campo precedente, consentirà l'accesso al sito; la ripetizione permette di evitare errori di battitura. La doppia introduzione della password non figura come azione obbligatoria ma ovviamente è necessaria.
- **Email** (obbligatorio)
  Campo per indicare l'*email* da utilizzare in eventuali comunicazioni con l'utente o per l'invio di avvisi e newsletter.

- **Data di registrazione e Data dell'ultima visita**
  Questi campi appaiono vuoti e non occorre riempirli perché, subito dopo il salvataggio della scheda, serviranno a mostrare automaticamente la data in cui è stata eseguita la registrazione al sito e quella in cui l'utente lo ha visitato l'ultima volta.
- **Ricevi email dal sito**
  Se impostiamo questa opzione sul *Sì*, l'utente in questione potrà ricevere le email inviate dal sito.
- **Blocca questo utente**
  L'impostazione sul *No* ci permette di bloccare l'utente; in questa condizione egli non potrà eseguire il login al sito.
- **ID**
  È un numero progressivo assegnato automaticamente dal sistema al momento del salvataggio del nuovo utente; tale numero serve a identificarlo e a gestirlo; una volta assegnato non possiamo più modificarlo.

Area 2: Gruppi di permessi assegnati

In questo blocco troviamo elencati tutti i gruppi creati nel sito e il loro stato attuale dei permessi; dobbiamo scegliere in quali di questi gruppi vogliamo inserire il nostro nuovo utente. A questo proposito ricordiamo che ogni iscritto al sito può far parte di più gruppi con il risultato pratico di ottenere un utente che somma tutte le autorizzazioni dei gruppi cui appartiene.

La scelta dell'appartenenza a più gruppi è un'operazione amministrativa svolta da chi possiede i permessi per introdurre nuovi utenti; tutti quelli che si iscrivono dal frontend, invece, confluiscono automaticamente nel gruppo definito nelle impostazioni del pannello *Opzioni* di cui abbiamo già parlato.

Area 3: Impostazioni di base

Più che di impostazioni si tratta di scegliere i valori base delle preferenze che porteranno l'utente a utilizzare alcune proprietà del sito come il *template*, l'*editor*, il *sito d'aiuto*, la *scelta del fuso orario* ecc.

Possiamo lasciare queste impostazioni così come le troviamo perché questo setup di base è già ottimale. Inoltre teniamo presente che tutti i valori di default contenuti in questi campi potranno essere facilmente modificati, se necessario, direttamente da ciascun utente subito dopo aver eseguito il login dal frontend del sito e scegliendo poi la voce *Il tuo profilo* presente all'interno del modulo *Menu utente* (figura 5.8); a questo proposito è bene chiarire che questo modulo è visibile esclusivamente agli utenti registrati.

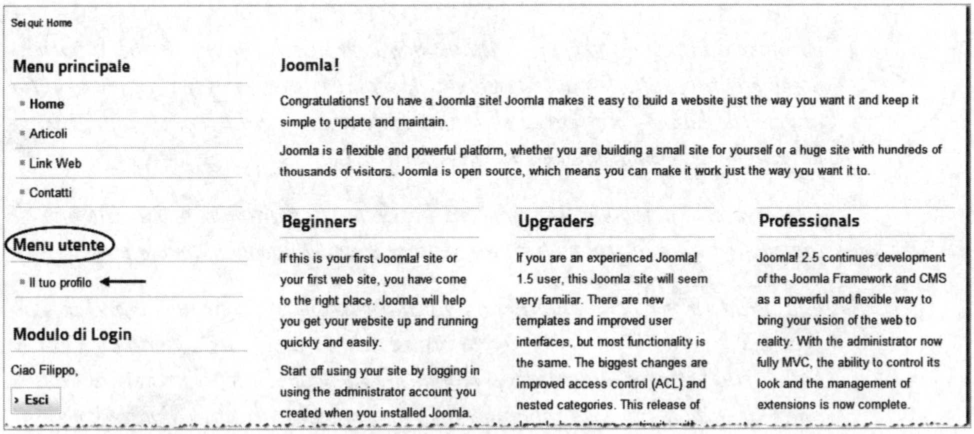

Figura 5.8 – Il link di frontend utile agli utenti per modificare il proprio profilo.

❖ Menu Utenti: *Gruppi*

Con la gestione dei gruppi, il team di sviluppo del nuovo Joomla dimostra di avere recepito le innumerevoli richieste degli utilizzatori delle vecchie versioni del CMS che da tempo soffrivano delle forti limitazioni nell'assegnazione dei ruoli e dei permessi ai diversi utenti; ecco qui di seguito le principali novità implementate a partire dalle versioni 1.6 e 1.7 di Joomla e confluite nella 2.5.

Funzione	**Vecchio sistema Joomla 1.5**	**Joomla 2.5**
Gruppi	Predefiniti e senza alcuna possibilità di crearne di nuovi	Nessun limite
Utenti	Un utente non può appartenere a più di un gruppo	L'utente può appartenere a più gruppi
Azioni	Le azioni permesse ai gruppi sono predefinite e non sono modificabili	È possibile scegliere le azioni da assegnare a ciascun gruppo
Permessi	Valgono per tutto il sito e non sono modificabili	Possono essere assegnati in maniera diversa nei vari livelli del sito seguendo la seguente logica gerarchica: *Sito*, *Componenti*, *Categoria* e *Oggetto*

Coloro che possiedono già una certa dimestichezza con i gruppi presenti nelle vecchie versioni di Joomla certamente continueranno a trovarsi a proprio agio, perché i nomi dei gruppi sono stati conservati anche in tutte le nuove release; infatti, a parte i gruppi che possiamo creare noi stessi, se facciamo riferimento esclusivamente a quelli di base abilitati a operare nel frontend del sito sono sempre cinque mentre quelli che possono accedere al backend sono tre, come stiamo per verificare nel paragrafo che segue.

La nomenclatura dei gruppi di default non deve trarci inganno perché, a parte il nome identico, tutte le nuove versioni di Joomla possiedono prerogative del tutto diverse che hanno permesso di eliminare tutte quelle limitazioni che affliggevano la gestione dei gruppi presenti nelle vecchie release.

Per esempio, in Joomla 1.5 non era possibile riservare una o più categorie di contenuti a un solo gruppo per una gestione completamente autonoma.

Ciò accadeva perché le autorizzazioni alla gestione dei contenuti erano di tipo "tutto o niente"; *per esempio, qualsiasi utente assegnato al gruppo* Editor *poteva riuscire tranquillamente a modificare non solo i propri articoli ma anche quelli di tutto il sito e ciò rappresentava, ovviamente, una grave limitazione.*

In sostanza, la gestione dei permessi era talmente elementare che non era neanche possibile riservare una particolare area del sito solamente a un determinato gruppo e precludere l'accesso a tutti gli altri. Joomla 1.6 e le versioni successive, finalmente, hanno rimosso tutte queste limitazioni e ora, se serve, possiamo gestire i nostri gruppi in maniera che ognuno di essi abbia caratteristiche e prerogative ben differenziate rispetto a tutti gli altri.

I gruppi base operanti nel frontend del sito

- **Public**
  Include tutti i semplici visitatori; di base non possiede alcun permesso e pertanto essi possono navigare solo nelle pagine del sito a libero accesso. Un utente Public riesce a passare al gruppo successivo solo completando la procedura di registrazione al sito oppure se viene aiutato manualmente a opera di un amministratore autorizzato a questo tipo di operazione.
- **Registered** (→ *Login frontend*)
  In base ai permessi assegnati, ha la possibilità di eseguire il login solamente dal frontend del sito. È figlio del gruppo *Public* e quindi, da esso, non eredita alcun permesso particolare.
- **Author** (→ *Permessi Registered + Crea*)
  È figlio del gruppo *Registered* e quindi eredita il permesso di effettuare il login; in più può creare contenuti ma non può pubblicarli direttamente.
- **Editor** (→ *Permessi Author + Modifica*)
  Figlio del gruppo *Author* eredita tutti i permessi dei gruppi precedenti; inoltre, può modificare contenuti esistenti ma non in maniera indiscriminata come succedeva nelle vecchie versioni di Joomla. Per

esempio, adesso possiamo fare in modo di circoscrivere la sua possibilità di azione solo all'interno di una particolare categoria di contenuti.

- **Publisher** (→ *Permessi Editor + Modifica stato*)

  È l'ultimo gruppo predefinito del lato frontend ed è discendente del gruppo *Editor* da cui eredita tutte le caratteristiche. In più, tutti gli utenti *Publisher* hanno la possibilità di compiere le tipiche azioni riservate ai moderatori e cioè: *pubblicare*, *sospendere*, *archiviare* e *cestinare*.

Occorre prestare attenzione al fatto che il termine cestinare non significa cancellare! Infatti, gli utenti di tipo Publisher possono solamente posizionare nel cestino i contenuti indesiderati, mentre la cancellazione fisica dovrà avvenire per opera di qualcuno che possegga i permessi appropriati.

I gruppi base operanti nel backend amministrativo

I gruppi che troviamo dal lato amministrativo, invece, sono tre: *Manager*, *Administrator* e *Super User*. Tutti discendono dal gruppo *Public* e quindi, di base, non ereditano alcun permesso; infatti, tutte le principali autorizzazioni sono assegnate ex novo come stiamo per verificare (figura 5.9).

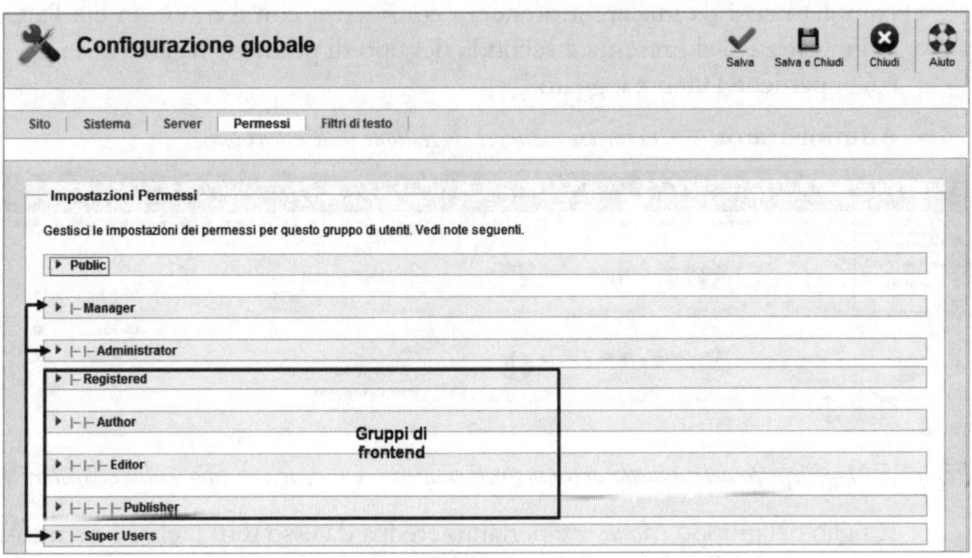

Figura 5.9 – In evidenza i tre gruppi di backend presenti di base.

- **Manager** (→ *Login frontend + backend + Crea + Modifica + Modifica stato + Cancella*)

  Questo gruppo può eseguire il login al backend, procedere all'eliminazione definitiva dei contenuti e inoltre può utilizzare i sei componenti di base: *Banner*, *Contatti*, *Messaggi*, *Newsfeed*, *Ricerca* e *Weblink*; non è inclusa la funzione *Redirect* che esamineremo più avanti, quando arriveremo a descrivere il menu dei *Componenti*; essa rimane prerogativa dei gruppi che seguono e che si trovano a un livello di importanza superiore.

La figura qui in basso evidenzia ciò che vede un utente appartenente al gruppo *Manager* dopo essere entrato nel backend amministrativo.

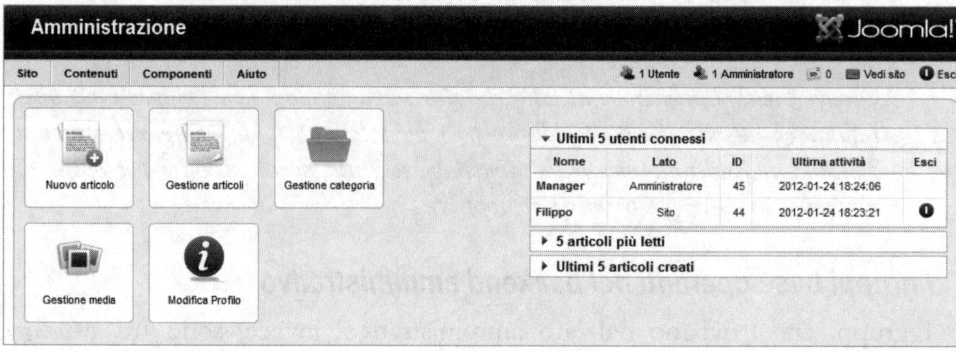

Figura 5.10 – Aspetto del pannello di controllo amministrativo aperto con utenza manager.

Ai principianti consigliamo di confrontarla con il pannello di controllo completo così da iniziare a prendere confidenza con il modo in cui l'area amministrativa si presenta a seconda del tipo di permessi legati al gruppo a cui appartiene l'utente loggato.

- **Administrator** *(→ Permessi manager + gestione delle estensioni)*

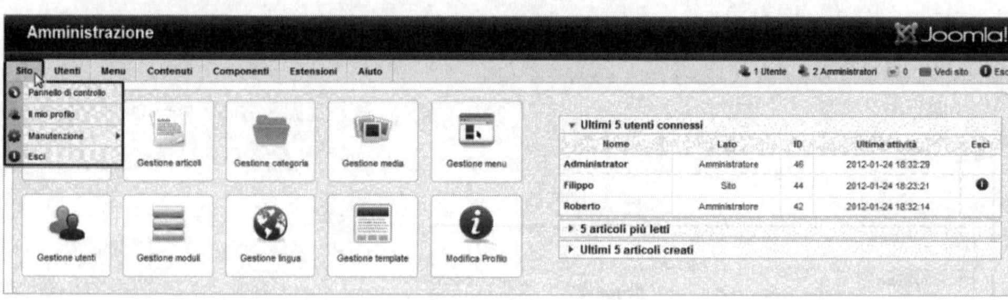

Figura 5.11– Aspetto del pannello amministrativo aperto con utenza di tipo Administrator.

È figlio del gruppo *Manager* e pertanto eredita da esso tutti i relativi permessi impostati a livello globale; in aggiunta può gestire le varie estensioni presenti nel CMS che sono *Plugin*, *Componenti*, *moduli*, *lingue* e *template* ma non può modificare le *Impostazioni globali* e creare nuovi *Super User*.

In sostanza un utente appartenente al gruppo *Administrator* ha i permessi giusti per operare in tutto il sito ma rimane sempre un gradino al di sotto del *Super User*. In alto possiamo osservare la figura 5.11, che riproduce l'area amministrativa così come la vedono gli utenti *Administrator*; in evidenza il menu *Sito* nel quale manca il link per accedere alla *Configurazione globale* e quello relativo alla *Manutenzione del sito*.

- **Super User** (→ *Permessi totali*)

  Questa figura non è altro che quella del *Super Administrator* presente in tutte le vecchie versione di Joomla 1.0 e 1.5; il team dei programmatori di Joomla ha preferito assegnargli un nome diverso per evitare confusioni con il semplice *Administrator* descritto in precedenza.

  In sostanza, il primo *Super user* è colui che ha portato a termine l'installazione del CMS e può essere considerato l'*Imperatore sovrano* del sito; infatti, tutti gli appartenenti a questo gruppo sono gli unici che possono compiere azioni molto delicate come quelle rivolte a creare o cancellare altri *Super user* e arrivare a modificare i parametri contenuti nella *Configurazione Globale*.

  Il *Super User* discende direttamente dal gruppo *Public*, ma nelle prime versioni beta di Joomla 1.6 era figlio del gruppo *Administrator* dal quale si distingueva per possedere un numero maggiore di permessi; in seguito, i programmatori si sono accorti che questa situazione poteva portare a situazioni paradossali come quella di vedersi chiusi fuori dal sito per il semplice fatto di ereditare il blocco del login dal gruppo genitore.

  Attualmente, quindi, tutti i permessi attribuiti ai *Super utenti* sono stati bloccati in maniera che non si possano venire a creare, neanche casualmente, situazioni che possano pregiudicare le possibilità di azione di chi deve amministrare il sito in tutte le sue parti. Come già anticipato, questo gruppo discende da quello *Public* dal quale non può ereditare nulla e quindi tutti i permessi sono riassegnati ex novo e in maniera esclusiva allo scopo di non generare alcun possibile disguido o incongruenza.

▼ |– Super Users

Azione	Seleziona le nuove impostazioni [1]	Impostazioni calcolate [2]
Configurazione	Ereditata	Consentita (SuperAmministratore)
Accesso componente	Ereditata	Consentita (SuperAmministratore)
Crea	Ereditata	Consentita (SuperAmministratore)
Elimina	Ereditata	Consentita (SuperAmministratore)
Modifica	Ereditata	Consentita (SuperAmministratore)
Modifica stato	Ereditata	Consentita (SuperAmministratore)

Figura 5.12 – I permessi bloccati del gruppo Super user.

Eventuali tentativi rivolti a forzare lo stato dei permessi del gruppo *Super user*, non portano assolutamente ad alcun risultato perché le impostazioni calcolate rimangono bloccate (icona a forma di catenaccio), quindi non possono essere modificate o alterate in alcun modo; ciò accade proprio per salvaguardare la funzione del *Super utente*.

Gestire i nuovi gruppi

In Joomla 2.5 possiamo creare tutti i nuovi gruppi che ci servono tramite una procedura semplice e veloce e proseguire poi con l'assegnazione dei permessi nel modo più corrispondente al tipo di attività che il gruppo stesso dovrà svolgere all'interno del sito.

Nei momenti iniziali della costruzione di un sito web, i gruppi base sono molto utili proprio per partire da una base solida da cui iniziare a creare quelli nuovi, pertanto il consiglio è di non rimuoverli almeno durante la fase di approccio a Joomla; così facendo, possiamo pensare di aprire un nuovo gruppo, figlio del *Publisher*, in modo che possa ereditare al gran completo il suo stato delle autorizzazioni e poi aggiungere i nuovi permessi di cui desideriamo dotarlo.

Esercizio: Una semplice struttura scolastica

Come avevamo anticipato nel I capitolo, al fine di comprendere come iniziare a muoverci nella creazione dei nuovi gruppi e nell'assegnazione dei relativi permessi procederemo creando uno scenario abbastanza classico come può essere quello legato alle esigenze di una scuola che desidera possedere un sito web gestibile da frontend con le seguenti caratteristiche di base:

1. *Gruppo presidenza*: devono poter pubblicare in maniera esclusiva notizie e circolari in un'area ad accesso pubblico e in quelle riservata agli insegnanti e agli alunni della scuola.

2. *Gruppo insegnanti*: devono poter accedere in lettura alle aree pubbliche e a quella riservata alle comunicazioni di servizio. Alcuni dovranno fungere anche da moderatori per il controllo dei contributi inviati dagli alunni.

3. *Gruppo alunni*: devono poter accedere alle aree pubbliche e riuscire a inserire contributi didattici in due aree indipendenti ma visibili a tutti, chiamate rispettivamente *Laboratorio umanistico* e *Laboratorio scientifico*; tale lavoro dovrà essere soggetto a controllo e moderazione da parte di alcuni *insegnanti* e della *presidenza*; inoltre gli utenti di questo gruppo, per ovvi motivi, non devono poter accedere all'area insegnanti e devono poter pubblicare solo nei laboratori di propria competenza.

L'idea non è quella di descrivere tutto il processo di creazione di questo tipo di sito subito, in questo stesso capitolo, ma di procedere di pari passo con lo sviluppo del libro; per il momento restiamo in tema con l'argomento di questo paragrafo che è quello della creazione dei gruppi.

In base all'esempio appena proposto ecco riportato, qui in basso, quanti gruppi ci serve creare; da notare che, per motivi pratici, la struttura appena descritta è abbastanza generica e potrebbe essere adattata con piccole modifiche anche a reparti aziendali, associazioni e club con molta facilità:

- ✓ Un solo gruppo per la *direzione* è sufficiente perché dovrà operare in tutto il sito senza alcuna restrizione ed è quindi abbastanza omogeneo.
- ✓ Per gli *insegnanti* servono invece due gruppi; il primo per accogliere tutti i docenti dell'istituto e il secondo per chi dovrà svolgere anche il compito di moderare i contenuti inviati dagli alunni.
- ✓ Servono poi due gruppi anche per gli alunni, in modo da separare le attività dei ragazzi che dovranno inviare i contenuti da pubblicare nei propri laboratori di competenza; tali contenuti saranno visibili a tutti ma ognuno dei due gruppi non dovrà poter interferire nel lavoro dell'altro.

Creazione pratica dei gruppi

Nelle fasi iniziali della costruzione di un sito web, i gruppi base sono molto utili proprio per partire da una base solida da cui iniziare a creare quelli nuovi. Per esempio, nel caso del primo gruppo da creare, quello per la *direzione*, possiamo pensare di crearlo facendolo discendere dal gruppo *Publisher* in modo che possa ereditare al gran completo i suoi permessi.

Per iniziare questa procedura dal menu *Utenti*, scegliamo la voce *Gruppi → Aggiungi un nuovo gruppo*; oppure operando all'interno del pannello *Gestione utenti*, scegliamo la scheda *Gruppi utenti* e quindi clicchiamo sul pulsante *Nuovo* (figura 5.14); la creazione vera e propria del nuovo gruppo è davvero banale perché richiede solo l'inserimento del nome con cui desideriamo chiamarlo e la scelta del suo genitore (figura 5.13).

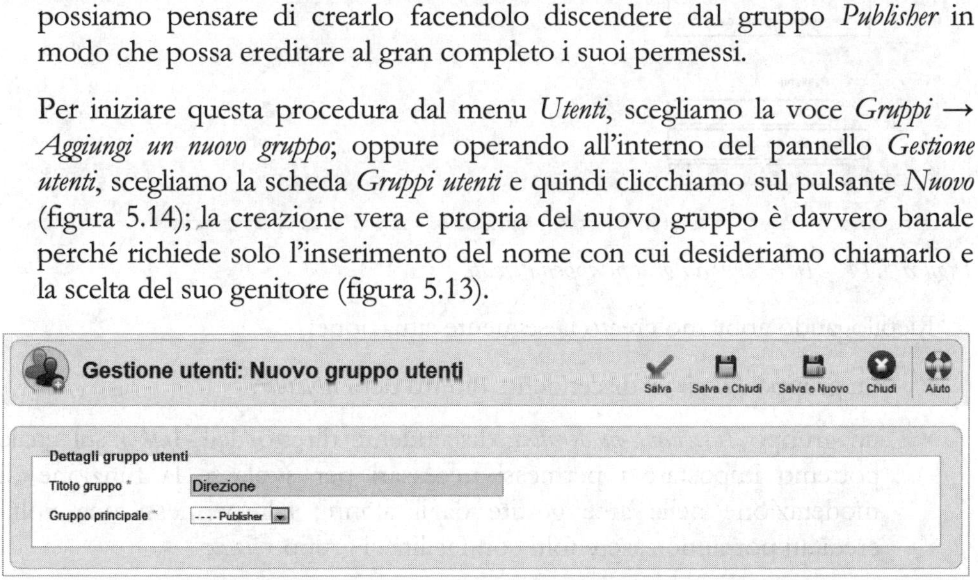

Figura 5.13 – La creazione del gruppo che dovrà contenere i membri della direzione.

In seguito potremo assegnare i permessi in maniera più mirata e soprattutto più corrispondente al tipo di attività che il gruppo stesso dovrà svolgere all'interno del sito; procediamo allo stesso modo per la creazione degli altri gruppi necessari per gestire i docenti e gli alunni.

Per questi ultimi però, è meglio scegliere il *gruppo principale* con permessi minori (*Author*) in modo che, solo in un secondo momento, possano essere aggiunte le autorizzazioni strettamente necessarie allo svolgimento del lavoro affidato a ciascun membro; la figura 5.14 mostra come si presenta il pannello della gestione dei gruppi al termine di questa prima impostazione.

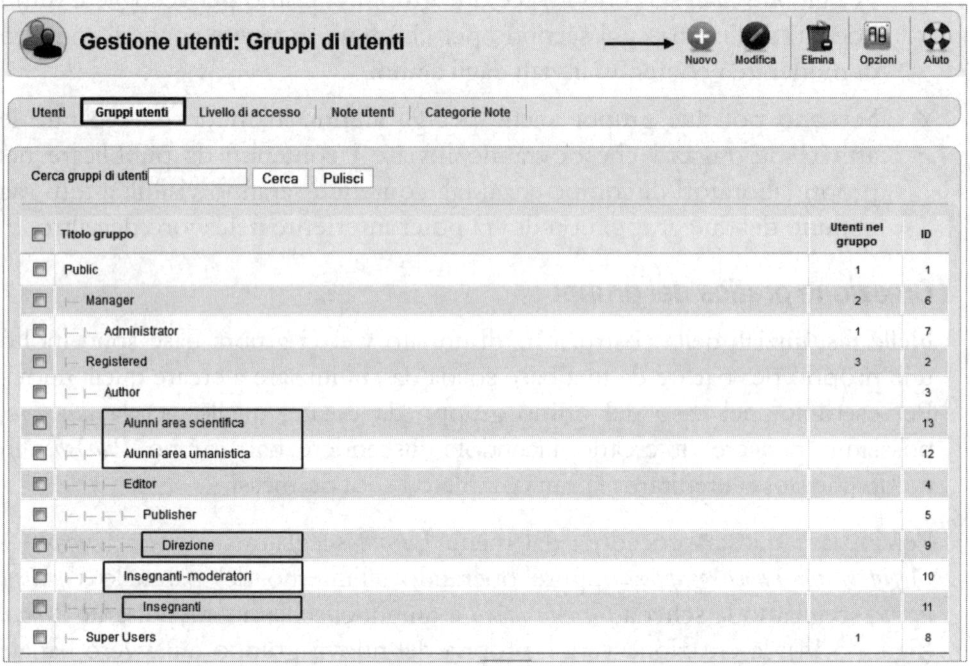

Figura 5.14 – In evidenza i gruppi appena creati.

Riepilogando abbiamo creato la seguente situazione:

- ✓ un gruppo *Direzione* discendente diretto del *Publisher*;
- ✓ un gruppo *Insegnanti-moderatori*, discendente diretto dell'*Author* sul quale potremo impostare i permessi necessari per svolgere la funzione di moderazione nelle aree gestite dagli alunni; tali permessi una volta ereditati potranno essere tolti con facilità al gruppo *figlio*;
- ✓ un gruppo *Insegnanti* discendente del gruppo *Insegnanti moderatori* con minori prerogative perché non dovranno moderare nulla;

✓ due gruppi separati per gli alunni in maniera che sia possibile fare in modo che il lavoro dell'uno non possa andare a interferire con quello dell'altro.

Il pannello di creazione di un nuovo gruppo, come abbiamo appena visto, è davvero minimalista; infatti, in questa fase non serve impostare alcun permesso perché essi sono tutti ereditati dal gruppo che fa da padre; se adesso clicchiamo sul pulsante Opzioni *e visitiamo nuovamente la scheda* Permessi, *avremo modo di appurare che l'elenco dei gruppi presenti nel CMS si è aggiornato e adesso, oltre a quelli di base, sono presenti tutti quelli appena inseriti.*

Dopo aver creato tutti i gruppi che servono ai nostri scopi, non ci resta che iniziare a inserire gli utenti per fare in modo che possano iniziare ad acquisire i permessi attribuiti al gruppo.

ESERCIZIO: INTRODUZIONE DEGLI UTENTI NEI GRUPPI

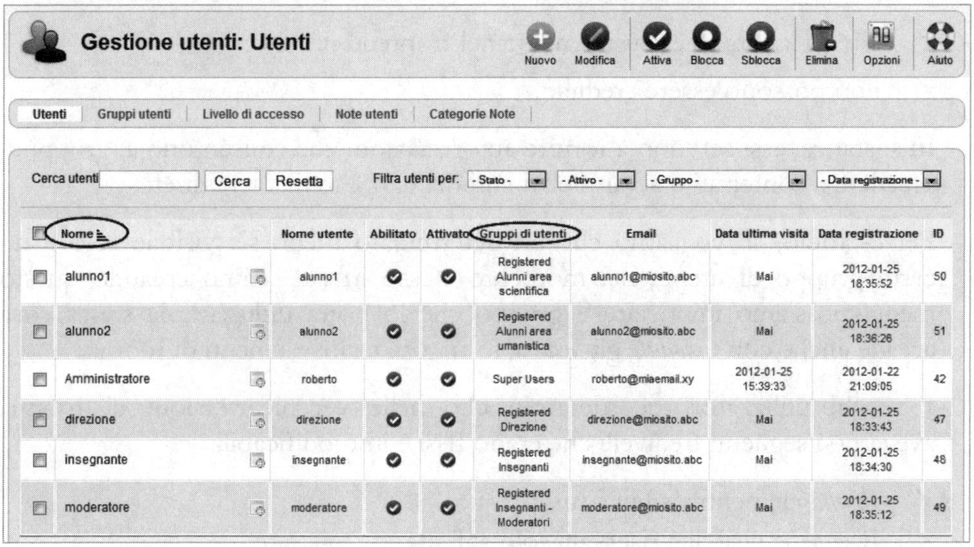

Figura 5.15 – I nuovi utenti inseriti nei gruppi creati per il nostro esercizio in itinere.

Proseguiamo con il nostro esempio e, servendoci della normale procedura manuale, iniziamo a creare cinque nuovi utenti in modo da poterli poi inserire nei cinque gruppi (figura 5.15). A questo proposito il consiglio è di assegnare a questi utenti l'*userid* e la *password* uguale al nome del gruppo cui appartengono in modo da ricordare in modo immediato l'associazione *utente/gruppo*; questa accortezza sarà importante quando dovremo eseguire numerosi login dal frontend per testare il corretto funzionamento di tutti i permessi assegnati a ogni gruppo.

- ✓ Utente *direzione* → nel gruppo *Direzione*
- ✓ Utente *moderatore* → nel gruppo *Insegnanti-Moderatori*
- ✓ Utente *insegnante* → nel gruppo *Insegnanti*
- ✓ Utente *alunno1* → nel gruppo *Alunni area scientifica*
- ✓ Utente *alunno2* → nel gruppo *Alunni area umanistica*

Per ora questo è tutto; cerchiamo di ripercorrere questi stessi esercizi perché solo così, man mano che procederemo con le conoscenze, potremo sapere come utilizzarli nella sperimentazione delle varie funzioni legate alle ACL.

❖ Menu utenti: *Livelli di accesso*

I livelli di accesso rappresentano un altro tassello importante nel controllo degli accessi di Joomla 2.5; non vanno confusi con i *permessi* che possiamo assegnare ai gruppi dai quali si differenziano per le seguenti prerogative:

- ✓ i livelli lavorano esclusivamente nel frontend del sito;
- ✓ non possono essere ereditati.

In sostanza, essi servono a fornire autorizzazioni che consentono ai gruppi di accedere a contenuti o ad altri elementi del CMS, in maniera diretta.

Per esempio, se vogliamo che un determinato menu sia visibile solo a un certo gruppo di utenti, nel momento stesso in cui stiamo creando questo menu, possiamo impostare il gruppo che lo potrà utilizzare; la stessa cosa accade anche con i *moduli*, gli *articoli*, le *categorie* e altri elementi di Joomla.

I vecchi utilizzatori ricorderanno che nelle vecchie versioni di Joomla avevamo i seguenti tre livelli che erano fissi e immodificabili:

- ✓ *Public*: elementi visibili a tutti;
- ✓ *Registered*: visibilità riservata solo agli utenti registrati;
- ✓ *Special*: visibilità riservata agli utenti del gruppo *Author* o superiore.

Attualmente le cose non si sono modificate nell'aspetto e infatti, in Joomla 2.5, ritroviamo gli stessi livelli ma, nella sostanza, sono stati potenziati con le seguenti funzioni aggiuntive:

- ✓ ai livelli di base, ora possiamo aggiungerne di nuovi senza alcun limite;
- ✓ a qualsiasi livello possiamo assegnare anche più gruppi in modo che ogni webmaster possa creare relazioni diverse e più rispondenti al compito che essi dovranno svolgere.

Creazione di un nuovo livello

Come per i gruppi, anche la creazione di un nuovo livello è un'operazione molto semplice e intuitiva; iniziamo scegliendo la voce di menu:

Utenti → Livelli di accesso → Aggiungi un nuovo livello di accesso

Oppure, in alternativa, possiamo cliccare sulla scheda *Vista livelli di accesso* e quindi sul pulsante *Nuovo*, come mostrato nella figura 5.16.

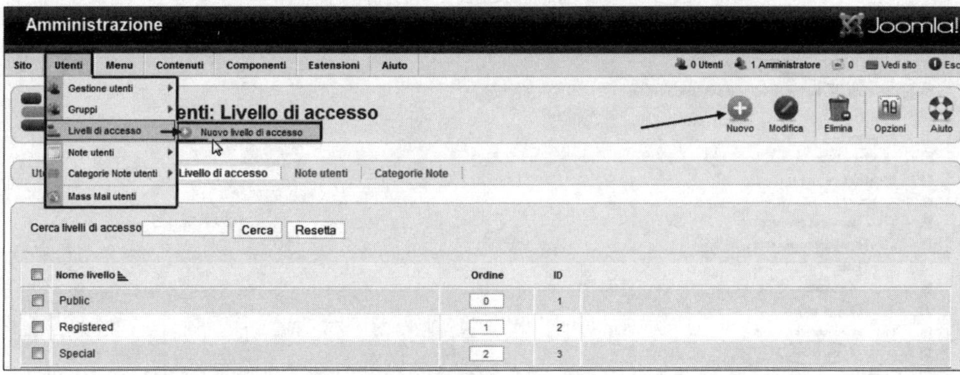

Figura 5.16 – Pannello dei livelli di accesso.

Ciascuna delle due azioni porterà all'apertura del pannello deputato alla creazione di un nuovo livello che potremo assegnare a uno o più gruppi. Proseguendo con l'esempio del sito scolastico, per il quale abbiamo già impostato i gruppi, procediamo adesso ad aprire i livelli che ci occorrono:

- ✓ *Livello direzione*
- ✓ *Livello insegnanti*
- ✓ *Livello insegnanti moderatori*
- ✓ *Livello alunni area scientifica*
- ✓ *Livello alunni area umanistica*

Nella scheda di creazione di ciascuno di questi nuovi livelli dobbiamo inserire il nome e, più in basso, selezionare uno o più gruppi in rapporto al tipo di accesso che vogliamo assegnare ai nostri futuri contenuti (figura 5.17); per ora seguiamo la logica di assegnare a ciascun livello il gruppo a cui fa riferimento; in seguito, se sarà necessario, provvederemo a opportune modifiche.

Riepilogando, dopo la creazione dei livelli, avremo una situazione del genere:

- ✓ Livello *direzione* → con il gruppo: *direzione*

✓ Livello *insegnanti moderatori* → con il gruppo: *insegnanti-moderatori*

✓ Livello *insegnanti* → con il gruppo: *insegnanti*

✓ Livello *alunni area scientifica* → con il gruppo: *alunni area scientifica*

✓ Livello *alunni area umanistica* → con il gruppo: *alunni area umanistica*

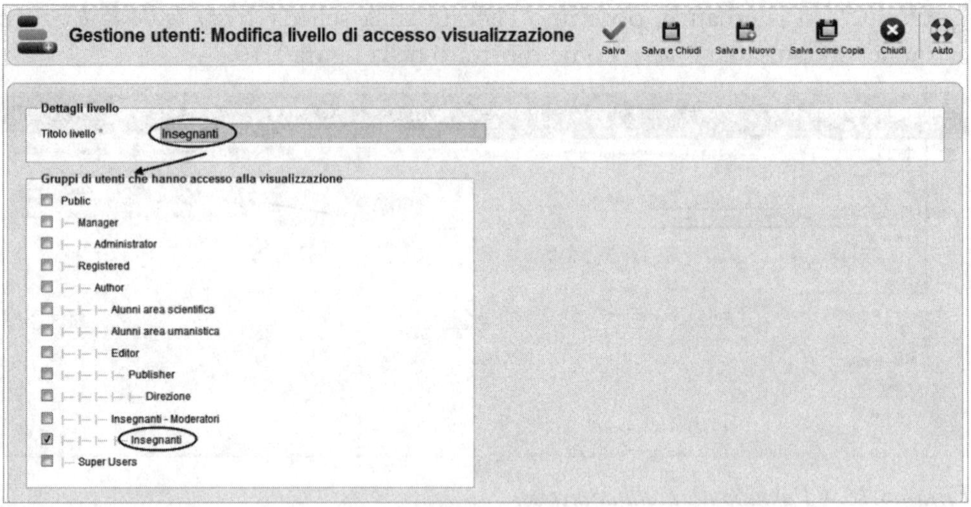

Figura 5.17 – Il pannello di creazione di un nuovo livello.

Con la configurazione mostrata nella figura precedente, tutti i contenuti che in futuro saranno assegnati a questo livello saranno ovviamente fruibili solo dagli utenti del gruppo selezionato; questo va bene solo in quei casi in cui vogliamo riservare in maniera esclusiva aree o contenuti a uno o più gruppi.

Per tutte le altre parti del sito, invece, dovremo ricorrere all'uso dei permessi e lavorare su di essi per fare in modo, per esempio, che un'intera area sia accessibile a tutti ma che solo pochi possano gestirla con modifiche o con la pubblicazione di nuovi contenuti; tutto questo però sarà esaminato in seguito, per il momento limitiamoci a creare i nostri livelli e ad assegnarli ai vari gruppi come indicato per averli subito disponibili quando serviranno.

A questo punto se, pur seguendo l'esercizio proposto, ancora non abbiamo ben capito come lavorano i *permessi* e i *livelli*, non preoccupiamoci perché la complessità di tutto questo sistema è notevole e quindi occorre tempo per assimilare i vari meccanismi, alcuni dei quali saranno trattati nei prossimi capitoli; per il momento accontentiamoci di una piccola anticipazione utile a comprendere come e dove vengono impiegati i *livelli*. È sufficiente far riferimento alla figura 5.17 nella quale possiamo osservare i livelli appena creati apparire nel menu a discesa *Accesso* (figura 5.18) nel pannello che permette la creazione o la modifica di una normale categoria di contenuti.

Figura 5.18 – La scelta del livello da assegnare a una categoria di contenuti.

Tutto ciò serve per farci intravedere i possibili utilizzi futuri, se pensiamo quanto il menu *Accesso* sia presente in gran parte dei setup amministrativi, dunque si rivela utilissimo per discriminare gli accessi ai vari elementi del CMS come per esempio: *voci di menu*, *componenti*, *categorie di contenuti* ecc.

❖ Menu utenti: *Note utenti* e *Categorie*

Figura 5.19 – le due voci destinate alla gestione delle note utente

Queste due voci del menu *Utenti* sono state implementate a partire dalla versione 2.5 di Joomla e seguono la normale disposizione di vari altri elementi gestibili dal CMS per i quali è possibile definire (se necessario) la categoria per suddividere in maniera omogenea gli elementi creati.

In questo caso, l'utilizzo delle note ha una funzione di promemoria ed è possibile crearle man mano che servono; la creazione delle categorie e la compilazione delle note avviene in maniera molto simile a quella di un normale contenuto e pertanto non occorre soffermarci più di tanto poiché si tratta di operazioni veramente semplici.

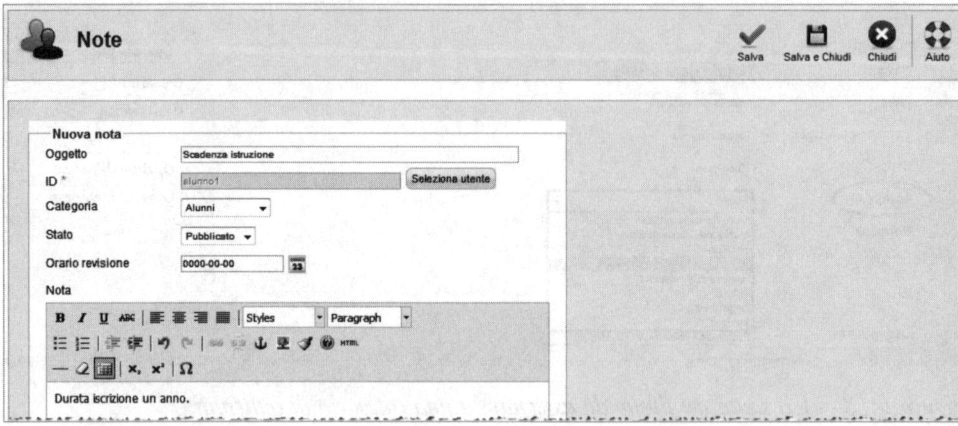

Figura 5.20 – Il semplice pannello che permette la creazione di una nota utente.

❖ Menu utenti: *Mass Mail utenti*

È l'ultima voce disponibile nel menu *Utenti*; il suo impiego è abbastanza semplice perché tramite il pannello che ci è offerto, dopo aver cliccato su *Utenti → Mass Mail utenti*, possiamo facilmente inviare una mail o una sorta di newsletter a tutti gli utenti oppure solo a un gruppo in particolare.

Come possiamo osservare nella figura 5.21, la schermata per l'invio della mail è divisa nelle seguenti parti: *Dettagli* e *Messaggio*; ecco qui di seguito l'elenco dei campi che sono contenuti in questo pannello e la loro funzione.

Area 1: Dettagli

- **Mail a sotto-gruppi utenti**
  Se attiviamo questa opzione l'invio sarà effettuato non solo al gruppo selezionato ma anche a tutti i suoi gruppi "figli"; non essendo possibile selezionare più gruppi contemporaneamente, questo è l'unico modo per portare a termine una spedizione che includa un insieme di gruppi.

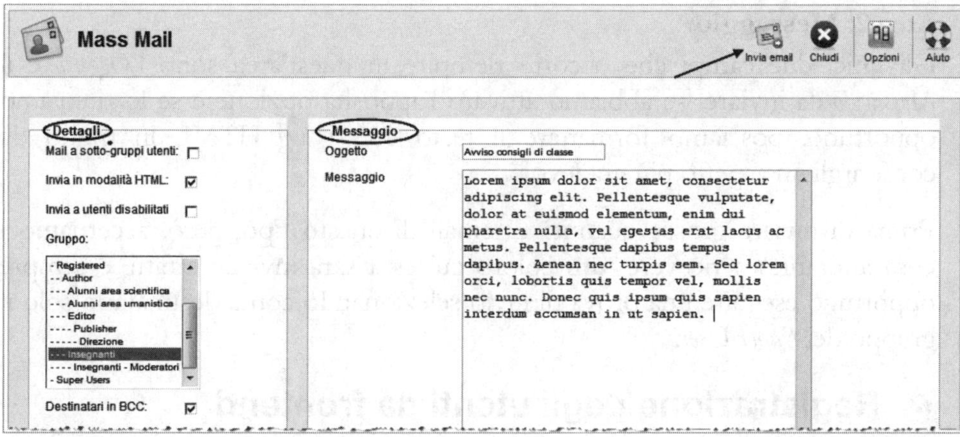

Figura 5.21 – Il pannello che permette l'invio di mail o newsletter a gruppi di utenti.

- **Invia in modalità HTML**

  Nello spazio deputato a ricevere il corpo del messaggio, se lo vogliamo, è possibile formattare il testo da inviare includendo anche i *tag* HTML; se questa opzione è attiva la mail sarà inviata in questo formato, altrimenti eventuali *tag* presenti non saranno tenuti in considerazione.

- **Gruppi**

  Qui è possibile compiere una sola selezione ma, come già specificato, se il gruppo scelto include dei gruppi figli e se la prima opzione di cui abbiamo parlato è attiva, allora l'invio comprenderà anche questi ultimi.

- **Destinatari in BCC**

  L'opzione BCC è inclusa in tutti i client di posta elettronica; è un acronimo inglese che significa *Blind Carbon Copy* che tradotto in Italiano vuol dire *Copia Carbone Nascosta*.

  Si tratta di una forma di protezione della privacy e di prevenzione dello spamming che molti utenti ignorano quando devono spedire un'identica email a un numero consistente di destinatari; così facendo permettono a coloro che la ricevono di vedere tutti gli indirizzi email delle restanti persone a cui la missiva elettronica è destinata.

  Se invece questa opzione viene utilizzata (come sarebbe auspicabile sempre e in ogni caso), tutti i beneficiari vedranno solo il proprio indirizzo e non potranno sapere a chi e a quante altre persone la stessa email è stata spedita.

Area 2: Messaggio

Gli unici due campi che occorre riempire in quest'area sono l'*Oggetto* e il *Messaggio* da inviare; se abbiamo attivato l'apposita opzione e se lo riteniamo opportuno, possiamo formattare il testo con i *tag* HTML in modo da conferirgli un aspetto più gradevole.

Prima di inviare grosse quantità di email di questo tipo, però, accertiamoci cosa andranno a ricevere tutti coloro cui essa sarà inviata; infatti, è sempre opportuno eseguire una prova di invio selezionando come destinatario solo il gruppo dei *Super User*.

❖ Registrazione degli utenti da frontend

Con questa nuova versione di Joomla è stato implementato nel sistema di registrazione al sito un sistema di *Captcha* che permette di proteggere il sito da registrazioni *fake* eseguite dai robot automatici a scopo di SPAM.

A questo punto del lavoro di preparazione il nostro sito è comunque attivo e funzionante, pertanto può essere utile imparare a impostare subito e rendere attivo il form di registrazione con nuovi campi e soprattutto con il sistema antispam chiamato *Captcha*.

> *Il Captcha è un programma che genera una sorta di test casuale con il quale è richiesto all'utente di riprodurre una sequenza casuale di numeri e lettere, per determinare se la richiesta di iscrizione al sito o l'invio di un form sia portato a termine da un umano o da una macchina.*
>
> *Il nome Captcha deriva dall'acronimo inglese* Completely Automated Public Turing test to tell Computers and Humans Apart*; più in generale possiamo affermare che con tale termine si suole indicare un qualsiasi programma in grado di distinguere tra computer e persone tramite la somministrazione di un semplice test che si riduce alla digitazione esatta di un codice casuale, riprodotto come immagine, e formato da caratteri volutamente storpiati per rendere difficoltosa la lettura automatizzata.*

Questo sistema è stato incluso nel core di Joomla 2.5 con un plugin che va attivato e impostato prima di poterlo utilizzare; a discrezione di ognuno di noi è possibile implementare altri sistemi *Captcha* installandoli come plugin ma il consiglio è di utilizzare proprio quello di base perché si tratta del famoso *ReCaptcha* gestito nientemeno che da Google e quindi possiamo considerarlo prodotto molto stabile e affidabile; vediamo come usarlo.

Utilizzo pratico del plugin ReCaptcha

Questo tipo di operazione si rende necessaria solo se intendiamo utilizzare il *Captcha* a protezione del form di registrazione dei nuovi utenti; se invece pensiamo di poterne fare a meno, possiamo tranquillamente passare al paragrafo successivo.

a. Apriamo l'area della gestione dei plugin seguendo questo percorso:

Menu *Estensioni* → *Gestione plugin*

b. Nella lista dei plugin che ci viene mostrata cerchiamo quello chiamato *Captcha-ReCaptcha* e apriamolo.

c. Adesso accertiamoci che sia attivo (figura 5.22) e poi prestiamo attenzione ai due campi indicati dalla freccia; si tratta di due campi chiamati *ReCaptcha public key* e *ReCaptcha private Key* in cui inserire due codici forniti da un apposito servizio di Google.

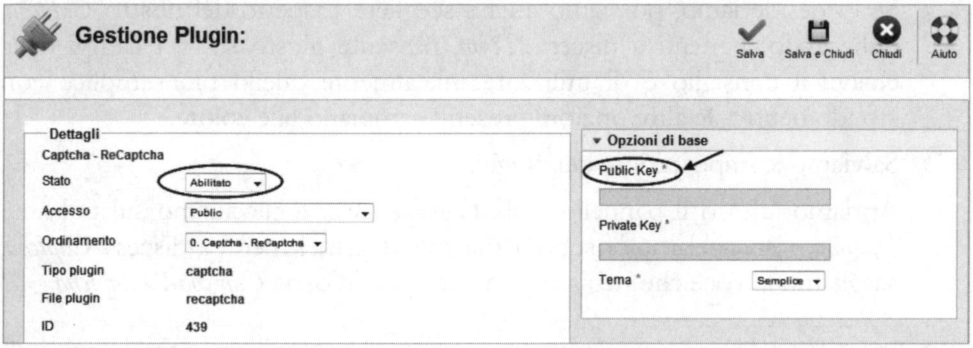

Figura 5.22 – Il pannello di controllo del plugin ReCaptcha.

d. Per ottenere i nostri codici, visitiamo il seguente sito:

http://www.google.com/recaptcha

Se possediamo un account *Gmail* non occorrono ulteriori registrazioni poiché possiamo loggarci senza problemi con gli stessi dati.

e. Effettuato il login non dobbiamo fare altro che inserire nell'unico campo presente (figura 5.23) l'URL base, ossia solo la radice, del nostro sito per esempio: http://www.miosito.xy

f. Subito dopo aver inserito l'URL e cliccato sul pulsante *Generate Key* il programma ci fornisce le due chiavi che dobbiamo solo copiare e incollare nei rispettivi campi presenti nel plugin.

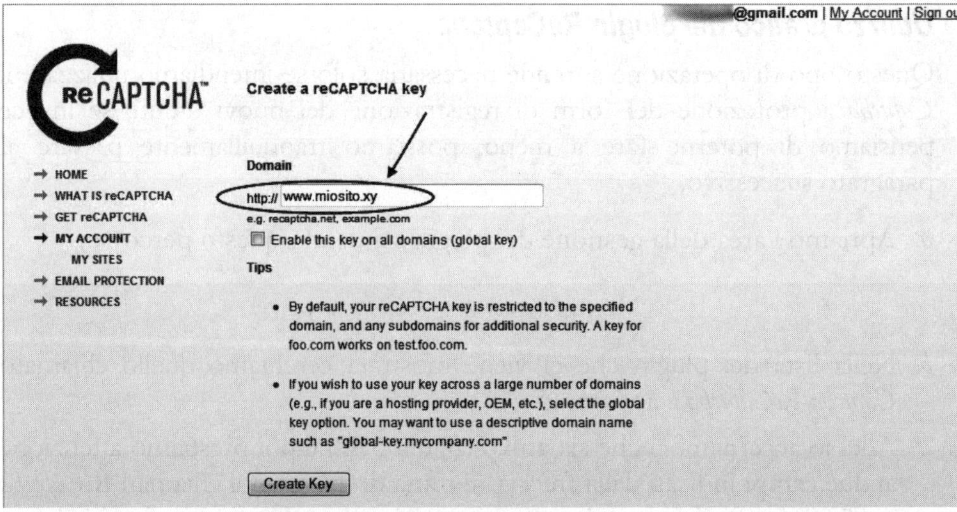

Figura 5.23 – La semplicissima schermata che ci consente di ottenere i codici per il Captcha.

g. Se lo desideriamo, possiamo anche scegliere l'aspetto del nostro *Captcha*, utilizzando il menu a discesa *Tema*, presente giusto sotto i campi delle chiavi; il consiglio è di utilizzare inizialmente quello più semplice con sfondo neutro, le altre opzioni presenti cambiano tale colore.

h. Salviamo le impostazioni del plugin.

i. Apriamo adesso il pannello della *Gestione utenti* e clicchiamo sul pulsante *Opzioni*, visualizziamo la scheda *Componente* e, nel menu a discesa *Captcha*, scegliamo la voce che richiama il nostro plugin ossia *Captcha-ReCaptcha*.

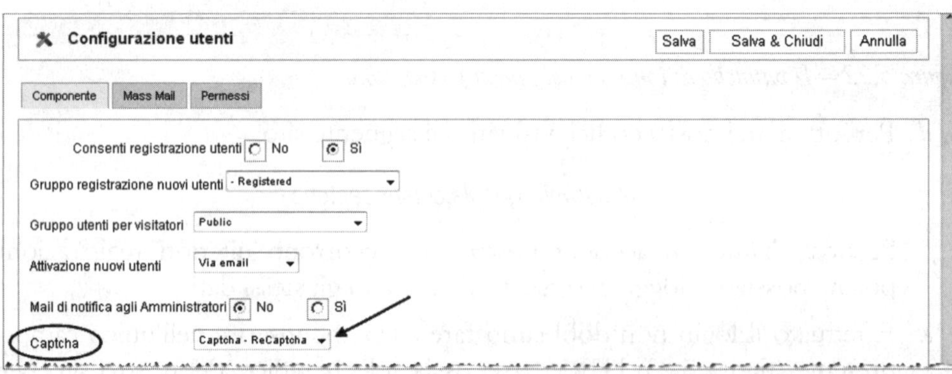

Figura 5.24 – Impostazione del plugin Captcha da utilizzare per la gestione delle iscrizioni.

j. Salviamo e visitiamo il frontend del sito, comportiamoci come un nuovo utente e proviamo a eseguire la registrazione; a questo punto possiamo verificare che il *Captcha* sia presente (figura 5.25); se questo non accade, può essere che non lo abbiamo attivato correttamente oppure abbiamo riportato male le due chiavi rilasciate dal sito *ReCaptcha*; in ogni caso occorre ripetere tutta la procedura prestando maggiore attenzione.

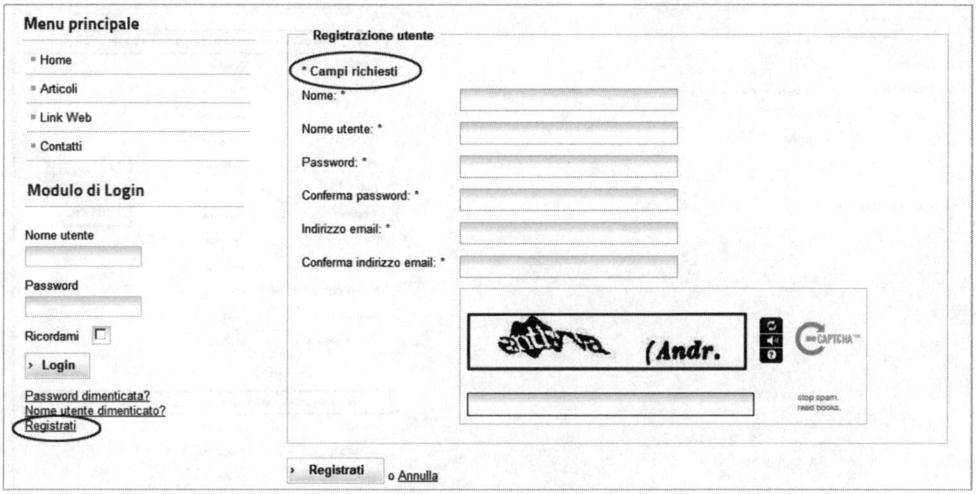

Figura 5.25 – Il nostro ReCaptcha in azione nel form di registrazione dei nuovi utenti.

Implementare nuovi campi nel form di registrazione

Con le nuove versioni di Joomla rilasciate dopo la fortunata release 1.5, il team dei programmatori ha reso possibile aggiungere nuovi campi al form base di registrazione che vediamo in figura 5.25.

Anche in questo caso ci serve ricorrere a un plugin, entrare nel suo pannello di controllo e scegliere quali nuovi campi desideriamo implementare tra quelli presenti; l'unica limitazione è data dal fatto che tutti i campi disponibili sono predefiniti e quindi non possiamo crearne di nuovi con nomi personalizzati. Ecco come procedere.

a. Così come abbiamo fatto per il *Captcha* apriamo il pannello dei plugin.

Menu *Estensioni* → *Gestione plugin*

b. Scorriamo la lista fino a individuare quello chiamato *Profilo-Utente* oppure *User-Profile*, apriamolo per visualizzare il suo pannello di controllo.

c. A questo punto, attiviamolo e poi spostiamo la nostra attenzione sul lato destro (figura 5.26) dove troviamo l'elenco dei campi che desideriamo aggiungere sia nel form di frontend e sia in quello di backend; da questi elenchi tutti i campi da non mostrare vanno *disabilitati*, mentre per quelli che devono restare, possiamo scegliere se renderli *obbligatori* o *opzionali*.

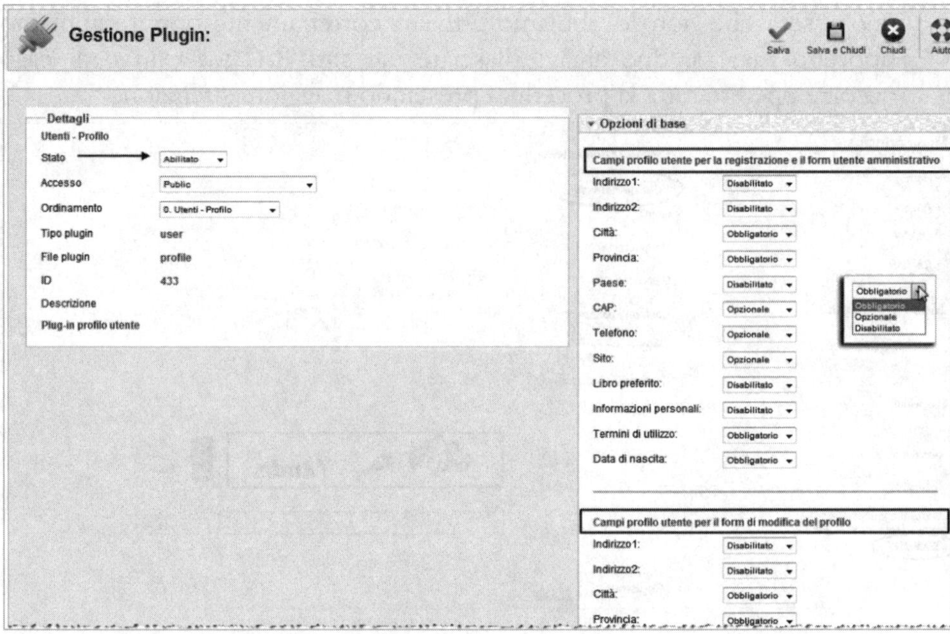

Figura 5.26 – Le impostazioni per aggiungere nuovi campi al form di registrazione.

Subito dopo aver salvato il setup, potremo verificare la presenza di questi nuovi campi, ricaricando la pagina di registrazione così come abbiamo fatto per il *Captcha* nel paragrafo precedente; in questo caso i nuovi campi ci appariranno in un'area a parte nella parte più bassa della pagina (figura 5.27).

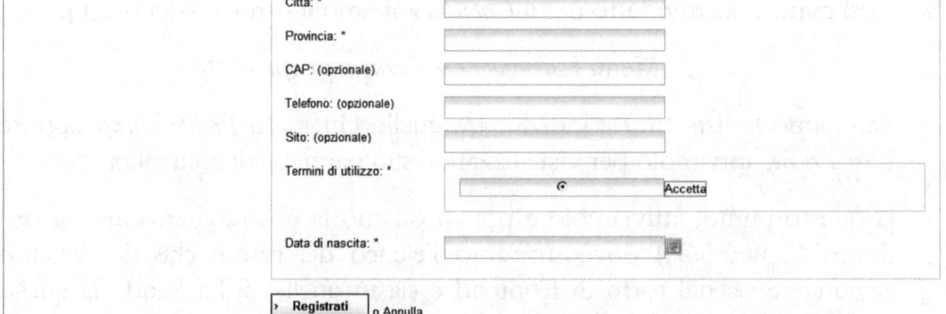

Figura 5.27 – Ecco i campi aggiuntivi posizionati subito sotto a quelli base.

❖ Conclusioni

Questo capitolo, dedicato alla conoscenza della *Gestione utenti*, muove un ulteriore passo verso la completa comprensione del completo funzionamento riguardante il controllo degli accessi di Joomla 2.5.

Riepilogando, ecco i passaggi compiuti:

1. abbiamo esaminato le modalità di creazione dei nuovi *Utenti*;
2. abbiamo creato cinque nuovi *Gruppi* nei quali abbiamo inserito gli utenti necessari per poter testare, quando sarà il momento, il funzionamento dei *permessi* e dei *livelli*;
3. infine, abbiamo configurato cinque nuovi *Livelli di accesso* collegandoli ai gruppi appena creati; probabilmente non ci serviranno tutti ma è sempre meglio averli disponibili in caso di necessità.

Come già detto più volte, tutte queste operazioni ci serviranno più avanti per testare il comportamento dei permessi attribuibili ai vari gruppi; per il momento il consiglio è di preparare, sul server locale o remoto che sia, una nuova installazione di Joomla e di dedicarla esclusivamente agli esercizi pratici proposti nei vari capitoli di questo libro.

6

Gestione menu e relative voci

Contenuto del capitolo

Questo sesto capitolo è dedicato completamente alle modalità di creazione e gestione dei menu e delle voci necessarie per rendere tutte le parti del nostro sito perfettamente navigabili; in questa nuova versione 2.5, assistiamo a ulteriori miglioramenti come la possibilità di creare i moduli contestualmente all'apertura di un nuovo menu.

È innegabile che il successo di un sito dipenda anche dalla facilità con cui i visitatori riescono a navigare e ad arrivare a trovare tutto quello che cercano senza troppi affanni; infatti, non è raro il caso (e magari è successo anche a noi) di abbandonare la visita di un sito semplicemente perché particolarmente caotico e dispersivo.

In ogni caso Joomla, all'occorrenza e senza grosse difficoltà, consente di creare una struttura di navigazione anche molto complessa e articolata, poiché non ci sono limiti al numero dei menu, delle relative voci e sottovoci di cui desideriamo disporre; tuttavia, è certamente meglio avere le idee chiare sin da subito, magari anticipando la struttura dei menu con un disegno su carta.

Ciò dovrebbe consentirci di rendere la navigazione quanto più snella possibile evitando, nello stesso tempo, la presenza di link inutili o addirittura ridondanti.

Nell'installazione base di Joomla 2.5, se abbiamo deciso di installare anche i dati di esempio, troviamo diversi menu dimostrativi che servono a rendere evidente le potenzialità del CMS e le sue peculiarità; allo scopo di evitare confusioni durante la creazione dei menu che dovranno far parte del nostro sito, sarebbe molto meglio eliminarli e lasciare solo i menu che possono servirci come base di partenza, ossia:

- ✓ il *Menu Principale* (*mainmenu*);
- ✓ il *Menu Utenti* (*usermenu*), visibile solo agli utenti registrati;
- ✓ il *Menu Top* (*top*), utile se prevediamo l'impiego di un template che utilizza un menu orizzontale, in genere posizionato sopra o sotto la testata.

> *La cancellazione di un menu, come vedremo a breve, è un'operazione molto semplice, ma teniamo presente che in nessun caso è possibile cancellare il Menu Principale che contiene la voce predefinita, contrassegnata da una stellina di colore giallo; infatti, tale voce è utilizzata per richiamare la home page e senza di essa il sito non potrebbe avviarsi correttamente.*

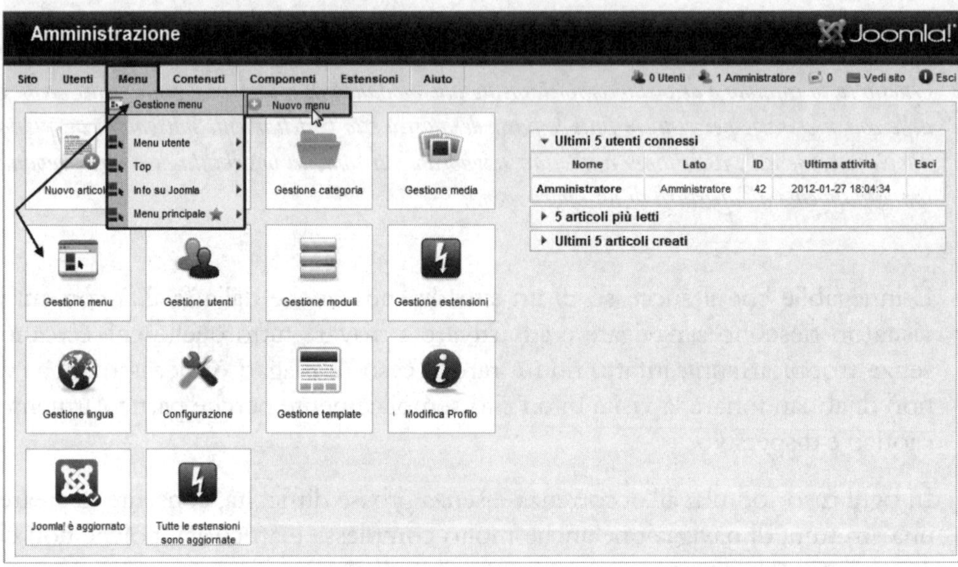

Figura 6.1 – Il menu per la gestione completa dei menu e delle relative voci.

❖ Gestione menu

Qualsiasi tipo di operazione rivolta alla creazione o alla successiva gestione del percorso di navigazione che dovremo impiegare nel nostro sito, passa dalla voce *Gestione menu*; la vediamo indicata nella figura 6.1 due volte perché si tratta della stessa funzione presente sia come voce di menu sia come icona per il richiamo rapido all'interno del pannello di controllo amministrativo.

Entrambe queste operazioni portano all'apertura della schermata che possiamo osservare nella figura 6.2; il pannello proposto è composto di due sole schede. La prima si chiama *Menu*, si apre di default, e permette di visualizzare e gestire i menu del sito mentre la seconda, chiamata *Voci di menu*, consente di lavorare sulle singole voci di ciascun menu.

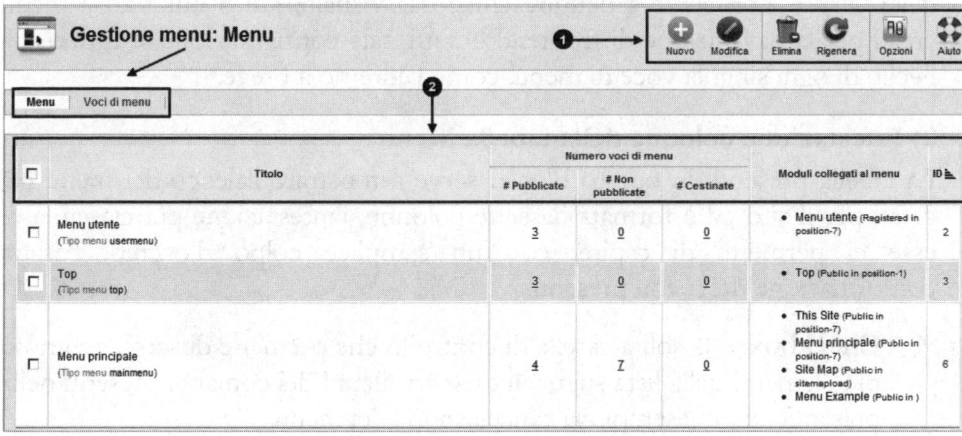

Figura 6.2 – Il pannello che permette la gestione dei menu e delle loro voci.

Gestione menu: Scheda Menu

La scheda *Menu*, alla sua apertura, visualizza subito l'elenco di tutti i menu già presenti nel nostro sito, esattamente come vediamo nella figura 6.2; al suo interno distinguiamo i seguenti elementi:

1) Pulsantiera principale della Scheda Menu

Queste icone svolgono le seguenti funzioni:

- ✓ **Nuovo**: crea un nuovo menu.
- ✓ **Modifica**: modifica un menu preesistente.
- ✓ **Elimina**: cancella un menu (incluse tutte le voci che contiene).
- ✓ **Rigenera**: è un comando di servizio da utilizzare nel caso in cui dovesse accadere che, dal frontend, i menu di navigazione non dovessero

funzionare o non si visualizzassero correttamente. In sostanza questa funzione permette di rigenerare tutti i collegamenti e di ripristinare la normale funzionalità di tutti i menu del sito.

- ✓ **Opzioni**: è l'ormai noto pannello che consente di assegnare i permessi ai gruppi che dovranno accedere al pannello amministrativo *Gestione menu* per le operazioni di *configurazione*, *modifica* e *creazione* di nuovi menu.

Allo scopo di evitare confusioni, può essere utile precisare che il pannello delle *Opzioni* non serve a definire chi possa visualizzare o utilizzare i menu creati per la navigazione di frontend; infatti, tale configurazione sarà decisa a livello di ogni singola voce di menu, come vedremo a breve.

2) Intestazione colonne della tabella Menu

La tabella presente in questo blocco serve a mostrare l'elenco dei menu già creati per il sito ed è formata da sette colonne; l'intestazione per ciascuna di esse ci permette di capire, con un semplice colpo d'occhio, l'esatta conformazione dei menu presenti.

- ✓ **Checkbox**: è la solita casella di controllo che permette di scegliere uno o più elementi della lista sui quali eseguire alcuni dei comandi presenti nella pulsantiera; per esempio la cancellazione dei menu.
- ✓ **Titolo**: in questa colonna è mostrato il nome che abbiamo assegnato al menu assieme alla tipologia cui il menu stesso appartiene, come per esempio *mainmenu*, *top* o *usermenu*.
- ✓ # **Pubblicate**: indica quante voci del menu sono state pubblicate e quindi sono disponibili agli utenti di frontend.
- ✓ # **Non pubblicate**: indica il numero di voci che gli utenti di frontend non possono vedere perché sono state sospese.
- ✓ # **Cestinate**: come vedremo a breve, le voci che non dovessero servirci più possono essere agevolmente cancellate; esse sono subito eliminate dalla lista ma rimangono nel cestino, nel caso dovessimo ripensarci, fino a quando non decidiamo di eliminarle definitivamente.
- ✓ **Moduli collegati al menu**: in questa colonna ci appaiono tutti i moduli che sono associati al menu; sono indicati anche il livello di accesso e la posizione che ognuno di essi occupa all'interno dei template.
- ✓ **ID**: come abbiamo già avuto modo di spiegare, l'ID rappresenta un parametro tecnico che permette al CMS di marcare in modo univoco un elemento per poterlo gestire agevolmente quando serve.

Gestione menu: Scheda Voci di menu

Questa seconda scheda permette di gestire le voci dei menu. Nella figura 6.3 vediamo quelle appartenenti al menu principale; da qui possiamo crearne di nuove e compiere altre operazioni di controllo e manutenzione.

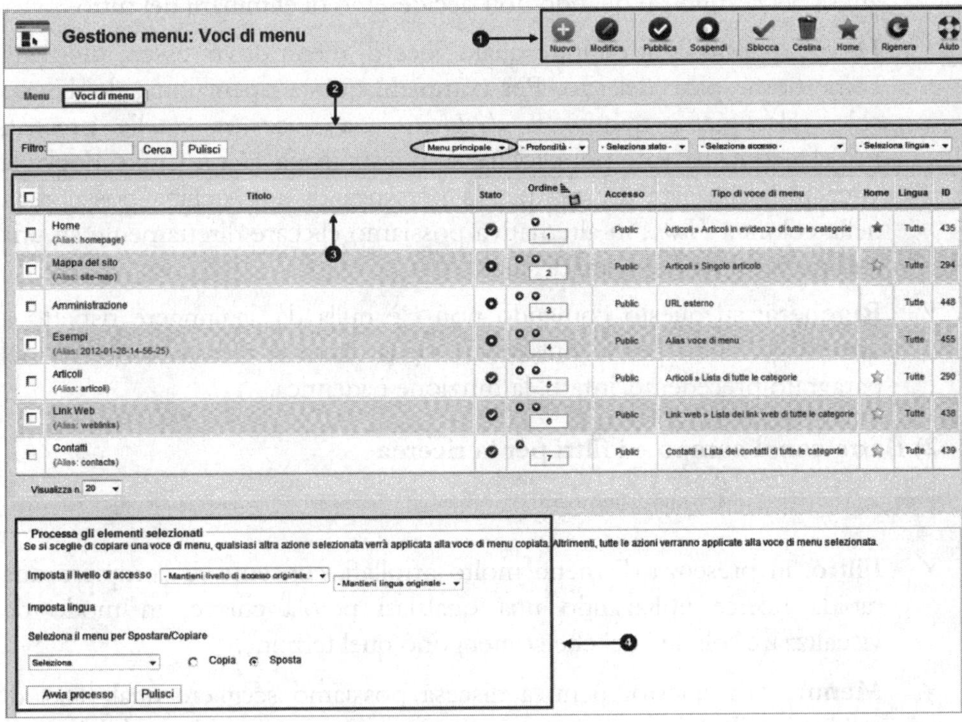

Figura 6.3 – Il pannello per la gestione delle voci di menu

1) Pulsantiera principale del pannello *Voci di menu*

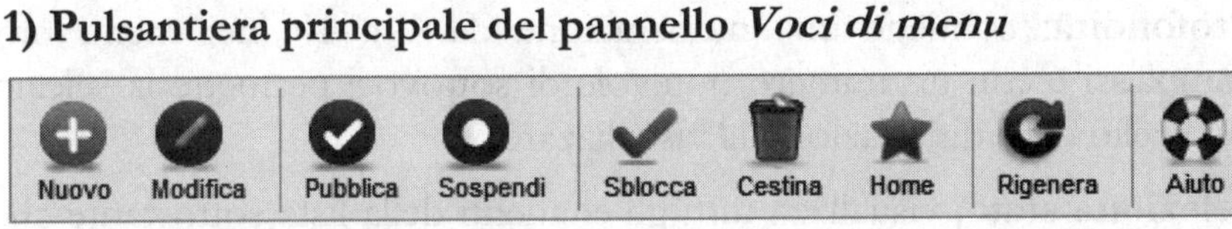

- ✓ **Nuovo**: crea una nuova voce di menu.
- ✓ **Modifica**: modifica una voce preesistente che va prima indicata tramite il solito checkbox.
- ✓ **Pubblica**: attiva e rende pubbliche le voci selezionate tramite il checkbox.
- ✓ **Sospendi**: rende inattive e quindi non disponibili al pubblico le voci di menu selezionate tramite il checkbox.

- ✓ **Sblocca**: esegue lo sblocco degli elementi selezionati che sono rimasti aperti dopo un uso improprio da parte di qualche amministratore.
- ✓ **Cestina**: elimina uno o più elementi selezionati dalla lista in basso; non si tratta di una cancellazione definitiva perché gli elementi rimangono in attesa nel cestino fin quando non decideremo di eliminarli del tutto.
- ✓ **Home**: permette di definire quale voce di menu dovrà essere utilizzata come home page del sito. Per compiere questa operazione, dobbiamo solo selezionare, tramite il *checkbox*, una voce tra quelle presenti nell'elenco in basso e poi cliccare su questa icona *Home*; subito dopo, la voce prescelta sarà diversa per la presenza di una stellina posizionata nella colonna *Home*, in alternativa possiamo cliccare direttamente su una stellina per farla cambiare di stato.
- ✓ **Rigenera**: su questo comando non c'è nulla da aggiungere rispetto a quanto già detto per la pulsantiera riguardante la *Gestione dei menu*, nel paragrafo precedente, infatti, la funzione è identica.

2) Barra con il campo e i filtri per la ricerca

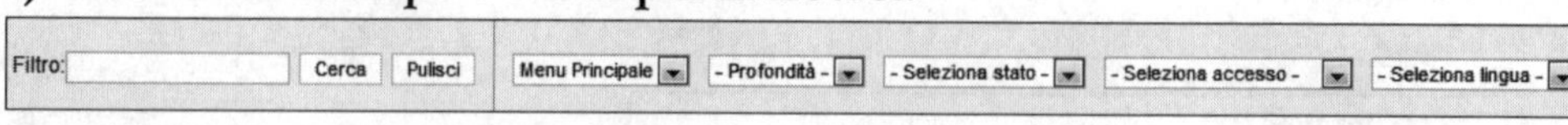

- ✓ **Filtro**: in presenza di menu molto affollati, consente di compiere una rapida ricerca utilizzando una qualsiasi parola chiave, in modo da visualizzare solo le voci che contengono quel termine.
- ✓ **Menu…**: da questo menu a discesa possiamo scegliere quali voci di menu visualizzare; al suo interno, ovviamente, appaiono i nomi dei menu già operativi e utilizzati per la navigazione del nostro sito.
- ✓ **Profondità**: contiene una numerazione da 1 a 10; nei menu molto complessi e con un numero notevole di sottovoci permette la selezione del livello delle diramazioni da visualizzare.
- ✓ **Seleziona stato**: visualizza tutti gli elementi della lista sottostante che si trovano in uno dei seguenti stati:
  - *Pubblicato*
  - *Sospeso*
  - *Cestinato*
  - *Tutte*

In particolare va detto che lo stato di *Cestinato* mostra le voci di menu che sono state cestinate e non ancora cancellate definitivamente; quindi esse possono essere ripristinate, cliccando sull'icona a forma di cestino presente nella colonna *Pubblicato* oppure eliminate definitivamente, tramite la funzione *Svuota cestino* (figura 6.4).

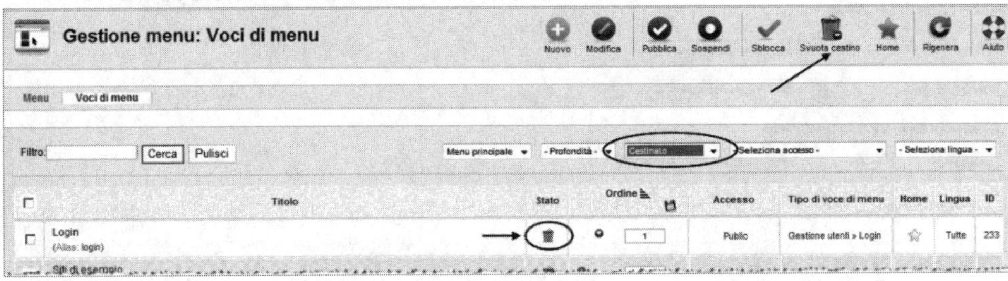

Figura 6.4 – L'ambiente Cestino per l'eliminazione o il recupero delle voci cancellate.

✓ **Seleziona accesso**: questo menu riporta i livelli di accesso creati nel nostro sito; dopo averne scelto uno, ci saranno mostrate tutte le voci di menu che sono state assegnate a quello specifico livello.

✓ **Seleziona lingua**: se scegliamo di utilizzare più lingue, tramite questo menu, possiamo visualizzare solo gli elementi assegnati a quella scelta.

3) Intestazione colonne della tabella *Voci di menu*

Anche in questo caso abbiamo le intestazioni delle varie colonne che sono interattive; infatti, cliccando su ciascuno dei nomi, permettono un veloce ordinamento ascendente o discendente in base al titolo.

✓ **Titolo**: nome della voce di menu.

✓ **Pubblicato**: mostra lo stato dell'elemento evidenziando se esso è *pubblicato* oppure *sospeso.*

✓ **Ordine**: è un tool presente in tutte le liste di Joomla; permette di spostare e ordinare i vari elementi della lista in maniera manuale in modo da ottenere la sequenza desiderata. Tale azione può avvenire utilizzando le frecce *sopra/sotto* oppure modificando la numerazione dei vari campi, fino a riprodurre la sequenza desiderata e poi cliccando sull'icona a forma di floppy.

✓ **Accesso**: indica il livello di accesso che è stato assegnato alla voce di menu corrispondente.

✓ **Tipo di voce di menu**: in questa colonna è contenuta la descrizione completa del tipo di link utilizzato per ogni singola voce; per esempio: *Gestione utenti » Login.*

4) *Processa gli elementi selezionati* (copia/sposta)

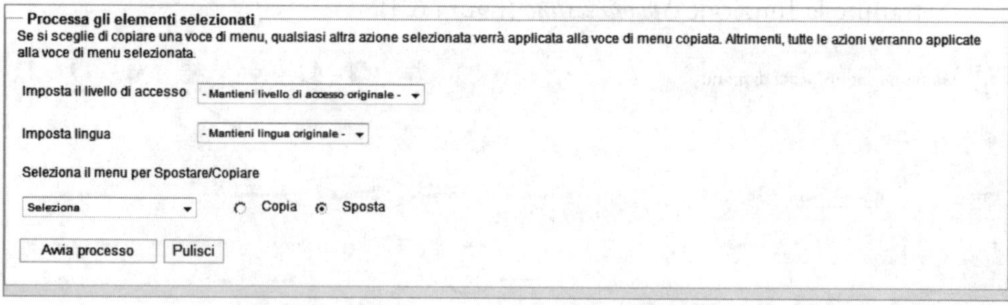

Figura 6.5 – Blocco destinato alla copia o allo spostamento delle voci di menu.

Tramite le opzioni presenti in questo blocco, presente nella scheda *Voci di menu*, possiamo agevolmente *copiare* o *spostare* le voci che risultano selezionate nell'elenco, facendole migrare verso altri menu; ecco come operare:

1. apriamo il menu con le voci che intendiamo muovere;
2. selezioniamo, tramite il solito *checkbox*, tali voci;
3. dal menu a discesa *Imposta il livello di accesso*, scegliamo se mantenere il livello originale oppure modificarlo scegliendone un altro da questo menu che contiene tutti i livelli attivi nel nostro sito;
4. impostiamo la lingua di destinazione;
5. dal menu a discesa *Seleziona il menu per spostare/copiare* scegliamo il menu di destinazione, e subito dopo l'opzione che ci permette di *copiare* o *spostare* le voci scelte nella lista. Nel primo caso Joomla crea un duplicato di tali voci mantenendole in entrambi i menu mentre, nel secondo, le toglie dal menu di partenza e le aggiunge a quello di destinazione.

❖ Menu e Moduli

Come già specificato nei primi paragrafi di questo capitolo, la creazione di qualsiasi menu del sito avviene dalla *Gestione menu*, scegliendo la voce *Nuovo*; tuttavia occorre evidenziare che questa azione non è sufficiente in quanto, per mostrare le voci di cui è composto, ogni menu necessita di un apposito modulo che deve essere creato contestualmente al menu stesso.

In ogni caso, subito dopo aver creato un nuovo menu, Joomla ci ricorda questa incombenza presentando un link testuale nella colonna *Moduli collegati al menu*, come vedremo a breve; nel capitolo dedicato alle estensioni di Joomla, esamineremo nel dettaglio l'impiego dei moduli, per il momento compiremo le azioni strettamente necessarie a correlare un menu con il proprio modulo in modo da poterlo pubblicare nel frontend.

Nell'esempio mostrato nella figura 6.6, possiamo notare due semplici menu che, per essere visualizzati, sfruttano altrettanti moduli; il primo utilizza una disposizione orizzontale (*top*) sopra la testata grafica mentre il secondo, che si chiama *Menu principale*, si sviluppa in verticale.

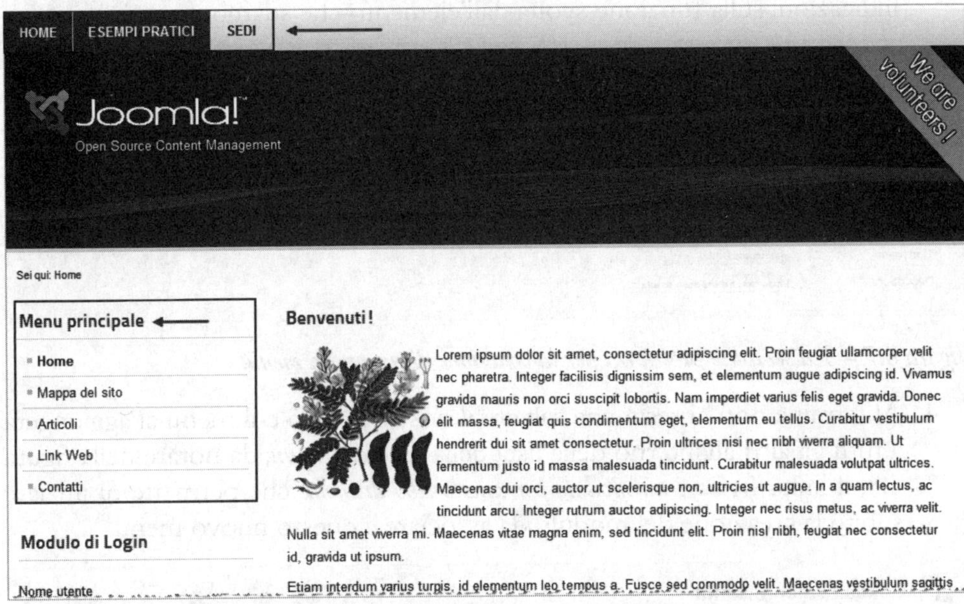

Figura 6.6 – In evidenza i due moduli che contengono i menu di navigazione del sito.

Creazione pratica di un nuovo menu

Delle singole voci ci occuperemo in un secondo momento, per ora ecco come procedere passo-passo alla creazione di un menu.

1. Apriamo il pannello della *Gestione menu.*
2. Dalla pulsantiera presente nella scheda *Menu* (figura 6.2), clicchiamo su *Nuovo* o, in alternativa, scegliamo la sottovoce *Nuovo menu* presente nel menu di Joomla già mostrato nella figura 6.1.
3. Il form che ci viene proposto contiene i seguenti tre campi; teniamo presente che i primi due sono obbligatori mentre il terzo, che si riferisce alla descrizione, è opzionale e ha solo valore di promemoria (figura 6.7).

- ✓ **Titolo**: nome da assegnare al nostro nuovo menu e che sarà mostrato agli utenti; può essere composto anche da due parole separate da uno spazio (per esempio: *Menu Principale*).
- ✓ **Tipo di menu**: in questo caso si tratta di un parametro tecnico che sarà utilizzato dal sistema per identificare il menu e poterlo gestire. Per questo

motivo il suo nome dev'essere unico e digitato utilizzando solo lettere minuscole e senza spazi, per esempio: *menu_principale* .

✓ **Descrizione**: come abbiamo già specificato, si tratta di un campo opzionale ma che è sempre bene riempire in modo che possa fornire indicazioni sulla funzione svolta dall'elemento che stiamo creando.

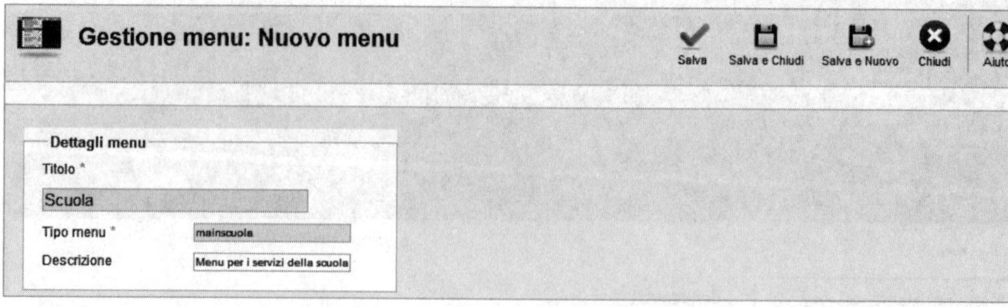

Figura 6.7 – La semplice procedura per la creazione di un nuovo menu.

4. Al termine non ci resta che salvare il nostro lavoro e il menu si aggiungerà a tutti gli altri all'interno della lista della *Gestione menu*; da notare nella figura 6.8, il link *Aggiungi un modulo per questo tipo di menu* che permette di iniziare subito la creazione del modulo da associare a questo nuovo menu.

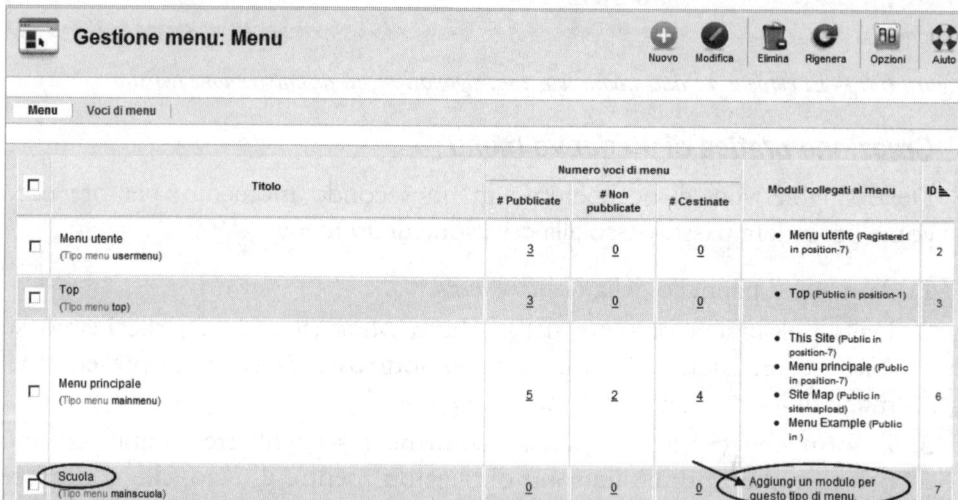

Figura 6.8 – Alla fine della procedura il menu deve apparire nella lista.

Come possiamo facilmente osservare, quindi, la prima fase riguardante la creazione di un nuovo menu si ottiene molto facilmente riempiendo tre semplici campi. Da notare che, in questo caso, non vi è alcuna impostazione ACL che si riferisce al controllo degli accessi perché essa sarà eseguita durante l'apertura delle singole voci che andranno a popolare il menu stesso; il prossimo passaggio è di procedere alla creazione di un apposito modulo che possa contenere il menu con le sue voci nel frontend del sito.

AGGIUNTA DI UN MODULO

La procedura inizia cliccando sul link *Aggiungi un modulo per questo tipo di menu* di cui abbiamo parlato nel paragrafo precedente; subito dopo ci appare il pannello che permette di impostare il nostro modulo che è già predisposto per lavorare in unione a qualsiasi tipo di menu e che è composto dalle seguenti quattro aree (figura 6.9).

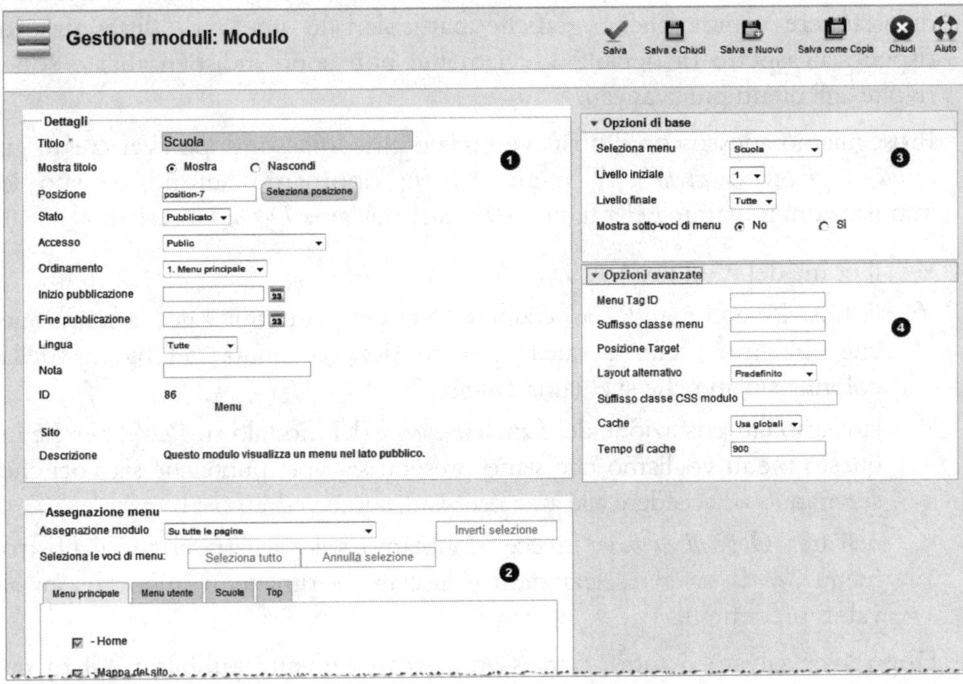

Figura 6.9 – Il pannello per il setup completo di un modulo menu.

Area 1: Dettagli

Al suo interno troviamo le impostazioni più generali come per esempio il *nome* che desideriamo assegnare al modulo, la *posizione* del modulo nel template, il *livello di accesso*, la *lingua* ecc.

Area 2: Assegnazione menu

In quest'area possiamo definire esattamente, menu per menu, in quali pagine del nostro sito il modulo debba risultare visibile; l'impostazione che troviamo di default è su tutte. Da notare il sistema a schede che riporta i nomi di tutti i menu già creati; cliccando su ciascuna di esse ci appaiono le rispettive voci che possiamo selezionare o no.

Area 3: Opzioni di base

In questo blocco possiamo scegliere il nome del menu che deve utilizzare il modulo; inoltre possiamo definire il livello iniziale e finale delle voci (utile nei menu molto articolati) e se debbano essere mostrate o no anche le eventuali sottovoci presenti.

Area 4: Opzioni avanzate

Principalmente serve a scegliere classi CSS diverse che permettono al modulo di assumere caratteristiche grafiche particolari in grado di differenziarlo rispetto all'aspetto di default. Ovviamente non sono indispensabili e sono rivolte agli utenti più avanzati.

Proseguiamo adesso con il nostro esercizio passo-passo (dopo aver creato gli *utenti*, i *gruppi*, i *livelli* e il menu *Scuola*); riportiamo sul nostro sito le impostazioni mostrate nella figura 6.9 e cioè nell'area *Dettagli* inseriamo:

- ✓ il nome del modulo: *Scuola*;
- ✓ la posizione che andrà a occupare. Nel template utilizzato, la posizione che abbiamo scelto è quella più classica contenuta nel blocco della colonna sinistra che si chiama *Position-7*;
- ✓ lasciamo l'impostazione del *Livello di accesso* del modulo su *Public*, perché in questo menu vogliamo che siano presenti sia voci pubbliche sia voci che serviranno ad accedere alle aree riservate, come vedremo a breve;
- ✓ nell'area *Opzioni di base*, invece, dobbiamo solo accertarci che il nostro menu *Scuola* sia già selezionato e lasciare le rimanenti impostazioni ai valori predefiniti.

Dopo aver salvato il tutto, pur essendo correttamente pubblicato, il menu non è ancora visibile nel frontend del sito perché al suo interno non è presente alcuna voce; pertanto occorre iniziare a crearne qualcuna, come faremo nel prossimo paragrafo. Nel frattempo, se adesso visualizziamo la schermata che mostra l'elenco dei menu, dovremmo poter rilevare che il menu *Scuola*, a differenza di quanto mostrato nella figura 6.8, risulta adesso correttamente associato al modulo che porta il suo stesso nome (figura 6.10).

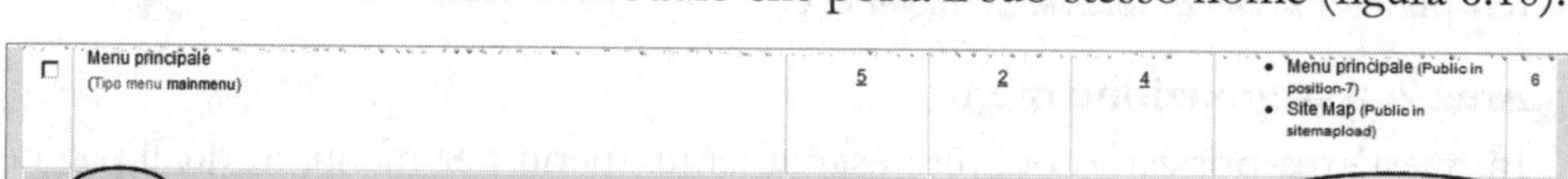

Figura 6.10 – Ecco il nostro nuovo menu associato correttamente al suo modulo.

Creazione delle voci di menu

A parte il numero di menu che decidiamo di aprire, la creazione delle singole voci riveste una notevole importanza soprattutto dal punto di vista funzionale ed estetico; infatti, come vedremo a breve, ogni singola voce creata all'interno dei nostri menu può consentire impostazioni talmente particolareggiate da essere in grado di influenzare l'aspetto della pagina che andrà ad aprire.

Si tratta, quindi, di un processo certamente più lungo e complicato rispetto a quello che abbiamo già eseguito per portare a termine la creazione di un menu e del suo modulo; in sostanza, è necessario acquisire un minimo di esperienza per arrivare a utilizzare nel modo più conveniente possibile tutte le impostazioni presenti, in funzione del tipo di pagina che desideriamo mostrare.

Come avviene per tutte le impostazioni amministrative di Joomla, anche in questo caso, è prevista una procedura che guida l'utente passo-passo nelle scelte che dovrà compiere per arrivare a popolare i menu del proprio sito.

Tale procedura inizia visualizzando la scheda già analizzata nei paragrafi precedenti e mostrata nella figura 6.3; ci arriviamo seguendo questo percorso:

Menu → *Gestione menu* → scheda: *Voci di menu* → Pulsante: *Nuovo*

In alternativa possiamo ottenere l'apertura della stessa scheda cliccando sul link *Nuova voce di menu* che appare scorrendo il mouse sui nomi elencati subito sotto la voce *Gestione menu* (figura 6.11).

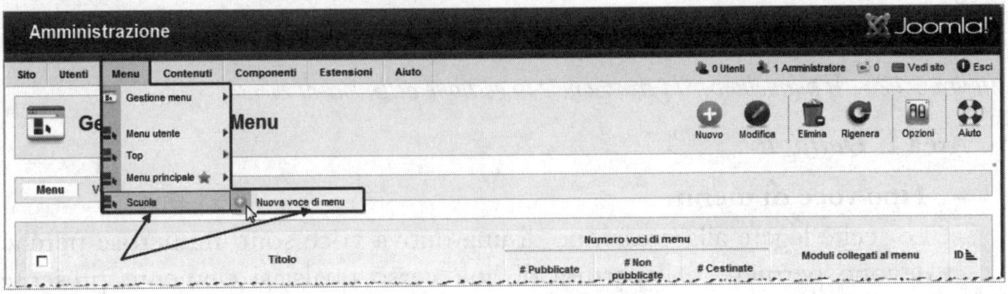

Figura 6.11 – Modalità rapida per la creazione di una nuova voce di menu.

Parametri del pannello di creazione: *Nuova voce di menu*

Ogni nuova voce di menu, inizialmente, dispone di numerosi parametri racchiusi in cinque aree (figura 6.12); quelle collocate sul lato destro sono scorrevoli e il loro numero cambia in rapporto al tipo di link da aprire.

✓ *Dettagli*: raccoglie i campi con i dati tecnici caratteristici del link da creare.

- ✓ *Opzioni tipo link*: consente la completa personalizzazione degli attributi e dell'aspetto estetico del link.
- ✓ *Opzioni visualizzazione pagina*: (non obbligatori) tramite alcuni campi appositi possiamo personalizzare il titolo e l'intestazione della pagina.
- ✓ *Opzioni metadata*: (non obbligatori) qui troviamo pochi campi da riempire opportunamente per facilitare l'indicizzazione dei contenuti da parte dei motori di ricerca.
- ✓ *Moduli assegnati a questa voce di menu*: scelta dei moduli da mostrare all'interno della pagina che sarà aperta dal link che stiamo creando.

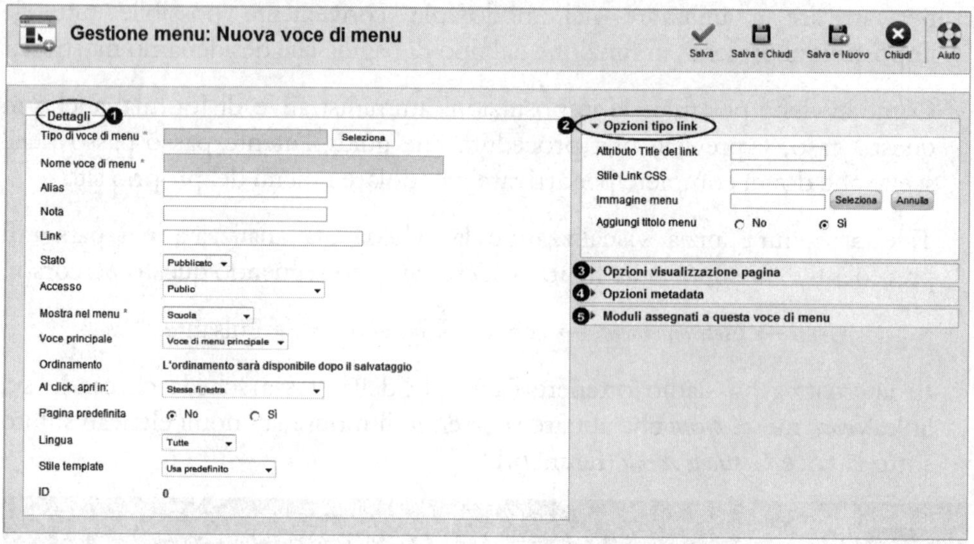

Figura 6.12 – Il pannello per la creazione e la gestione delle voci di menu.

Area 1: *Dettagli*

➢ Tipo voce di menu

Le scelte legate alla creazione di una nuova voce sono numerose perché devono permettere l'apertura di link verso qualsiasi elemento presente nel CMS. A quelle di base, poi, se ne aggiungeranno altre man mano che andremo a caricare nuovi componenti come per esempio *forum*, *negozi elettronici* e quant'altro vorremo utilizzare nel nostro sito.

Questo campo obbligatorio, dunque, è tanto essenziale quanto semplice da utilizzare poiché, tramite il pulsante *Seleziona*, possiamo agevolmente selezionare la tipologia di voce di menu da aprire. Il tutto avviene scegliendo una delle opzioni contenute nella finestra popup che si apre sulla pagina principale (figura 6.13).

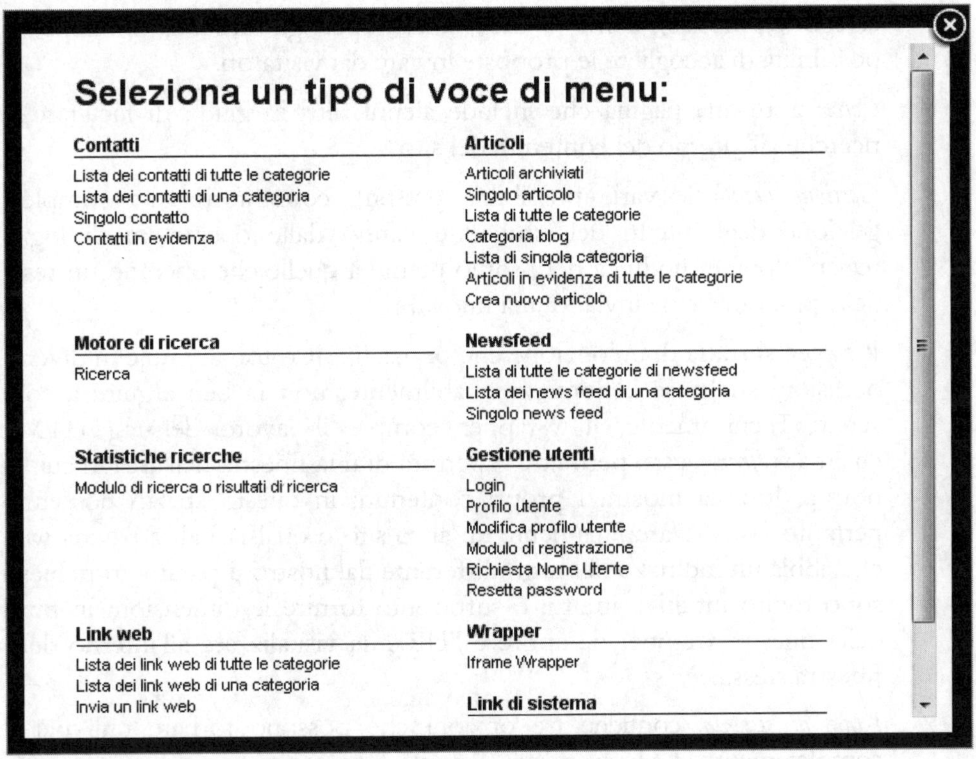

Figura 6.13 – Pannello popup per la scelta della tipologia di link da creare.

Le scelte strettamente legate alla creazione di un nuovo link sono le seguenti:

- ✓ *Contatti*: richiama contatti singoli o intere categorie di contatti nel caso in cui ne esistano molte da gestire.
- ✓ *Articoli*: è probabilmente la tipologia di link più complessa perché permette non solo di visualizzare articoli singoli e intere categorie ma anche articoli in evidenza e quelli archiviati. Ovviamente tutti i link possono essere creati solo se i contenuti sono realmente esistenti; per cui in alcuni casi può essere utile creare delle pagine segnaposto in modo che i menu e le relative voci possano iniziare a essere operativi sin da subito.

  Infine, per consentire l'apertura a collaborazioni esterne, abbiamo anche la possibilità di creare un link, tramite il quale gli utenti autorizzati possono inviare articoli e contenuti direttamente dal frontend.
- ✓ *Newsfeed:* apre newsfeed singoli o suddivisi per categorie.
- ✓ *Link web*: anche in questo caso, dopo aver creato un elenco di link utili, possiamo scegliere se richiamarli singolarmente oppure raggruppati per

categorie; inoltre, come accade anche per gli articoli, abbiamo la possibilità di accogliere le proposte inviate dai visitatori.

- ✓ *Cerca*: apre una pagina che include alcuni filtri in grado di facilitare le ricerche all'interno dei contenuti del sito.
- ✓ *Gestione utenti*: le varie possibilità presenti consentono una completa gestione degli utenti del sito; esse vanno dalle operazioni di login, registrazione e modifica del profilo utente a quelle che operano un reset della password e ne inviano una nuova.
- ✓ *Wrapper*: si tratta di un'opzione che può senz'altro tornare utile in diverse occasioni anche se il nome, probabilmente, non fa ben arguire a cosa serva. Tecnicamente, il Wrapper compie il lavoro del tag HTML chiamato *iframe*; esso permette l'apertura di una finestra nell'area in cui, di norma, Joomla mostra i propri contenuti; in questo spazio possiamo pertanto visualizzare facilmente un altro sito o qualsiasi altra pagina web che abbia un indirizzo del tutto differente dal nostro. I parametri richiesti sono molto intuitivi, infatti, è sufficiente fornire le dimensioni in pixel della finestra wrapper da aprire e l'URL da visualizzare all'interno della finestra stessa.
- ✓ *Link di sistema*: contiene tre opzioni che possono tornare utili per il completamento di alcuni menu. Tramite loro, infatti, possiamo puntare a un link già esistente oppure esterno al nostro sito; infine c'è la possibilità di inserire una linea separatrice che può tornare utile quando il menu è composto di molte voci e sia necessario visualizzarle con un certo ordine.

Dopo aver scelto la tipologia di link che più ci interessa, la finestra popup si chiude e la parte destra del pannello già visto in figura 6.13 caricherà le impostazioni più adatte a configurare il tipo di link richiesto; questo perché, ovviamente, una voce di menu destinata ad aprire un articolo ha esigenze di setup del tutto diverse da quelle di un *Wrapper* o di un *Newsfeed*.

- ➢ **Nome voce di menu**

  In questo campo possiamo scrivere il nome della voce di menu, così come sarà visualizzata dagli utenti.

- ➢ **Alias**

  Il testo inserito qui è utilizzato da Joomla nella costruzione degli indirizzi amichevoli quando le opzioni SEF (nella scheda *Sito* della *Configurazione globale*) sono attive. Tale *Alias* dev'essere univoco per tutto il sito altrimenti non sarà accettato salvo che non si tratti di lingue diverse; inoltre, nel caso in cui questo campo dovesse restare vuoto, sarà riempito da Joomla con il nome inserito nel campo precedente (*Nome voce di menu*) e, se composto di più parole, esse saranno separate con un trattino.

Il nome dell'*Alias* può essere scritto lasciando gli spazi tra le parole perché, subito dopo il salvataggio, il testo sarà rielaborato dal sistema, eliminando le eventuali lettere maiuscole e inserendo dei trattini al posto degli spazi; quindi per esempio, se creeremo un *Alias* del tipo *Link a sito esterno*, esso verrà trasformato automaticamente in *link-a-sito-esterno*.

In ogni caso cerchiamo di non affidarci ciecamente agli automatismi ma piuttosto di scegliere come *Alias* una o più keyword che siano quanto più a tema con il contenuto della pagina richiamata; ciò permetterà una migliore e più completa indicizzazione da parte dei motori di ricerca e un migliore posizionamento all'interno delle *SERP* che ci riguardano.

- **Nota**
  Serve a contenere alcune note riguardanti la voce di menu che stiamo per aprire; ha solo una funzione descrittiva che può servire a futura memoria.
- **Link**
  Questo campo viene riempito automaticamente dal sistema non appena avremo salvato i parametri richiesti; indica l'*URL relativo* della pagina servita dalla voce di menu appena creata e non può essere modificato.
- **Stato**
  Presenta un menu a discesa dal quale possiamo impostare uno dei tre stati da assegnare alla voce di menu in lavorazione:
  – *Pubblicato*
  – *Sospeso*
  – *Cestinato.*
- **Accesso**
  Questo menu contiene tutti i livelli di accesso di base e quelli che abbiamo creato con l'apposita funzione presente nel menu *Utenti*; scegliendo uno di questi livelli che non sia quello *Pubblico*, la voce di menu potrà essere vista solo da coloro che appartengono a quel particolare livello; questa funzione ci sarà utile a breve quando dovremo creare gli accessi differenziati per il nostro esempio di sito scolastico.
- **Mostra nel menu**
  Serve a scegliere in quale menu dev'essere inserita la voce in preparazione.
- **Voce principale** (creazione delle sottovoci)
  Permette di scegliere se la voce debba essere principale o una sottovoce; in questo caso si dovrà scegliere la voce che farà da genitore.

In questo modo è possibile creare qualsiasi tipo di menu anche molto ramificato che, partendo da una voce madre, arrivi a contenere un numero qualsiasi di sottovoci che a loro volta, se necessario, possono ramificarsi ulteriormente in maniera teoricamente infinita.

Nella figura 6.14 vediamo un'esemplificazione di quanto abbiamo descritto sinora; nell'elenco delle voci che sono presenti, osserviamo la disposizione a scalare delle singole voci di menu; essa chiarisce a colpo d'occhio la posizione della *Voce principale* che contiene tre sottovoci, delle quali solo la seconda si dirama ulteriormente.

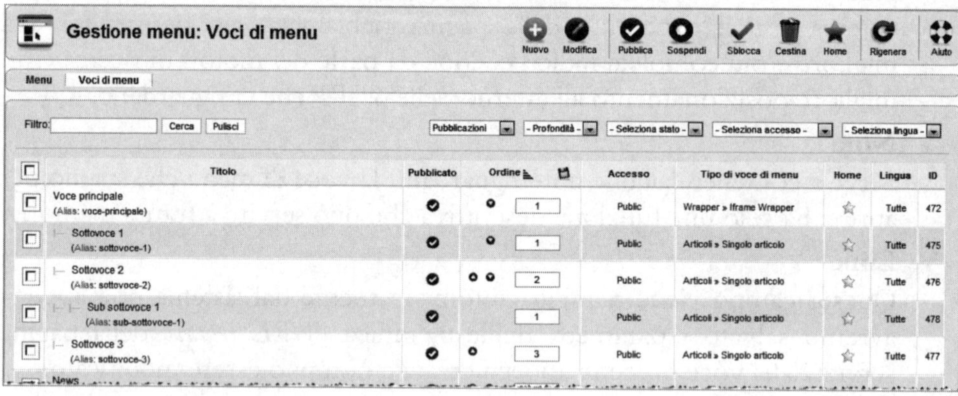

Figura 6.14 – La disposizione differenziata delle voci e sottovoci di un menu.

Visto dal frontend, il menu del nostro piccolo esempio, a parità di template, apparirebbe esattamente nella maniera mostrata nella figura seguente.

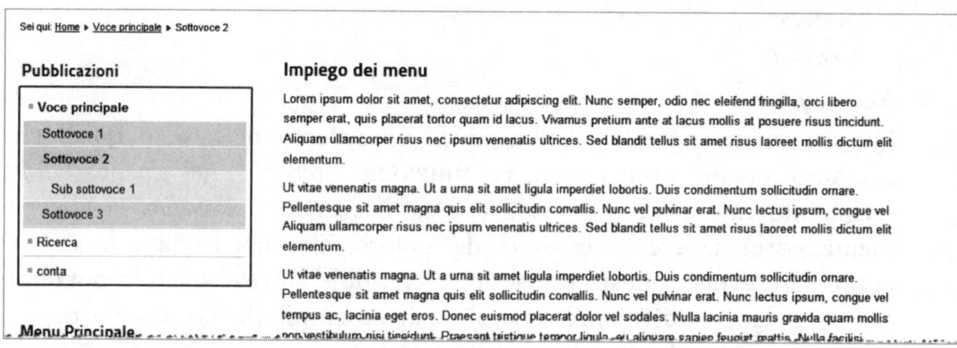

Figura 6.15 – Aspetto di frontend delle voci nidificate di un menu.

- **Pagina predefinita**

  Permette di rendere la pagina legata a questo link come home page del sito, ossia quella che sarà visualizzata a chiunque dovesse digitare l'indirizzo base del tipo: *www.miosito.abc*

- **Lingua**
  Assegna la lingua principale a questo elemento.
- **Stile template (cambio dell'aspetto grafico solo per questa voce)**
  Serve a selezionare lo stile o il template che sarà utilizzato per questo particolare contenuto. L'impiego è molto semplice perché all'interno del menu a discesa troviamo tutti i nomi dei temi e degli stili disponibili; quello predefinito è il tema base impostato nella *Gestione template*.

Area 2: *Opzioni tipo link*

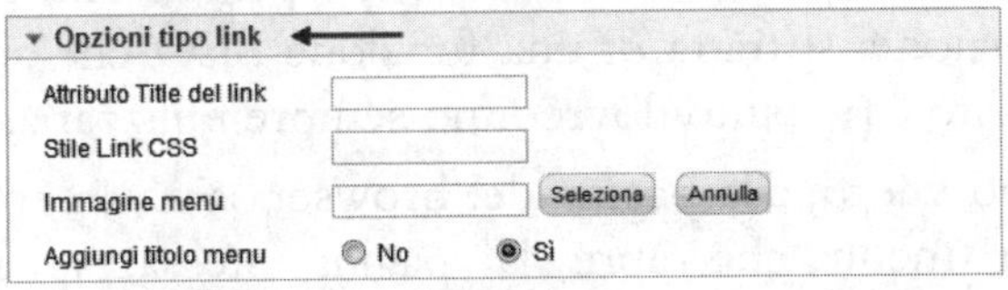

- **Attributo Title del link**
  Rappresenta una novità di tutte le nuove di Joomla a partire dalla 1.6, particolarmente richiesta ai fini dell'accessibilità. Si tratta di inserire una frase in grado di descrivere la funzione del link; essa sarà utilizzata dal *tag Title* facendo in modo che, passando il mouse sopra questo link, sia visualizzato il testo inserito in questo campo. Questa particolare operazione non va mai sottovalutata poiché il suo uso corrente facilita l'indicizzazione dei contenuti della pagina e risulta utilissima per gli utenti ipovedenti che utilizzano software parlanti per la navigazione.
- **Stile link CSS**
  Serve a indicare uno stile CSS diverso da quello standard per l'adattamento grafico del link ipertestuale della voce di menu.
- **Immagine menu**
  Allo scopo di migliorare l'aspetto delle varie voci che compongono un menu, Joomla permette di associare a ciascuna voce una piccola immagine (o icona); tutte quelle previste per questo scopo devono essere preventivamente caricate nella cartella *images* del CMS; tramite il pulsante *Seleziona*, potremo scegliere quella che di volta in volta dovrà essere associata al collegamento che stiamo creando.
- **Aggiungi titolo menu**
  Opzione valida solo se abbiamo scelto di aggiungere le immagini opzionali tramite la voce precedente; in sostanza possiamo evitare di mostrare il titolo testuale della stessa voce quando l'immagine dovesse già contenere il testo in forma grafica o un'icona che esemplifica la funzione richiamata della voce.

Area 3: ***Opzioni visualizzazione pagina***

- **Titolo pagina Browser**

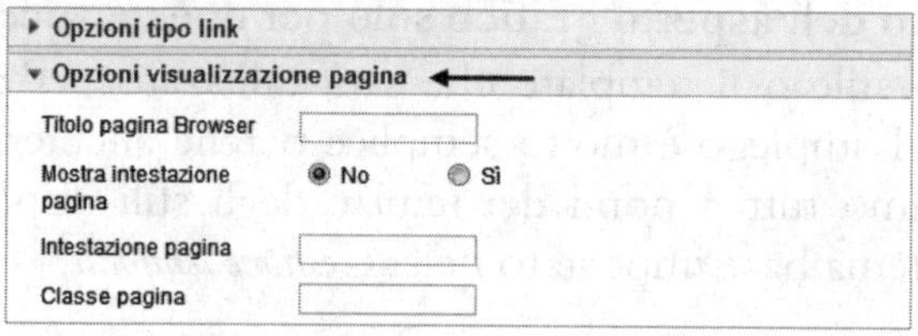

Questo campo permette di impostare il nome della pagina che sarà aperta dal link in preparazione; si tratta di una funzione SEO che aiuta non poco a indicizzare il sito e pertanto dovremmo sempre utilizzarla.

Se lasciamo questo campo vuoto, alla pagina del browser sarà assegnato il nome della voce di menu che apre la pagina stessa; ai fini dell'indicizzazione, ciò è del tutto inutile se, nel nome della voce di menu non appare alcuna keyword.

Invece, con tale opzione possiamo sopperire a questa mancanza, scrivendo in questo campo una frase più estesa e composta anche da più parole chiave perfettamente in tema con il contenuto.

- **Mostra intestazione pagina**

Anche in questo caso si tratta di una funzione utile all'indicizzazione dei contenuti della pagina soprattutto se la stessa intestazione contiene qualche keyword ben appropriata; inserendo il testo per l'intestazione nel campo successivo, dovremo impostare questo parametro sul Sì.

- **Intestazione pagina**

Se abbiamo impostato il parametro precedente sul *Sì*, in questo campo dobbiamo scrivere il testo da mostrare nella pagina aperta da questo link. Per esempio, nella figura 6.16, vediamo come si presenta la pagina richiamata dal link *Mappa del sito* dopo aver inserito il testo *Titolo personalizzato* nel campo *Titolo pagina del browser*, esaminato in precedenza, e le parole *Questa è l'intestazione della pagina* nel campo *Intestazione pagina.*

> *Nella fase creativa di una nuova voce di menu, quindi, questi due parametri sono molto importanti e non andrebbero mai dimenticati o trascurati se vogliamo essere trattati bene dai motori di ricerca che visiteranno il nostro sito. Il consiglio è di eseguire numerose prove per poterci rendere conto di come agiscono questi comandi andando poi a verificare, di volta in volta, cosa ci viene mostrato nel frontend del sito.*

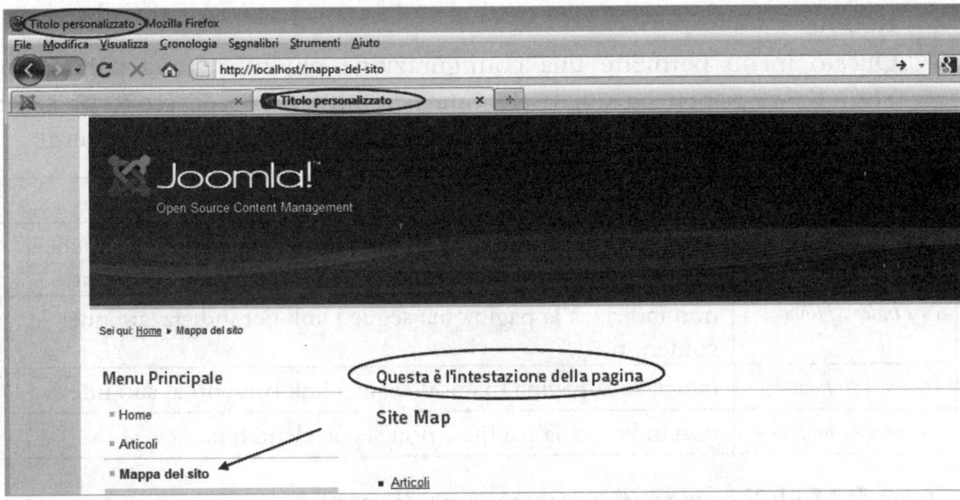

Figura 6.16 – I risultati visibili nel frontend del setup Titolo pagina browser.

Area 4: *Opzioni metadata*

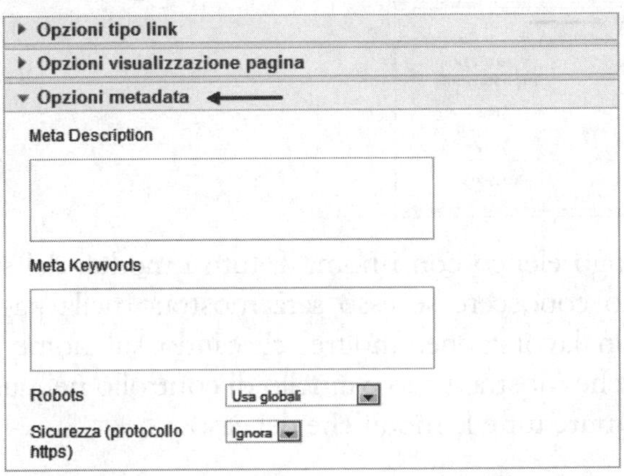

Qui troviamo altre funzioni tipiche SEO che sono:

- **Meta Description**
  Assieme all'altro campo *Meta Keywords*, ne abbiamo parlato nel capitolo della *Configurazione globale* del sito; in quel caso particolare la descrizione era molto generica perché valevole per tutto il sito. Invece adesso, ci è fornita l'opportunità di inserire una descrizione mirata al tipo di contenuto che sarà aperto dalla voce di menu in preparazione.
- **Meta Keyword**
  Stesso discorso del campo precedente; in particolare questo campo serve a raccogliere alcune parole chiave sempre separate da una virgola.

- **Robots**
  Questo menu permette una configurazione più mirata del parametro SEO *Robots* rispetto a quella definita per tutto il sito; le scelte presenti sono sempre rivolte ai motori che visitano la pagina e sono le seguenti:

Usa globali	utilizza le impostazioni valevoli per tutto il sito
Index, follow	autorizza i motori non solo a indicizzare la pagina ma anche a seguire i link presenti per indicizzare anche quei contenuti
No index, follow	non indicizza la pagina ma segue i link per indicizzare quei contenuti
Index, No follow	indicizza la pagina ma non segue i link presenti al suo interno
No index, no follow	non indicizza la pagina e non segue alcun link

Area 5: Moduli assegnati a questa voce di menu

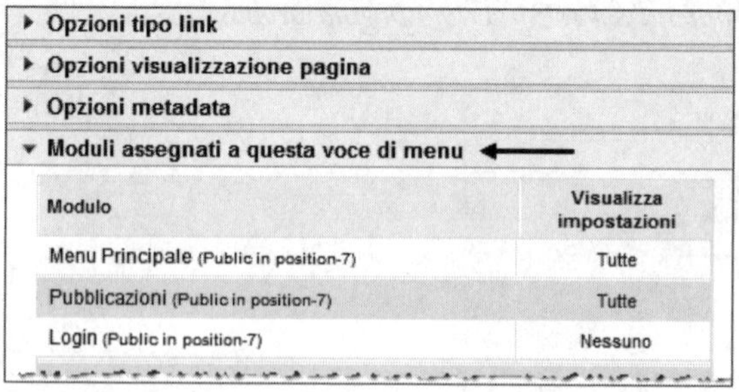

Questa scheda riporta un lungo elenco con i nomi di tutti i moduli del sito; per ognuno di essi possiamo conoscere se esso sarà mostrato nella pagina aperta dalla voce di menu in lavorazione. Inoltre, cliccando sul nome del modulo, si apre una finestra che mostra il suo pannello di controllo nel quale, se necessario, possiamo apportare tutte le modifiche del caso.

❖ Conclusioni

In questo capitolo abbiamo imparato a costruire i menu e creare le rispettive voci di navigazione; non si tratta di un lavoro difficile ma, come già consigliato, è necessario progettarlo con cura per non creare percorsi tortuosi con link ridondanti e inutili che, alla lunga, porteranno i nostri visitatori ad allontanarsi dal sito.

Per quanto riguarda la gestione delle ACL, nel caso dei menu non c'è molto di nuovo rispetto alle vecchie versioni, poiché le rispettive voci ora possono essere assegnate a un numero di livelli maggiore rispetto a prima; in ogni caso, torneremo a parlare delle voci di menu a breve quando avremo l'esigenza di collegare contenuti e componenti.

7

Gestione dei contenuti

Contenuto del capitolo

Capitolo essenziale rivolto al trattamento dei contenuti che dovranno essere gestiti direttamente dal CMS in maniera pratica e ordinata. Saranno analizzate le modalità di creazione, ordinamento e archiviazione di questi elementi anche da parte di collaboratori esterni che potranno inviare i propri contenuti direttamente dal frontend del sito.

Joomla è un CMS e come tale, prima di tutto, è un gestore di notizie, articoli e contenuti categorizzati in vario modo; con le versioni successive alla 1.5, tutta la parte riguardante i contenuti è stata notevolmente migliorata perché sono stati eliminati molti dei limiti che resistevano da tempo.

Si trattava di limiti non da poco perché la suddivisione in *sezioni* e *categorie* non consentiva nuove ramificazioni che andassero oltre il primo livello; attualmente, invece, possiamo aprire un numero virtualmente illimitato di categorie nidificate evitando anche di utilizzare le sezioni che, a partire dalla versione 1.6 di Joomla, sono state eliminate e quindi adesso tutto ruota esclusivamente attorno alle sole categorie.

In sostanza, i contenuti di Joomla rappresentano una parte molto importante per offrire notizie e informazioni di vario tipo ai nostri visitatori; possiamo poi rendere gli articoli più accattivanti sfruttando la possibilità di inserimento sia di contenuti multimediali di vario tipo come immagini e filmati sia di collegamenti verso i *Social Network* più importanti.

❖ Il menu dei contenuti

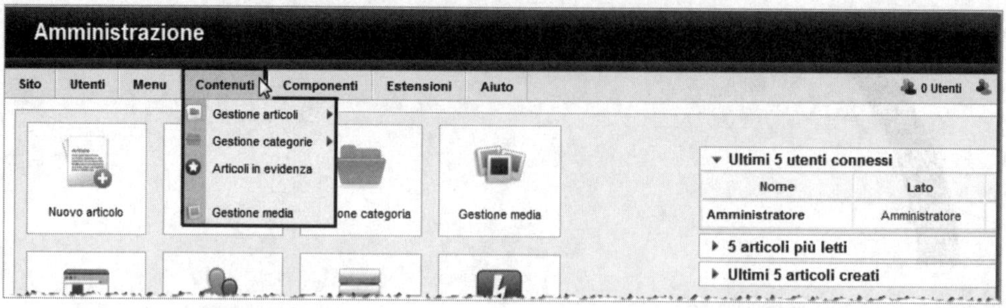

Figura 7.1 – Il menu per la completa gestione dei contenuti.

La gestione organizzativa e pratica dei contenuti di Joomla 2.5 è a carico dall'omonimo menu che vediamo indicato nella figura in alto; come al solito i comandi sono duplicati anche nell'area a icone e rappresentano una valida scorciatoia per averli disponibili in modo semplice e veloce; essi sono:

- ✓ *Gestione articoli*: da qui possiamo creare e gestire tutti i nostri contenuti;
- ✓ *Gestione categorie*: pannello per la creazione delle categorie necessarie a permettere un'ordinata catalogazione dei contenuti introdotti nel CMS.
  A beneficio di chi ha iniziato da poco a lavorare con Joomla, può essere utile aggiungere che la tipologia di contenuti che possiamo creare è riconducibile a due tipologie:
  - *Articoli Statici*: non appartengono ad alcuna categoria giacché sono utilizzati per mostrare notizie che rimangono stabili nel tempo e quindi non devono subire modifiche; è il caso degli avvisi che riportano le regole per l'utilizzo del sito o quelle sulla privacy.
  - *Articoli Dinamici*: assegnati a una categoria ben precisa e destinati a seguire il normale flusso dinamico che esamineremo a breve.
- ✓ *Articoli in evidenza*: richiama tutti i contenuti che sono stati impostati per essere visualizzati in prima pagina.
- ✓ *Gestione media*: apre il pannello per la gestione dei media che dovranno essere utilizzati all'interno degli articoli come immagini, suoni, filmati, file di vario tipo ecc.

Gestione completa di articoli e categorie

La gestione dei contenuti è un altro aspetto di Joomla che è possibile sfruttare con notevole facilità; infatti basta osservare la disposizione dei comandi presenti nel pannello *Gestione articoli* dal quale possiamo creare e controllare praticamente ogni cosa riguardante i contenuti.

Iniziamo scegliendo dal menu *Contenuti* (figura 7.1) una qualsiasi voce tra quelle presenti; il pannello che ci appare (figura 7.2) consente un'agevole navigazione poiché utilizza il solito sistema a schede, evidenziato dalla freccia n. 1, che ci consente di gestire tutte le opzioni in modo agevole e immediato tramite le icone e i menu dei filtri uguali a quelli che abbiamo descritto in altre occasioni.

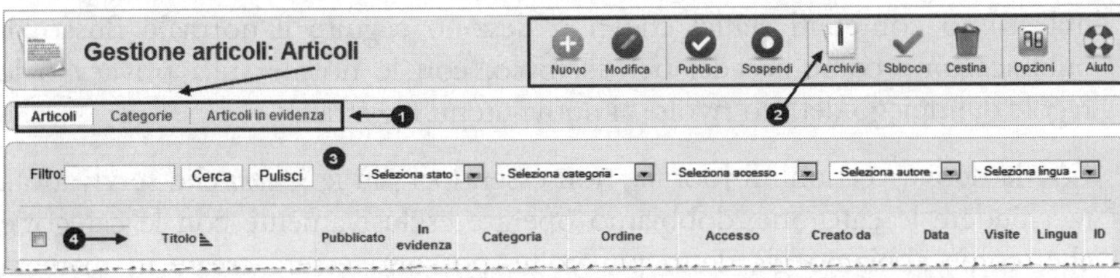

Figura 7.2 – Il complesso dei comandi presenti nel pannello della gestione articoli.

1. Da un rapido esame della figura 7.2, è facile intuire che le schede indicate dalla freccia 1 ci servono per agire sui seguenti elementi:
   - ✓ *Articoli*;
   - ✓ *Categorie*;
   - ✓ *Articoli posti in evidenza.*
2. La freccia n. 2, invece, indica il pulsante *Archivia* che non era presente nei pannelli esaminati in precedenza; infatti, si tratta di un comando impiegato solo per inviare in archivio singoli contenuti o intere categorie che abbiano fatto il proprio tempo o che siano divenuti comunque obsoleti. Come vedremo a breve, tutti i documenti archiviati potranno essere resi disponibili ai visitatori solo dopo aver predisposto un'apposita voce di menu che li possa richiamare dal frontend.
3. Infine è inutile soffermarci sui rimanenti elementi che vediamo evidenziati con i numeri 3 e 4 nella figura 7.2, ossia: l'area con i *filtri per la ricerca*, il blocco che contiene i *menu a discesa* utilizzati per filtrare i contenuti (3) e quello con le *intestazioni delle colonne* (4), in quanto le relative funzioni sono del tutto identiche ad altre già descritte nei capitoli precedenti.

Come si può notare, dunque, la struttura dei comandi e le possibilità di azione non cambiano rispetto agli altri ambienti che abbiamo già descritto e di cui ci occuperemo in seguito; tutto ciò facilita ampiamente l'utilizzo del CMS anche da parte dei meno esperti e velocizza la possibilità di ottenere risultati concreti.

❖ Creazione delle categorie

Il nostro lavoro inizia proprio dalla creazione delle categorie poiché tutti i contenuti dovranno essere sistemati in maniera ordinata per poterli trovare e richiamare facilmente. Esiste la possibilità di non assegnare gli articoli ad alcuna categoria; però, una soluzione di questo tipo va bene solo quando utilizziamo contenuti statici che non devono seguire il normale flusso di pubblicazione come accade, per esempio, con le norme sulla privacy o le regole di impiego del sito rivolte ai nuovi utenti registrati.

Con le nuove versioni di Joomla, non essendoci più le *sezioni* che servivano a racchiudere le categorie, dobbiamo operare esclusivamente con le categorie che, come abbiamo già detto più volte, possono essere create in maniera nidificata ossia con diramazioni virtualmente illimitate come mostrato in maniera schematica nella figura 7.3 qui in basso.

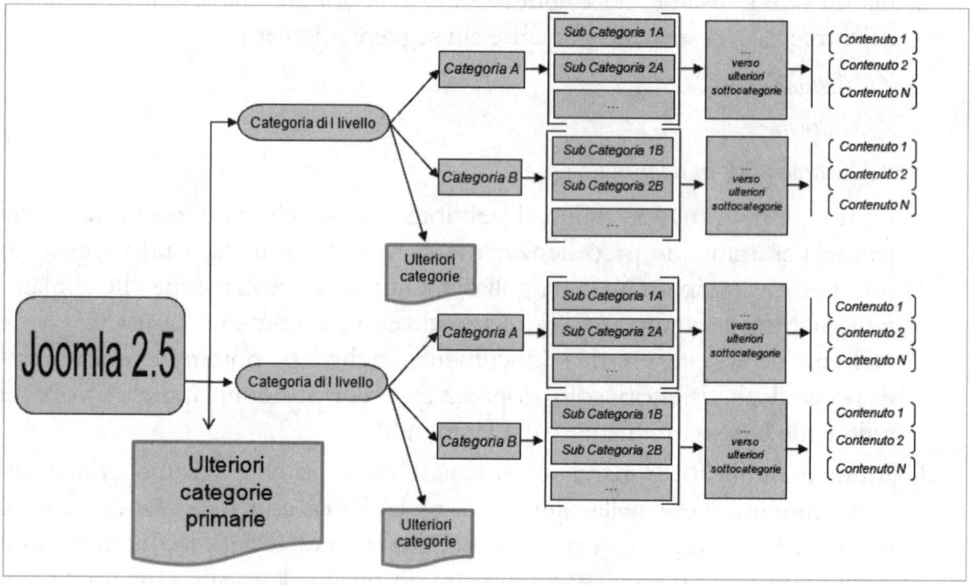

Figura 7.3 – Esempio di una struttura a categorie nidificate di Joomla 2.5.

La creazione di una nuova categoria può iniziare cliccando la voce di menu:

Contenuti → Gestione categorie → Nuova categoria

In alternativa, come accade anche in altri ambienti possiamo utilizzare il pulsante *Nuovo* nella *Gestione Categorie*; in entrambi i casi, il risultato sarà di richiamare il pannello mostrato nella figura 7.4; lo vediamo suddiviso in tre aree: *Dettagli*, *Opzioni di pubblicazione* e *Permessi*.

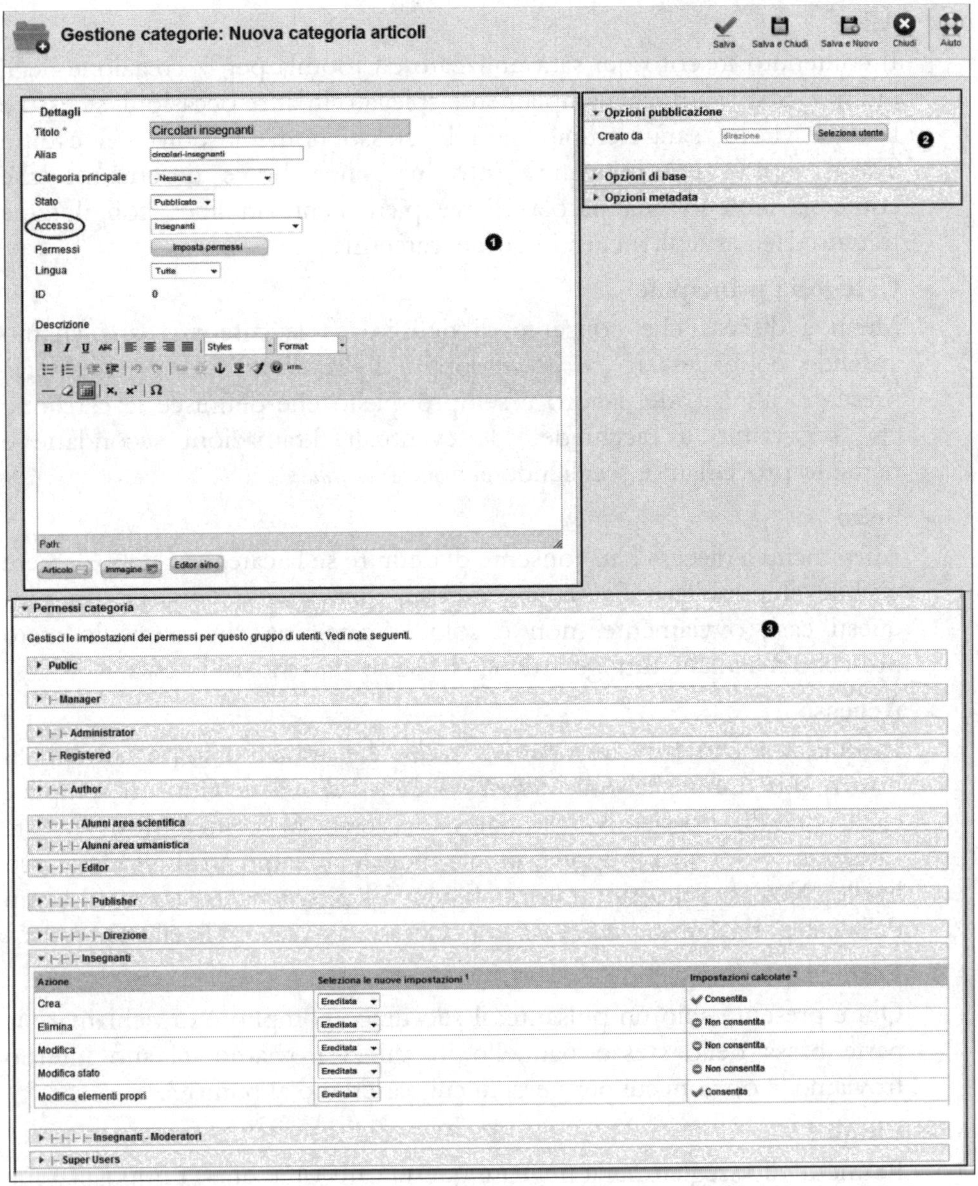

Figura 7.4 – Il pannello per la creazione delle categorie.

Area 1: *Dettagli*

Come sempre, questo blocco serve a raccogliere le impostazioni generali assieme a un'eventuale descrizione dell'elemento, ossia:

- **Titolo**

Campo deputato all'inserimento del nome da assegnare alla categoria.

- **Alias**
  Il contenuto inserito qui sarà utilizzato da Joomla per la creazione degli indirizzi SEF. Come già ampiamente spiegato in altre occasioni, se esso è lasciato vuoto, sarà riempito con lo stesso nome inserito nel campo *Titolo*; quindi può convenire introdurre una breve descrizione che contenga almeno una parola chiave pienamente in linea con il tema trattato dagli articoli inclusi in questa categoria.
- **Categoria principale**
  Menu a discesa che consente di definire se la categoria che stiamo aprendo debba essere *principale* oppure figlia di un'altra categoria già presente. L'inizio del lavoro è sempre quello che definisce le categorie che serviranno a racchiudere le eventuali diramazioni secondarie e pertanto procediamo, scegliendo la voce *Nessuna*.
- **Stato**
  Altro menu a discesa che consente di definire se la categoria debba essere visibile al pubblico (*Pubblicata*), *Sospesa*, *Archiviata* o *Cestinata*. In tutti questi casi, ovviamente, non è solo la categoria che segue lo stato prescelto ma anche tutti gli articoli che sono stati inclusi in essa.
- **Accesso**
  In questo menu troviamo tutti i livelli che abbiamo impostato per il nostro sito tramite la voce *Utenti → Livelli di accesso*. Con un semplice click, quindi, possiamo restringere l'accesso ai contenuti di questa categoria solo a quei gruppi di utenti ai quali abbiamo attribuito lo stesso livello. Nell'esempio riportato in figura 7.4 possiamo osservare il setup della categoria *Circolari insegnanti* con accesso riservato al livello *Insegnanti*.
- **Permessi**
  Qui è presente solo un pulsante; il suo unico compito è di richiamare la parte bassa dello stesso pannello in cui ci troviamo; al suo interno troviamo le opzioni sui permessi di cui parleremo al punto 3.
- **Lingua**
  Permette di assegnare una lingua a questa categoria; questa impostazione va utilizzata solo per i siti multilingua.
- **Descrizione**
  Spazio per l'inserimento di una descrizione (opzionale) che possa dare un'idea ai visitatori del tipo di contenuto racchiuso in questa categoria. Come vediamo nella figura 7.4, per la scrittura di questo testo possiamo sfruttare anche l'editor che permette di creare un vero e proprio articolo ben formattato graficamente.

Area 2: Opzioni

- **Opzioni pubblicazione**

  A dispetto del suo nome, in questa prima scheda possiamo solo scegliere l'utente che ha creato la categoria; tutto avviene tramite il pulsante *Seleziona utente* che, in sostanza, svolge solo questo compito.

- **Opzioni di base**

  Si tratta di semplici impostazioni che consentono di bypassare i controlli globali e cambiare il layout grafico oltre che definire un'immagine apposita che sarà associata a questa categoria.

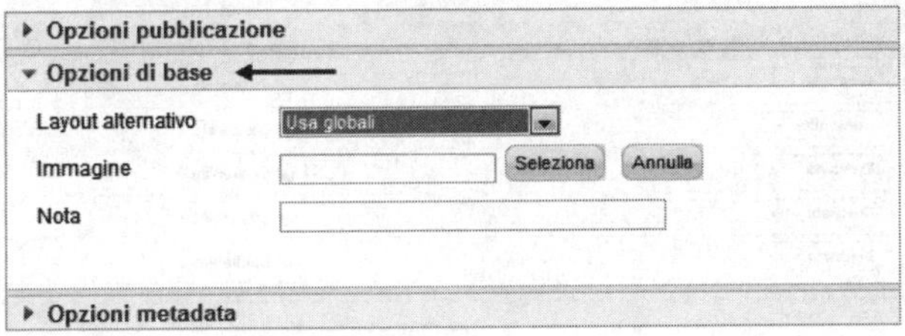

- **Opzioni metadata**

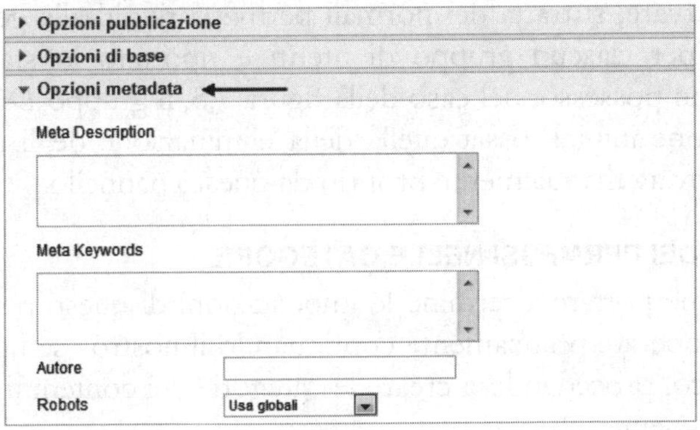

Questa scheda è molto simile a quella che abbiamo incontrato in altre occasioni: come vediamo nella figura in alto, essa contiene gli stessi campi *meta* già descritti perché utilizzati in impostazioni precedenti (per esempio nella *Configurazione globale*); in questo particolare caso servono a inserire parametri personalizzati riguardanti i seguenti *tag*:

– la *descrizione* in tema con l'argomento trattato dagli articoli;

– le *parole chiave* più attinenti;

– il *nome dell'autore* da utilizzare nel caso in cui gli articoli presenti nella categoria siano prodotti da un unico autore;

– l'istruzione *Robots* di cui abbiamo già parlato in precedenza.

Area 3: Permessi

I permessi in Joomla 2.5 rappresentano la chiave di volta per riuscire a definire in pochi click le autorizzazioni da concedere a chi può accedere ai contenuti di una certa categoria per compiere funzioni di *correzione*, *pubblicazione* e *cancellazione* degli articoli presenti in essa.

Il blocco dei permessi presente nel pannello di creazione o modifica delle categorie è abbastanza semplice perché riporta solo le azioni che possiamo concedere o inibire ai gruppi che dovranno utilizzarle (figura 7.5).

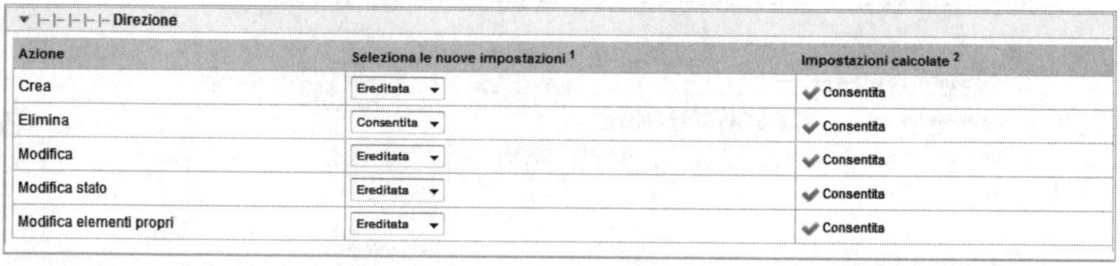

▼ |-|-|-|-|- Direzione

Azione	Seleziona le nuove impostazioni [1]	Impostazioni calcolate [2]
Crea	Ereditata	✔ Consentita
Elimina	Consentita	✔ Consentita
Modifica	Ereditata	✔ Consentita
Modifica stato	Ereditata	✔ Consentita
Modifica elementi propri	Ereditata	✔ Consentita

Figura 7.5 – Il setup dei permessi attribuiti al gruppo Direzione.

Come possiamo osservare, si tratta dei normali permessi rivolti alla gestione dei contenuti, dove per ciascun gruppo di utenti è riportato lo stato dei permessi di cui sono in possesso; nel caso della figura 7.5, il gruppo *Direzione*, avrebbe un'unica azione inibita, ossia quella della eliminazione degli articoli che però è stata approvata manualmente proprio da questo pannello.

Esempio: Il setup dei permessi nelle categorie

Per comprendere come portare a termine le impostazioni di questi permessi niente di meglio che operare praticamente continuando il nostro esempio del semplice sito scolastico, procedendo a creare le categorie dei contenuti che ci servono secondo il seguente schema.

Categoria contenuti	Livello assegnato	Gruppo di lavoro
Direzione	*Direzione*	*Direzione*
Circolari insegnanti	*Insegnanti*	*Insegnanti*
Laboratorio scienze	*Public*	*Alunni area scientifica*
Laboratorio umanistico	*Public*	*Alunni area umanistica*

Nota: Il gruppo degli *insegnanti moderatori* non dispone di alcuna *categoria* perché fruisce degli stessi contenuti assegnati al gruppo *insegnanti*.

Allo scopo di comprendere il funzionamento delle ACL e procedere più spediti, la creazione delle quattro categorie può essere eseguita velocemente riempiendo solo i campi del blocco *Dettagli* e, in modo particolare, il campo *Accesso* seguendo le indicazioni della tabella precedente; al termine avremo ottenuto i seguenti risultati:

- La *direzione* della scuola adesso dispone dei seguenti elementi: *gruppo*, *livello* e *categoria di contenuti*. Questo vuol dire che tutto quello che sarà pubblicato nell'area *Direzione* non sarà accessibile a nessun altro, com'è giusto che sia; in questo caso il setup per il controllo degli accessi è abbastanza semplice perché è sufficiente l'impostazione del livello.
- Gli *insegnanti moderatori*, come già detto, non hanno una propria categoria di contenuti perché utilizzano quella del gruppo *insegnanti*; in più dovranno possedere maggiori permessi per riuscire a moderare i lavori pubblicati dagli alunni nelle categorie di loro competenza.
- Gli *insegnanti* hanno un proprio gruppo e un'area per gli avvisi e le circolari assegnata al *livello insegnanti*. Questo va bene solo in parte perché se lasciamo intatte queste impostazioni, potranno entrare solo gli utenti del gruppo dei *docenti* mentre la *direzione* non riuscirebbe a pubblicare le comunicazioni agli insegnanti. Quindi, per forza di cose, dobbiamo modificare le impostazioni del livello insegnanti aggiungendo il gruppo della direzione come faremo a breve.
- I due gruppi di alunni non si vedono assegnato alcun livello poiché i contenuti devono essere visibili a tutti; nello stesso tempo però i ragazzi vi devono entrare per inserire i propri contenuti ma senza possibilità di interferenze reciproche. Ciò vuol dire che gli alunni del *laboratorio scientifico* devono poter gestire solo i contenuti della propria area e lo stesso dicasi anche per quelli del *gruppo umanistico*; per riuscire in questo intento dobbiamo lavorare non sui livelli ma sui permessi come vedremo a breve.

In sostanza, questo esercizio, una volta completato, dovrebbe risultare sufficiente per comprendere non solo la differenza di azione tra i livelli e i permessi ma soprattutto le modalità di impostazione di questi ultimi.

È richiesta quindi la massima attenzione e l'applicazione necessaria a seguire tutte le fasi del nostro esempio; infatti, gran parte delle impostazioni vanno eseguite proprio durante la creazione delle categorie perché, ovviamente, tutto quello che sarà inserito al loro interno sarà soggetto al rispetto del setup che avremo operato nella categoria stessa.

Ecco come procedere passo-passo.

I step: Impostazione permessi della categoria *Direzione*

1. Come abbiamo già detto, per questa categoria di contenuti la soluzione è molto semplice perché l'area dev'essere riservata solo allo staff direttivo e quindi è sufficiente selezionare nel campo *Accesso* la voce *direzione* come mostrato nella figura in basso.

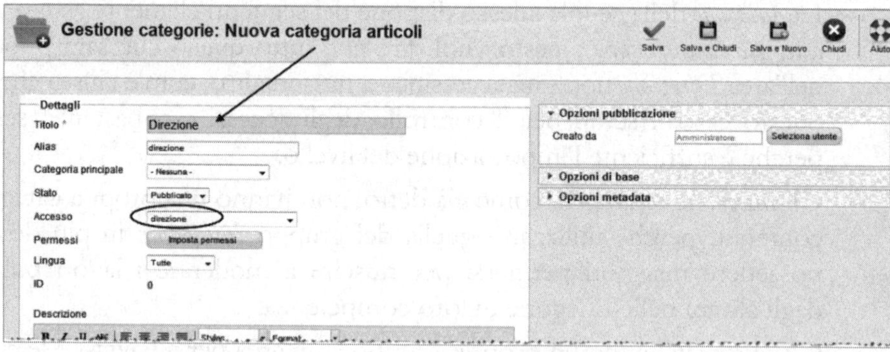

2. La seconda operazione che dobbiamo effettuare è quella di concedere i permessi adatti a gestire i documenti pubblicati e quelli da pubblicare, quindi spostiamoci nella parte bassa del pannello e clicchiamo sulla scheda *Direzione* per visualizzare il contenuto.

▾ |–|–|–|–|– Direzione

Azione	Seleziona le nuove impostazioni [1]	Impostazioni calcolate [2]
Crea	Ereditata	✔ Consentita
Elimina	Ereditata	⊖ Non consentita
Modifica	Ereditata	✔ Consentita
Modifica stato	Ereditata	✔ Consentita
Modifica elementi propri	Ereditata	✔ Consentita

Come possiamo osservare dalla figura in alto, operando dal frontend del sito, il gruppo *Direzione* può praticamente fare di tutto ma non cancellare i contenuti pubblicati; siccome vogliamo che questo tipo di utenti possa anche gestire l'eliminazione dei contenuti, dobbiamo impostare il menu a discesa della voce *Elimina* modificando la voce da *Ereditata* a *Consentita* e infine salvare tutto il setup della categoria.

> **Nota:** *Facciamo attenzione al fatto che la modifica che abbiamo appena apportato al gruppo Direzione riguarda solo ed esclusivamente la categoria in cui stiamo lavorando e non si ripercuote anche sulle altre, per le quali, se necessario, dovrà essere ripetuta.*

A questo punto, per quanto riguarda l'area riservata alla direzione non occorre fare altro e possiamo passare al setup successivo.

II step: Impostazione permessi della categoria *Circolari insegnanti*

In questo caso le impostazioni sono leggermente più complicate perché l'accesso a quest'area non è esclusivo di un gruppo e, in più, la *Direzione* dev'essere l'unico gruppo a poter gestire il flusso dei contenuti. Vediamole:

1. Così come abbiamo fatto per la *Direzione*, iniziamo ad assegnare alla categoria di contenuti riservata ai docenti il livello *Insegnanti*; in questo caso però, l'accesso a quest'area non è esclusivo e quindi in questo livello è necessario che siano inclusi i seguenti gruppi:
   - il gruppo *Insegnanti moderatori* (solo visualizzazione dei contenuti);
   - il gruppo *Insegnanti* (solo visualizzazione dei contenuti);
   - il gruppo *Direzione* (controllo totale dei contenuti).
2. Apriamo dunque il livello *Insegnanti* e includiamo i due gruppi appena elencati in modo che il pannello si mostri come nella figura in basso.

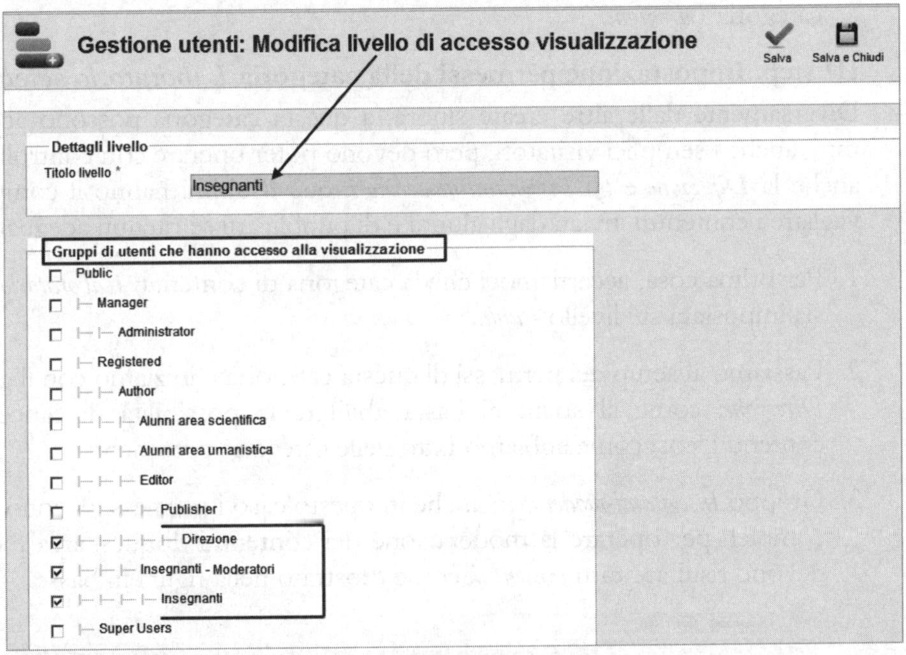

3. Ritorniamo nel pannello della categoria di contenuti riservata ai docenti per operare adesso sulla parte dei permessi e fare in modo che:
   - i gruppi *Insegnanti* e *Insegnanti moderatori* possano solo accedere alla lettura delle circolari senza possibilità di modificare nulla;
   - il gruppo *Direzione* possa, come in precedenza, fare di tutto.

4. Nel nostro caso, il gruppo *Insegnanti-moderatori* discende dal gruppo *Author* e quindi i soli permessi da negare sono quelli riguardanti le azioni *Crea* e *Modifica elementi propri* che vediamo evidenziati nella figura in basso.

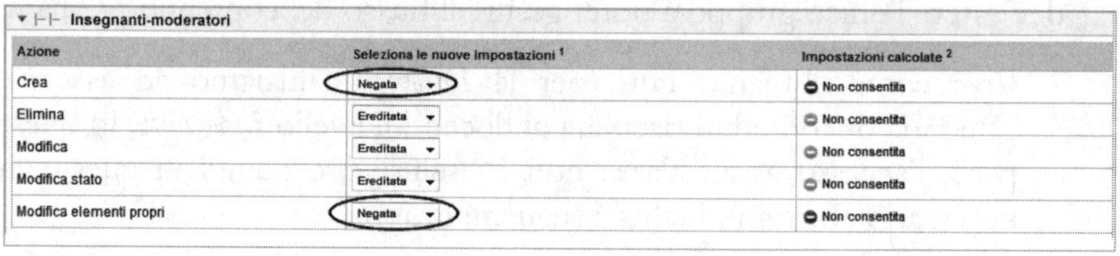

▾ |-|- Insegnanti-moderatori

Azione	Seleziona le nuove impostazioni [1]	Impostazioni calcolate [2]
Crea	Negata	Non consentita
Elimina	Ereditata	Non consentita
Modifica	Ereditata	Non consentita
Modifica stato	Ereditata	Non consentita
Modifica elementi propri	Negata	Non consentita

5. Non occorre modificare anche i permessi del gruppo *Insegnanti* perché li ereditano direttamente dal gruppo genitore: *Insegnanti-moderatori.*

6. Restiamo ancora nel blocco dei permessi della categoria *Circolari insegnanti* e apriamo i permessi del gruppo *Direzione*; non dobbiamo far altro che concedere tutti i permessi allo stesso modo di come abbiamo fatto nella categoria *Direzione.*

III step: Impostazione permessi della categoria *Laboratorio scienze*

Diversamente dalle altre create sinora, a questa categoria possono accedere tutti, anche i semplici visitatori, però devono poter operare con controlli totali anche la *Direzione* e gli *Insegnanti-moderatori*; questi ultimi hanno il compito di vagliare i contenuti inviati dagli alunni e di pubblicarli se ritenuti adeguati.

1. Per prima cosa, accertiamoci che la categoria di contenuti *Laboratorio scienze* sia impostata sul livello *Public.*

2. Passiamo al setup dei permessi di questa categoria e iniziamo con il gruppo *Direzione*; come al solito ci basta abilitare la possibilità di cancellare i contenuti, così come abbiamo fatto nelle categorie precedenti.

3. Gruppo *Insegnanti-moderatori*: anche in questo caso i permessi devono essere completi per operare la moderazione dei contenuti di quest'area e quindi devono risultare tutti *consentiti*, come mostrato nella figura in basso.

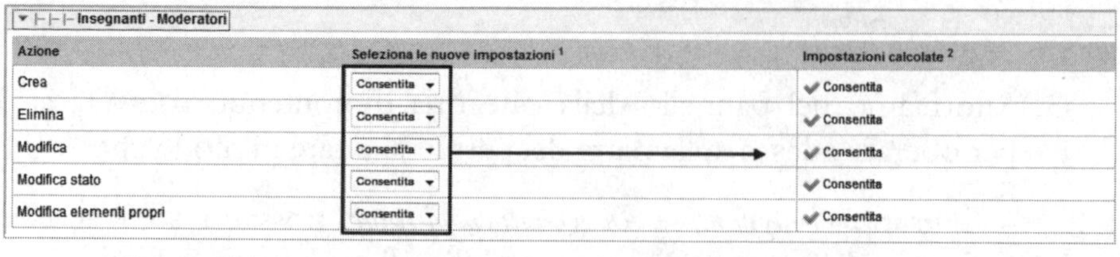

▾ |-|-|- Insegnanti - Moderatori

Azione	Seleziona le nuove impostazioni [1]	Impostazioni calcolate [2]
Crea	Consentita	Consentita
Elimina	Consentita	Consentita
Modifica	Consentita	Consentita
Modifica stato	Consentita	Consentita
Modifica elementi propri	Consentita	Consentita

4. Gruppo *Insegnanti*: in quest'area sono normali visitatori e quindi occorre negare loro tutti i permessi che hanno ereditato dal gruppo dei moderatori.

5. Gruppo *Alunni area scientifica*: gli alunni di questo gruppo devono poter inviare i contenuti che saranno soggetti a moderazione; provenendo dal gruppo *Author*, possono appunto inviare i contenuti ed eventualmente modificarli senza problemi. Le impostazioni base vanno bene allo scopo e quindi possono essere lasciate così come le troviamo.

6. Gruppo *Alunni area umanistica*: si tratta di alunni dell'altro laboratorio che possono solo visitare l'area senza interferire in alcun modo e quindi, come per il gruppo *Insegnanti*, occorre negare tutti i permessi presenti.

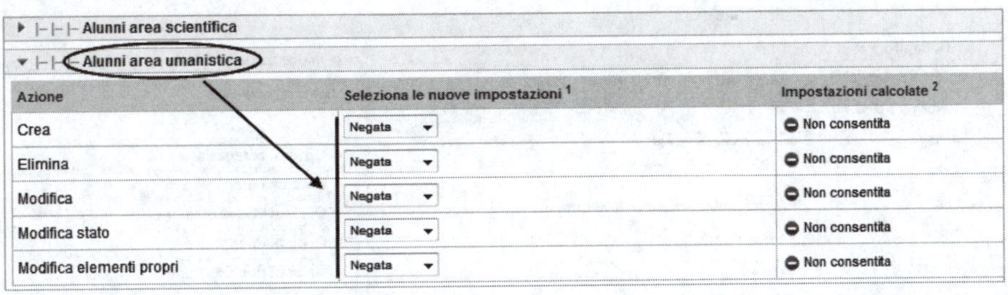

7. Salviamo le impostazioni e abbiamo finito anche con questa categoria.

IV step: Impostazione permessi della categoria *Laboratorio umanistico*

Per questa categoria le impostazioni sono identiche a quelle precedenti; quindi possiamo ripetere senza problemi le impostazioni dal punto 1 al 4. Per quanto riguarda invece i permessi degli alunni, dobbiamo semplicemente invertirli, quindi lasciamo i permessi di base al gruppo *Alunni area umanistica* e blocchiamo quelli del gruppo *Alunni area scientifica*.

V step: creazione delle voci di menu

Dopo aver completato la fase precedente, non ci resta che creare le voci di menu per permettere agli utenti di accedere alle varie aree che abbiamo aperto; anche in questo caso, per le aree riservate, ci serviremo dei livelli in modo che queste voci di menu possano essere viste e utilizzate solo da chi appartiene a quello specifico livello.

La scelta della tipologia di voce da creare dipende un po' dalle esigenze di ognuno; nel nostro caso decidiamo di aprire quattro link in totale e cioè uno per ognuna delle aree: *Direzione*, *Circolari insegnanti*, *Laboratorio scientifico* e *Laboratorio umanistico*. Il nostro lavoro inizia entrando nel menu *Scuola*, che avevamo creato in precedenza, da questo percorso *Menu* → *Scuola* → *Nuova voce di menu*; iniziamo con il link della *Direzione* utilizzando i seguenti parametri che potranno essere adeguati facilmente per le altre aree (figura 7.6):

- ✓ **Tipo voce di menu**: *Lista di singola categoria* (o altro tipologia);

✓ **Nome voce di menu**: *Direzione*;
✓ **Accesso**: *Direzione*;
✓ **Voce principale**: *Voce di menu principale*;
✓ **Scegli una categoria**: *Direzione*

I rimanenti parametri possono restare con le impostazioni di default.

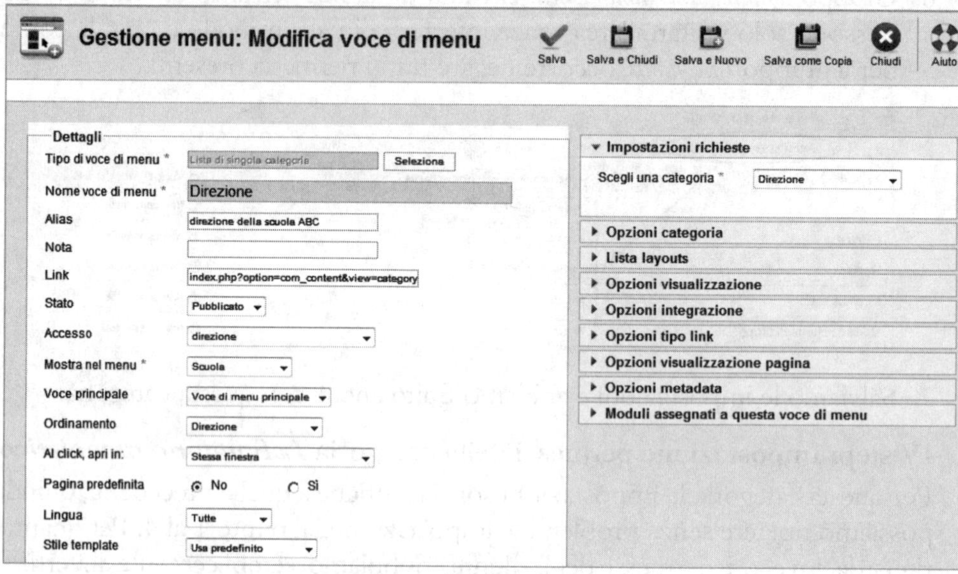

Figura 7.6 – Modalità di creazione delle voci di menu.

Allo stesso modo, dobbiamo creare le altre tre voci, ricordiamoci solo di assegnare il livello *insegnanti* all'area riservata ai docenti e quello *public* ai due laboratori degli alunni in modo che possano essere accessibili a tutti.

A questo punto il menu *Scuola* è completo e deve risultare visibile nel frontend del sito; ricordiamoci però che da comuni visitatori potremo vedere al suo interno solo le voci riguardanti i laboratori mentre quelle utili ad accedere alle aree riservate saranno visibili con queste regole:

✓ Il gruppo di utenti della *direzione* vede tutte le voci.

✓ I due gruppi degli *insegnanti*, oltre ai laboratori, vedono solo l'area *Circolari*.

Se sono stati seguiti i nostri consigli circa la creazione dei vari utenti di prova da inserire nei vari gruppi, possiamo testare agevolmente tutte le funzionalità ACL che abbiamo trattato in questo capitolo.

Infine, può essere utile ricordare che le categorie, per essere visibili, devono possedere almeno un articolo al loro interno.

❖ Creare nuovi contenuti

Dopo esserci occupati delle categorie, possiamo passare a quella che è la funzione principale di un CMS, ossia la creazione e la gestione dei contenuti.

La fase di creazione di un nuovo articolo non è diversa rispetto ad altri elementi di Joomla: ha inizio subito dopo aver cliccato sull'icona *Nuovo articolo* presente nella finestra del *Pannello di controllo*, oppure scegliendo la voce *Nuovo articolo* all'interno del menu *Contenuti* o anche tramite il solito pulsante *Nuovo* del pannello della *Gestione articoli* (figura 7.7).

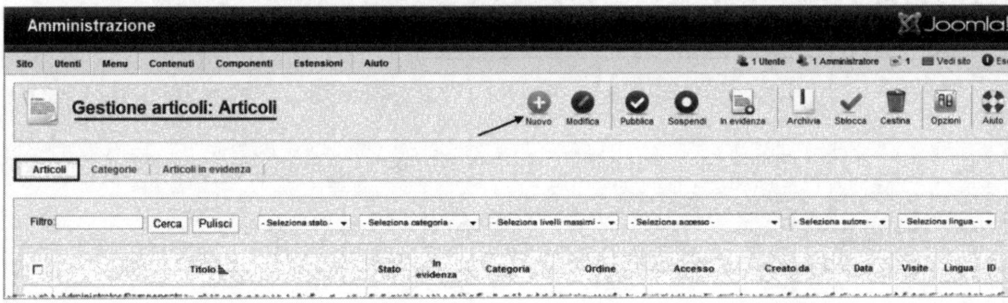

Figura 7.7 – Inizio della procedura di creazione di un nuovo contenuto.

Il pannello per la creazione di un nuovo articolo contiene numerosi elementi, quindi, per agevolare una rapida comprensione delle varie funzioni, abbiamo suddiviso il pannello *Nuovo articolo* in cinque aree numerate in modo da riuscire a individuarle facilmente e poterle esaminare in tutti i particolari (figura 7.8); tali aree per il setup dei contenuti sono:

1. *Pulsantiera*
2. *Impostazioni di base*
3. *Area di editing WYSIWYG*
4. *Funzioni complementari*
5. *Area pannelli scorrevoli che contiene:*
   - *Opzioni pubblicazione*
   - *Opzioni di visualizzazione*
   - *Configurazione schermata di modifica*
   - *Immagini e link*
   - *Opzioni metadata.*
6. *Area dei permessi da assegnare ai vari gruppi e a ciascun articolo, del tutto identica a quelle già esaminate per le categorie.*

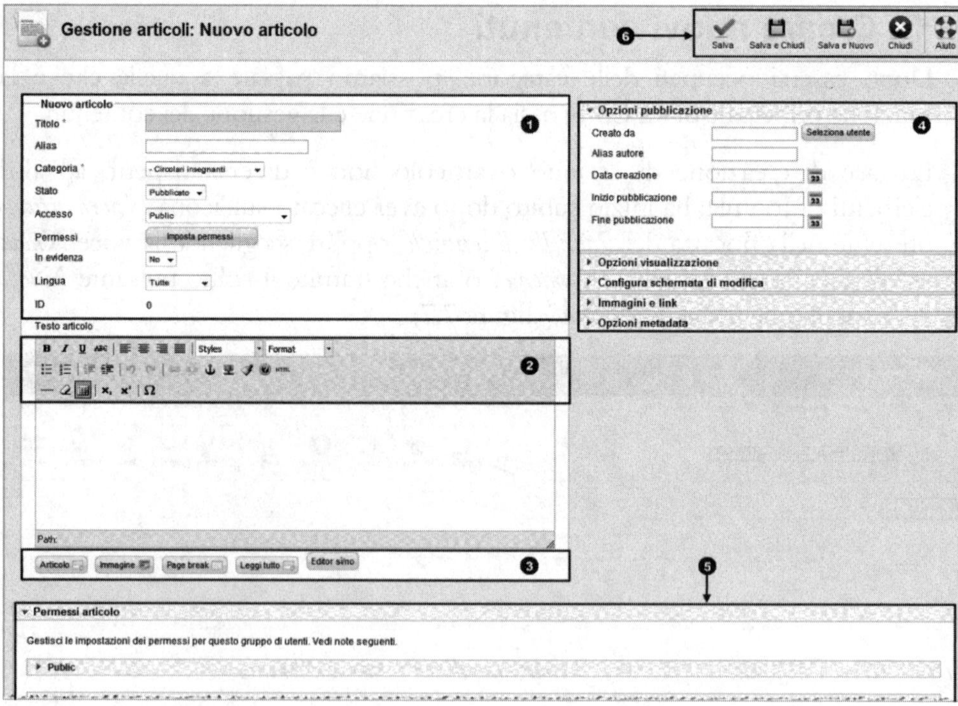

Figura 7.8 – Il pannello per la creazione di nuovi contenuti di Joomla 2.5.

Area 1: *Pulsantiera*

Contiene solamente i cinque pulsanti più generali utilizzati per il salvataggio, la chiusura del pannello e per richiamare l'aiuto; le modalità di impiego e le relative funzioni sono del tutto identiche a quelle dei pulsanti descritti in altri ambienti, pertanto non ci dilunghiamo oltre.

Area 2: Impostazioni di base *Nuovo articolo*

La funzione dei campi che troviamo in quest'area è del tutto identica a quella che abbiamo già descritto nel pannello di creazione delle categorie ma per l'importanza che riveste ai fini della corretta produzione dei contenuti reputiamo utile ripetere queste categorie velocemente qui di seguito.

- **Titolo**

  Serve a contenere il nome da assegnare all'articolo.

- **Alias**

  Se lasciato vuoto sarà riempito con il nome dell'articolo; come già spiegato nei capitoli precedenti, consigliamo invece di riempirlo con una breve descrizione, composta da tre o quattro parole, che contenga almeno una keyword perché ciò risulta molto utile ai fini dell'indicizzazione della pagina da parte dei motori di ricerca.

Se non abbiamo ancora ben capito l'utilità del campo Alias ai fini SEO, proviamo a eseguire subito la seguente prova pratica:

1) *creiamo un articolo di prova e nel campo* Nome *scriviamo:* Prova*;*
2) *a seguire, nel campo Alias inseriamo:* La nuova scuola moderna!*;*
3) *impostiamo il parametro* In evidenza *sul* Sì, *in modo che l'articolo sia facilmente raggiungibile nella home page senza dover creare per questo un'apposita voce di menu;*
4) *apriamo l'articolo dal frontend per verificare come ci viene mostrato.*

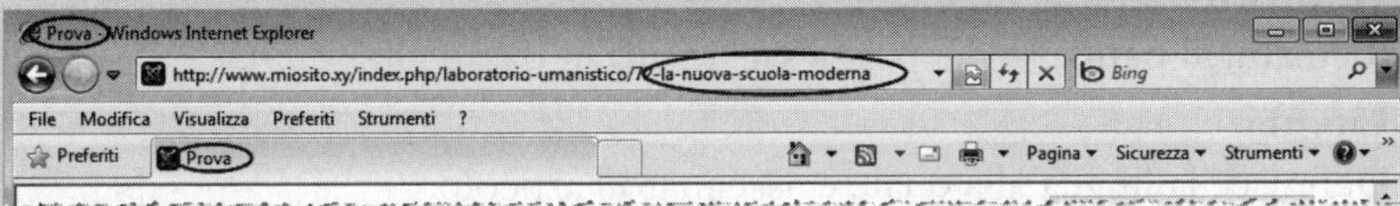

Come possiamo osservare, il nome dell'articolo è utilizzato per l'intestazione della pagina mentre l'alias appare nell'URL preceduto dalla categoria a cui il contenuto appartiene.

Dovrebbe apparire chiaro che se avessimo omesso di scrivere qualcosa nel campo Alias, il risultato sarebbe stato quello di vedere la parola Prova *anche nell'indirizzo, cosa che sarebbe servita a poco ai fini di una migliore indicizzazione dei contenuti.*

- **Categoria**

  Per scegliere la categoria in cui inserire il contenuto, utilizziamo l'apposito menu a discesa nel quale troviamo due possibilità (figura seguente):
  - la prima è la scelta di una delle categorie presenti nel menu;
  - la seconda è quella di selezionare l'opzione *Nessuna categoria*.

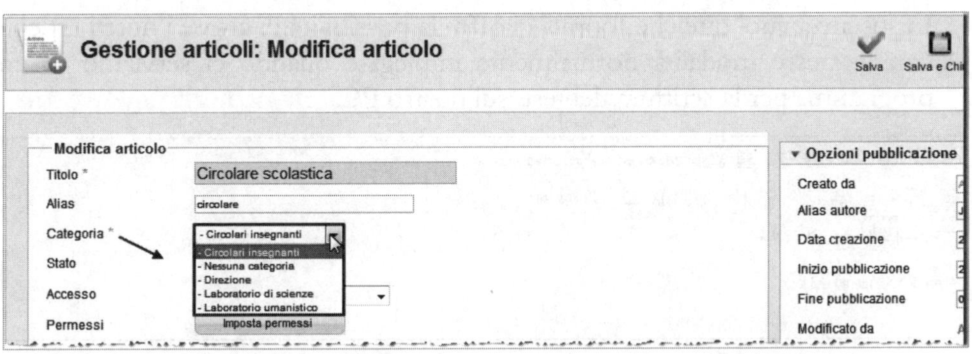

Figura 7.9 – In evidenza il menu che consenta la scelta delle categorie negli articoli.

Con quest'ultima scelta, il contenuto non è inserito in alcuna categoria e rimane come un elemento del tutto indipendente che prende il nome di *Contenuto statico*. Ricordiamo che una soluzione del genere torna utile per la produzione di articoli non soggetti a modifiche frequenti.

- **Stato**
  Definisce lo stato dell'articolo da scegliere tra *Pubblicato*, *Sospeso*, *Archiviato* e *Cestinato*; il valore di default è ovviamente *Pubblicato*.
- **Accesso**
  Impostazione del livello che devono possedere gli utenti per riuscire a visualizzare questo contenuto.
- **Permessi**
  Richiama il pannello dei permessi situato in basso alla pagina.
- **Lingua**
  Definisce la lingua alla quale è assegnato l'articolo.
- **In evidenza**
  Impostando questa opzione sul *Sì*, otteniamo l'immediata visualizzazione del contenuto all'interno della home page. Questa impostazione torna molto utile quando ci serve porre in evidenza, all'apertura del sito, tutta una serie di articoli particolarmente selezionati.

  Il loro numero e l'ordinamento può essere curato in qualsiasi momento attraverso il menu amministrativo: *Contenuti → Articoli in evidenza*.

Area 3: *Editor WYSIWYG del testo*

In questo blocco disponiamo di un'area sufficientemente grande per editare in maniera visiva i nostri contenuti; infatti il termine *WYSIWYG* è un acronimo inglese, *What You See Is What You Get* che in Italiano significa semplicemente: *Quello che vedi è quello che ottieni*.

In sostanza vuol dire che Joomla ci offre la possibilità di creare i nostri articoli con le stesse modalità normalmente impiegate quando ci serviamo di un programma per la scrittura dei testi sul nostro PC.

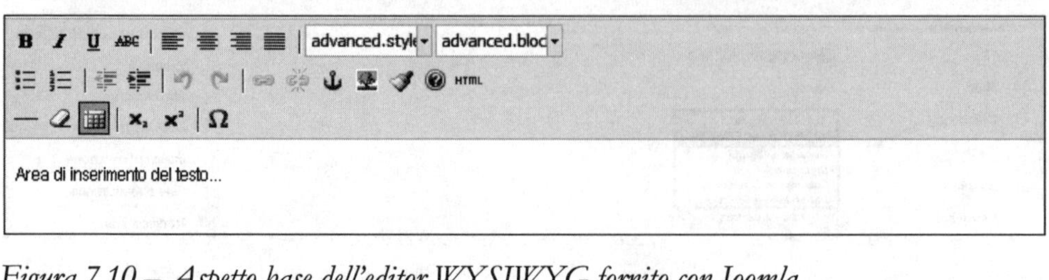

Figura 7.10 – Aspetto base dell'editor WYSIWYG fornito con Joomla.

L'editor che troviamo di default è scelto dall'opzione *Editor predefinito* del pannello della *Configurazione globale* di Joomla; si tratta di un comune plugin presente di base nelle *Estensioni*, si chiama TinyMCE e lo troviamo già attivo dopo l'installazione. Il suo aspetto è mostrato nella figura precedente.

Dal backend amministrativo, possiamo accedere agevolmente al setup di tale plugin utilizzando il menu *Estensioni → Gestione Plugin* e poi scegliendo la voce *Editor – TinyMCE*; ci appare il suo pannello di controllo tramite il quale possiamo modificare alcune impostazioni di base (7.11).

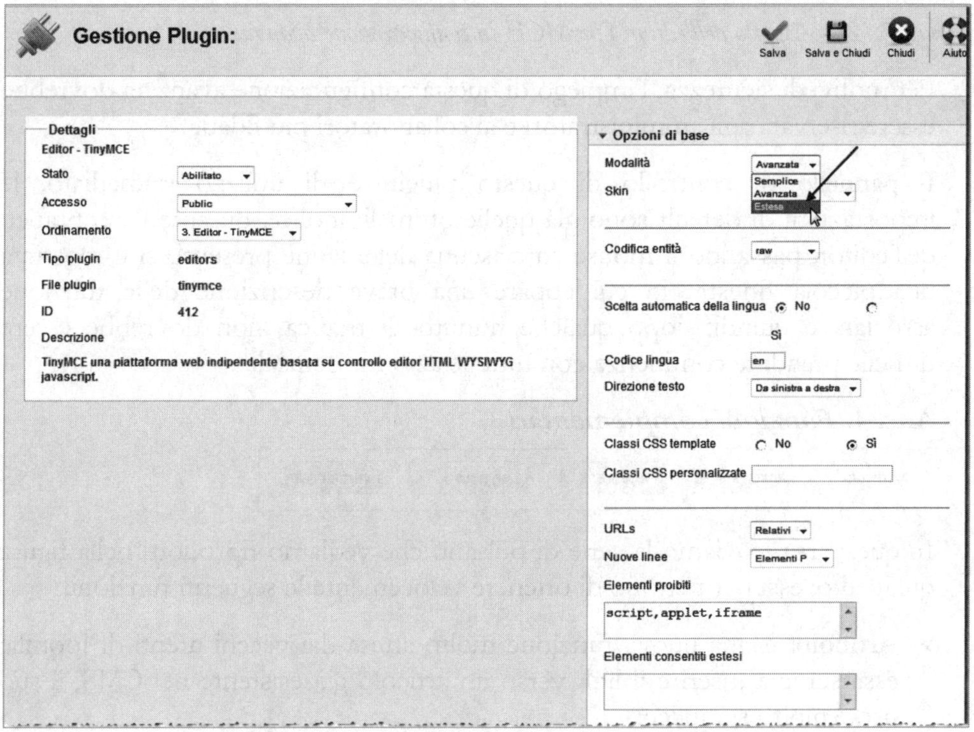

Figura 7.11 – Modifica delle impostazioni di base dell'editor TinyMCE.

Dal pannello del plugin TinyMCE, secondo le nostre necessità, possiamo modificare l'aspetto dell'editor agendo sulle *Opzioni di base*; esse permettono un adattamento alle nostre esigenze tramite la scelta di una delle seguenti modalità di visualizzazione:

- ✓ *Semplice*: mostra solo le icone più essenziali; può essere utile assegnarla ai nuovi iscritti in modo da restringere al minimo la possibilità di creazione e invio di codici maligni utilizzati per portare attacchi al sito.
- ✓ *Avanzata*: (valore di default) presenta i comandi di maggiore utilizzo.

- ✓ *Estesa*: presenta una barra con molte più opzioni inclusa l'apertura dell'editor a tutto schermo, la creazione di tabelle, apici, pedici e molte altre opzioni tipiche dei programmi di videoscrittura (figura 7.12).

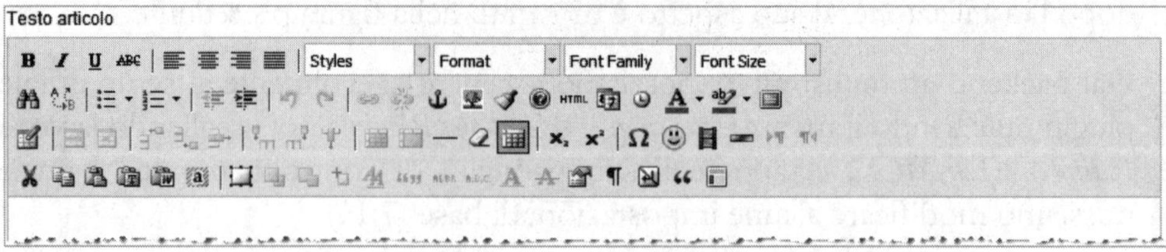

Figura 7.12 – Aspetto dell'editor TinyMCE in configurazione avanzata.

Per motivi di sicurezza, l'impiego di questa configurazione avanzata dovrebbe essere riservata agli amministratori e ai collaboratori più fidati.

Il pannello di controllo di questo plugin è di utilizzo immediato, le impostazioni di default sono già quelle ottimali; inoltre, durante l'uso pratico dell'editor, passando il mouse su ciascuna delle icone presenti, ci è mostrata una piccola finestra in cui appare una breve descrizione della funzione associata e quindi, dopo qualche minuto di pratica, non dovrebbe essere difficile prendere confidenza con tutte le azioni essenziali.

Area 4: *Funzioni complementari*

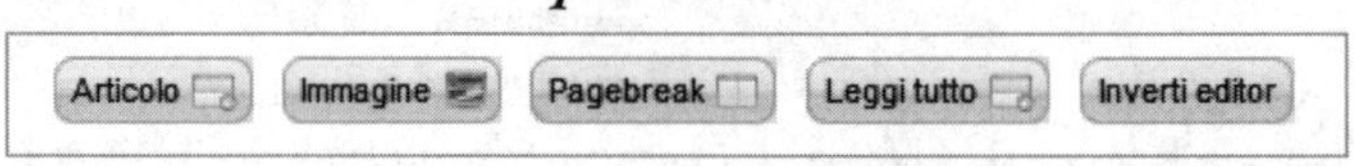

In quest'area troviamo la serie di pulsanti che vediamo riprodotti nella figura qui in alto; essi permettono di ottenere velocemente le seguenti funzioni:

- **Articolo:** è una nuova funzione molto attesa dai vecchi utenti di Joomla; essa serve a inserire il link verso un articolo già esistente nel CMS, il suo uso è molto semplice:
  - all'interno di un normale contenuto di Joomla selezioniamo il testo o un'immagine cui assegnare il collegamento ipertestuale;
  - clicchiamo sul pulsante *Articolo*;
  - ci appare una finestra popup con l'elenco di tutti gli articoli disponibili, non ci resta che scegliere quello che desideriamo linkare all'interno del nuovo contenuto. Subito dopo aver scelto l'articolo, la finestra si chiude e il collegamento ipertestuale viene creato automaticamente.
- **Immagine:** apre una finestra popup (figura 7.13) che permette di caricare nuove immagini (freccia 1) per poi sceglierle nell'area sovrastante (freccia 2). Ovviamente possiamo utilizzare anche immagini già disponibili; in questo caso è sufficiente selezionarle e poi cliccare su *Inserisci*.

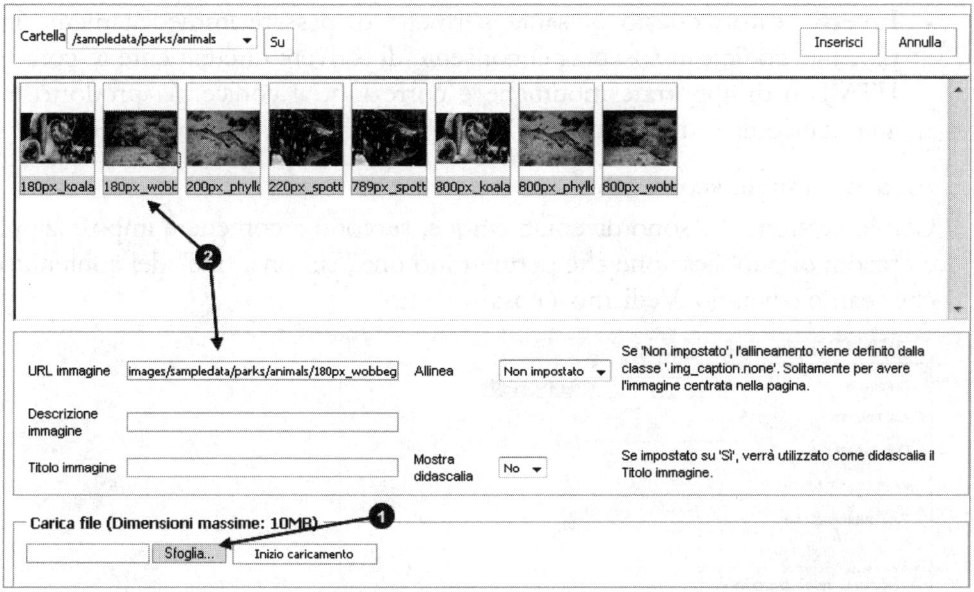

Figura 7.13 – Pannello riservato al caricamento delle immagini nei contenuti.

Altri parametri da impostare opportunamente sono i seguenti:

a. l'allineamento dell'immagine (*sinistra*, *destra*, *centro*);

b. la *Descrizione* e il *Titolo* dell'immagine; si tratta di parametri facoltativi ma che non andrebbero mai tralasciati perché sono utili sia per le operazioni di indicizzazione dei motori sia ai fini dell'accessibilità.

- **Pagebreak:** quando l'articolo si sviluppa molto in lunghezza, è certamente opportuno scomporlo in più pagine in modo che i nostri visitatori possano leggerlo senza dover muovere la pagina verticalmente.
  Questo comando serve dunque per inserire un cambio pagina nel punto in cui abbiamo il cursore di scrittura posizionato; il risultato ottenuto è quello di mostrare ai visitatori un comodo indice navigabile di tutte le pagine che compongono l'articolo stesso.
- **Leggi tutto:** dopo alcune righe introduttive, se necessario, possiamo inserire questo comando che mostra al nostro lettore un link ipertestuale *Leggi tutto*; cliccando tale link, si apre la pagina che mostra l'intero articolo.
  Questa funzione è particolarmente utile quando viene impiegata nei contenuti della home page o quando serve fornire un'anteprima di tutte le ultime news del sito, lasciando libero il visitatore di scegliere quale articolo leggere completamente. L'inserimento di questo *tag* è identico al comando *Pagebreak*; ci basta disporre il cursore in un rigo vuoto e cliccare sul pulsante *Leggi tutto*.

- **Inverti editor:** questo pulsante permette di passare immediatamente in modalità codice; in sostanza ci consente di scrivere direttamente in codice HTML o di apportare modifiche e correzioni al codice già prodotto in automatico dall'editor TinyMCE di cui abbiamo parlato in precedenza.

Area 5: Pannelli scorrevoli

Con la versione 2.5 sono diventati cinque; servono a contenere impostazioni e opzioni di pubblicazione che permettono una "sintonia fine" del contenuto che stiamo editando. Vediamo a cosa servono.

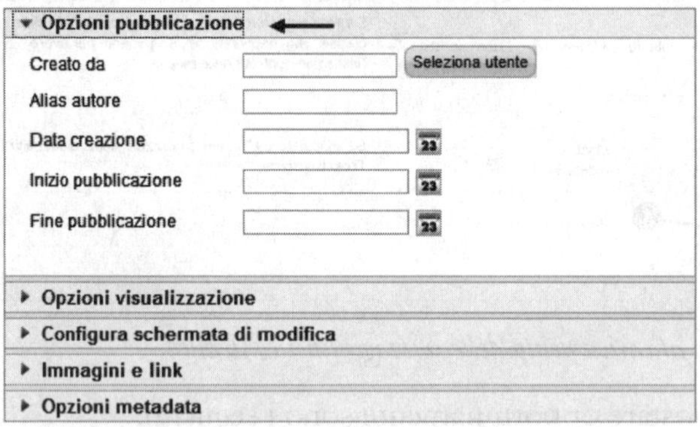

Pannello Opzioni pubblicazione

Com'è facile arguire dalla parola stessa, questo pannello consente di impostare alcuni dettagli relativi all'articolo in produzione; si tratta infatti di scegliere il nome dell'autore selezionandolo dall'elenco degli iscritti al sito o anche scrivendo il suo nome nel campo *Alias autore*.

In ogni caso, se in questi due primi campi non inseriamo nulla, ci penserà il sistema a riempirlo con il nome utilizzato per il nostro login al sito.

I tre campi successivi servono a impostare la data di creazione dell'articolo e quelle di inizio e fine pubblicazione; queste ultime possono essere importanti per la pubblicazione di articoli che debbano apparire solo all'interno di date ben precise come per esempio pagine contenenti particolari offerte a tema o auguri per un periodo festivo ecc.

Opzioni di visualizzazione

Questo pannello apre una lunga serie di opzioni legate alla visualizzazione dell'articolo in corso d'opera, come per esempio la visibilità delle icone di stampa, il nome dell'autore, la data di pubblicazione ecc.; ognuna di queste opzioni è già predefinita a livello globale, tramite il pulsante *Opzioni* presente nella pulsantiera del pannello *Gestione articoli*.

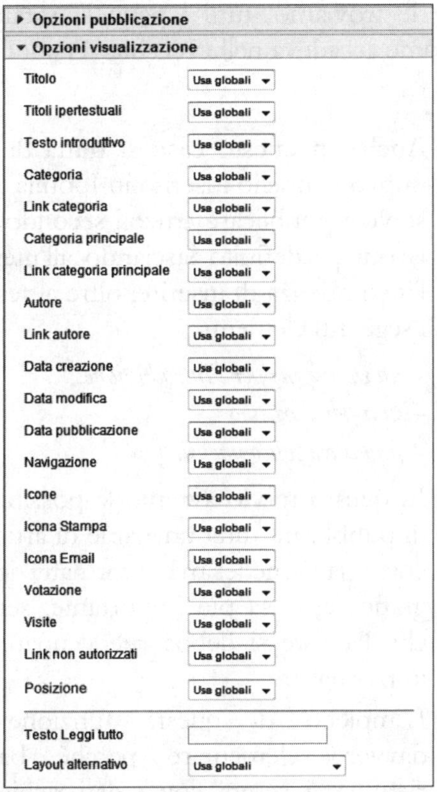

Le scelte presenti in questo pannello sono tutte mostrate nella figura a lato; ognuna di esse è impostata in posizione *Usa globali*; ciò vuol dire che se a livello globale abbiamo la visualizzazione di una certa opzione bloccata, qui la possiamo abilitare e viceversa tramite le alternative presenti nei menu a discesa di ognuna delle *Opzioni di visualizzazione* che sono solo le seguenti: *Mostra* e *Nascondi* oppure *Sì* e *No*.

Nella parte più in basso di questo stesso pannello notiamo anche la presenza di un campo vuoto chiamato *Testo Leggi tutto*; se al suo interno inseriamo del testo, questo sarà mostrato al posto del normale *Leggi tutto*, assieme al nome dell'articolo.

Infine, il menu *Layout alternativo*: come al solito, possiamo definire una modifica dell'aspetto grafico di frontend ma solo se, ovviamente, sono stati programmati dei layout alternativi a quello di default.

Configura schermata di modifica

Si tratta di una configurazione inserita proprio dalla versione 2.5 di Joomla e serve a definire le opzioni che dovranno essere visualizzate nel pannello di *Modifica dell'articolo* e quindi valide subito dopo averlo salvato per la prima volta. Quest'azione è rivolta ai seguenti pannelli scorrevoli e si tratta di definire se mostrarli o no dopo il primo salvataggio.

- ✓ *Opzioni di pubblicazione*
- ✓ *Opzioni di visualizzazione*
- ✓ *Immagini e link lato amministrazione*
- ✓ *Immagini e link lato pubblico.*

Lasciando le impostazioni così come le troviamo, tutti i pannelli saranno visualizzati senza alcuna interruzione come accadeva nelle vecchie versioni.

Immagini e link

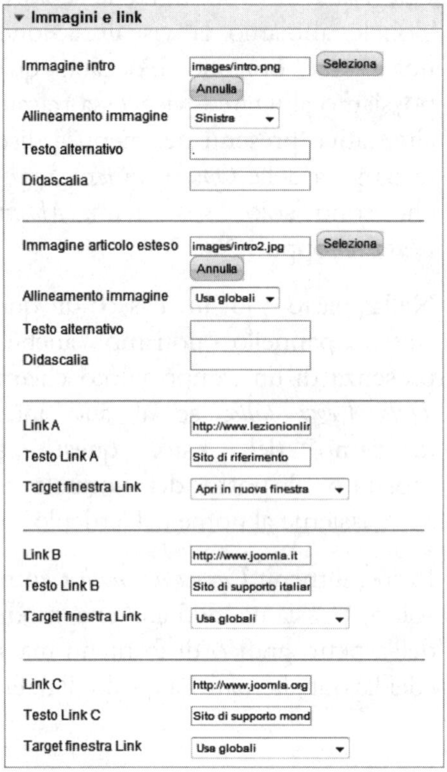

Anche in questo caso si tratta di un nuovo pannello inserito in Joomla 2.5, serve a pubblicare articoli secondo un layout predefinito lasciando all'utente l'incombenza di inserire, oltre al testo, i seguenti elementi:

– *un'immagine per l'introduzione*
– *una per l'articolo*
– *fino a tre collegamenti.*

In questo modo avremo la possibilità di pubblicare tutta una serie di articoli con la medesima formattazione grafica e, cosa più importante, senza che l'autore si debba preoccupare di impaginarlo.

L'impiego di questa funzione è davvero elementare perché basta riempire i campi con i dati richiesti, non si tratta di campi obbligatori e, infatti, quelli lasciati vuoti non saranno utilizzati; l'immagine di introduzione e quella per l'articolo non vengono ridimensionate in alcun modo, pertanto è meglio approntarle nelle dimensioni finali prima di caricarle.

Opzioni metadata

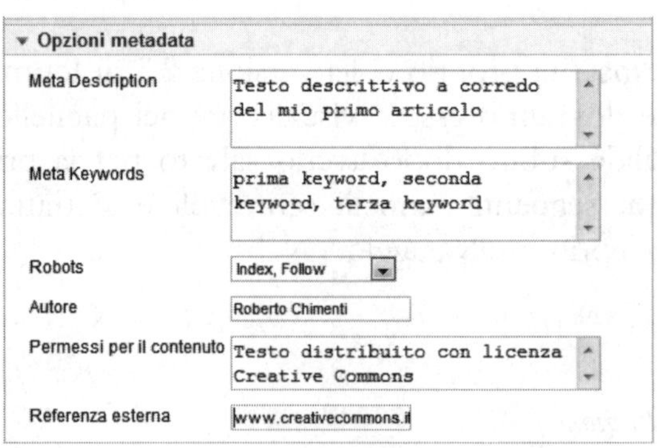

In questo pannello troviamo le solite voci di cui abbiamo parlato più volte. Anche in questo caso, inserendo i parametri più importanti che sono quelli riguardanti la *Descrizione* e le *Keyword*, otterremo la produzione di una pagina web con i metadati più corretti e certamente più attinenti al tipo di argomento trattato dall'articolo.

Più in basso troviamo i campi *Robots* e *Autore*; di essi dovremmo già conoscere la relativa funzione perché ne abbiamo parlato nei capitoli precedenti; seguono i seguenti metatag del tutto facoltativi:

- ✓ *Permessi per il contenuto*: campo destinato a dichiarare il copyright nel caso non fossimo noi stessi gli autori del testo dell'articolo.
- ✓ *Referenza esterna*: serve a dichiarare la referenza esterna rappresentata dal nome o dal link da cui proviene il testo pubblicato.

Area 6: Permessi del singolo articolo

Qui vediamo la solita area permessi che in questo caso si riferisce ai *Permessi articolo*; come possiamo osservare nella figura in basso, non cambia molto rispetto a quella delle categorie di contenuti che abbiamo già esaminato.

L'unica differenza è nel numero delle azioni presenti che adesso sono minori, infatti troviamo: *Elimina*, *Modifica* e *Modifica stato*.

▾ |-|-|-|-|- Direzione

Azione	Seleziona le nuove impostazioni ¹	Impostazioni calcolate ²
Elimina	Ereditata ▾	✔ Consentita
Modifica	Ereditata ▾	✔ Consentita
Modifica stato	Ereditata ▾	✔ Consentita

Figura 7.14 – Stato dei permessi a livello di articolo del gruppo Direzione.

In sostanza mancano le azioni che permettono la creazione dell'articolo e quella di modifica degli elementi propri, ma questo è abbastanza ovvio perché ci troviamo già all'interno di un articolo da creare o da modificare e quindi sarebbero dei permessi ridondanti. A questo scopo ricordiamo che la possibilità di aprire nuovi articoli e di modificarli dipende dalle impostazioni di categoria come abbiamo visto quando abbiamo parlato di questo argomento.

In effetti, non appena scegliamo di assegnare un qualsiasi articolo a una categoria questo eredita, in modo del tutto automatico, il carico completo dei permessi impostati per la categoria stessa; quindi per gli articoli già acquisiti, i permessi che sono presenti in questa scheda servono a modificare il tipo di azione imposta a livello di categoria di appartenenza e valgono esclusivamente per il contenuto cui si riferiscono.

Per fare un po' di esperienza in merito, è sufficiente creare un nuovo articolo e inserirlo all'interno di una delle tre categorie utilizzate per il nostro esercizio del sito scolastico preso come esempio.

Al termine di questa semplice prova, selezionando i vari articoli, potremo costatare che i loro permessi si sono automaticamente e giustamente adeguati a quelli impostati a livello della categoria di appartenenza; questo ci permette di ottenere i permessi di grossi quantitativi di articoli in maniera semplice e veloce ma ci lascia anche una certa libertà di movimento.

Per esempio, sappiamo che gli utenti del gruppo *Direzione* possono operare l'eliminazione di qualsiasi contenuto. Noi invece vogliamo che un particolare articolo non possa mai essere cancellato, neanche per errore; a questo scopo ci basterà semplicemente negare l'azione *Elimina* direttamente nei permessi del singolo contenuto (figura 7.15).

▾ |-|-|-|-|- Direzione

Azione	Seleziona le nuove impostazioni [1]	Impostazioni calcolate [2]
Elimina	Ereditata ▾	⊖ Non consentita
Modifica	Ereditata ▾	✔ Consentita
Modifica stato	Ereditata ▾	✔ Consentita

Figura 7.15 – La modifica possibile a livello di singolo articolo.

Impostazioni globali di categorie e articoli

Come accade in tutti gli altri ambienti di Joomla, nella pulsantiera del pannello principale, c'è sempre un pulsante chiamato *Impostazioni*; esso serve a impostare le varie funzionalità del componente di cui fa parte.

Nel caso della gestione delle categorie e degli articoli, vediamo rappresentato questo pannello nella figura 7.16; esso è composto da numerose schede ognuna delle quali serve a richiamare le impostazioni di base riferite ad articoli, categorie, permessi ecc.

Non andremo a esaminare ciascuna di queste schede perché le impostazioni presenti sono del tutto identiche a quelle che troveremo durante la normale preparazione delle voci di menu necessarie a richiamare i contenuti.

Dopo che avremo acquisito la necessaria esperienza, se lo riterremo necessario, potremo effettuare una veloce impostazione globale delle principali caratteristiche che riterremo di assegnare ai vari contenuti come, per esempio, il tipo di impaginazione degli articoli, la presenza delle icone di stampa, email, il numero delle visite, i link da mostrare ecc.), e riservarci di procedere a un controllo più dettagliato nel momento in cui andremo a creare le singole voci di menu necessarie a richiamarli dal frontend.

Nella figura 7.16 possiamo osservare l'aspetto di questo pannello delle *Opzioni* che è composto da varie schede destinate al setup globale.

Figura 7.16 – Il pannello delle opzioni globali riferite a categorie e articoli.

❖ La gestione degli articoli in evidenza

Questa voce del menu *Contenuti* richiama il pannello mostrato nella figura 7.17 che viene utilizzato per raccogliere tutti i contenuti impostati con il parametro *In evidenza*, presente nella schermata di creazione o modifica di un articolo.

Si tratta della stessa funzione che, nelle vecchie versioni di Joomla, si chiamava *Gestione prima pagina* e serviva appunto a controllare i contenuti mostrati nella home page

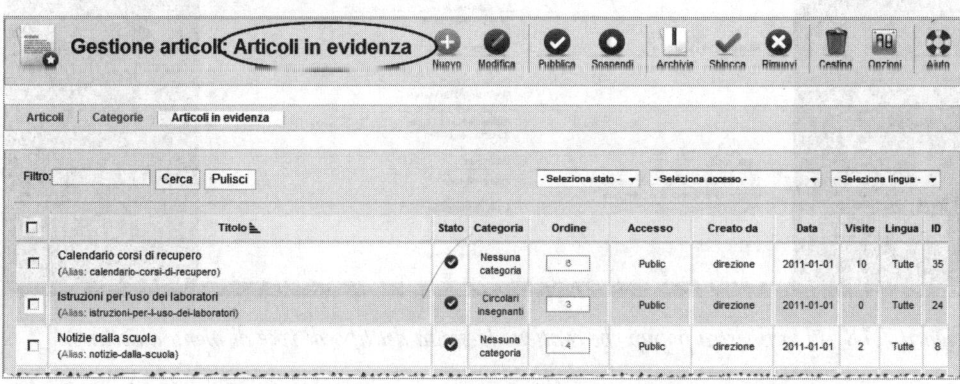

Figura 7.17 – Schermata dedicata alla gestione degli articoli da pubblicare in home page.

L'utilità di questa voce è di riuscire a richiamare facilmente l'elenco di questo tipo di articoli, al fine di sottoporli a verifiche o modifiche veloci; l'ordine con cui essi appariranno nella home page può essere controllato e non è detto che sia quello sequenziale con cui essi appaiono qui.

Infatti, come vedremo a breve, le impostazioni che regolano l'aspetto della pagina principale del sito possono essere molteplici e variano in funzione della tipologia di sito o di gusti del tutto personali.

❖ Modalità di richiamo degli articoli

Una volta che gli articoli sono stati creati e salvati, dobbiamo fare in modo che i nostri utenti possano richiamarli in maniera agevole mettendo loro a disposizione un organico sistema di collegamenti in grado di aiutarli a richiamare velocemente quello che abbiamo pubblicato; tutto questo è ancora più importante quando, dopo qualche tempo dall'inizio dell'attività del sito, la mole degli articoli pubblicati sarà diventata consistente e quindi bisognosa di una gestione accurata.

Per i contenuti più recenti non ci sono grossi problemi, soprattutto se abbiamo deciso di metterli in evidenza, perché rimangono comunque bene in vista; per quelli più vecchi, invece, bisogna ricorrere a opportune voci di menu che consentano un richiamo veloce e senza troppi giri viziosi.

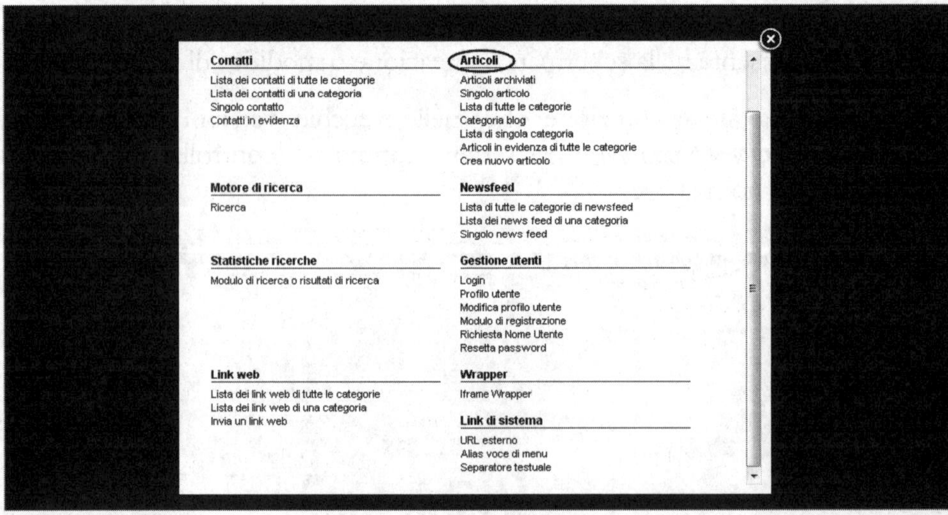

Figura 7.18 – La finestra popup che contiene la scelta del tipo di voce di menu da creare.

Quando scegliamo di creare una nuova voce di menu, lo sfondo passa in penombra e appare una finestra popup che mostra il pannello riportato nella figura 7.18; questo è suddiviso in nove sezioni, ognuna delle quali riporta un certo numero di opzioni che permettono il richiamo di funzioni e contenuti secondo varie modalità.

Nella sezione *Articoli* possiamo osservare tutte le opportunità offerte da Joomla per riuscire a richiamarli e presentarli:

- ✓ *Articoli archiviati*: richiama categorie e articoli che sono stati archiviati;
- ✓ *Singolo articolo*: apre un link verso un singolo articolo;
- ✓ *Lista di tutte le categorie*: richiama un elenco ipertestuale di tutte le categorie;
- ✓ *Categoria blog*: visualizza una pagina in modalità blog, contenente gli articoli della categoria prescelta;
- ✓ *Lista di singola categoria*: mostra un elenco degli articoli appartenenti alla categoria scelta;
- ✓ *Articoli in evidenza di tutte le categorie*: apre una pagina molto simile alla normale home page del sito; serve a mostrare tutti gli articoli posti in evidenza di qualsiasi categoria facciano parte;
- ✓ *Crea un nuovo articolo*: si tratta di una voce collocata in un menu del frontend accessibile solo a particolari gruppi di utenti, permette di accedere alla stesura e all'invio di un nuovo articolo.

Per ciascuna di queste opzioni, Joomla apre un pannello necessario a completare il setup che non è sempre lo stesso, perché deve contenere, di volta in volta, le impostazioni tipiche della pagina che il link dovrà servire.

La cosa, in prima battuta, può sembrare complessa, ma dopo aver aperto qualche voce di menu per prova, ci accorgeremo che il tutto è facilmente gestibile da chiunque solo prendendo un po' confidenza con le principali opzioni presenti nei pannelli delle rispettive voci di menu.

Collegare articoli statici

Come abbiamo affermato più volte nel corso dei capitoli passati, il contenuto statico (o *non categorizzato*) è particolare perché di norma non è incluso in alcuna categoria e non è soggetto a frequenti modifiche. È il caso tipico dei documenti che contengono le norme sul rispetto della privacy, i termini che regolano l'uso dei contenuti del sito o quelli che forniscono informazioni di tipo pratico come i vari *Dove siamo*, *Chi siamo*, *Come trovarci* ecc.

Prima di procedere alla creazione di un qualsiasi link di questo tipo, bisogna che l'articolo sia ovviamente disponibile; proviamo quindi a crearne un contenuto qualsiasi e chiamiamolo *Chi siamo*, ecco tutti i passaggi necessari:

1. dal pannello della *Gestione menu*, apriamo il menu nel quale vogliamo inserire la nuova voce e clicchiamo sul pulsante *Nuovo* per iniziare la procedura di creazione;

2. entrati nel pannello *Nuova voce di menu*, clicchiamo sul pulsante *Seleziona* per scegliere il tipo di nuova voce da aprire (*figura in basso*);

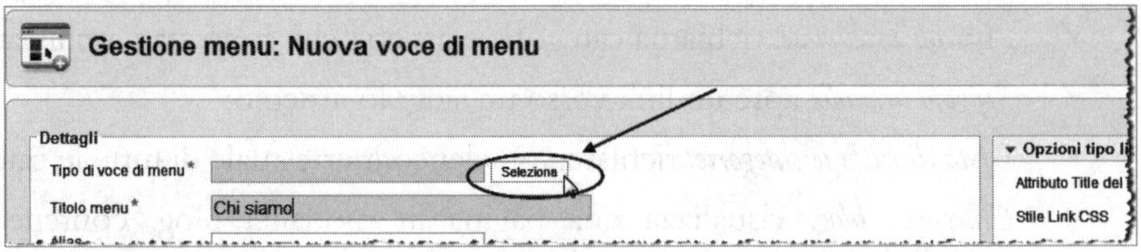

3. nella finestra popup già mostrata nella figura 7.18, scegliamo la voce: *Singolo articolo*;

4. adesso ritorniamo nel pannello *Nuova voce di menu* per iniziare a configurare i campi obbligatori (figura in basso);

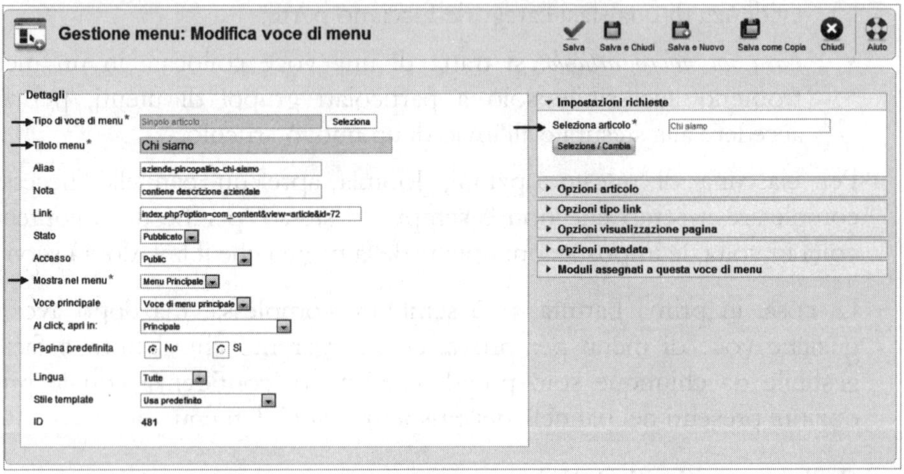

5. i campi obbligatori sono indicati dalle frecce nella figura precedente; il primo è già completo perché riporta la scelta del *Tipo di voce di menu* appena completata; gli altri campi, invece, sono i seguenti:

- ✓ *Titolo menu*: campo che accoglie un nome molto breve, composto anche da più parole normalmente separate da uno spazio;
- ✓ *Mostra nel menu*: dovrebbe già riportare il nome del menu nel quale vogliamo che appaia la nuova voce, altrimenti va cambiato;
- ✓ *Seleziona articolo*: cliccando sul pulsante *Seleziona/Cambia* procediamo alla scelta dell'articolo che dovrà essere richiamato;

6. salviamo e controlliamo dal frontend che la nuova voce svolga il proprio lavoro correttamente.

Collegare articoli dinamici

Anche in questo caso, il collegamento diretto a una voce di menu di un solo articolo dinamico è una cosa assolutamente possibile e la procedura da seguire è del tutto uguale a quella appena descritta per i contenuti statici; va detto però che è un'operazione che non ha molto significato a meno di non eseguirla *una tantum* allo scopo di richiamare articoli di particolare rilevanza.

Gli articoli dinamici, infatti, rappresentano il vero cuore di un sistema CMS; ed è giusto, quindi, che seguano il normale e programmato flusso temporale di pubblicazione, per finire poi negli elenchi di categoria magari pronti all'archiviazione finale.

Vediamo dunque come Joomla arriva a gestire la presentazione degli articoli dinamici attraverso alcuni parametri che noi stessi, dal lato amministrativo, possiamo impostare opportunamente secondo le nostre esigenze.

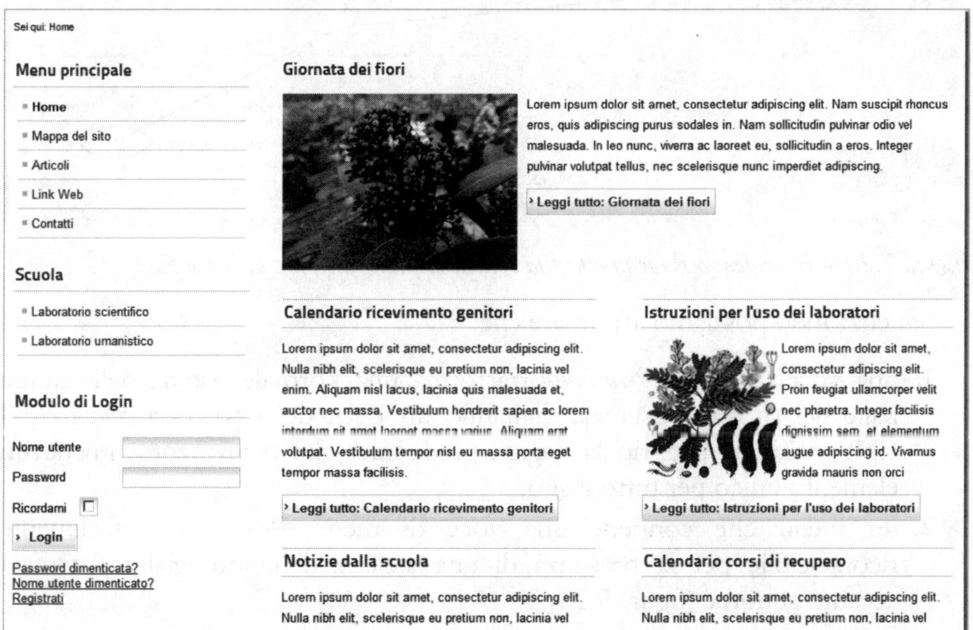

Figura 7.19 – Esempio di gestione dinamica degli articoli in home page.

Nella figura 7.19, per esempio, vediamo un esempio di presentazione dei contenuti abbastanza classica che segue quest'ordine:

1. *il primo articolo occupa tutto lo spazio orizzontale disponibile;*
2. *i successivi tre articoli si dispongono subito sotto il primo su due colonne;*
3. *infine altri due articoli appaiono più in basso come semplici link.*

Inoltre, teniamo presente che i contenuti mostrati non rimangono bloccati in quella posizione ma vengono sostituiti dinamicamente da quelli nuovi man mano che sono pubblicati, seguendo un ordine ben ordinato e stabilito da alcuni parametri che stiamo per esaminare nel prossimo paragrafo.

Pianificare l'aspetto della home page

Nei capitoli precedenti abbiamo già avuto modo di parlare e di spiegare le modalità che permettono di rendere una singola voce di menu *Predefinita.*

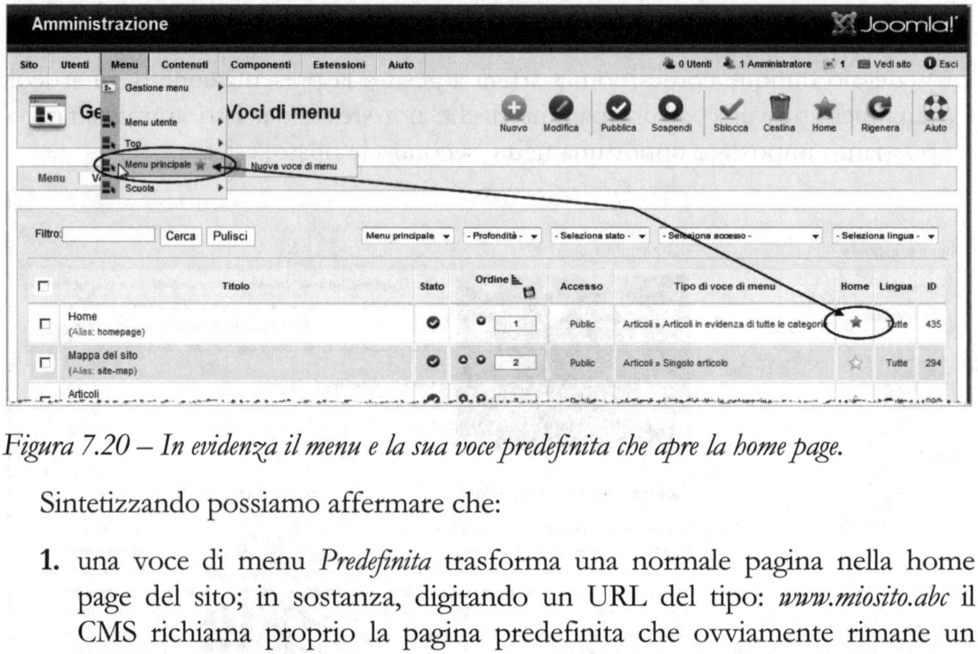

Figura 7.20 – In evidenza il menu e la sua voce predefinita che apre la home page.

Sintetizzando possiamo affermare che:

1. una voce di menu *Predefinita* trasforma una normale pagina nella home page del sito; in sostanza, digitando un URL del tipo: *www.miosito.abc* il CMS richiama proprio la pagina predefinita che ovviamente rimane un elemento unico per tutto il sito;
2. un menu che contiene una voce di menu *Predefinita* è facilmente riconoscibile per la presenza di una stellina di colore giallo sistemata accanto al nome (figura 7.20);
3. una voce di menu resa *Predefinita* è riconoscibile perché nell'elenco delle voci è anch'essa marcata dalla solita stellina gialla;
4. in un sito non può esistere più di una voce predefinita; ciò non può succedere neanche per sbaglio, infatti, non appena creiamo una seconda voce predefinita, la prima viene immediatamente disabilitata;

5. una qualsiasi pagina può divenire *Predefinita*; è sufficiente selezionare l'apposita opzione presente nel blocco *Dettagli* del pannello di creazione o modifica *Voci di menu*.

Con i presupposti appena enunciati, è ovvio che anche una semplice paginetta con un singolo contenuto può essere utilizzata come home page del sito; in genere però si preferisce rendere l'aspetto più accattivante e dinamico utilizzando una visualizzazione di tipo blog o quella che richiama le pagine in evidenza presenti in tutte le categorie.

Non per nulla quest'ultima soluzione è quella standard che vediamo dopo l'installazione base di Joomla 2.5; andiamo subito a esaminarla dal backend per comprendere come sia possibile definire in maniera ottimale l'ordine degli articoli ed effettuare tutte le impostazioni necessarie.

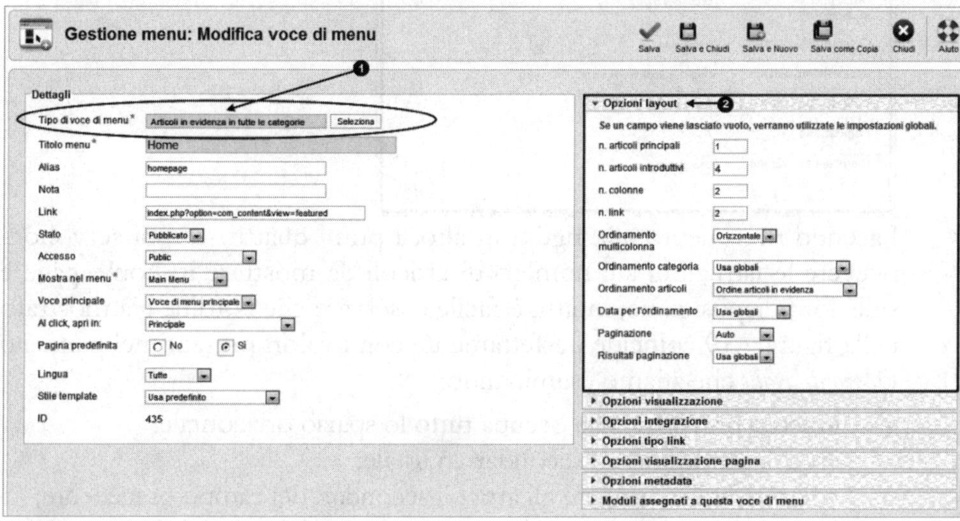

Figura 7.21– Tipica impostazione per la home page di un sito.

Tutti i parametri del blocco *Dettagli* sono già stati descritti in precedenza e quindi non ci soffermeremo oltre; rimane solo da evidenziare la scelta del *Tipo voce di menu* (freccia 1 – Figura 7.21) tramite il solito pannello già mostrato nella figura 7.18, che è: *Articoli in evidenza in tutte le categorie.*

I pannelli scorrevoli delle opzioni

Discorso diverso, invece, per i sette pannelli scorrevoli (freccia 2 – Figura 7.21); essi includono molte scelte importanti e tutte assolutamente da esaminare perché sono essenziali per la corretta comprensione di gran parte delle modalità con cui Joomla gestisce tutti i propri contenuti dinamici. Inoltre, ricordiamo che le impostazioni effettuate a livello di singola voce di menu, come in questo caso, prevalgono su quelle, del tutto identiche, impostate a livello globale tramite il pulsante *Opzioni* del pannello della *Gestione articoli*; quindi è spesso più conveniente, se necessario, definirle al momento della creazione di ciascuna delle voci di menu utilizzate per la normale navigazione del sito.

Pannello *Opzioni layout*

✓ *Numero articoli principali, introduttivi, colonne e link*

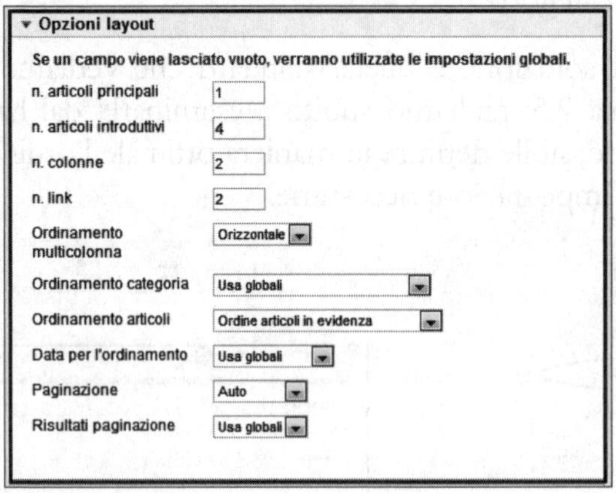

Facendo riferimento alla figura in alto, i primi quattro campi servono a ricevere le istruzioni sul numero di articoli da mostrare in home page e sulla loro disposizione; infatti, è facile osservare che l'ordine già mostrato nella figura 7.19 coincide perfettamente con i valori presenti nel pannello *Opzioni layout* che stiamo esaminando:

- 1 articolo principale che occupa tutto lo spazio orizzontale;
- 4 articoli introduttivi o secondari in totale;
- 2 colonne utili a disporre gli articoli secondari del campo precedente;
- 2 link ad altrettanti articoli da mostrare in fondo alla pagina.

✓ *Ordinamento multicolonna*

Ordine orizzontale

Articolo 1		
Articolo 2	Articolo 3	Articolo 4
Articolo 5	Articolo 6	Articolo 7

Ordine verticale

Articolo 1		
Articolo 2	Articolo 4	Articolo 6
Articolo 3	Articolo 5	Articolo 7

Si tratta di un comando utile soprattutto nella modalità di visualizzazione blog poiché permette di controllare la progressione dei vari articoli all'interno delle colonne, seguendo un ordine *orizzontale* (valore di default) o *verticale* come mostrato nella figura in alto.

✓ *Ordinamento categoria*

È il primo di una serie di menu a discesa utili a controllare l'ordinamento dei contenuti da visualizzare; i comandi presenti sono del tutto intuitivi ma il consiglio è di sperimentarli uno per volta in modo da riuscire a renderci conto esattamente del risultato che possiamo ottenere; essi sono:

- *Usa globali*
- *Nessun ordine*
- *Alfabetico per titolo*
- *Alfabetico per titolo al contrario*
- *Ordine gestione categorie.*

✓ *Ordinamento articoli*

Definisce l'ordinamento di una lista di articoli secondo i seguenti parametri:

- *Usa globali*
- *Ordine articoli in evidenza*: mostra gli articoli seguendo la numerazione della colonna *Ordine* presente nel pannello degli *Articoli in evidenza.* Perché sia valida questa regola il parametro precedente *Ordinamento categoria* dev'essere impostato su *Nessun ordine*, altrimenti gli articoli sono ordinati all'interno di ciascuna categoria, secondo l'ordine impostato a livello di categoria, e poi seguendo la numerazione assegnata a ciascun articolo nel pannello degli *Articoli in evidenza.*
- *Prima articoli più recenti*
- *Prima articoli più vecchi*
- *Alfabetico per titolo*
- *Alfabetico per titolo al contrario*
- *Alfabetico per autore*
- *Alfabetico per autore al contrario*
- *Più visitati*
- *Meno visitati*
- *Ordine gestione articoli*: quanto descritto per l'*Ordine degli articoli in evidenza* vale anche in questo caso; l'unica differenza è data dal fatto che adesso l'ordine seguito è quello della numerazione presente nella colonna *Ordine* del pannello della *Gestione articoli.*

✓ *Data per l'ordinamento*

Se optiamo di ordinare in base alla data, i parametri da scegliere sono:

- *Usa globali*
- *Data creazione*
- *Data di modifica*

– *Data di pubblicazione.*

✓ *Paginazione e Risultati paginazione*

Si tratta di due opzioni che possono tornare utili quando i contenuti da pubblicare occupano più pagine; in sostanza mostrano in fondo alla pagina i link numerati della paginazione, per aiutare gli utenti a navigare tra le pagine, e quelli per individuare agevolmente la pagina visualizzata, per esempio: *pagina 2 di 5*.

Anche in questo caso i parametri da scegliere sono quelli base, ossia:

– *Usa globali*
– *Mostra*
– *Nascondi.*

Pannello *Opzioni visualizzazione*

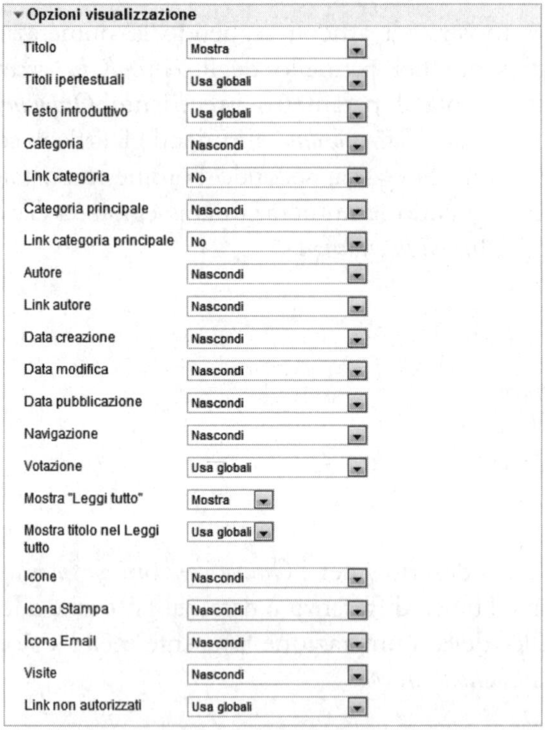

Contiene tutte le impostazioni base più classiche che abbiamo già incontrato anche nel setup globale; ognuna delle opzioni presenti è regolata da un apposito menu con le seguenti scelte:

– *Usa globali*

– *Utilizza impostazioni articolo* – Questo comando permette di bypassare le impostazioni fornite a livello globale per utilizzare esclusivamente quelle definite a livello di singolo articolo.
– *Nascondi*
– *Mostra.*

Opzioni Integrazione

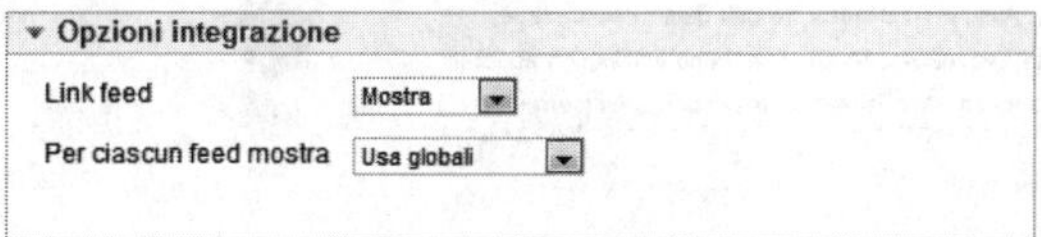

Gli elementi da integrare sono i feed provenienti da altri siti; parleremo di essi nel capitolo dedicato ai componenti e al quale rimandiamo tutti quelli che fossero interessati a un approfondimento dell'argomento.

Le scelte sulle quali possiamo contare sono le seguenti:

✓ *Link feed*
  – *Usa globali*
  – *Nascondi*
  – *Mostra*

✓ *Per ciascun feed mostra*
  – *Usa globali*
  – *Testo introduttivo*: per ogni feed, è mostrata solo l'introduzione.
  – *Testo esteso*: con questa opzione, invece, viene mostrato l'intero articolo. È bene non strafare con il suo utilizzo perché il caricamento per intero di numerosi feed potrebbe rallentare notevolmente l'attività del sito.

Opzioni *tipo link*

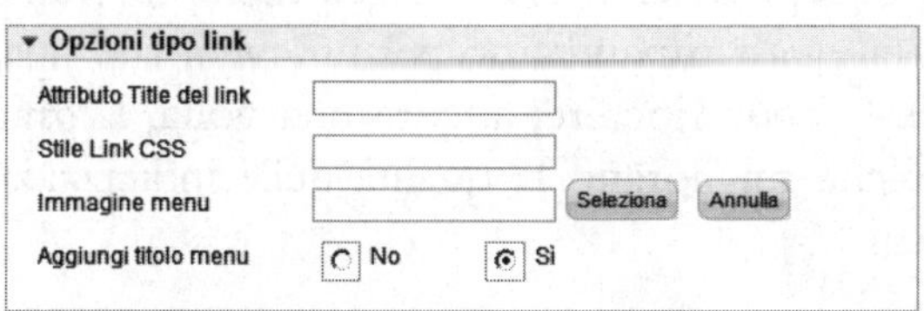

I parametri presenti in questo pannello sono rivolti tutti alla personalizzazione grafica della voce di menu che stiamo creando; i parametri sono i seguenti:

✓ *Attributo Title del link*
Si tratta di un parametro abbastanza trascurato ma molto utile non solo per scopi SEO ma anche ai fini dell'accessibilità. Il campo serve ad

accogliere una descrizione opzionale che sarà mostrata, dentro una piccola finestra, quando gli utenti passeranno il mouse sopra a questo link, come nell'esempio riportato qui in basso.

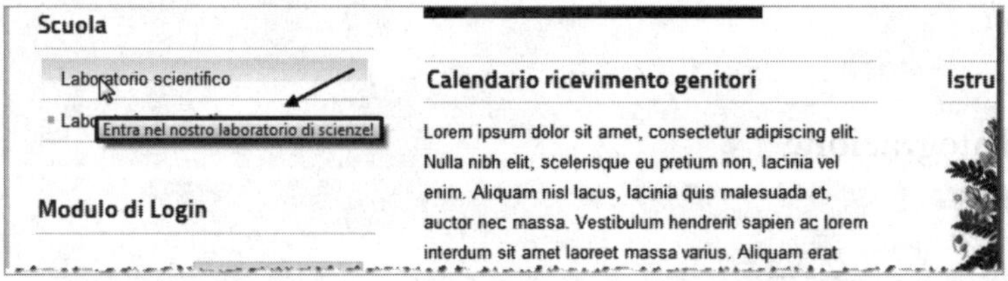

- ✓ *Stile link CSS*

  Permette di definire uno stile CSS opzionale da utilizzare per la voce di menu, in alternativa a quello predefinito dal template in uso.
- ✓ *Immagine menu*

  Tramite il pulsante Seleziona, possiamo caricare un'immagine da utilizzare per personalizzare la voce di menu.
- ✓ *Aggiungi titolo menu*

  Da impiegare solo quando scegliamo di utilizzare anche l'opzione precedente; infatti, essa permette di aggiungere il nome del menu a fianco dell'immagine caricata.

Opzioni *visualizzazione pagina*

Questo pannello, assieme a quelli che seguono, contiene tutta una serie di scelte delle quali ci siamo già occupati nel capitolo riguardante le funzioni generali dei menu (pagina 192), al quale rimandiamo per un eventuale ripasso delle stesse; in questa sede vale la pena ripetere, ancora una volta, la grande importanza di questi campi poiché migliorano la qualità delle indicizzazioni operate dai vari motori di ricerca.

Opzioni *metadata*

Qui troviamo i soliti campi per l'inserimento dei *metadata*, anch'essi trattati più volte nei vari ambienti di Joomla descritti sinora.

Teniamo presente che, trattandosi di una voce di menu che apre una pagina composta di diversi articoli provenienti da tutte le categorie, i valori dei metadata immessi qui potrebbero non risultare così importanti come lo sono invece quelli inseriti a livello di ciascuna categoria di contenuti o addirittura di singolo articolo, perché questi ultimi, ovviamente, avrebbero la precedenza.

Moduli assegnati a una voce di menu
Permette di definire i moduli che desideriamo visualizzare nella pagina aperta dal link che stiamo impostando; in quest'ultimo pannello troviamo l'elenco completo dei moduli di sistema e di quelli installati da noi stessi, non resta che scegliere quelli che dovranno fare da contorno ai contenuti.

Questo tipo di setup è molto semplice ma non avendo ancora parlato del significato dei blocchi modulo all'interno dei temi grafici e delle impostazioni presenti nei moduli stessi, preferiamo rimandare tale trattazione a quando arriveremo a descrivere in maniera più completa i template, i moduli e le modalità del loro posizionamento nei template.

❖ Come creare un blog

Gestendo adeguatamente le opportunità offerte da Joomla possiamo creare un sito che abbia l'aspetto tipico di un blog, in modo facile e veloce; se abbiamo avuto il tempo di acquisire la necessaria confidenza con tutte le impostazioni descritte nel paragrafo precedente, quelle relative al setup della home page, anche queste riguardanti la tipologia *blog* non dovrebbero presentare alcun problema per noi, poiché la gran parte delle impostazioni presenti sono del tutto identiche, come possiamo osservare da un rapido esame della figura 7.22 qui in basso.

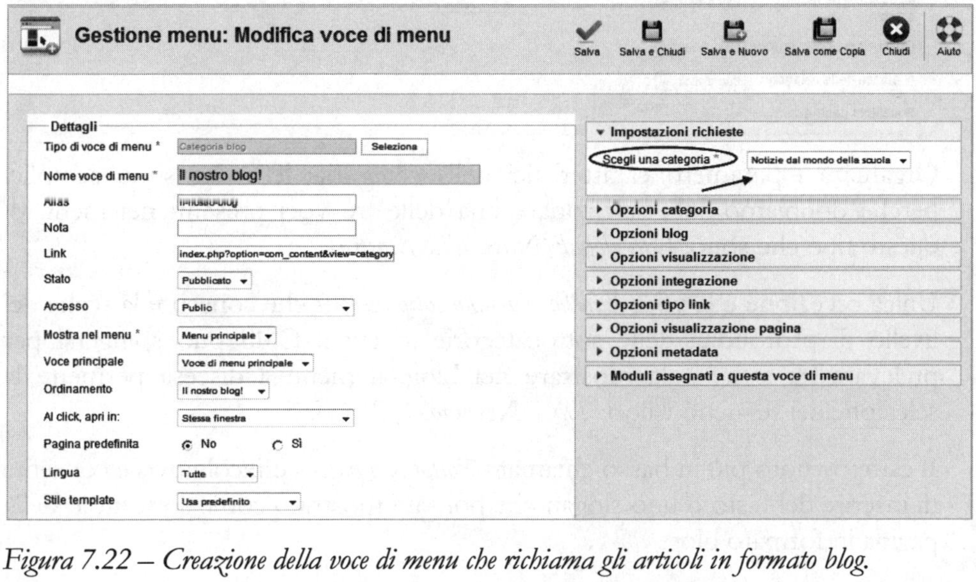

Figura 7.22 – Creazione della voce di menu che richiama gli articoli in formato blog.

Prima di proseguire, può valere la pena ricordare che un blog ha una particolare struttura schematica che permette di mettere in evidenza gli articoli più recenti, suddivisi per categorie e disponendoli in modo sequenziale per ordine di tempo.

La creazione di una pagina in formato blog inizia con la creazione di una nuova voce di menu; per questo esempio abbiamo scelto di creare una voce di menu con tipologia *Categoria blog*; sostanzialmente però, possiamo anche utilizzare altre modalità che permettano di agire opportunamente sui parametri che influenzano la visualizzazione degli articoli.

Impostazioni richieste

Si tratta del primo pannello che possiamo anche vedere indicato nella figura 7.22; da qui possiamo selezionare la categoria dalla quale Joomla deve attingere gli articoli da visualizzare nel blog.

Opzioni categoria

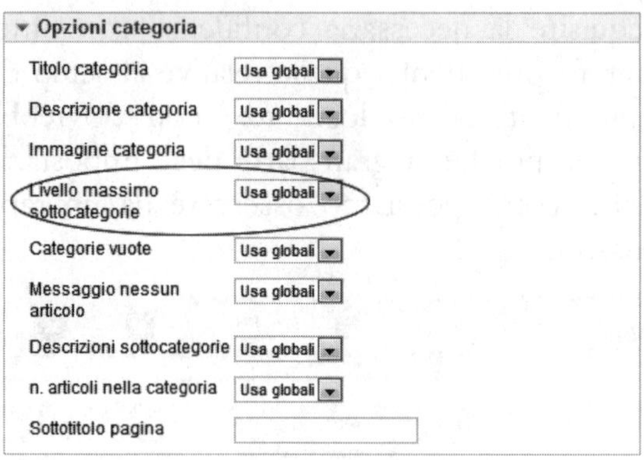

Organizza i parametri caratteristici della categoria; le scelte sono semplici perché dobbiamo solo selezionare una delle tre voci presenti nei menu di questo tipo che sono: *Usa globali*, *Nascondi* e *Mostra*.

Unica eccezione è la voce *Livello massimo sottocategorie* che consente la scelta del livello di profondità delle sottocategorie in cui il CMS può spingersi per prelevare gli articoli da mostrare nel blog; il menu a discesa permette la selezione dei seguenti valori: *Tutte*, *Nessuna*, *1*, *2*, *3*, *4*, *5*.

Il campo vuoto più in basso chiamato *Sottotitolo pagina* è facoltativo e consente di inserire del testo o uno slogan che poi sarà mostrato come sottotitolo della pagina in formato blog.

Opzioni blog

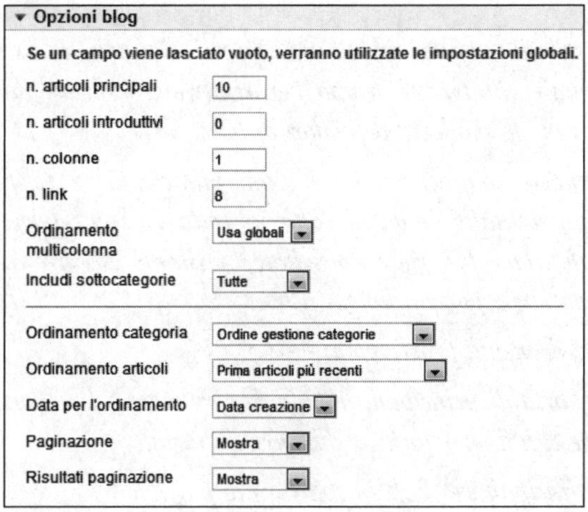

Come possiamo osservare questo pannello è del tutto simile a quello chiamato *Opzioni layout* che abbiamo esaminato dettagliatamente nel paragrafo precedente relativamente al setup della home page del sito (pagina 227).

Con le impostazioni mostrate nella figura in alto avremo che all'interno della pagina del blog saranno presenti anche le sottovoci necessarie a richiamare direttamente le altre categorie eventualmente utilizzate per separare i contenuti; per ciascuna di queste, la visualizzazione sarà del tutto uguale a quella della pagina principale che mostra una lista di 10 articoli principali disposti ordinatamente su una colonna.

Pannelli comuni

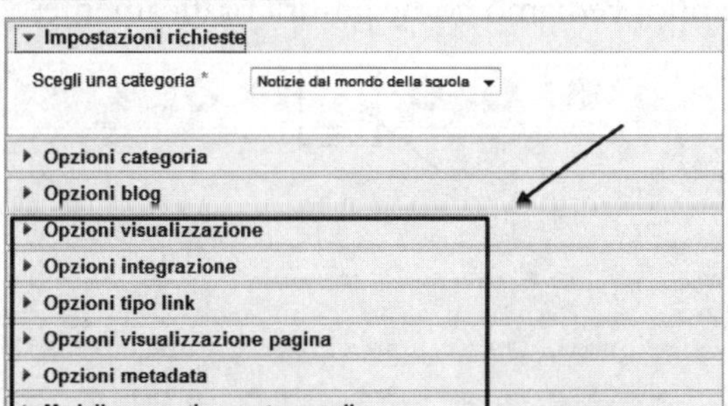

I rimanenti pannelli sono gli stessi che abbiamo già esaminato in altre aree del CMS; essi servono a gestire le impostazioni più generiche riguardanti le modalità di visualizzazione degli articoli.

Esercizio consigliato

Per comprendere appieno le possibilità offerte da tutta questa notevole massa di impostazioni, sarebbe utile impegnare un po' di tempo per riuscire a provare diverse combinazioni di impostazioni operando la modifica dei valori di base.

Dopo qualche prova potremo prendere confidenza con i setup più classici e verificare immediatamente il risultato ottenuto visualizzando di volta in volta la home page; tra l'altro, se lavoriamo su server locale, come più volte consigliato, possiamo eseguire queste prove in maniera proficua e senza doverci esporre a lunghe attese.

Per esempio, utilizzando nuove voci di menu, proviamo a:

1. *creare una home page con 4 articoli principali, 1 sola fila composta da 2 articoli secondari disposti su 2 colonne e, infine, 4 link in chiusura di pagina.*
2. *creare un blog con 8 articoli principali e 4 link in chiusura di pagina.*

❖ Gestione degli articoli archiviati

Per tutti i siti, prima o poi, si pone il problema della sistemazione dei contenuti pubblicati man mano che essi divengono obsoleti; ovviamente non è possibile pensare di tenerli tutti in linea mettendoli in coda a quelli più recenti perché il CMS si potrebbe rallentare a causa del numero esagerato di pagine che sarebbe costretto a gestire. Inoltre l'utente stesso avrebbe notevoli difficoltà a recuperare quegli articoli cui è interessato.

Per fortuna Joomla dispone di un efficace sistema di archiviazione che ci permette di sistemare gli articoli da conservare in maniera molto efficace, suddividendoli per mese e per anno; vediamo come gestirli praticamente.

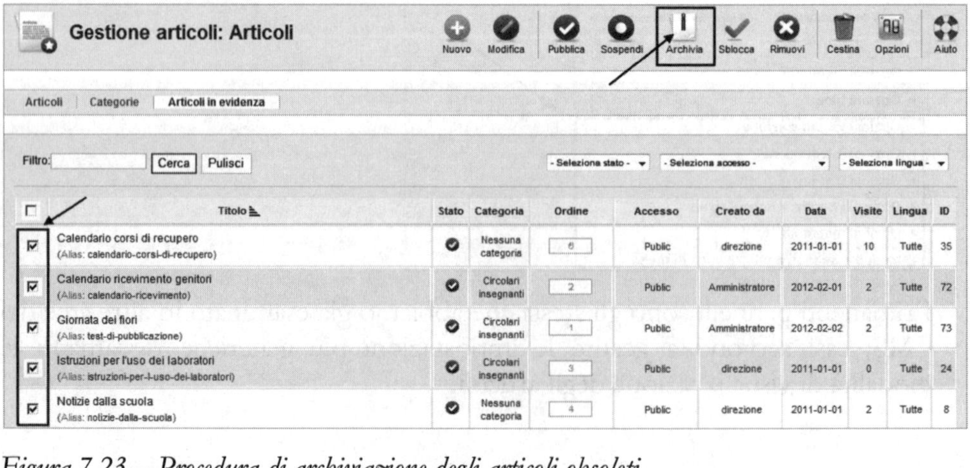

Figura 7.23 – Procedura di archiviazione degli articoli obsoleti.

1. **Archiviare gli articoli** – È una semplice operazione, squisitamente manuale, che possiamo effettuare in questa maniera:
   a. richiamiamo la lista degli articoli dal menu *Contenuti → Gestione articoli*;
   b. tramite i checkbox, selezioniamo tutti gli articoli da archiviare;
   c. clicchiamo sul pulsante *Archivia* nella pulsantiera principale.
2. **Richiamo degli articoli archiviati dal backend** – Per visualizzare l'elenco degli articoli archiviati dobbiamo selezionare la voce *Archiviato* dal menu *Seleziona stato* (figura 7.24). In caso di necessità, dal pannello che visualizza la lista degli articoli archiviati, possiamo riuscire a pubblicarli nuovamente tornando a selezionarli e cliccando poi sul pulsante *Pubblica.*

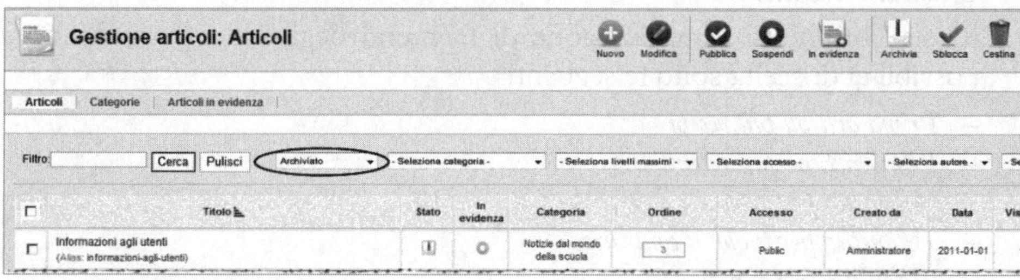

Figura 7.24 – Richiamo veloce degli articoli archiviati.

3. **Creazione della nuova voce di menu** – Ovviamente la sorte degli articoli archiviati non è quella di rimanere immobili nel database per non essere mai più richiamati; Joomla li conserva separandoli per data.

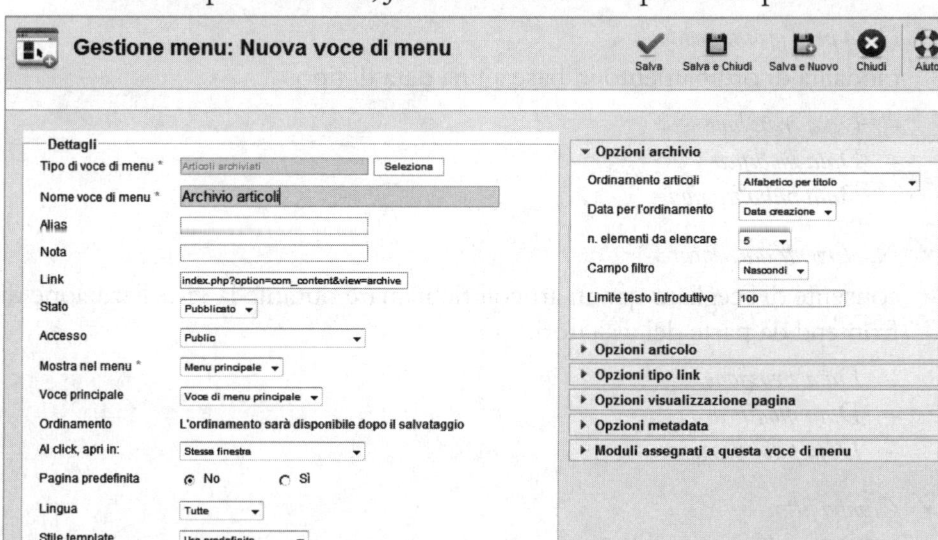

Figura 7.25 – Impostazione della voce di menu per l'archivio degli articoli.

Pertanto possiamo riuscire a richiamarli dal frontend creando un'apposita voce di menu e selezionando dal solito pannello *Tipo di voce di menu* (figura 7.18) l'opzione *Articoli archiviati.*

Inoltre, come vedremo a breve, tra le estensioni di sistema, esiste anche un apposito modulo che permette di mostrare la lista dei mesi nei quali il CMS archivia i contenuti, oramai obsoleti, pubblicati in quelle date.

La nuova voce di menu che serve a richiamare tutti i contenuti archiviati dispone di un suo pannello personalizzato per il setup che è chiamato *Opzioni articolo* (figura 7.25); questo include i seguenti parametri:

✓ *Ordinamento articoli*

regola l'ordine di visualizzazione di frontend degli articoli archiviati; le possibilità di scelta sono le seguenti:

- *Prima articoli più vecchi*
- *Prima articoli più recenti*
- *Alfabetico per titolo*
- *Alfabetico per titolo al contrario*
- *Alfabetico per autore*
- *Alfabetico per autore al contrario*
- *Più visitati*
- *Meno visitati*
- *Ordinamento*

✓ *Data per l'ordinamento*

modalità di ordinamento in base a una data di tipo:

- *Data creazione*
- *Data modifica*
- *Data pubblicazione*

✓ *N. elementi da elencare*

consente di scegliere quanti articoli richiamare durante la visualizzazione di frontend da parte dei visitatori;

- *Data creazione*
- *Data modifica*
- *Data pubblicazione*

✓ *Campo filtro*

nella visualizzazione di frontend mostra un campo che permette di filtrare i contenuti in base al titolo, l'autore e le visite.

✓ *Limite testo introduttivo*

è un campo che permette di definire quanti caratteri mostrare nell'introduzione degli articoli quando sono richiamati dalla voce di menu.

Le impostazioni presenti nei restanti pannelli scorrevoli non presentano alcuna novità rispetto a quelle già esaminate per le modalità di richiamo dei normali articoli. Nella figura 7.26 ecco come appare, dal frontend, la pagina con i contenuti archiviati; da notare la troncatura del testo al limite dei 100 caratteri come da impostazione del campo *Limite testo introduttivo.*

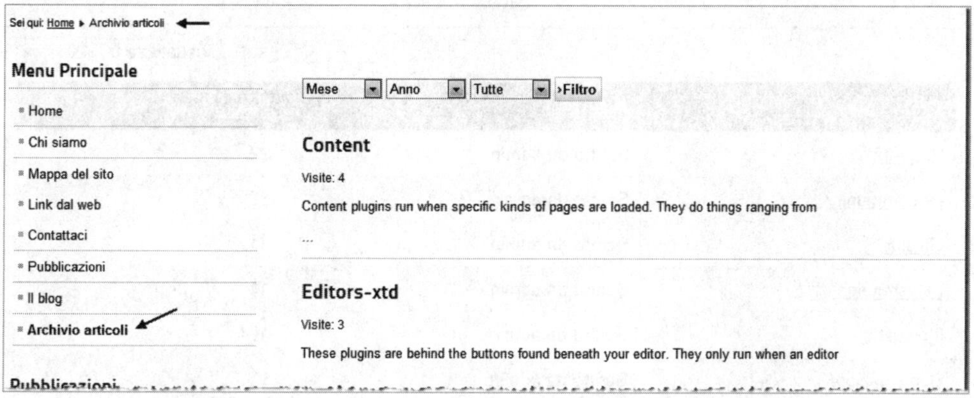

Figura 7.26 – Aspetto dei contenuti archiviati dopo essere stati richiamati dal frontend.

Aggiungere un modulo per gli articoli archiviati

Infine non resta che segnalare la possibilità di attivare un modulo molto indicato per essere utilizzato nella pagina che visualizza gli articoli; si tratta di un'estensione già presente nell'installazione base e si chiama: *Articoli archiviati.*

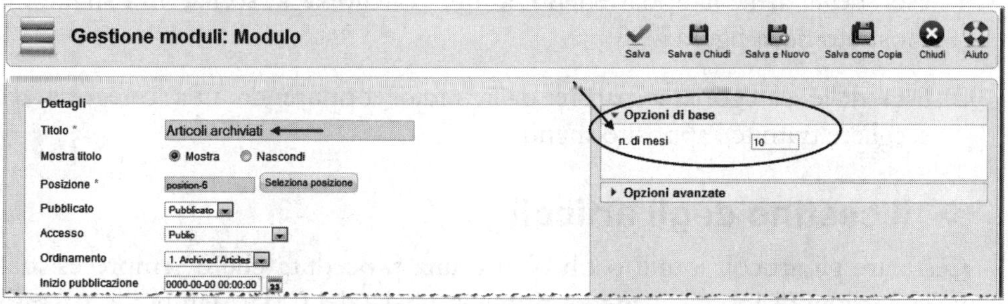

Figura 7.27 – L'unica impostazione presente nel modulo Articoli archiviati.

Il modulo, una volta attivato in una delle posizioni disponibili del template, mostra la lista dei mesi con gli articoli archiviati; le impostazioni si riducono alla sola scelta del numero dei mesi da mostrare (figura 7.27).

❖ Richiamare liste di articoli

Le liste di articoli sono molto comode perché ci consentono di richiamare un numero consistente di articoli in forma compatta all'interno di una tabella nella quale, al volo, possiamo anche scegliere l'ordinamento preferito.

Infatti, i nomi delle colonne sono cliccabili e permettono di disporre gli elementi della tabella secondo un ordine crescente o decrescente; per esempio il click sul titolo della colonna *Visite* (figura in basso) produce un elenco con i numeri crescenti mentre un nuovo click li dispone in ordine decrescente.

Visualizza n. 20

Titolo	Autore	Visite
Usabilità	Scritto da admin	22
La community	Scritto da admin	12
Gli aiuti	Scritto da admin	11
Le estensioni	Scritto da admin	11
Il progetto	Scritto da admin	10
Come iniziare	Scritto da admin	9
Esempi reali	Scritto da admin	8

Figura 7.28 – Aspetto di un elenco di articoli in forma tabellare.

In fase di impostazione della voce di menu, abbiamo la possibilità di scegliere tra una delle seguenti due soluzioni:

1. lista degli articoli appartenenti a una categoria a scelta; il risultato è mostrato nella figura 7.28;
2. lista delle categorie a partire dalla radice oppure da una categoria da scegliere tramite l'apposito menu.

❖ Il cestino degli articoli

Cestinare gli articoli inutili o obsoleti è una procedura che è sempre esistita nelle versioni di Joomla e ancora prima in quelle del CMS Mambo; in passato essa poteva essere gestita da due diverse voci all'interno del menu dei contenuti e in quello utilizzato per i menu.

Dalla versione 1.6, il *Cestino* di Joomla ha subìto qualche modifica che non ha riguardato le funzionalità quanto le modalità di richiamo.

Attualmente la procedura di cancellazione prevede le seguenti fasi:

1. Scegliamo la voce di menu *Contenuti* → *Gestione articoli* e selezioniamo, tramite il solito checkbox, gli articoli da cancellare.
2. Clicchiamo sul pulsante *Cestina* come mostrato nella figura in basso.

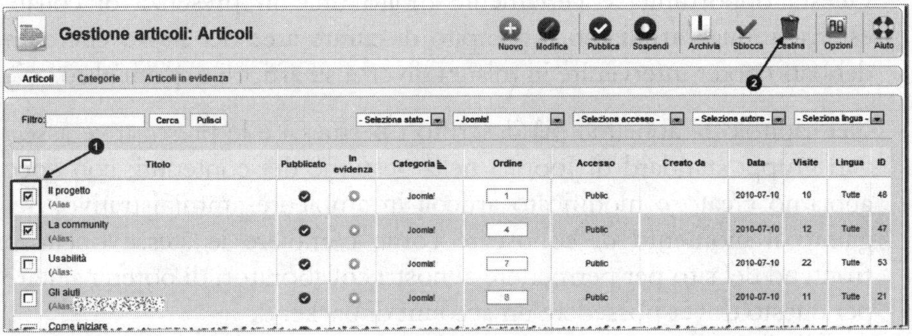

3. Dopo l'operazione precedente gli articoli scompaiono dall'elenco ma non vengono ancora eliminati definitivamente; infatti, la procedura prevede la possibilità di un ripensamento e quindi un modo per recuperarli.
4. Per visualizzare gli articoli cancellati, dobbiamo scegliere dal menu a discesa *Seleziona stato* la voce *Cestinato*, come mostrato nella figura seguente.

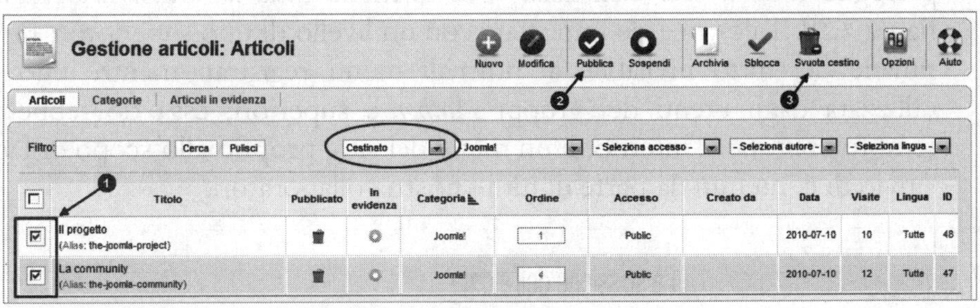

A questo punto, dopo aver selezionato gli articoli (freccia 1), possiamo facilmente ripristinarli cliccando sul pulsante *Pubblica* (freccia 2), oppure eliminarli in modo definitivo cliccando su *Svuota cestino* (freccia 3).

In alternativa, il ripristino di un articolo può anche avvenire cliccando sulla piccola icona a forma di cestino presente nella colonna *Pubblicato* posizionata accanto al nome dei contenuti stessi.

Infine va segnalato che questa stessa procedura riguardante la cancellazione, il ripristino o l'eliminazione definitiva di un elemento è utilizzabile anche in ambiente *Gestione menu*: ovviamente serve per eliminare le voci dei menu e funziona allo stesso identico modo di quello degli articoli appena descritto.

❖ Invio dei contenuti dal frontend del sito

Qualsiasi gruppo utenti di Joomla, in possesso dei giusti permessi, può operare direttamente dal frontend nella scrittura, nell'invio di articoli e contenuti di vario tipo, senza per questo dover accedere al backend del sito.

Questa opportunità è certamente molto utile in presenza di collaboratori esterni ai quali affidiamo il compito di curare aree del sito o che comunque debbano poter intervenire in misura diversa su articoli e quant'altro.

Nel capitolo 5, abbiamo già descritto i permessi e le prerogative assegnate ai vari gruppi standard di Joomla nella gestione dei contenuti; con l'occasione abbiamo creato e modificato articoli in ambiente amministrativo, ma ora è giunto il momento di conoscere come compiere le stesse operazioni dal frontend del sito per permettere ai nostri collaboratori di poterci aiutare senza per questo dover possedere un account di backend.

Chi può accedere alla creazione di un nuovo articolo

Con le autorizzazioni globali di default, quest'azione può essere compiuta da chiunque appartenga a un gruppo *Author* o superiore.

L'utente che effettua il login al sito può accorgersi di possedere questo tipo di prerogativa dalla presenza della voce di menu *Invia un articolo* mostrata nella figura 7.29. Tale voce, se impostata con un livello di tipo superiore a *Registered*, rimane del tutto invisibile ai normali utenti registrati mentre può essere utilizzata dagli utenti dei gruppi *Author* e superiori; essa dovrebbe essere sempre prevista all'interno di un menu del sito, proprio allo scopo di facilitare l'invio di contenuti da parte di tutti i nostri collaboratori.

Figura 7.29 – Il link visibile ai gruppi che possono creare nuovi contenuti dal frontend.

Se l'utente oltre a poterle inviare è anche autorizzato ad apportare modifiche, egli vedrà la piccola icona a forma di matita posta nella parte alta del contenuto, accanto alle icone di stampa e PDF (figura 7.29).

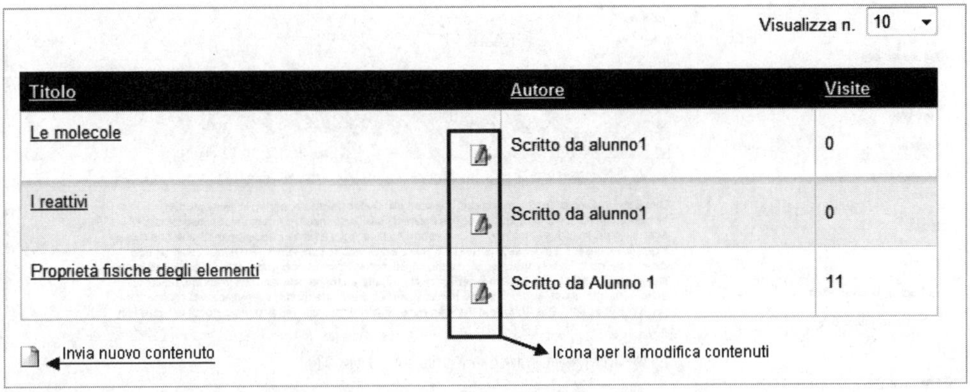

Figura 7.30 – Vista degli elenchi con la possibilità di inviare ed editare articoli.

Anche richiamando un normale elenco di articoli appare evidente a quali di essi può accedere un utente loggato che abbia le relative autorizzazioni; per esempio nella figura in alto possiamo osservare che la persona loggata ha la possibilità di modificare i contenuti evidenziati dal riquadro perché ne è l'autore oppure perché ha specifiche autorizzazioni; inoltre può anche inviare nuovi articoli.

L'ambiente per l'editing di frontend

Scrivere un nuovo articolo o modificare uno già esistente non comporta grossi problemi perché l'interfaccia è molto chiara e semplice; esaminiamola con cura facendo riferimento alla figura 7.31.

L'ambiente di editing presenta le stesse impostazioni presenti nel backend; però teniamo presente che alcune di esse, per ovvi motivi, non sono accessibili a tutti i gruppi, come per esempio il campo *Stato* (indicato dalla freccia) con il quale possiamo cambiare lo stato dell'articolo in uno dei seguenti modi: *Pubblicato*, *Sospeso*, *Archiviato* e *Cestinato*.

Infatti, i gruppi come gli *Author* e gli *Editor* o i due gruppi *alunni* del nostro esempio, con le autorizzazioni di base, non visualizzano questo menu e quindi non possono pubblicare direttamente un articolo ma devono attendere che questo lavoro sia compiuto da qualcuno appartenente ai gruppi di livello più alto in possesso di questo tipo di permesso.

Nella figura 7.31, possiamo osservare il pannello di creazione e modifica di un articolo da parte dell'utente appartenente al gruppo dei *docenti moderatori;* a questo, nel nostro esempio, abbiamo assegnato permessi per la *creazione*, *eliminazione*, *modifica*, *modifica stato* e *modifica degli elementi propri* necessari per operare la moderazione dei contenuti inviati dagli alunni.

Figura 7.31 – Aspetto dell'editor di frontend per la modifica e l'invio di contenuti.

Una buona pratica da non dimenticare è quella di completare la procedura di creazione o di modifica dei contenuti, utilizzando sempre il pulsante *Salva.*

In alternativa se desideriamo abbandonare l'operazione, dobbiamo sempre cliccare sul pulsante *Annulla* che ci permette di chiudere correttamente l'articolo senza apportare alcuna modifica.

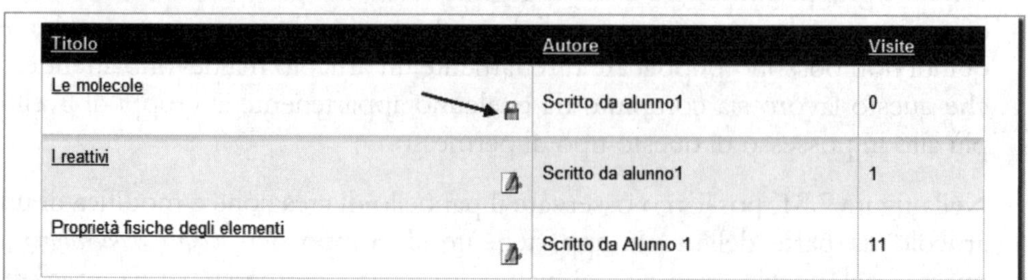

Figura 7.32 – L'icona a forma di catenaccio che segnala la chiusura impropria dell'articolo.

L'azione di chiusura impropria, invece, sarebbe considerata dal sistema come se il contenuto fosse ancora in uso da parte dell'utente e, per questo motivo, sarebbe messo in stato di *checkin*; Joomla ci avvisa dell'esistenza di questo problema inserendo una piccola icona a forma di catenaccio, collocata prima del nome dell'articolo, come mostrato nella figura 7.32.

Lo stato di checkin andrebbe sempre risolto perché potrebbe pregiudicare future operazioni di modifica da parte di altri utenti e, in ogni caso, costringe l'amministratore (o chi per lui) a eseguire lo sblocco manuale richiamando l'apposita voce dal menu *Sito → Manutenzione → Controllo globale → Sblocca.*

❖ Utilizzo del testo segnaposto

Tutti quelli che hanno già provato a installare Joomla senza i contenuti dimostrativi si sono certamente resi conto di come il CMS sembri spoglio e insignificante quando mancano le principali voci di menu e senza la presenza di qualche articolo contenente del testo più o meno lungo e ben distribuito; quindi, soprattutto se utilizziamo Joomla per studio o per curiosità, riceviamo degli input poco corretti sulle sue reali e concrete potenzialità e sul modo con cui il CMS è in grado di gestire i contenuti e integrarli con i media.

Tutto ciò è ancora più vero nelle varie possibilità di presentazione degli articoli che prevedono modalità di visualizzazioni abbastanza complesse e articolate come quelle della classica home page e della modalità blog.

Ci occorre quindi trovare del testo lungo a sufficienza, da utilizzare come segnaposto, che possa restituire la stessa resa visiva di un vero articolo con i suoi capoversi e i paragrafi diversi l'uno dall'altro.

La soluzione ci è offerta dal famoso testo *Lorem Ipsum*, composto di parole in latino; questo ha una storia antica nel campo dell'editoria perché fu utilizzato sin dal 1600 nelle arti tipografiche proprio per mostrare stampe campione che potessero dare l'idea del risultato finale ai clienti.

Uno dei migliori siti in grado di offrire un servizio del genere, completamente gratuito, è il seguente:

http://www.lipsum.com

L'utilità pratica di questo testo segnaposto non va sottovalutata perché quando l'avremo impiegato qualche volta, certamente, non ne potremo più fare a meno, soprattutto nelle attività di preparazione di siti da sottoporre all'attenzione dei clienti ai fini dell'approvazione finale.

❖ Contenuti e ACL: considerazioni finali

Capitolo necessariamente corposo questo sui contenuti poiché attorno alla loro gestione ruota gran parte degli utilizzi di questo CMS; infatti, abbiamo esaminato gli aspetti tecnici del loro impiego e le varie modalità di creazione, modifica e gestione degli articoli anche tramite esempi pratici.

Riuscire a ottenere grandi risultati dal nostro sito Joomla significa comprendere a fondo non solo come ottenere una suddivisione organica per categorie degli articoli, ma anche saper utilizzare i vari meccanismi che regolano il flusso dei contenuti assieme alle possibilità di accesso e fruizione da parte degli utenti.

La gestione degli articoli rappresenta il vero campo di prova dove riuscire a testare le grandi possibilità del nuovo sistema di controllo degli accessi di Joomla 2.5. Purtroppo, in questa sede, non è certamente possibile arrivare a descrivere tutti i possibili utilizzi delle ACL, poiché le modalità di setup sono in diretta relazione alle reali esigenze di ognuno di noi.

Nel presente capitolo abbiamo descritto come impostare i permessi assegnati a quattro gruppi diversi, facendo in modo che solo alcuni gruppi potessero compiere l'introduzione di nuovi contenuti e le relative modifiche o cancellazioni. Partendo da questa base, non dovrebbe essere difficile arrivare a ottenere nuove impostazioni che vadano bene anche per aziende, club ecc.

Infatti, nel nostro esempio, portato avanti sin dal capitolo della *Configurazione globale*, abbiamo preso come spunto il caso più generico di una scuola con quattro settori separati dal nome *Direzione*, *Insegnanti* e *due laboratori* a utilizzo diretto di due gruppi di alunni; la configurazione dei permessi è stata eseguita sulla base delle seguenti richieste che possono essere facilmente replicate e adattate anche per altre realtà:

- ✓ apertura di quattro categorie di contenuti nelle quali pubblicare articoli attinenti a ciascuna area della scuola;
- ✓ alcuni contenuti devono poter rimanere pubblici ossia visibili a tutti mentre altri devono essere riservati solo ai gruppi cui sono destinati;
- ✓ uno o più utenti devono poter introdurre nuovi contenuti, gestirli in modo autonomo, inclusa la cancellazione, senza che vi siano interferenze da parte di collaboratori di altre aree.

Tenuto conto di questo tipo di esigenze, abbiamo esaminato come impostare i permessi da assegnare a ognuno dei gruppi, con particolare riguardo a ciascuna delle quattro categorie di contenuti, dove solo il gruppo della direzione è stato autorizzato alle modifiche e al caricamento di nuovi articoli.

Il tipo di utilizzo appena proposto, a guardare bene, può essere quello più richiesto perché si adatta a molti impieghi; infatti, permette la completa gestione degli articoli situati in categorie diverse senza creare conflitti tra i collaboratori delle varie aree.

Inoltre, possiamo aggiungere che per chi ha eseguito tutti i passaggi del nostro esercizio dovrebbe essere davvero molto semplice riuscire ad apportare delle piccole variazioni sul tema che permettano di utilizzare le stesse impostazioni in ambienti di tipo diverso.

Dopo qualche prova, certamente tutto sembrerà più semplice e la sequenza delle procedure necessarie quasi ovvie; ma per arrivare a questo occorre arrivare a possedere una certa esperienza che può essere ottenuta solo testando più volte, in modo pratico, le varie combinazioni possibili.

Il tipo di [illegible] proposto a questo [illegible] può essere [illegible] anche [illegible] adattato [illegible] modelli [illegible] la complessità [illegible] in categorie [illegible] come [illegible] collaborazione delle [illegible].

Inoltre possiamo [illegible] che [illegible] seguente [illegible] essere [illegible] sempre [illegible] della piccole variazioni [illegible] come che [illegible] di utilizzare le [illegible] di tipo [illegible].

Dopo [illegible] più semplice [illegible] questa [illegible] necessario [illegible] per [illegible] a possedere [illegible] che [illegible] essere [illegible] per [illegible].

8

La gestione dei media

Contenuto del capitolo

Le potenzialità di Joomla non si fermano alla gestione del semplice testo, infatti, tra le sue potenzialità di base può arrivare a gestire immagini e filmati senza problemi all'interno dei normali contenuti pubblicati. Inoltre Joomla è in grado di sfruttare i benefici che derivano dall'impiego dei link verso i Social Network che oggi rappresentano un mezzo indispensabile per acquisire visibilità e richiamare traffico verso il nostro sito.

Non è una novità che l'impiego dei media più diversi all'interno delle pagine web di un sito rappresenti un elemento da non trascurare per chiunque si occupi di comunicazione sul web; che egli sia un webmaster professionista o il curatore di piccoli siti scolastici o aziendali non importa: l'ordine imperativo è quello di riuscire ad attrarre e coinvolgere i propri visitatori con materiali che vadano oltre la semplice pubblicazione di testi frammezzati da qualche semplice immagine.

Joomla sembra fatto proprio per questo! Gestisce con molta naturalezza i vari formati multimediali e ne permette l'uso all'interno dei propri contenuti; in questo capitolo vedremo proprio come sfruttare queste prerogative per imparare a gestire al meglio alcuni dei formati multimediali più richiesti del momento non dimenticando l'impiego di estensioni esterne che permettono di implementare *Facebook* nelle nostre pagine.

❖ Il centro multimediale di Joomla

Joomla dispone di un pratico centro di controllo che permette la rapida gestione di tutti i media da utilizzare nei contenuti o in altri componenti; il suo utilizzo è molto semplice, iniziamo scegliendo la seguente voce di menu:

Contenuti → Gestione media

Subito dopo ci appare il pannello di controllo di tutte le attività che abbiamo suddiviso per aree numerate per un'immediata individuazione (figura 8.1).

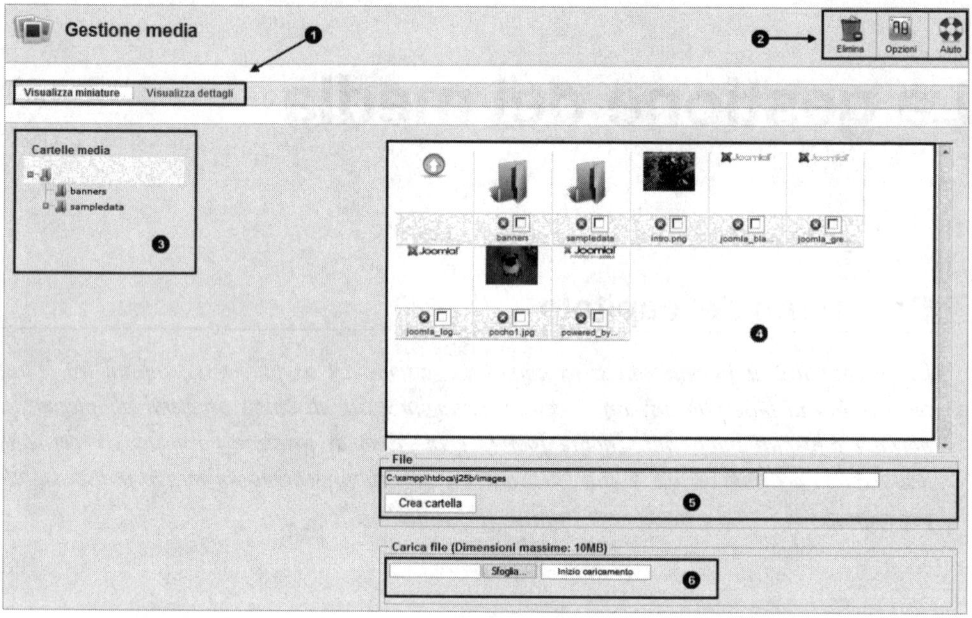

Figura 8.1 – Il pannello di controllo che permette la completa gestione dei media.

1. Schede di visualizzazione

Include due schede (*tab*) che mostrano la stessa cosa ma in modo diverso; nella modalità *Visualizza miniature* troviamo i contenuti della cartella *images* sotto forma di piccole icone (figura 8.1), mentre in *Visualizza dettagli* abbiamo sempre gli stessi elementi ma questa volta inseriti in una tabella che riporta sia il peso sia le dimensioni in pixel delle immagini (figura 8.2).

Quest'ultima forma è da preferire perché ci permette di conoscere subito dimensioni e peso degli elementi che desideriamo introdurre nei contenuti.

2. Pulsantiera principale

A parte quello per l'aiuto, in quest'area troviamo i seguenti due pulsanti:

- ✓ *Elimina*: consente la cancellazione di un elemento in precedenza selezionato tramite il solito checkbox presente sotto ciascuna icona. Facciamo attenzione al fatto che questa operazione non è annullabile come accade con le voci di menu e con i contenuti, infatti, l'icona si chiama Elimina e non Cestina come accade nei due casi appena citati.
- ✓ *Opzioni*: meritano certamente una particolare attenzione poiché riguardano le modalità di gestione dei nostri file; ci occuperemo di queste nel paragrafo seguente, non appena avremo completato la descrizione delle caratteristiche generali di questo pannello *Gestione media*.

3. Blocco Cartelle

In questo blocco troviamo tutte le directory contenenti i media, disposte in una configurazione ad albero; ogni directory può essere aperta per selezionare e mostrare il contenuto nel corpo centrale del pannello, fino alla completa visualizzazione di tutte le diramazioni esistenti.

4. Blocco del Corpo principale

È l'area dove sono visualizzati tutti i file caricati per essere impiegati all'interno dei vari articoli e contenuti; nella figura in basso possiamo osservare tale area in modalità *Visualizza dettagli*.

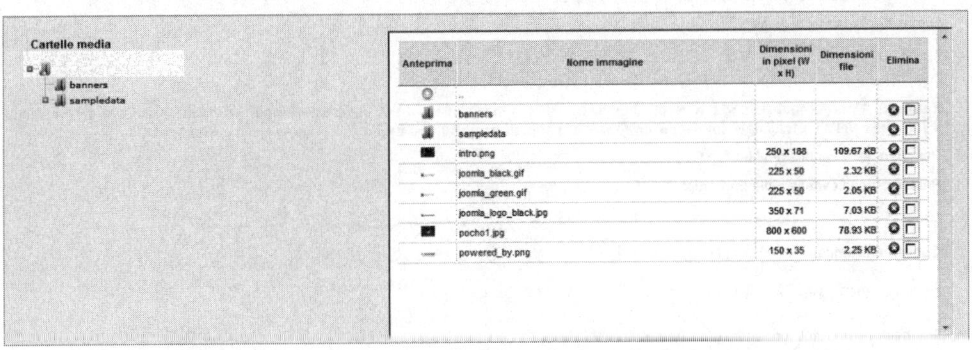

Figura 8.2 – Lo stesso pannello precedente in modalità Dettagli.

Come possiamo vedere, anche in questo caso, ogni elemento possiede un proprio checkbox da utilizzare per la cancellazione di più file e di un piccolo pulsante rosso con il simbolo '*x*' al centro che, invece, consente l'eliminazione immediata, senza alcuna possibilità di recupero.

5. Blocco File

Agendo sul pulsante *Crea cartella*, avvia la creazione di una nuova directory; inoltre, nell'apposito campo, mostra il percorso dell'elemento che abbiamo selezionato nell'area principale.

6. Blocco Carica file

Comprende il solito pulsante *Sfoglia* che ci permette di cercare sul nostro disco rigido il file da inviare, come al solito tutta la procedura si completa cliccando sul pulsante *Inizio caricamento*.

❖ Le *Opzioni* per gestire i media

Veniamo adesso al pannello delle *Opzioni* che possiamo raggiungere cliccando sull'omonimo pulsante (figura 8.1); come abbiamo anticipato, questo setup riveste una particolare importanza per la sua caratteristica di permettere, ai gruppi autorizzati che operano dal frontend, l'invio di file nei vari formati mediali previsti proprio in questa configurazione.

È un tipo di impostazione da valutare con la dovuta attenzione soprattutto per le implicazioni che l'invio di tali file, da parte di collaboratori occasionali, può comportare sul piano della sicurezza del sito e di tutto il server; infatti, questa opportunità potrebbe essere sfruttata da qualche malintenzionato per inviare virus o script maligni dagli effetti potenzialmente devastanti.

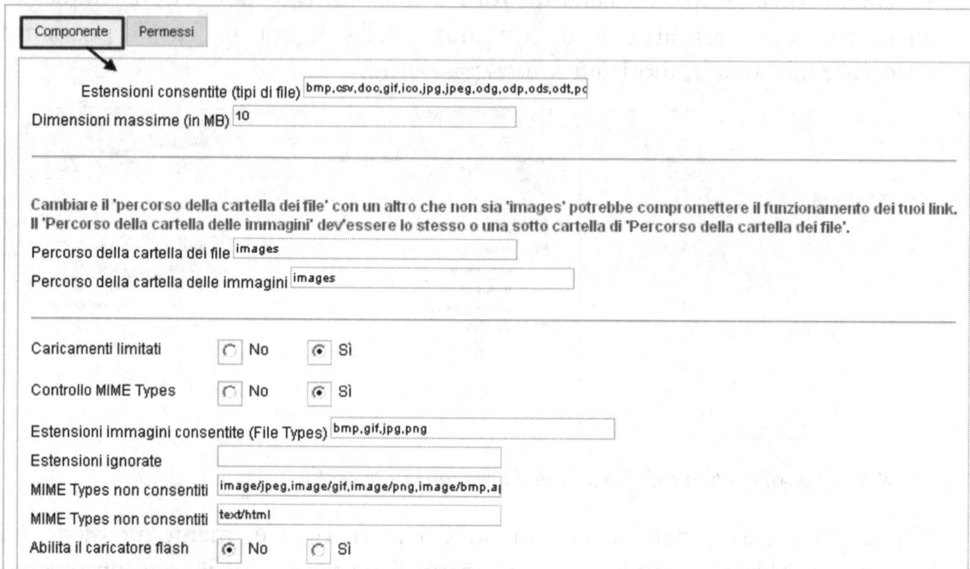

Figura 8.3 – La scheda del pannello Opzioni che riguarda il setup del componente.

Le impostazioni che troviamo nella scheda *Componente* sono le seguenti:

✓ *Estensioni consentite (tipi di file)*

Questo campo contiene una lista precompilata con i formati consentiti; quindi tutti i file con queste estensioni saranno accettati dal CMS.

Ovviamente in questa lista possiamo agire a nostro piacimento (e anche a nostro rischio); infatti, è possibile aggiungere altre estensioni che riguardano nuovi tipi di file che intendiamo utilizzare, così come possiamo cancellare tutte quelle che reputiamo inutili e che certamente non useremo mai.

In base ai valori di default, i tipi di file consentiti sono i seguenti:

```
bmp,csv,doc,gif,ico,jpg,jpeg,odg,odp,ods,odt,pdf,png,ppt,sw
f,txt,xcf,xls,BMP,CSV,DOC,GIF,ICO,JPG,JPEG,ODG,ODP,ODS,ODT,
PDF,PNG,PPT,SWF,TXT,XCF,XLS
```

Come possiamo osservare, le estensioni sono scritte sia con lettere minuscole sia maiuscole in modo che possano essere recepite in entrambi i modi; a parte questo, ci possiamo rendere conto dell'abbondanza dei formati in grado di accontentare una vasta gamma di utenti, infatti sono inclusi tutti quelli più utilizzati e noti:

Estensioni di formati grafici: **bmp**, **gif**, **ico**, **jpg**, **jpeg**, **png**, **odg** (*Open Document Graphics prodotto dal Draw di Open Office*), **odp** (*Open Document Presentation prodotto da Impress*), **ppt** (*Microsoft PowerPoint*), **swf** (*Flash*), **xcf** (*eXperimental Computing Facility prodotto dal programma grafico Gimp*).

Estensione di formati testuali: **csv**, **doc** (*Microsoft Word*), **ods** (*Open Document Spreadsheet prodotto dal Calc di Open Office*), **odt** (*Open Document Text prodotto dal Writer di Open Office*), **xls** (*Microsoft Excell*) e infine il classico formato **pdf** destinato all'archiviazione di documenti di vario tipo.

✓ *Dimensioni massime in Mb*

Definisce il peso massimo del file da inviare. Il valore di default già presente è di 10 Mb; potrebbe sembrare poco ma, nella gran parte dei casi, è più di quello che serve anche perché l'inoltro di file da una normale pagina web potrebbe essere condizionato dalle direttive dei normali server condivisi.

Questi ultimi, infatti, per evitare rallentamenti dovuti a carichi di lavoro eccessivamente pesanti, utilizzano impostazioni che limitano le dimensioni dei file che possono essere inviati via browser; pertanto, in caso di dubbi, potrebbe essere utile interpellare l'assistenza del nostro hosting per ricevere notizie certe su questo tipo di parametro in modo da ridurlo, anche per motivi di sicurezza, al minimo indispensabile. In ogni caso, l'impiego di file particolarmente pesanti è sempre possibile perché essi possono essere inviati utilizzando un normale programma FTP che li collochi nella stessa cartella images; il risultato ottenuto è sempre lo stesso perché i file saranno comunque disponibili, al pari degli altri.

✓ *Percorso della cartella dei file*

Si tratta di un campo modificabile che riporta il nome della cartella dove saranno sistemati i file caricati tramite il pannello di *Gestione media*. Essendo un campo modificabile ci permette di scegliere una destinazione diversa per i nostri media ma bisogna fare attenzione a non cancellare la directory base chiamata images perché alcune estensioni di terze parti potrebbero far riferimento a essa per il caricamento dei propri file di servizio e, in sua assenza, andare in errore.

✓ *Caricamenti limitati*

Permette di limitare il caricamento delle immagini da parte di utenti con permessi inferiori a quelli assegnati al gruppo *Manager*. Ciò avviene per motivi di sicurezza solo se il CMS non riesca a effettuare alcun controllo sulla validità delle immagini inviate, a causa della mancata presenza di due librerie che dovrebbero trovarsi sul web server; ognuna di esse è deputata a svolgere proprio questo tipo di lavoro e sono: *Fileinfo* e *Mime Magic*.

✓ *Controllo MIME Types*

Anche questo tipo di impostazione serve a effettuare controlli di sicurezza utilizzando le librerie *Fileinfo* e *Mime Magic*. Possiamo disabilitarla nel caso dovessimo riscontrare errori dovuti al mancato riconoscimento del tipo di file che stiamo tentando di caricare.

✓ *Estensioni immagini consentite (File Types)*

Questo campo lavora in stretta collaborazione con i due precedenti e serve a delimitare con molta precisione il range delle estensioni consentite; quelle presenti di base sono le seguenti: *bmp*, *gif*, *jpg*, *png* e *pdf*; ricordiamoci sempre delle problematiche di sicurezza che incombono, per cui preoccupiamoci di sfoltirle ulteriormente ed evitiamo di aggiungerne di nuove.

✓ *Estensioni ignorate*

Questo campo è utilizzato per limitare il caricamento di file non graditi e serve ad accogliere il nome delle estensioni di file che devono restare esclusi forzatamente da ogni caricamento.

✓ *MIME Types non consentiti e consentiti*

Sono due campi che risultano già impostati con i valori *MIME Types* ottimali; se non sappiamo bene cosa fare è bene non modificare nulla.

Breve approfondimento

MIME è l'acronimo delle parole: *Multipart Internet Mail Extension.* Nel campo delle trasmissioni di dati, come per esempio in quello della posta elettronica e nel normale protocollo *HTTP* che tutti utilizziamo per navigare, è previsto che ogni contenuto sia preceduto da un'istruzione del tipo:

Content-type: oggetto/formato

dove l'oggetto non è altro che una parola chiave che serve a indicare il tipo di file da trattare come *video*, *text*, *image*, *audio* ecc. mentre il formato va a specificare la natura del contenuto stesso, come per esempio *avi*, *html*, *bmp*, *aiff* ecc. In parole povere, ognuna di queste coppie *oggetto/formato* costituisce un *MIME* (*MIME type* o *content-type*); quindi l'insieme di queste informazioni serve a informare la controparte sulla natura del file da inviare in maniera che, ad arrivo ultimato, sappia come utilizzarli.

✓ *Abilita il caricatore Flash*

Tramite questa opzione possiamo abilitare il caricamento dei file utilizzando un'apposita procedura scritta in *Flash*. Essa era presente anche nella versione 1.5 di Joomla ma ha sempre dato qualche problema di funzionamento; ora sembra tutto risolto e pertanto possiamo scegliere di utilizzarlo in maniera conveniente per il caricamento di file multipli.

I permessi della Gestione media

Nella scheda *Permessi* troviamo il solito pannello che permette di modificare le autorizzazioni predefinite per ciascun gruppo.

Per eventuali modifiche, o personalizzazioni dei permessi, il consiglio è di fare sempre riferimento alle impostazioni dei gruppi standard che possono operare dal frontend, quindi creare un gruppo figlio che erediti tutte le prerogative dei genitori e infine modificare solo queste ultime là dove serve.

In questo specifico caso, non c'è molto da fare perché la concessione di autorizzazioni di frontend riguarda soltanto l'operazione di caricamento dei file; mentre, per i gruppi di backend, esse regolano l'accesso alle impostazioni dei media; si tratta comunque di pochi parametri sui quali non dovrebbero sorgere dubbi o particolari difficoltà.

Per esempio, il gruppo degli *Author* possiede come unica prerogativa quella di poter caricare le immagini negli articoli prodotti dai propri utenti; se adesso proviamo a negare anche quest'unica possibilità (figura 8.4), gli stessi utenti *Author* potranno ancora produrre articoli e riuscire a inviarli ma non saranno in grado di caricare alcuna immagine pur rimanendo consentita loro la possibilità di utilizzare tutte quelle già presenti nell'area dei media.

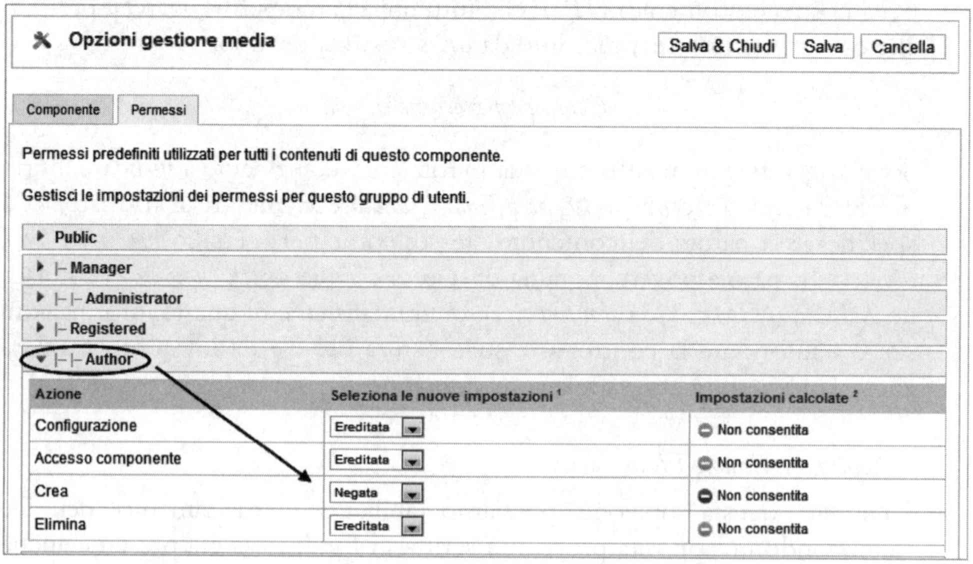

Figura 8.4 – Le semplici impostazioni per il caricamento delle immagini.

❖ Inserire PDF, filmati e Facebook negli articoli

Come abbiamo appena visto, tramite il pannello *Media Manager* possiamo caricare in maniera molto semplice diversi tipi di media; abbiamo anche segnalato che, per impieghi massicci di questa funzione, potrebbe essere utile creare un'apposita cartella all'interno della directory *images* e spedire tutti i file in una volta con un qualsiasi programma FTP come quello che abbiamo imparato a utilizzare durante le fasi iniziali relative all'installazione del CMS.

Comunque sia, adesso i nostri file multimediali si trovano sul server internet e dobbiamo utilizzarli all'interno dei contenuti presentati al pubblico; vediamo come portare a termine questo compito, tenendo presente che tramite l'editor standard, presente nella normale finestra di composizione dei contenuti, potremmo non riuscire a inserirli direttamente in mancanza di un'apposita funzione in grado di riconoscere il particolare formato che vogliamo utilizzare.

Le immagini che mostrano i vari passaggi necessari si riferiscono all'editor *TinyMCE* installato di base su Joomla, impostato in configurazione *Estesa*; infatti, è quella maggiormente indicata per questo tipo di impiego.

Prima di iniziare, dobbiamo compiere un'operazione essenziale, entriamo nel pannello delle *Sito → Configurazione globale → Filtri testuali* e impostiamo l'opzione *Tipo di filtro* relativo al *Super user* e a tutti i collaboratori più fidati, in modalità *Nessun filtro*; se dovessimo scegliere di visualizzare il documento in una finestra popup, questa impostazione eviterà che il codice prodotto per l'apertura della finestra possa essere eliminato al momento del salvataggio a causa dei noti motivi di sicurezza di cui abbiamo già parlato in precedenza.

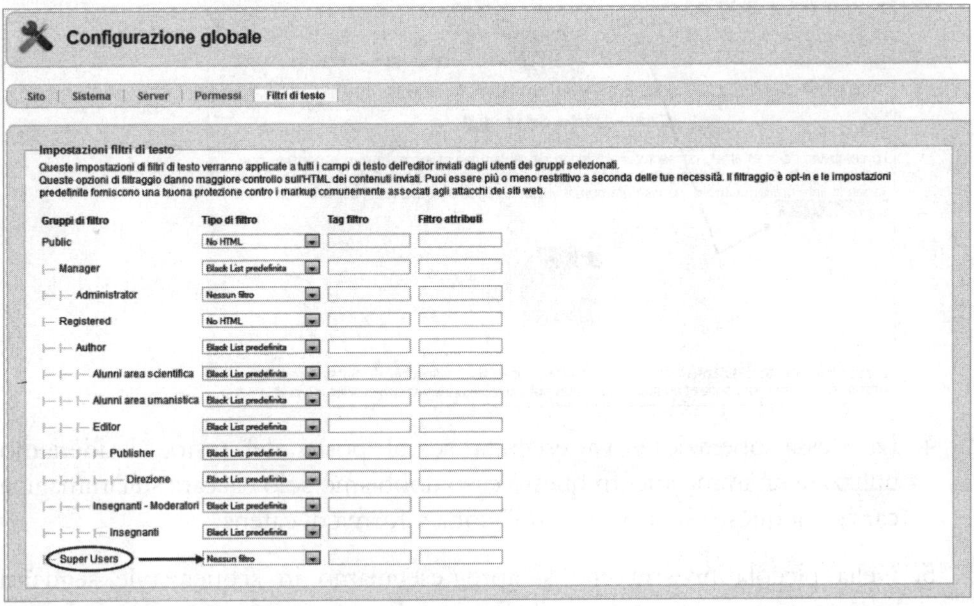

Figura 8.5 – Le impostazioni necessarie per l'inserimento di codice YouTube e Facebook.

Impiego di file in formato PDF

Una delle richieste più frequenti sul forum di *lezionionline.net* è di conoscere come riuscire a rendere disponibile agli utenti un file PDF da mostrare online, all'interno di una nuova finestra.

Iniziamo proprio con questo semplice esempio, descrivendo passo-passo le fasi della procedura necessaria che, peraltro, è anche abbastanza semplice. Partiamo dal presupposto che il file si trovi già sul server e che sia posizionato in un'apposita directory chiamata *pdf*.

Come abbiamo appena detto, il caricamento può avvenire direttamente tramite la *Gestione media* oppure tramite un normale programma FTP; ecco come procedere praticamente:

1. Apriamo l'articolo dove vogliamo creare il link che apra il file PDF.

2. Selezioniamo la parola che servirà a richiamare il documento. In alternativa, possiamo anche utilizzare una piccola immagine che possa svolgere la stessa funzione del testo; a questo proposito ricordiamo che per selezionare una qualsiasi immagine ci basta cliccare una volta su di essa.
3. Con l'immagine o la parola selezionata, clicchiamo sull'icona a forma di catena come mostrato nella figura in basso:

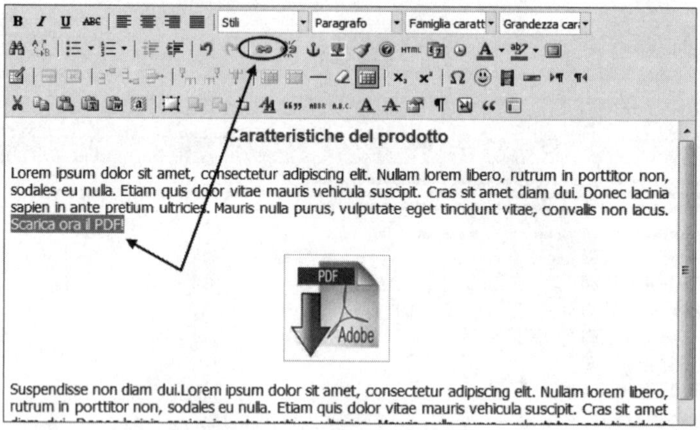

4. La stessa operazione va eseguita se, al posto del testo, desideriamo utilizzare un'immagine. In questo caso dobbiamo solo cliccare sull'immagine caricata a questo scopo e poi sull'icona a forma di catena.
5. Nella piccola finestra che si apre, eseguiamo in sequenza le seguenti operazioni come mostrato nella figura in basso:

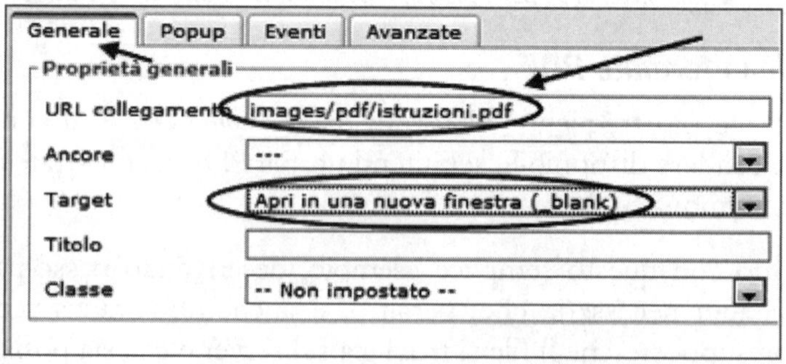

   a. nella scheda *Generale*, nel campo *URL collegamento*, inseriamo l'indirizzo relativo che richiama il file PDF partendo dalla radice di Joomla;
   b. assicuriamoci che il menu a discesa *Target* sia impostato su *Apri in una nuova finestra*; in questo modo saremo sicuri che il PDF sarà aperto in una nuova finestra sopra quella del sito;

c. in alternativa all'apertura di una semplice finestra che finisce certamente con il coprire quella principale, possiamo scegliere di mostrare il file in un popup più piccolo. I dati contenuti nella scheda *Popup* (figura in basso), si riferiscono al setup che permette di aprire un popup delle dimensioni 800 x 600 pixel (ridimensionabile manualmente), più che sufficiente per consentire una lettura agevole del file PDF.

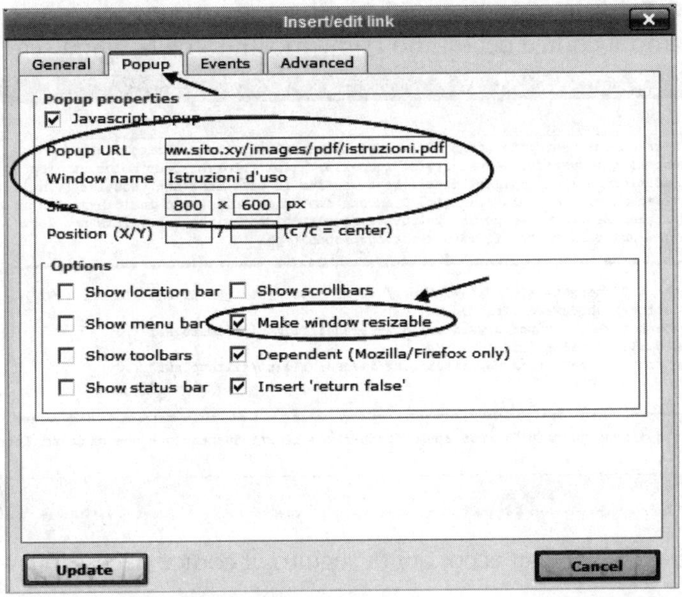

Al termine non ci resta che salvare le impostazioni cliccando sul pulsante *Update* (*Inserisci*), collocato in basso alla finestra di setup; a questo proposito facciamo attenzione all'URL che in questo caso deve risultare di tipo assoluto, cioè scritto per esteso come in questo esempio:

http://www.miosito.xy/images/pdf/istruzioni.pdf

Subito dopo aver salvato anche il nostro articolo, potremo richiamarlo dal frontend per verificare che il file PDF si apra regolarmente.

Impiego di video in formato Flash

In questo caso l'operazione è un po' più complessa della precedente perché vogliamo operare con le sole risorse standard di Joomla e senza l'ausilio di estensioni *ad hoc*; l'obiettivo è dunque quello di poter mostrare un normale filmato in formato Flash all'interno di un articolo di Joomla.

Per compiere questa operazione, per prima cosa dobbiamo caricare il file *.swf* sul server collocandolo in un'apposita cartella in modo da tenere separati elementi diversi; per esempio chiamiamo tale cartella *filmati* e sistemiamola dentro la solita directory *images* che accoglie tutti i media; quindi procediamo con i seguenti passaggi:

1. apriamo l'articolo nel quale inserire il filmato e clicchiamo sull'icona che mostra il codice sorgente (icona *HTML*);
2. all'interno del listato, troviamo il punto in cui inserire il nostro filmato e qui digitiamo il codice necessario come mostrato nella figura seguente:

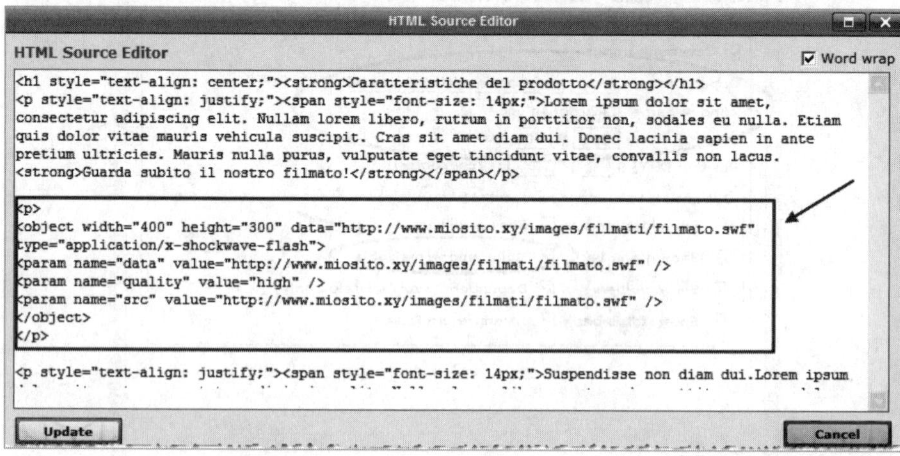

Per maggiore chiarezza ecco, qui di seguito, il codice necessario:

```
<p> <object width="400" height="300" data="http://www.miosito.xy/images/filmati/filmato.swf"
type="application/x-shockwave-flash">
<param name="data" value="http://www.miosito.xy/images/filmati/filmato.swf" />
<param name="quality" value="high" />
<param name="src" value="http://www.miosito.xy/images/filmati/filmato.swf" />
</object> </p>
```

In questo codice possiamo osservare le parti più importanti che sono riportate in grassetto; esse servono a impostare le dimensioni (modificabili) e l'URL assoluto del filmato. Infine, ultimata l'operazione, completiamo tutta la procedura cliccando sul pulsante *Update* dell'*HTML Source editor*; adesso, richiamando l'articolo di frontend, il filmato dovrà essere pronto a essere visualizzato dagli utenti del sito.

Facciamo attenzione al peso del filmato; se il nostro sito risiede su server non molto performanti può essere il caso di non superare i 4/5 Mbyte; infatti sarebbe impensabile caricare file di 70, 80 o 100 Mbyte. Per questo tipo di filmati è d'obbligo utilizzare servizi esterni come YouTube.

Impiego di video YouTube

Il problema maggiore nell'utilizzo dei filmati, soprattutto con l'avvento dell'alta definizione, è quello dell'eccessivo peso dei filmati e del grande consumo di banda che occorre loro per essere visualizzati senza scatti.

Infatti, pensiamo a uno di questi dal peso medio di 50/80 *Mbyte*; se lo carichiamo su un normale server condiviso e poi viene visualizzato da più persone contemporaneamente, rischiamo di mandare al collasso il server o, nella migliore delle ipotesi, accade che nessuno dei nostri visitatori riesca a vederlo senza scatti o lunghe attese.

La soluzione migliore è indubbiamente quella di utilizzare servizi specializzati, come *YouTube*, che possano farsi carico della distribuzione; in genere servizi simili permettono l'upload sui propri server, di filmati dal peso massimo di 2 Gbyte, subito dopo aver effettuato una registrazione personale.

I passaggi necessari sono i seguenti:

1. dopo esserci registrati e aver caricato il nostro filmato sui server di YouTube o di altri servizi similari, apriamo la pagina con il nostro filmato;
2. clicchiamo sull'apposito pulsante per farci mostrare il codice necessario da importare sul nostro sito (figura in basso);

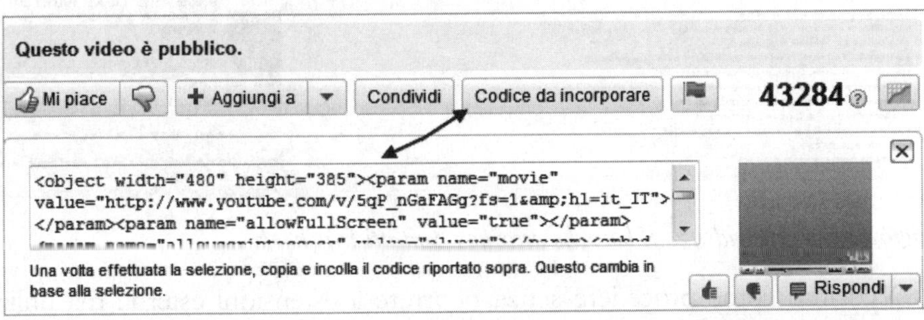

3. dopo aver copiato il codice, non dobbiamo fare altro che incollarlo in un contenuto Joomla, nel punto dove desideriamo mostrarlo, seguendo le stesse istruzioni fornite per il filmato Flash, riportate al punto 2;
4. salvato l'articolo, possiamo richiamarlo dal frontend per verificare se il filmato si apra correttamente; se non dovessimo vedere nulla, è possibile che nel processo di copia e incolla, si sia persa qualche porzione di codice e quindi sia necessario ripetere tutta l'operazione ex novo.

Non scoraggi i principianti il fatto di dover operare a livello di codice sorgente perché questo tipo di operazione ci permette di accumulare pratica e di acquisire tutta l'esperienza necessaria a risolvere situazioni simili in futuro.

Creare un modulo Mi piace *per Facebook*

Per qualsiasi sito che desideri aumentare il proprio traffico, lo strumento più interessante del momento è senza dubbio Facebook; la sua enorme diffusione e popolarità lo rendono lo strumento ideale e addirittura indispensabile per riuscire non solo a far lievitare il numero degli accessi, ma anche il grado di fidelizzazione dei propri utenti.

Le istruzioni che seguono servono a creare il classico box che permette ai visitatori del sito di cliccare sul pulsante *Mi piace* e aggiungersi così alla schiera di "seguaci" del sito anche su Facebook, dove possono ritrovarsi ed eventualmente mettersi in contatto tra loro (figura 8.6).

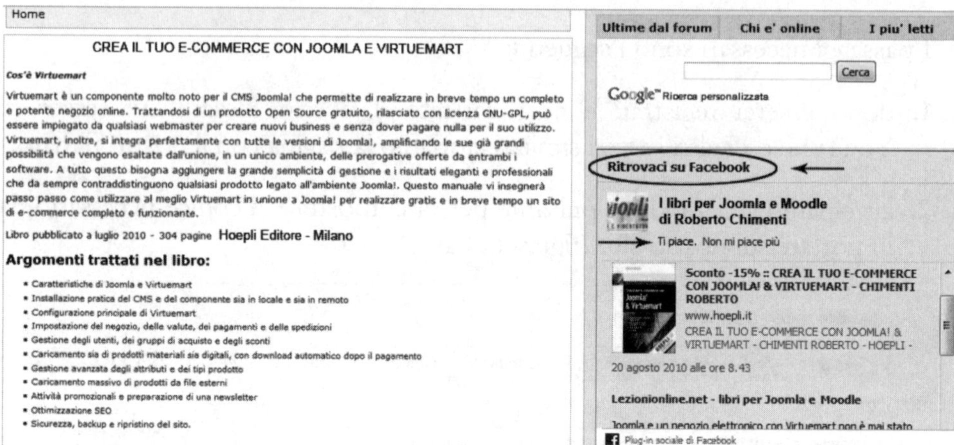

Figura 8.6 – In evidenza il box che accoglie i contatti Facebook.

Vediamo come procedere senza ricorrere a estensioni esterne ma utilizzando esclusivamente le risorse standard di Joomla.

1. Per prima cosa dobbiamo essere iscritti a Facebook per riuscire a creare la nostra pagina sociale e ottenere il codice che ci serve.

   Probabilmente siamo già iscritti al *Social Network* ma non possediamo una pagina sociale; a questo possiamo rimediare facilmente eseguendo il normale login e poi visitando questo link:

   http://www.facebook.com/pages/create.php

Seguiamo la procedura guidata proposta dal sito e, infine, completiamo la creazione della nostra pagina sociale su Facebook con la scelta del settore di attività; in questo modo risultiamo rappresentanti ufficiali della persona, azienda o gruppo che dovrà utilizzare e gestire la pagina; infine clicchiamo sul pulsante *Crea pagina.*

2. Aperta la nostra pagina sociale, come vediamo nella figura in basso, possiamo andare subito al punto 5: *Promuovi questa pagina sul tuo sito web.*

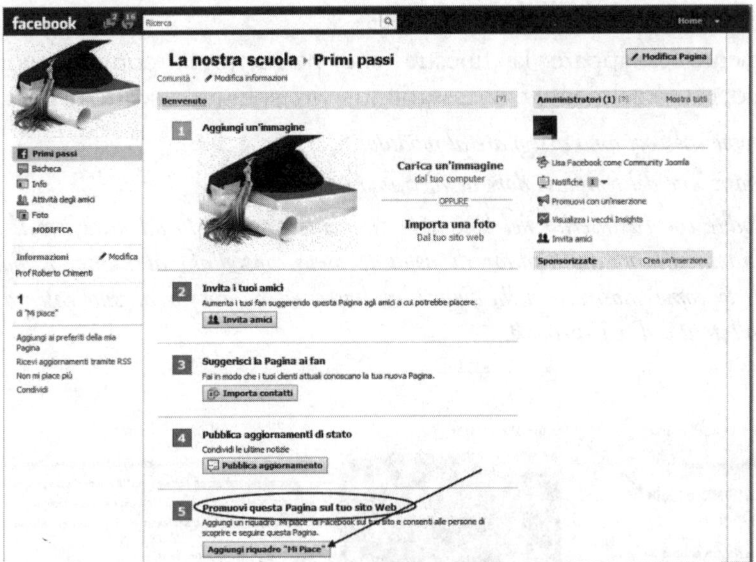

3. A questo punto ci appare la pagina in Inglese nella quale dobbiamo indicare le esatte dimensioni del nostro modulo, i colori e dalla quale possiamo prelevare il codice (figura in basso) cliccando sul pulsante *Get code.*

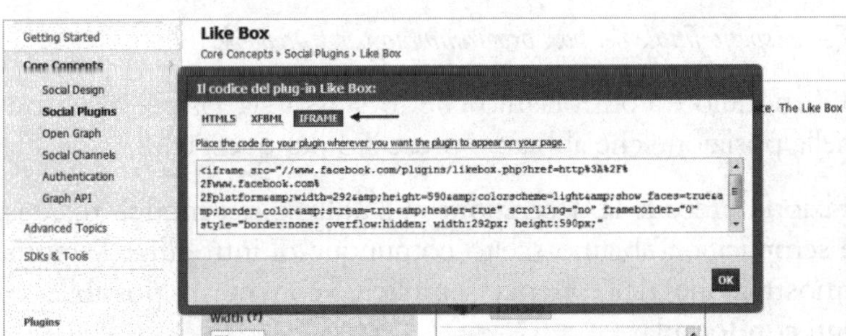

4. Adesso spostiamoci nel backend di Joomla con un account da *Super user* così da sfruttare l'impostazione che abbiamo eseguito in precedenza riguardante i *Filtri testuali*, all'interno delle impostazioni *Globali*, e riuscire a inserire il codice senza che questo ci sia tagliato.

5. Apriamo dal menu *Sito* la *Configurazione globale* e impostiamo, solo per eseguire questa operazione, *Nessun editor*. Ciò faciliterà l'introduzione del codice all'interno del nuovo modulo da creare.
6. Dal menu *Estensioni* apriamo il pannello *Gestione moduli*.
7. Quindi dal pannello che si apre clicchiamo sul pulsante *Nuovo*.
8. Si apre una finestra nella quale dobbiamo scegliere il tipo di modulo che vogliamo creare, un po' come succede con la scelta del tipo di articolo. Scegliamo la voce: *HTML personalizzato*.
9. Finalmente ci appare la finestra che permette la configurazione del modulo; essenzialmente è necessario inserire soltanto i seguenti dati:
   a. *il nome che vogliamo assegnare al modulo;*
   b. *la posizione del template dove desideriamo mostrarlo;*
   c. *il codice che va inserito nel box appositamente predisposto ad accogliere il testo; se abbiamo disabilitato l'editor di default, come consigliato al punto 5, dovremmo vederlo come mostrato nella figura in basso ed è proprio al suo interno che va incollato il codice Facebook.*

Figura 8.7 – Aspetto finale del box programmato per Facebook.

10. Salviamo il modulo e controlliamo che lo stesso sia visibile dal frontend proprio nella posizione che abbiamo prescelto per quest'uso.

Questa operazione precede la descrizione sull'utilizzo dei moduli ma, vista la sua generale semplicità, abbiamo scelto comunque di introdurre l'argomento adesso a dimostrazione dell'estrema semplicità con cui è possibile creare nuovi elementi con Joomla.

Infine ricordiamo che operando direttamente sul codice abbiamo la possibilità di adeguare a nostro piacimento l'altezza e la larghezza del modulo agendo sui valori: *width* e *height*; ciò consente di adeguare l'occupazione del modulo allo spazio disponibile all'interno del nostro template.

Eventuali problemi con il codice

Come già segnalato, dopo aver inserito i nostri codici per mostrare filmati *Flash*, *YouTube* o il pulsante *Mi piace* di Facebook, potrebbe accadere di non riuscire a vedere il sospirato risultato finale perché lo stesso codice appena inserito sparisce in modo alquanto misterioso.

Ripetiamo che ciò è dovuto al sistema di protezione del CMS che agisce contro l'introduzione di codici esterni; se questo dovesse succedere è evidente che non abbiamo seguito per bene i seguenti passaggi essenziali:

- ✓ operiamo sempre da backend con diritti da *Super user*;
- ✓ dal pannello della *Configurazione Globale*, apriamo la scheda *Filtri di testo*; alla riga che imposta i valori del *Super user* scegliamo l'opzione: *Nessun filtro*, quindi salviamo;

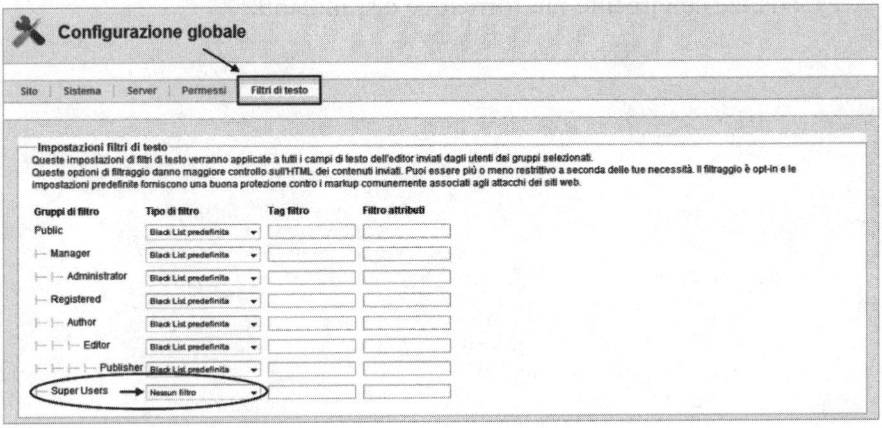

- ✓ restiamo ancora nella *Configurazione globale*, scheda *Sito* e dal menu *Editor predefinito*, scegliamo la voce *Nessun editor* oppure *Code mirror*;
- ✓ a questo punto possiamo aprire il nostro articolo o editare un nuovo modulo HTML e scegliere la posizione in cui inserire il codice necessario senza che questo venga tagliato dal sistema di protezione.

Una volta terminato il lavoro possiamo ripristinare il nostro editor preferito ma teniamo in conto che se l'articolo fosse riaperto in seguito, per compiere una qualsiasi modifica, subirebbe comunque la troncatura del codice, in assenza delle contromisure precedenti.

È ovvio quindi che questo metodo va bene per il caricamento occasionale o comunque non massiccio di script vari; diversamente andrebbe valutata la possibilità di impiegare un componente specializzato in grado di svolgere la gestione dei media da impiegare.

❖ Conclusioni

In questo capitolo abbiamo esaminato le modalità di utilizzo del pannello *Gestione Media* che permette a tutti gli utenti abilitati di integrare immagini nei propri contenuti e inviare sul server file multimediali di varia tipologia.

Abbiamo inoltre testato le potenzialità di base del *core* di Joomla, provando a integrare alcuni elementi mediali all'interno di normali contenuti del CMS; infatti, tali funzionalità sono molto richieste nei siti più alla moda, in modo speciale quelle che riguardano l'impiego di filmati di vario tipo e ovviamente l'onnipresente Facebook.

Volutamente, non abbiamo voluto far uso di componenti di terze parti e pertanto alcune di queste implementazioni sono risultate un po' più laboriose: tuttavia per chi ha un vero interesse a conoscere bene Joomla, si tratta di esperienze certamente più formative e stimolanti.

9

Gestione pratica delle Estensioni

Contenuto del capitolo

A meno di non desiderare la pubblicazione di un sito con soli contenuti testuali, alla fine qualsiasi webmaster si troverà a dover utilizzare qualche tipo di estensione per aggiungere nuove funzioni, lingue o miglioramenti alle prerogative standard del CMS; in questo capitolo esamineremo le tecniche del loro impiego a partire dalla loro installazione.

Come già sappiamo, sotto il nome generico di estensioni rientrano i seguenti elementi di Joomla: i *componenti*, i *moduli*, i *plugin*, i *template* e le *lingue*.

Nel loro complesso tutte le estensioni sono amministrate dall'omonimo menu tramite il quale possiamo eseguire anche la funzione assolutamente essenziale della loro installazione e disinstallazione (figura 9.1); tra tutte le estensioni, per motivi amministrativi, solo i componenti possono godere di un menu dedicato che ne consente un rapido richiamo.

Questa separazione si è resa necessaria perché, per la loro gestione, occorrono aree di setup molto più complesse e articolate di quelle normalmente utilizzate da tutti gli altri tipi di estensioni.

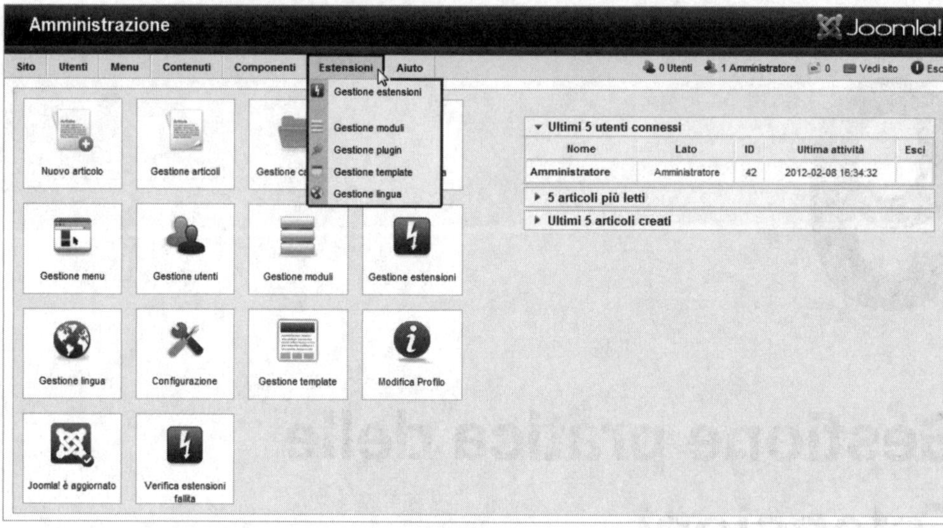

Figura 9.1 – In evidenza il menu per la gestione e il setup di tutte le estensioni.

Possiamo definire questo menu come una delle parti più essenziali di Joomla: infatti, qualsiasi *add-on* installabile nel CMS deve passare necessariamente da qui; prima per l'installazione e poi per la sua gestione.

Rispetto alle prime versioni di Joomla, questo menu non sembra aver subìto modifiche particolari, ma è aprendo la prima voce di menu *Gestione estensioni* che possiamo trovare le maggiori novità implementate dalla versione 1.6/1.7 e una diversa dislocazione delle principali impostazioni presenti.

❖ Menu Estensioni: *Gestione estensioni*

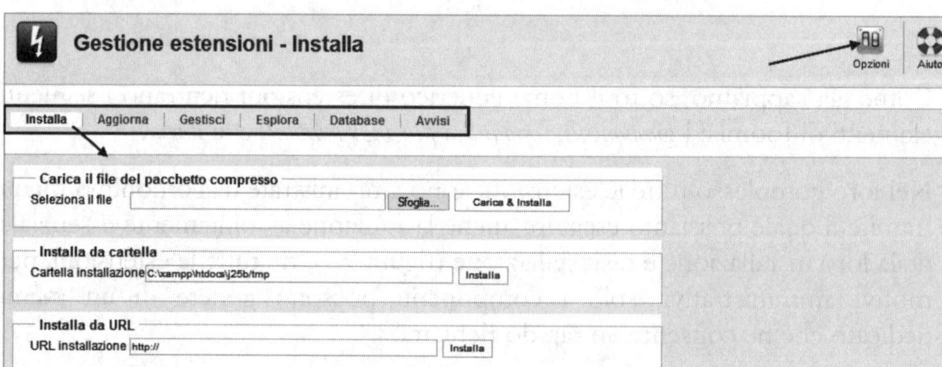

Figura 9.2 – Il pannello per l'installazione, rimozione e aggiornamento delle estensioni.

Il pannello, anche in questo caso, è composto dal solito sistema a schede, tramite il quale possiamo compiere tutte le funzioni necessarie alla completa gestione di qualsiasi estensione da installare o già presente nel CMS; iniziamo con l'esame della prima scheda: *Installa* (figura 9.2).

> *Può essere utile ricordare che Joomla è in grado di riconoscere in maniera del tutto autonoma il tipo di estensione da installare ed esegue tutte le operazioni necessarie iniziando con la decompressione degli archivi compressi e finendo con la sistemazione dei file nelle cartelle di loro competenza.*
>
> *In caso di problemi causati da eventuali incompatibilità o errori di vario genere, l'amministratore riceve un adeguato messaggio.*
>
> *Quindi non serve suggerire a Joomla il tipo di estensione che vogliamo installare; ci basta indicare da dove prelevare il file e la procedura del CMS bada a caricarlo sul server e, subito dopo, a eseguire tutte le operazioni necessarie senza che siano richieste ulteriori azioni.*

Le Opzioni

Il pannello delle *Opzioni* presenta due sole schede che permettono di arrivare a definire velocemente le seguenti impostazioni:

- ***Tab Preferenze***

  Contiene solo la scelta del numero di ore entro le quali Joomla mantiene in cache le informazioni sugli aggiornamenti.

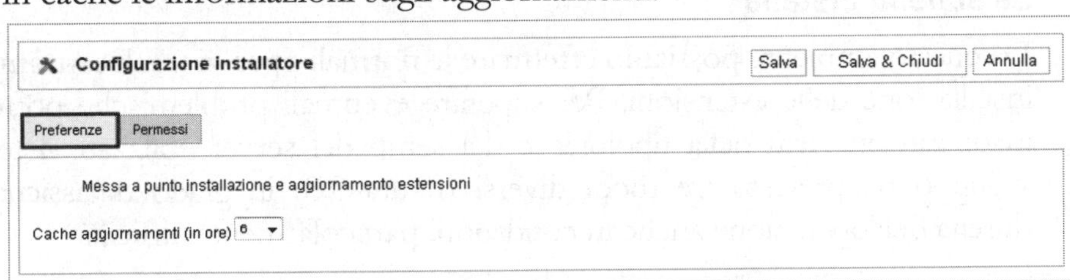

- ***Tab Permessi***

  Si tratta del solito pannello utilizzato in altri ambienti del CMS per assegnare i permessi ai gruppi; in questo caso possiamo definire le autorizzazioni da concedere a chi debba amministrare le installazioni. Si tratta dunque di un setup rivolto esclusivamente ai *super user* del sito.

  Per gli impieghi più standard, il setup di default va più che bene ma se serve possiamo modificarlo per arrivare a definire nel dettaglio chi possa accedere e cosa egli possa fare; tutto questo agendo sulle seguenti azioni:

  – *Configurazione*: permette di operare nel pannello delle *Opzioni*.

– *Accesso componente*: concedendo questo permesso l'utente può accedere al setup del componente.
– *Elimina*: permette la cancellazione delle estensioni.
– *Modifica stato*: controllo sulle funzioni di abilita/disabilita le estensioni.

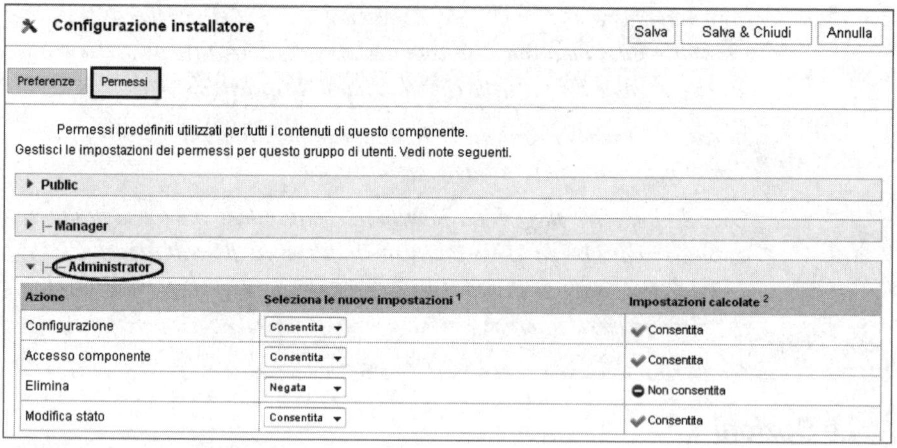

Nella figura in alto possiamo osservare i permessi assegnati al semplice amministratore (non *super user*) che può praticamente fare di tutto tranne cancellare le estensioni. Infatti quest'ultima azione è sempre bene riservarla al solo *super user* oppure ai collaboratori più fidati e competenti.

La scheda Installa

Da questo ambiente possiamo effettuare le normali operazioni di caricamento e installazione delle estensioni. Per superare eventuali problemi che potremmo incontrare in virtù della tipologia e del setup dei server utilizzati, il team di sviluppo ha previsto tre modi diversi (figura 9.3) in grado di assicurare la riuscita dell'operazione anche in condizioni particolarmente difficili.

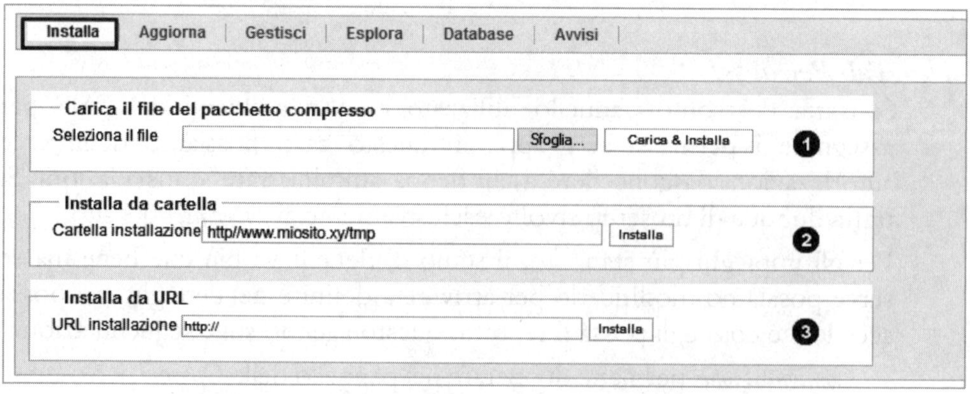

Figura 9.3 – La scheda dalla quale possiamo caricare e installare le estensioni.

1. Carica il file del pacchetto compresso

Rappresenta la forma di caricamento e installazione più classica per tutti i tipi di estensioni; il procedimento è abbastanza intuitivo; è sufficiente portare a termine le seguenti operazioni:

a. click sul pulsante *Sfoglia* e cerchiamo sul nostro PC il file da installare;

b. tramite il pulsante *Carica & Installa*, iniziamo l'operazione che dovrebbe concludersi con la conferma dell'avvenuta installazione;

c. completati i passaggi precedenti, l'estensione è pronta all'uso ma prima, secondo la sua natura, potrebbe rendersi necessario recarci nel menu più appropriato per poterla impostare al meglio.

La natura dei problemi che possono nascere durante il compimento della procedura appena descritta derivano soprattutto da impostazioni restrittive del server utilizzato; spesso sono tali da non consentire, per motivi di sicurezza, la scrittura di file inviati via browser con protocollo *http*.

Se questo dovesse essere il nostro caso, potremmo ripiegare utilizzando l'opzione FTP che avevamo incontrato durante una delle fasi di installazione di Joomla; essa può essere configurata anche dalla scheda *Server* della *Configurazione globale* (figura in basso).

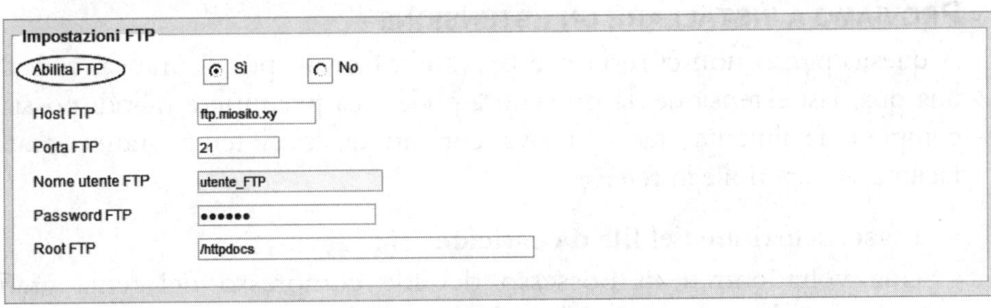

Come vediamo, si tratta solo di abilitare l'opzione di caricamento FTP e di inserire, negli appositi campi, i dati di accesso che normalmente usiamo per i programmi come Filezilla o altri di questo tipo; se tali impostazioni risultano corrette, Joomla utilizzerà questa modalità per far giungere i file sul server, prima di avviare la loro installazione.

Ovviamente, se non abbiamo alcun problema nel caricamento delle nostre estensioni, l'opzione FTP può essere lasciata disabilitata come di default.

2. Installa da cartella

In tutti quei casi, in cui non vi sia possibilità di inviare il file compresso o il server non sia in grado di portare a termine autonomamente l'operazione di apertura del file, possiamo inviare la cartella dell'estensione da installare (già scompattata) in una directory qualsiasi del server, quindi indicare in questo campo il percorso per raggiungerla e infine cliccare sul pulsante *Installa.*

Di default, come vediamo nella figura 9.3, Joomla ci mostra il percorso della cartella *temp* utilizzata di default proprio per questo scopo ma questo è un parametro che possiamo modificare a nostro piacimento.

3. Installa da URL
Molto comoda questa procedura che consente di indicare un URL, anche esterno al sito, che richiama il file compresso dell'estensione da installare; a tutto il resto ci pensa Joomla.

Come vediamo, le ampie possibilità offerte dal sistema consentono di sopperire facilmente a eventuali mancanze del server utilizzato. Come già sappiamo, a differenza di Joomla 1.5, le nuove versioni di Joomla non hanno modo di utilizzare le estensioni che non siano scritte in formato nativo né esiste un plugin del tipo *Legacy mode* come quello, molto utilizzato, della release 1.5; quindi, prima di caricare nuovi elementi per arricchire di funzionalità il nostro sito, assicuriamoci che l'estensione sia stata scritta in linguaggio nativo per Joomla 2.5.

PROVIAMO A INSTALLARE UN'ESTENSIONE

A questo punto non ci resta che provare a fare un po' di pratica, caricando una qualsiasi estensione; la procedura è identica per tutte e quindi possiamo compiere facilmente questa prova con un qualsiasi tema grafico gratuito facilmente reperibile in rete.

- **I fase: selezione del file da caricare**

  Una volta entrati in possesso del file compresso del tema grafico, sistemiamolo in una cartella del nostro PC, quindi apriamo il pannello della *Gestione estensioni*, selezioniamo il file del tema aiutandoci con il tasto *Sfoglia* e, infine, clicchiamo su *Carica file e Installa.*

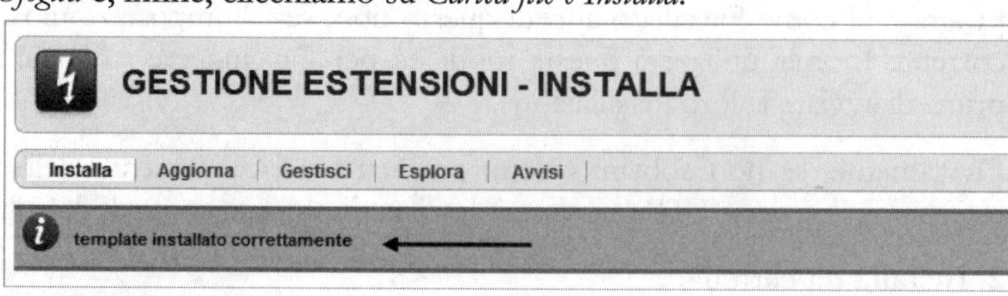

  Se tutto procede per il verso giusto, avremo conferma dell'avvenuto caricamento del tema, come mostrato nella figura in alto.

- **II fase: gestione dell'estensione**
  A caricamento avvenuto possiamo aprire il pannello appartenente alla risorsa appena caricata; in questo caso si tratta di un tema grafico e pertanto apriamo dal menu *Estensioni* il link *Gestione template.*
- **III fase: impostazione dell'estensione**
  Il pannello che si apre ci mostra l'elenco completo dei temi grafici caricati e ci offre la possibilità di definire quale debba essere quello da utilizzare per la home page del sito; a questo scopo non dobbiamo far altro che selezionare il tema e cliccare su *Predefinito.*

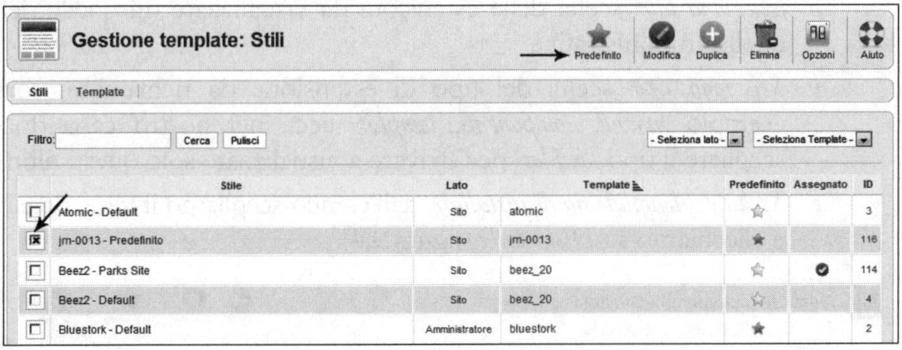

DISINSTALLARE UN'ESTENSIONE

Una delle regole molto importanti da ricordare, riguardante tutte le estensioni, è quella di non cercare mai di rimuoverle cancellando manualmente i vari file che le compongono. Infatti, una tale operazione va eseguita esclusivamente utilizzando l'apposita procedura che rappresenta l'unica via per una corretta e completa rimozione di tutti i file appartenenti alle estensioni di cui vogliamo liberarci. Per esempio, ecco come disinstallare, in maniera semplice e veloce, il tema appena caricato nel paragrafo precedente:

- **I fase: apriamo il pannello *Gestione estensioni***
  Al suo interno scegliamo la scheda *Gestisci* dove possiamo trovare l'elenco completo di tutte le estensioni presenti nel CMS.

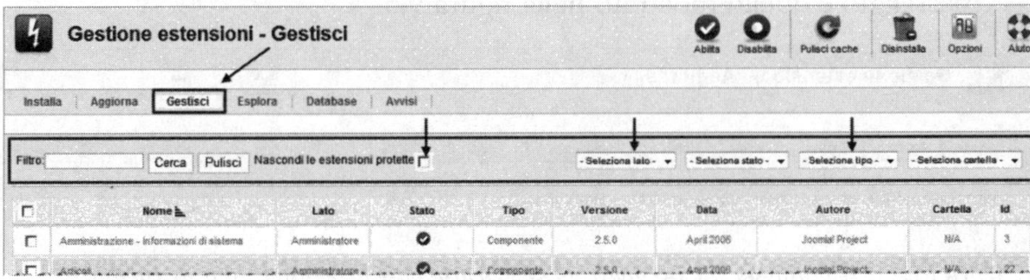

➢ **II fase: filtro delle estensioni**

L'elenco delle estensioni è molto lungo perché include anche quelle di sistema presenti nell'installazione base di Joomla, quindi è meglio filtrarlo utilizzando gli appositi comandi presenti nei menu a discesa indicati dalle frecce nella figura precedente; essi ci permettono di scegliere il *tipo* e il *lato* funzionale (*sito* o *amministrazione*) delle estensioni che cerchiamo.

Inoltre, per evitare di commettere errori, non dimentichiamo di selezionare l'opzione che ci consente di non visualizzare le estensioni protette; procediamo quindi con le altre impostazioni che sono:

a. *Seleziona lato*: scelta delle estensioni da visualizzare tra quelle del sito e quelle amministrative.

b. *Seleziona tipo*: scelta del tipo di estensione da richiamare, come per esempio *moduli*, *componenti*, *template* ecc.; nel nostro caso dobbiamo scegliere il tipo *template* per arrivare a visualizzare solo questi ultimi.

c. *Scelta del template da disinstallare*: dall'elenco scegliamo il tema da eliminare e clicchiamo su *Disinstalla* (figura 9.4).

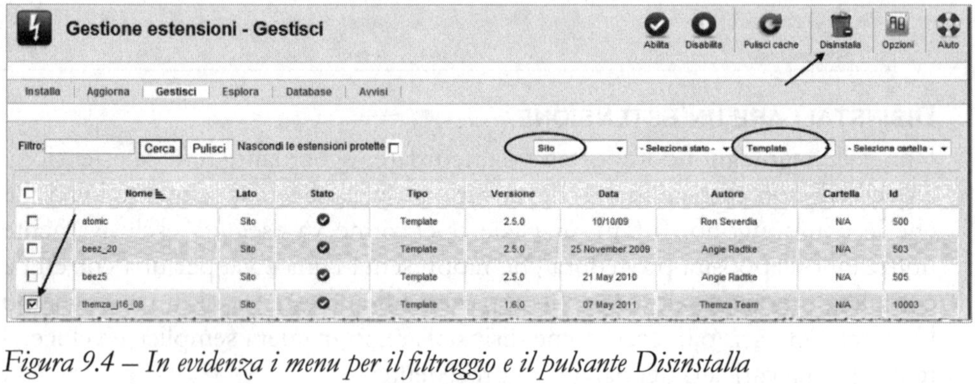

Figura 9.4 – In evidenza i menu per il filtraggio e il pulsante Disinstalla

Scheda: Aggiorna

Da questa scheda possiamo ricevere avvisi su eventuali aggiornamenti man mano che i produttori li rendono disponibili; se essi non vengono trovati, il messaggio è quello mostrato nella figura 9.5.

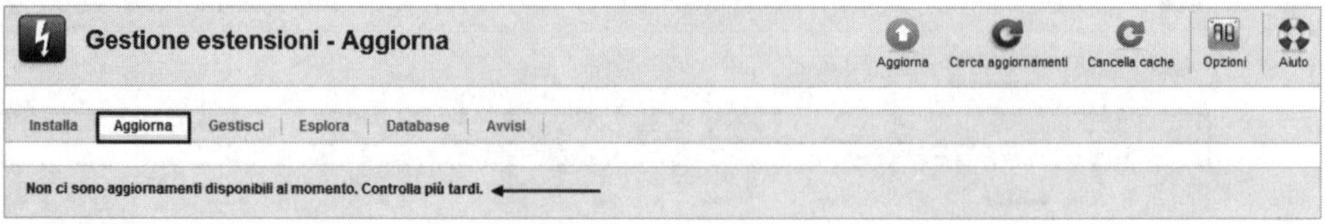

Figura 9.5 – Il pannello che permette gli aggiornamenti delle estensioni di Joomla.

In presenza di aggiornamenti, invece, la pagina si popola con un elenco di elementi che possono essere selezionati; quindi non rimane che cliccare sul pulsante *Aggiorna* della pulsantiera principale. Gli altri pulsanti sono:

- ✓ *Cerca aggiornamenti*: lancia una ricerca di eventuali nuovi aggiornamenti;
- ✓ *Cancella cache*: ripulisce la cache del sistema che rileva gli upgrade e quindi aggiorna le informazioni degli elementi presenti in questo elenco;
- ✓ *Opzioni*: assegna i permessi amministrativi per accedere al componente e per poterlo gestire; ne abbiamo già parlato nel paragrafo relativo alla descrizione del pannello *Gestione estensioni*.

Scheda: Gestisci

Tramite le opzioni presenti in questa scheda possiamo abilitare o disabilitare le estensioni utilizzate nel CMS ma soprattutto possiamo effettuare la loro rimozione come abbiamo descritto nel paragrafo *Disinstallare un'estensione*; il suo impiego è davvero intuitivo e pertanto non occorrono ulteriori istruzioni.

Scheda: Esplora

Può essere considerata una funzione di servizio perché permette di caricare le estensioni che abbiamo inviato sul server per via FTP o utilizzando metodi non convenzionali a causa delle dimensioni dei file da trasferire.

Questi elementi, se ci sono, vengono evidenziati cliccando sul pulsante *Esplora*; a questo punto ci basterà selezionare il *checkbox* corrispondente e quindi cliccare sul pulsante *Installa*; il tutto funziona anche selezionando più estensioni per volta.

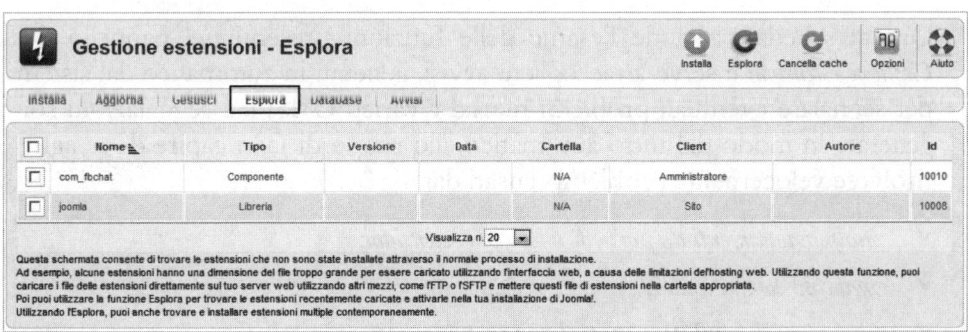

Figura 9.6 – La scheda Esplora che evidenzia le estensioni non caricate in modo standard.

Le funzioni degli altri due pulsanti *Cancella cache* e *Opzioni* non variano rispetto a quanto già detto per le schede precedenti.

Scheda: Database

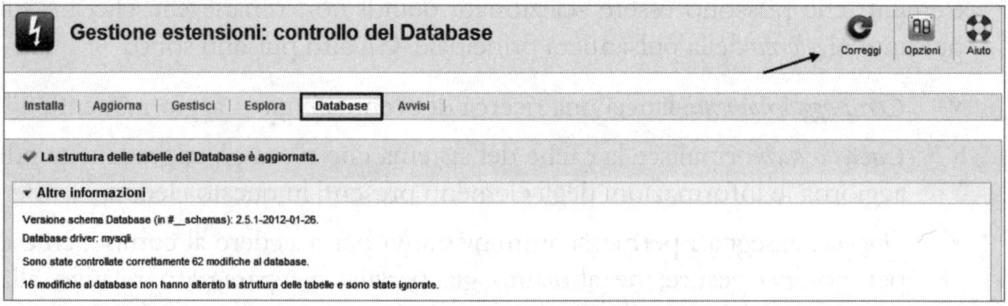

Figura 9.7 – In evidenza la nuova scheda Database di cui parliamo in questo paragrafo.

Questo *tab* è stato implementato a partire proprio da Joomla 2.5 e contiene una funzione utile da utilizzare dopo eventuali aggiornamenti al core di Joomla; infatti, permette di aggiornare anche la struttura delle tabelle del database semplicemente cliccando sul pulsante *Correggi*. Si tratta di un'operazione facile e veloce e qualche volta anche indispensabile perché senza di essa potremmo incorrere in gravi malfunzionamenti del CMS.

Scheda: Avvisi

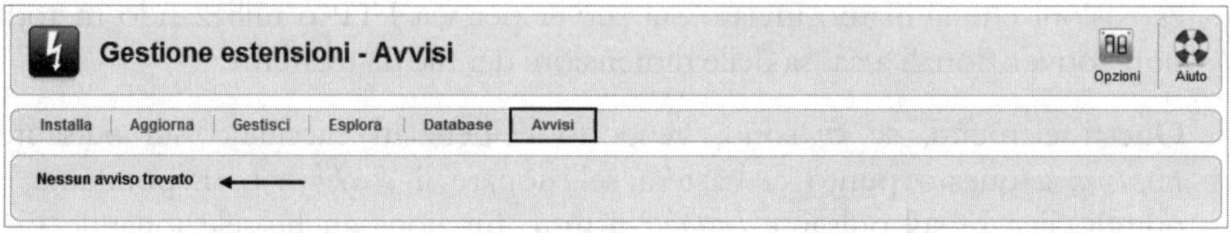

Figura 9.8 – La scheda Avvisi che permette di ricevere notifiche su eventuali problemi.

Questa scheda conclude l'esame delle funzioni presenti nel pannello della *Gestione estensioni* e serve a raccogliere avvisi, generati in automatico dal sistema, per segnalare eventuali problemi rilevati a carico CMS; tali segnalazioni sono generate in modo del tutto automatico allo scopo di farci capire dove agire e risolvere velocemente problemi causati da:

- ✓ *malfunzionamenti da parte di una o più estensioni*;
- ✓ *mancata compatibilità*;
- ✓ *situazioni di conflitto causate da una o più estensioni installate.*

In mancanza di problemi rilevati, il messaggio visualizzato è quello mostrato in figura 9.8; in alternativa gli avvisi rimangono visibili fino alla completa soluzione del problema

❖ La gestione dei moduli

Si tratta di elementi estremamente versatili che possiamo collocare a nostro piacimento nei vari spazi che sono previsti all'interno dei template; il loro posizionamento permette di influire efficacemente sull'aspetto finale del nostro sito perché essi ci lasciano la piena disponibilità di poterli collocare attorno al contenuto principale, andando a completarne il layout complessivo.

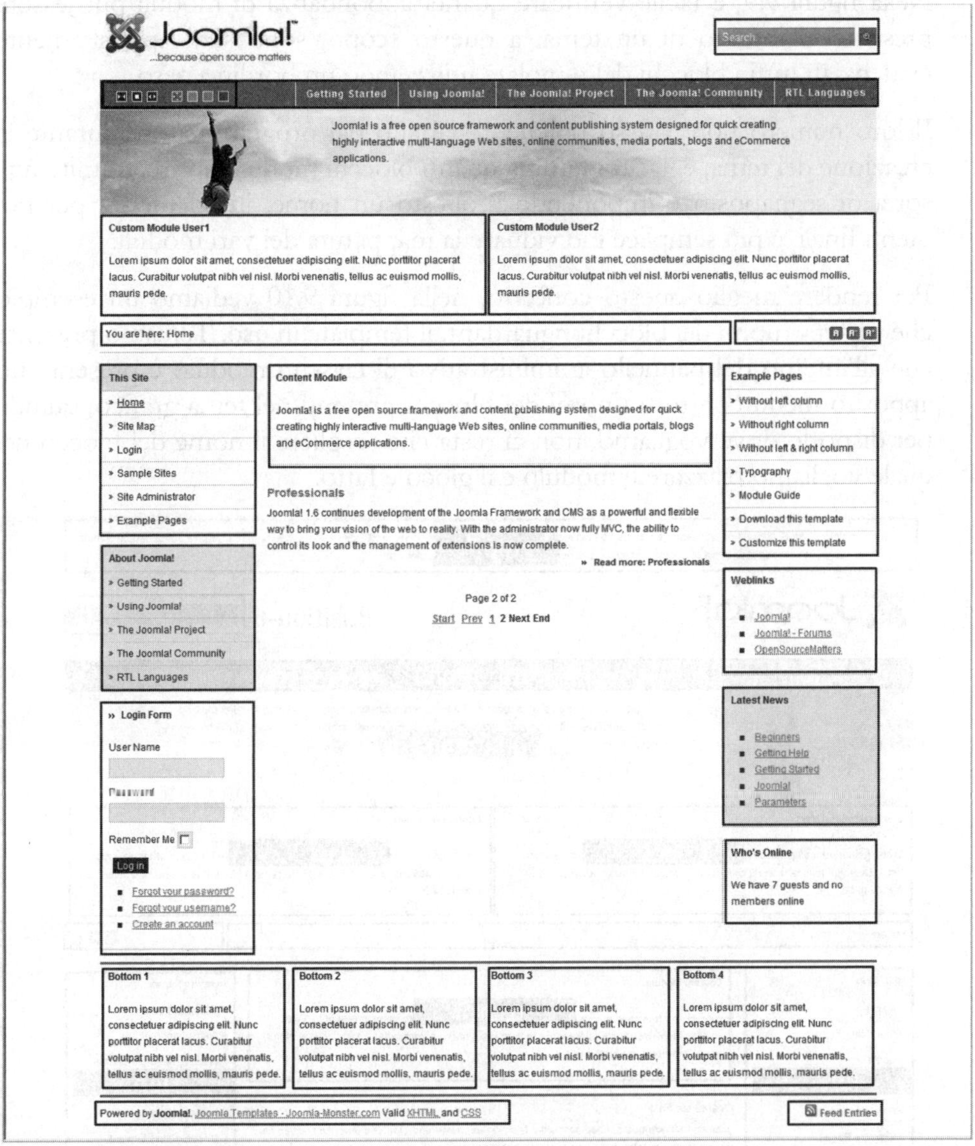

Figura 9.9 – In evidenza le posizioni dei moduli caratteristici di questo template.

In altre parole, possiamo definire i moduli come aree in cui mostrare contenuti di vario tipo o anche i risultati delle elaborazioni di alcuni componenti; le posizioni non sono fisse ma ogni tema grafico è progettato con i propri blocchi nei quali siamo noi a scegliere quali moduli inserire e in quale posizione; a parità di template ciò consente di riuscire a personalizzare non solo l'aspetto ma anche le funzioni da mettere in risalto.

Nella figura 9.9, è facile verificare quanta abbondanza di moduli può essere presente all'interno di un tema; a questo scopo, sono stati appositamente evidenziati tutti i blocchi del template utilizzando un bordino nero.

Il loro numero non è fisso poiché è stabilito dal programmatore durante la creazione del tema; egli programma quanti blocchi modulo aprire, tramite una sorta di segnaposto e imponendo a questo un nome; in tal modo, per noi utenti finali, è più semplice individuare la mappatura dei vari moduli.

Per rendere meglio questo concetto, nella figura 9.10 vediamo un esempio che riporta i nomi dei blocchi riguardanti il template in uso. Teniamo presente che all'interno del pannello amministrativo di ciascun modulo è presente un apposito menu con tutti i nomi dei blocchi presenti nel tema grafico; quindi, per disporlo dove vogliamo, non ci resta che scegliere il nome del blocco nel quale vogliamo piazzare il modulo e il gioco è fatto.

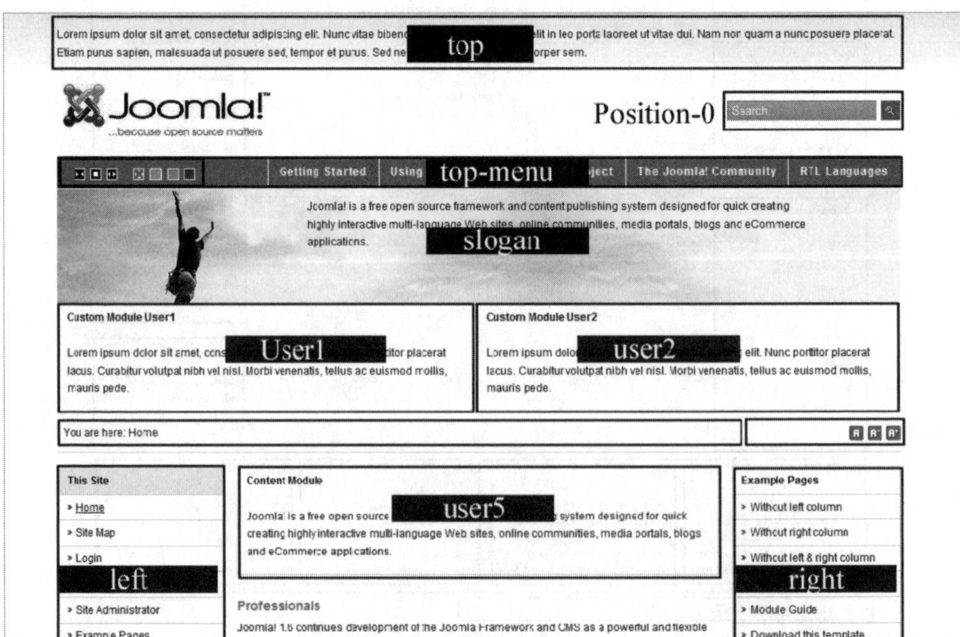

Figura 9.10 – Esempio che riporta il nome di alcune posizioni dei moduli.

Conoscere i nomi delle posizioni modulo

L'immagine della figura 9.10 è certamente molto comoda per conoscere la disposizione dei vari blocchi presenti in un template ma è stata ovviamente preparata ad arte per mostrare un esempio riguardante il posizionamento dei moduli; quando ci troveremo a inserirli nel nostro sito non avremo certo questo aiuto, e allora come fare?

Di questo si era già parlato in precedenza ma può essere utile ripetere il concetto perché è di basilare importanza per arrivare a conoscere in modo molto rapido le posizioni di un tema. Ecco come procedere:

1. dal menu *Estensioni*, apriamo la voce *Gestione template* e dal pannello che mostra l'elenco dei temi grafici presenti clicchiamo sul pulsante *Opzioni*;

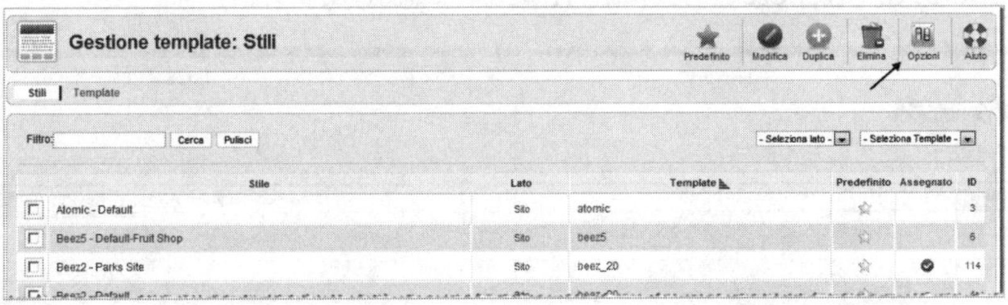

2. nella schermata delle *Opzioni gestione template* dobbiamo solo abilitare l'opzione *Anteprima posizioni modulo* e salvare (figura in basso);

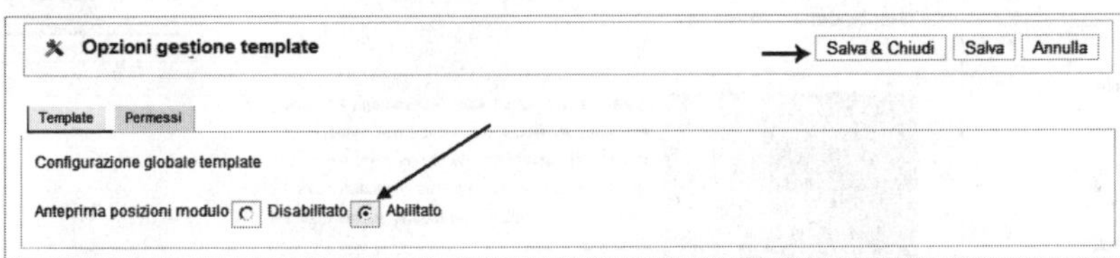

3. tornati al pannello principale non ci resta che cliccare sulla scheda *Template* per farci mostrare l'elenco dei temi attualmente installati; adesso però appare una novità accanto al nome del tema c'è il link *Anteprima*;

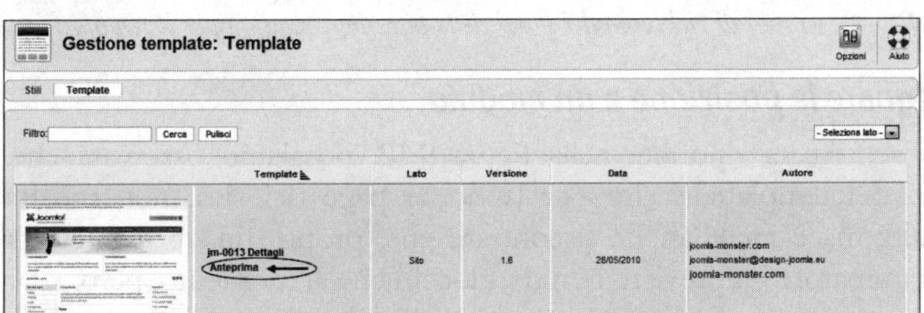

4. clicchiamo adesso su *Anteprima* e vedremo aprirsi una pagina con il tema scelto con tutti i nomi dei blocchi modulo relativi al template scelto.

A questo punto, dopo aver conosciuto i nomi delle posizioni disponibili nel tema che intendiamo utilizzare, possiamo assegnare i nostri moduli nelle posizioni che riteniamo più opportune.

Infine segnaliamo che l'attivazione dell'opzione descritta al punto 2 permette di ottenere la visualizzazione di tutte le posizioni del tema in uso, operando anche dal frontend del sito; ci basta aggiungere la seguente sintassi: *?tp=1* all'URL di Joomla; per esempio un indirizzo di questo tipo:

http://www.miosito.abc/?tp=1

ci permette di ottenere il risultato mostrato in figura 9.11.

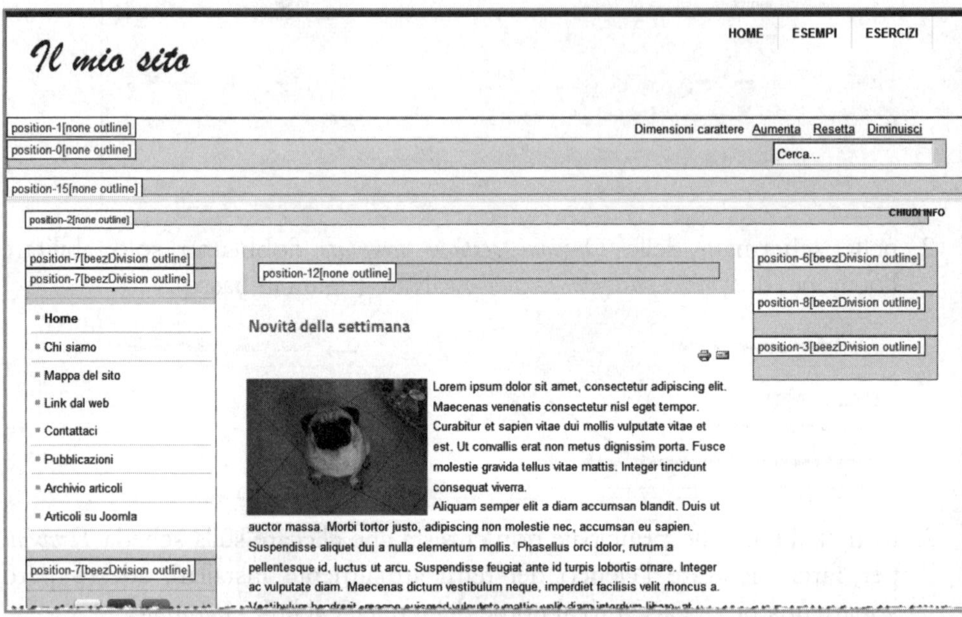

Figura 9.11 – Esempio di richiamo dei nomi delle posizioni modulo per il template in uso.

Assegnare la posizione a un modulo

Nella schermata riportata nella figura 9.12, possiamo osservare che il lato destro del template, scelto per la home page del sito, non mostra alcun modulo; ma è facile anche riscontrare che, proprio in quella stessa zona, il programmatore ha previsto ben tre blocchi che al momento, però, rimangono inutilizzati e pertanto appaiono vuoti. Nell'ordine essi sono i seguenti: *position-6*, *position-8* e *position-3* e si riferiscono al template *Beez*.

Immaginiamo adesso di voler sfruttare il blocco *position-6* per mostrare il modulo del login che di default è invece dislocato sulla sinistra del tema; ecco come procedere:

1. dal menu *Estensioni* scegliamo la voce *Gestione moduli*;
2. ci viene mostrato l'elenco dei moduli, troviamo quello che si occupa di gestire il login al sito ed entriamo nel suo pannello di controllo;
3. utilizziamo il pulsante *Seleziona posizione* e, nella finestra che si apre, scorriamo tutte le posizioni disponibili fino a trovare quella che ci interessa: la *position-6*; non ci resta che sceglierla in modo che chiudendo la finestra, essa rimanga selezionata nel campo apposito (figura in basso);

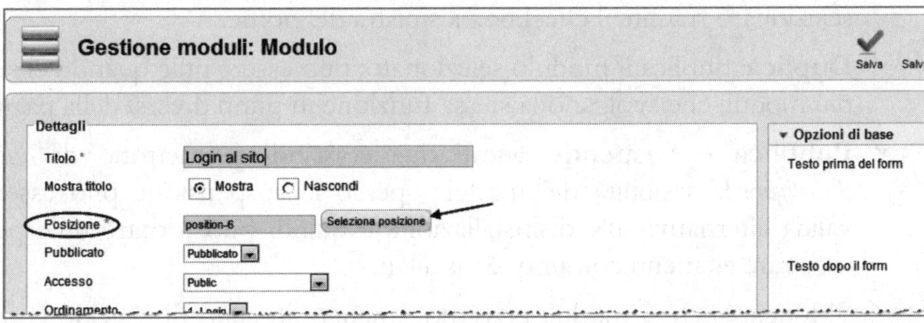

4. salviamo l'impostazione del modulo e passiamo a visualizzare il frontend che ora dovrà mostrare il modulo del *login* proprio nel punto da noi scelto.

Con questa tecnica, ognuno di noi potrà riuscire con facilità a personalizzare l'aspetto del proprio sito, non solo tramite l'uso di moduli appropriati ma anche evitando di disporli in posizioni standard poiché sono quelle che, molto spesso, sono utilizzate da tutti perché predefinite.

Aggiungiamo che è buona norma non esagerare con l'utilizzo di moduli; infatti, è sempre meglio sceglierne pochi facendo in modo che tutti siano a tema con le finalità perseguite dal sito.

Il pannello della Gestione moduli

Il pannello della *Gestione dei moduli* è molto affollato ma è anche molto simile a quello degli articoli; a questo punto dovremmo essere avvezzi al modo di presentare le liste di Joomla e anche quella relativa ai moduli, non presenta nulla di nuovo rispetto alle precedenti.

Come al solito le varie parti sono evidenziate dalla tre frecce nella figura 9.12, che andiamo a esaminare velocemente.

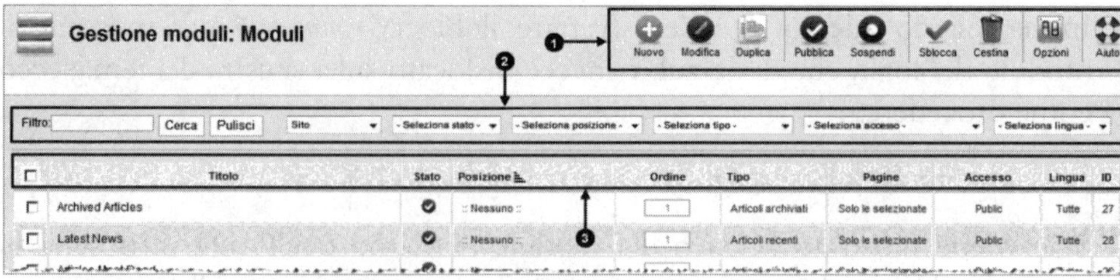

Figura 9.12 – Il pannello per l'amministrazione dei moduli.

1. **Pulsantiera principale**

✓ **Nuovo**: inizia la procedura per la creazione di un nuovo modulo.

✓ **Modifica**: modifica un modulo preesistente; quest'ultimo dev'essere selezionato tramite il checkbox a sinistra del nome.

✓ **Duplica**: duplica il modulo selezionato; può essere utile quando ci servano più moduli che svolgano la stessa funzione in punti diversi della pagina.

✓ **Pubblica e Sospendi**: questi due comandi permettono di *attivare* o *disattivare* la visibilità dei moduli; spesso la sospensione può essere una valida alternativa alla disinstallazione e quindi può tornare utile per non mostrare elementi comunque installati.

✓ **Sblocca**: anche i moduli possono rimanere in stato di checkin come altri elementi del CMS, con questo pulsante possiamo rimuovere il blocco agli elementi preventivamente selezionati tramite il checkbox.

✓ **Cestina**: ne parliamo solo per segnalare che i moduli cestinati con questa funzione possono essere recuperati allo stesso modo di come succede con gli articoli e le voci di menu, ossia scegliendo dal menu *Seleziona stato* l'opzione *Cestinato*.

✓ **Opzioni**: contengono esclusivamente le impostazioni dei permessi da assegnare ai moduli e pertanto ne parleremo a breve più diffusamente.

2. **Menu filtri**

✓ **Sito**: mostra i moduli del lato pubblico o dell'amministrazione.

✓ **Seleziona stato**: ci permette di visualizzare immediatamente tutti i moduli che si trovano in uno dei seguenti stati *Pubblicato*, *Sospeso* e *Cestinato*.

✓ **Seleziona posizione**: questo menu mostra le posizioni disponibili in un template; dopo averne scelta ne mostra i moduli che sono stati inclusi.

✓ **Seleziona tipo**: come sappiamo le varie tipologie di moduli sono molto numerose; questo menu ci permette di scegliere una di esse per trovare all'istante tutti i moduli che svolgono quella funzione.

- ✓ **Seleziona accesso**: mostra tutti i livelli di accesso che sono attivi; questo ci permette di elencare solo i moduli assegnati a un particolare livello.
- ✓ **Seleziona lingua**: mostra i moduli che sono stati assegnati alla lingua scelta da questa voce di menu.

Infine non dimentichiamo il solito campo di ricerca, sempre presente nelle liste di questo tipo; tramite il quale possiamo di trovare un modulo inserendo il suo nome (o anche una sua parte) nell'apposito campo.

3. Intestazione delle colonne

Anche in questo caso è inutile ripeterci, nulla di nuovo rispetto alle altre liste già esaminate; i nomi delle colonne sono ipertestuali e pertanto ci consentono di ordinare l'elenco sottostante, in modo *ascendente* o *discendente* in base al nome che abbiamo cliccato.

I permessi dei moduli

Rispetto alle impostazioni di permessi più generiche e valevoli per tutte le estensioni che abbiamo già esaminato, adesso ne troviamo due in più; queste ultime, evidentemente, servono ad assegnare i permessi riguardanti la gestione e la configurazione dei moduli. In totale sono presenti le seguenti opzioni:

- ✓ **Accesso componente**: consente l'accesso al pannello *Gestione moduli*;
- ✓ **Configurazione**: accesso al pulsante delle *Opzioni*;
- ✓ **Crea**: accesso ai pulsanti *Nuovo* e *Duplica* per la creazione di nuovi moduli;
- ✓ **Elimina**: accesso al pulsante *Svuota cestino* presente nel pannello *Cestino*;
- ✓ **Modifica**: accesso ai controlli dei singoli moduli della *Gestione moduli*;
- ✓ **Modifica stato**: accesso al cambio di stato di un modulo da *Pubblicato* a *Sospeso* e viceversa.

Esercizio consigliato: Proviamo a testare la nostra conoscenza dei permessi sui moduli creando un utente e assegnandolo al gruppo base ***Manager***, le impostazioni sono quelle della figura in basso; prima ancora di effettuare un test pratico, siamo in grado di capire cosa sarà in grado di fare questo utente?

▼ |– Manager

Azione	Seleziona le nuove impostazioni [1]	Impostazioni calcolate [2]
Configurazione	Ereditata ▼	Non consentita
Accesso componente	Ereditata ▼	Non consentita
Crea	Ereditata ▼	✓ Consentita
Elimina	Ereditata ▼	✓ Consentita
Modifica	Ereditata ▼	✓ Consentita
Modifica stato	Ereditata ▼	✓ Consentita

Dopo averci pensato un po', vediamo se abbiamo risposto correttamente alla domanda effettuando il login di backend come normali utenti *Manager*.

In questo modo potremo renderci conto che questo gruppo non ha alcuna voce in capitolo nella gestione dei moduli almeno fino a quando non andremo ad abilitare le opzioni di *Accesso componente* e, se necessario, anche quella della *Configurazione*; quindi, solo dopo aver concesso questi due permessi, potremo accedere al pannello della *Gestione Moduli* e visualizzare il pulsante delle *Opzioni* necessario ad arrivare a modificare i permessi.

Per quanto riguarda il lato frontend del sito, teniamo presente che all'interno del pannello di controllo di ogni singolo modulo, le impostazioni sono abbastanza simili a quelle degli articoli; pertanto, l'unico modo che abbiamo per discriminare la fruizione di un singolo modulo a un particolare gruppo è rappresentato dalla scelta di un opportuno livello di accesso.

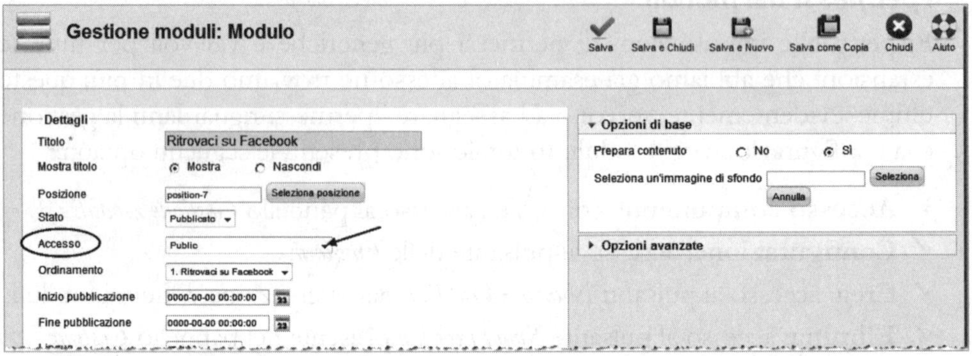

Figura 9.13 – Scelta del livello di accesso per ogni modulo.

Amministrazione pratica dei moduli

Un po' come succede anche in altri ambienti amministrativi, ogni modulo possiede un suo pannello amministrativo che include due zone caratteristiche:

- ✓ la prima è quella che permette di accogliere tutte le impostazioni di tipo più generale che sono uguali per tutti i moduli (aree 1 e 2 della figura 9.14);
- ✓ la seconda contiene invece le impostazioni più specifiche rivolte alla personalizzazione delle funzioni espletate dal modulo (area 3).

Per quest'ultima parte non è possibile fornire una descrizione completa delle funzioni presenti che vada bene per tutti i moduli; infatti, i campi presenti, nel blocco delle *Opzioni di base*, variano di volta in volta in rapporto al tipo di lavoro svolto dal modulo.

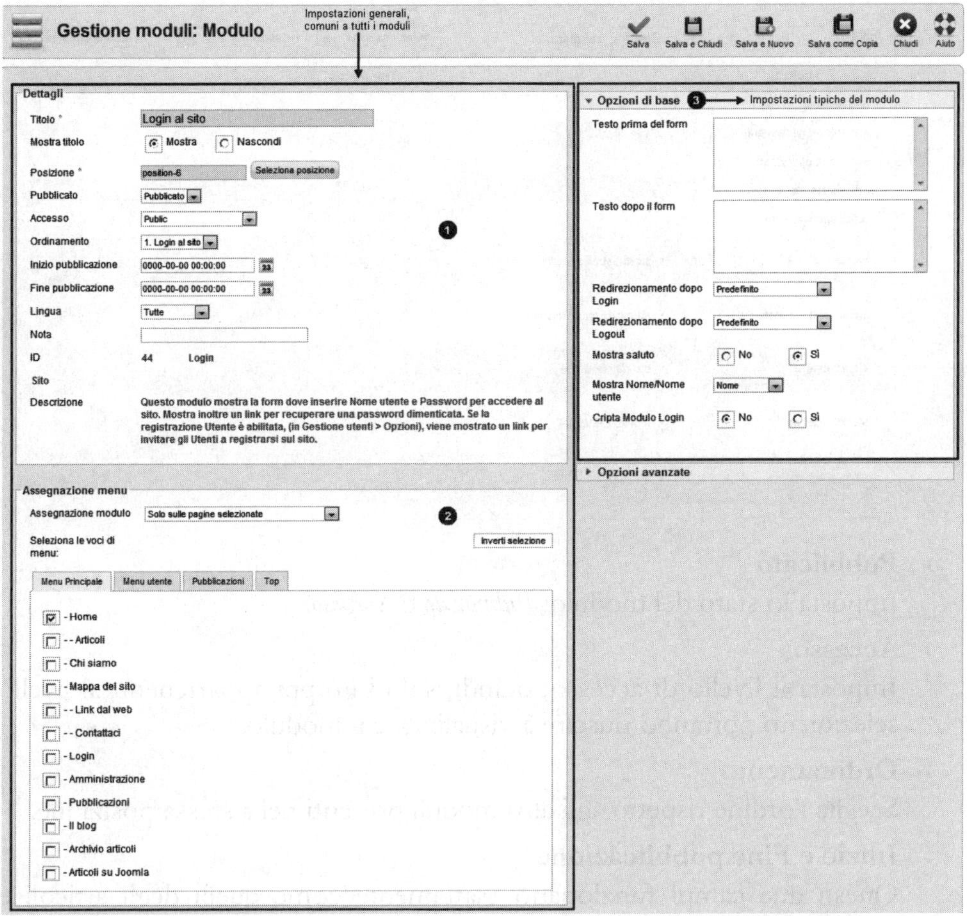

Figura 9.14 – Un esempio su tutti, il pannello amministrativo del modulo per il login.

Area 1: Dettagli

- **Titolo**

  Nome da assegnare al modulo.

- **Mostra titolo**

  Definisce se il nome del modulo debba essere visibile nel frontend.

- **Posizione**

  Campo deputato a mostrare la posizione assegnata dopo averla scelta nella finestra popup mostrata nella figura seguente.

  Al suo interno la finestra riporta tutte i nomi delle posizioni dei template che stiamo utilizzando; queste sono cliccabili e, all'occorrenza, possono essere cercate con l'apposito campo oppure filtrate tramite i soliti menu a discesa: *Seleziona stato*, *Seleziona tipo* e *Seleziona template*.

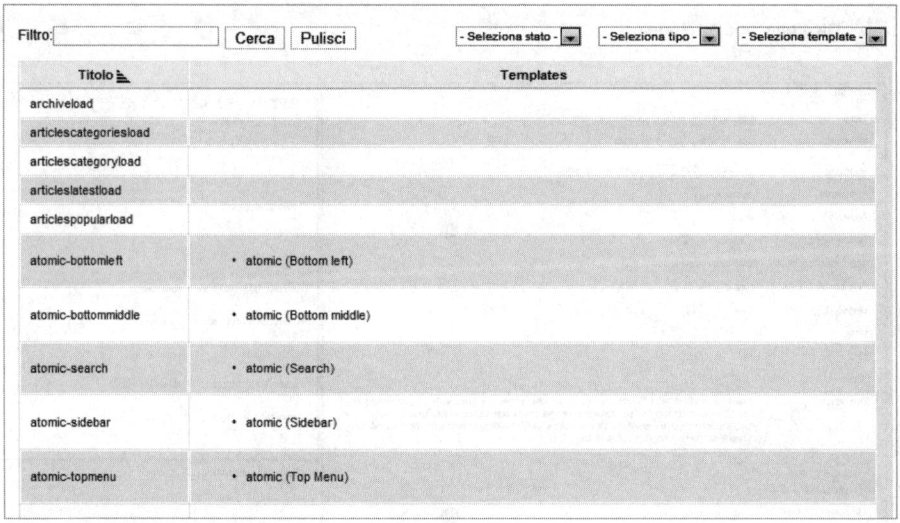

- **Pubblicato**
  Imposta lo stato del modulo: *Pubblicato* o *Sospeso.*
- **Accesso**
  Imposta il livello di accesso; quindi, solo i gruppi appartenenti al livello selezionato potranno riuscire a visualizzare il modulo.
- **Ordinamento**
  Sceglie l'ordine rispetto agli altri moduli presenti nella stessa posizione.
- **Inizio e Fine pubblicazione**
  Questi due campi funzionano esattamente come quelli degli articoli e servono a definire l'esatto intervallo in cui il modulo sarà visibile; lasciandoli in bianco, ovviamente, il modulo rimarrà sempre visibile.
- **Lingua**
  Imposta la lingua del modulo.
- **Nota**
  È il solito campo facoltativo in cui inserire eventuali note da ricordare o far presente agli altri amministratori.
- **ID**
  Come accade anche in altri ambienti, questo campo riporta un numero non modificabile che identifica l'elemento (in questo caso il modulo) sul quale stiamo operando.
- **Descrizione**
  Area che riporta una breve descrizione della funzione svolta dal modulo.

Area 2: Assegnazione menu

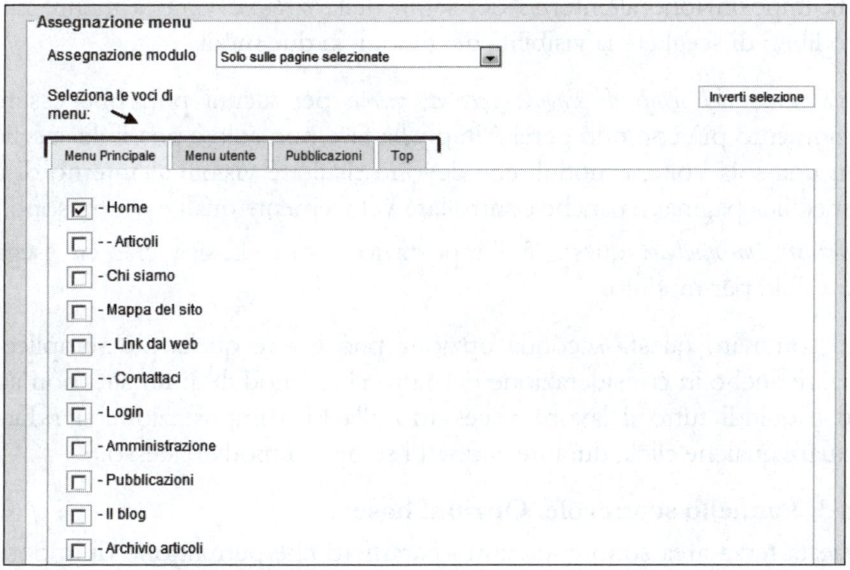

- **Assegnazione modulo**
  Da questo menu a discesa dobbiamo scegliere una delle seguenti opzioni che servono a regolare la visibilità del modulo:
  - *Su tutte le pagine*
  - *Su nessuna pagina*
  - *Solo sulle pagine selezionate*
  - *Su tutte le pagine escluso quelle selezionate.*
- **Inverti selezione**
  Pulsante di utilità che ha la funzione di invertire le selezioni delle voci di menu elencate più in basso, attivando quelle non selezionate e viceversa.
- **Seleziona le voci di menu**
  Comprende una zona che riporta tutti i menu utilizzati nel sito incluse le relative voci e sottovoci presenti in ognuno di essi.

  L'impiego è molto semplice, prima scegliamo il menu sul quale operare (per esempio: nella figura precedente risulta selezionato il *menu principale*) quindi non ci resta che selezionare manualmente ogni singola voce che apre la pagina nella quale il modulo deve risultare visibile.

  Quindi, il risultato dipende dalle impostazioni del campo *Assegnazione modulo*, tramite il quale possiamo optare di mostrarlo in tutte le pagine o in nessuna di quelle selezionate, in rapporto alle nostre esigenze.

I lettori più attenti sicuramente ricorderanno che abbiamo già incontrato questa impostazione all'interno del setup delle singole voci di menu; infatti siamo liberi di scegliere la visibilità dei moduli in due modi:

1. *all'interno del setup di singola voce di menu*: per alcuni potrebbe essere il momento più comodo perché in quella fase non solo è possibile scegliere, in una sola volta, i moduli che devono risultare visibili all'interno di una specifica pagina ma anche controllare velocemente quali e quanti sono.
2. *per singolo modulo*: questa è l'impostazione più classica che va eseguita modulo per modulo.

Tutto sommato questa seconda opzione può essere quella più semplice da utilizzare anche in considerazione del fatto che i moduli di un sito non sono molti e quindi tutto il lavoro necessario alla loro impostazione si riduce a effettuare qualche click, durante la fase di setup del modulo stesso.

Area 3: Pannello scorrevole: Opzioni base

In questa terza area sono contenuti i parametri che permettono di impostare le funzioni caratteristiche del modulo. Per questo esempio, abbiamo utilizzato il modulo necessario per eseguire il login al sito, quindi al suo interno non possiamo che trovare il setup necessario a svolgere questa funzione.

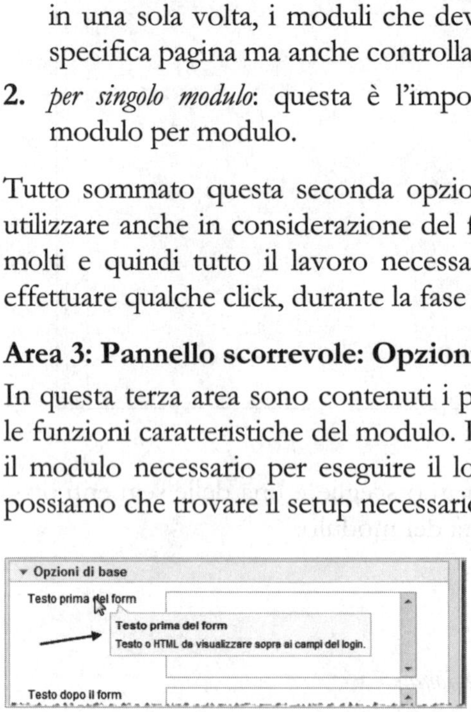

A causa del grande numero di moduli presenti, purtroppo non è possibile descrivere ciascuno di essi nei dettagli; per fortuna però, grazie al lavoro svolto dai programmatori, scovare le diverse funzionalità non si rivela un lavoro difficile perché i nomi dei campi sono già chiarificatori e, inoltre, passando il mouse sopra gli stessi nomi ci appare una piccola finestra con le indicazioni sulla funzione espletata.

Infine, consideriamo che molti parametri sono del tutto simili ad altri già trattati nei capitoli precedenti; quindi comprendere come utilizzarli è solo un fatto di pratica e di confidenza con l'ambiente amministrativo di Joomla.

Area 4 – Pannello scorrevole: Opzioni avanzate

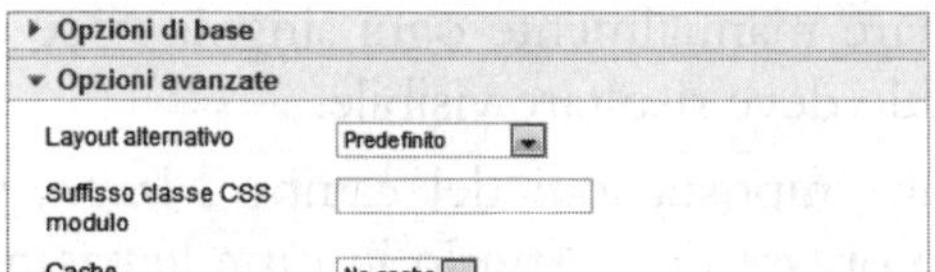

Le *Opzioni avanzate* permettono di scegliere un layout grafico alternativo (se previsto) o di selezionare una classe CSS diversa da quella standard imposta dal template che stiamo utilizzando, consentendo di conferire al modulo un aspetto grafico diverso.

Installiamo un modulo

Proviamo adesso a installare un nuovo modulo che dovrà disporsi giusto sopra al login, del quale abbiamo appena finito di parlare; questo modulo mostra una mappa interattiva dell'Italia ed è stato sviluppato da un bravissimo programmatore italiano che lo ha reso disponibile gratuitamente a tutta la comunità Joomla, infatti, possiamo scaricarlo direttamente dal suo sito a questo indirizzo, previa una normale registrazione gratuita.

http://www.italiacms.it

Si tratta di una soluzione molto ricercata che può dare soluzione a diversi problemi legati al richiamo di dati separati per regione; immaginiamo infatti un sito che si occupa della vendita di immobili sul territorio nazionale o uno che raccoglie ricette tipiche regionali.

Con questo modulo i nostri visitatori dovranno semplicemente cliccare sulla regione di loro interesse per aprire immediatamente la pagina dedicata alle notizie che la riguardano; inoltre tutte le aree delle regioni "reagiscono" cambiando di colore al passaggio del mouse il che rende molto piacevole il suo utilizzo, all'amministratore del sito spetta soltanto una semplice procedura di setup (figura 9.16).

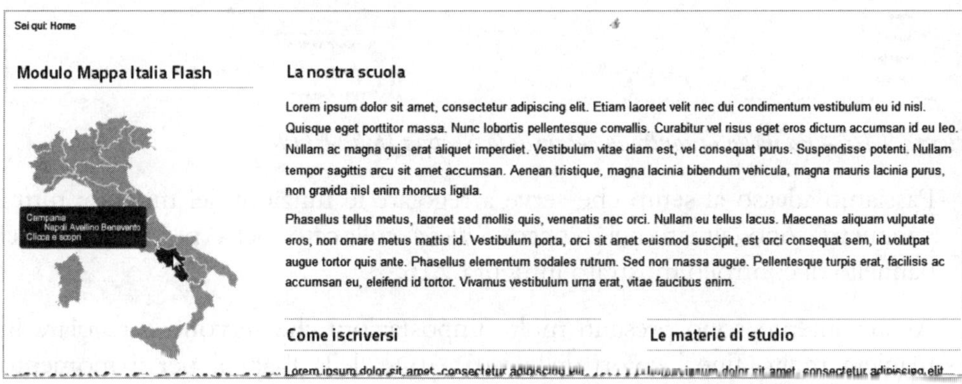

Figura 9.15 – Aspetto del modulo che mostra la mappa interattiva dell'Italia.

Ecco i passaggi per utilizzare questo splendido modulo sul nostro sito:

1. per prima cosa registriamoci sul sito *http://www.italiacms.it* e procediamo quindi a scaricare il modulo sul nostro PC;
2. utilizzando la normale procedura di Joomla, installiamo il modulo;
3. entriamo nel pannello della *Gestione moduli*, troviamo l'elemento che si chiama *Modulo Mappa Italia Flash* e apriamo il suo pannello di controllo;

4. cambiamo lo *stato* del modulo in *Pubblicato*;
5. nel campo *Titolo* inseriamo il nome che vogliamo e scegliamo la *Posizione* facendo in modo che il modulo appaia nel punto desiderato;
6. infine, prima di passare al setup più importante, non dimentichiamo di spostarci nella parte bassa della schermata, blocco *Assegnazione menu*, per impostare la visibilità del modulo nelle varie voci di menu.

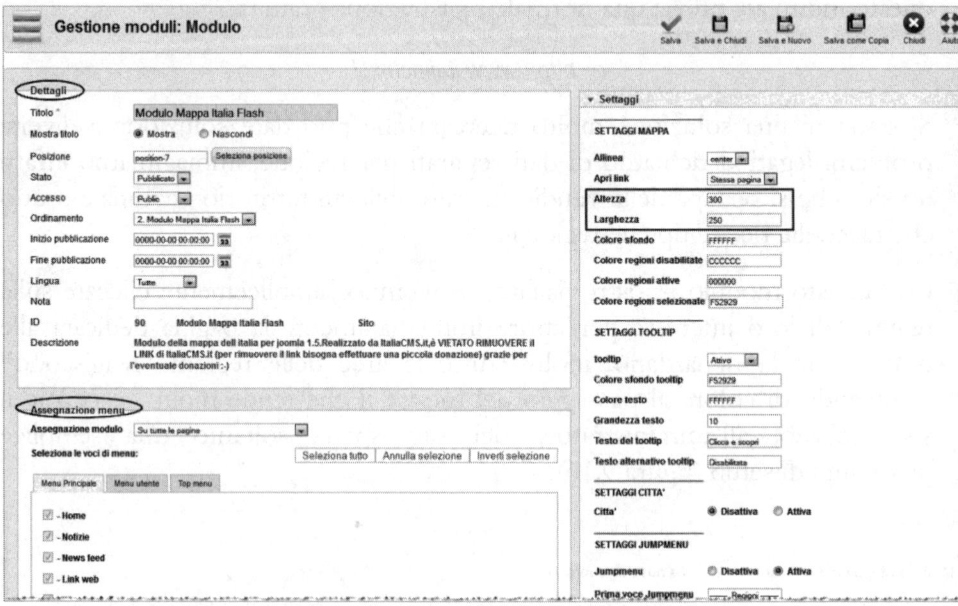

Figura 9.16 – Pannello di controllo del modulo Mappa Italia Flash.

Passiamo adesso al setup che serve a regolare le funzioni del modulo; tutti i parametri sono situati nel blocco *Settaggi* collocato nella parte destra del pannello di controllo mostrato in figura 9.16.

Al suo interno sono presenti molte impostazioni che servono a regolare in maniera molto fine i colori delle varie zone della mappa; per il momento lasciamo i valori di default perché potremo intervenire con comodità in un secondo momento. I parametri più essenziali da impostare sono i seguenti:

- **Settaggi mappa**

  Allinea e Apri link: questi primi due parametri permettono di scegliere l'allineamento e la destinazione della nuova finestra che sarà aperta dopo aver cliccato su una delle regioni.

  Altezza e larghezza: in rapporto allo spazio che abbiamo disponibile nel template utilizzato, dobbiamo impostare le dimensioni che desideriamo assegnare al nostro modulo; non preoccupiamoci dell'immagine dell'Italia perché si adeguerà automaticamente allo spazio disponibile.

I rimanenti campi servono a definire i colori dell'immagine e pertanto ognuno potrà personalizzarla come meglio crede; tali valori vanno inseriti direttamente in formato esadecimale che possiamo ricavare da qualsiasi programma di grafica bitmap, come dicevamo, il consiglio è, per il momento, di lasciare i valori di default.

- **Settaggi tooltip**
  Il tooltip è una piccola area che si apre automaticamente quando il mouse è passato sulle varie regioni della mappa; le impostazioni qui presenti sono facilmente intuibili e riguardano l'attivazione, il colore di sfondo e del testo di aiuto; anche in questo caso, per il momento lasciamo le impostazioni di base che troviamo.
- **Settaggi città**
  Permette di definire se mostrare i nomi delle città che saranno definiti nel setup di ciascuna regione più avanti.
- **Settaggi Jumpmenu**
  Se abilitiamo questa voce, nel modulo sarà presente un menu a discesa con il nome delle varie regioni; diciamo che funge da menu rapido e di aiuto per chi volesse puntare ai contenuti di una particolare regione.
- **Nome della regione selezionata**
  Anche questo caso si tratta di un'opzione non obbligatoria poiché si tratta di scegliere se mostrare del testo che precede il nome della regione.
- **Impostazione della regione**

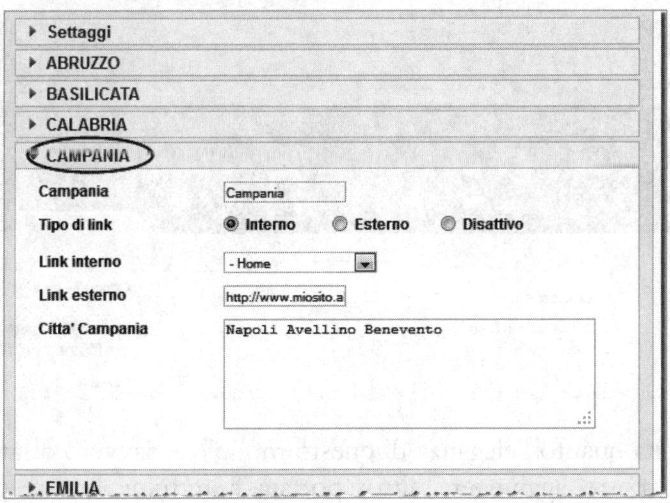

Eccoci finalmente al setup che riguarda ciascuna regione, le troviamo tutte nella zona dei pannelli scorrevoli subito sotto quello del *Settaggi* che abbiamo appena esaminato.

Nome della regione: Questo campo è già compilato con il nome della regione che stiamo impostando, quindi non occorre fare nulla.

Tipo di link: abbiamo tre opzioni:

- **Disattivo** se non abbiamo materiali da mostrare.
- **Esterno** utile a richiamare un URL esterno al sito che potremo indicare nel campo *Link esterno* più in basso.
- **Interno** per utilizzare un link legato a una delle voci di menu create nel sito; possiamo sceglierla facilmente utilizzando il menu a discesa *Link interno* che le riporta tutte. Questo vuol dire che, con estrema facilità, possiamo associare link che aprono la pagina di un'intera categoria di contenuti o di qualsiasi altro componente installato in Joomla.

Link interno: scelta della voce di menu da associare al link interno;

Link esterno: campo per indicare l'URL esterno;

Città regione: qui possiamo inserire le città della regione separandole da uno spazio; esse appariranno nel tooltip come mostrato in figura 9.15.

Nota: Il modulo mostra in basso alla mappa d'Italia il nome del sito con relativo link che funge da *Copyright*; è bene precisare che è vietata la rimozione di tale link che peraltro non inficia le eccellenti prerogative del modulo. Incentivare questo tipo di sviluppo è sempre una cosa saggia oltre che eticamente corretta; pertanto il suggerimento è di accogliere l'invito a effettuare una piccola donazione che, tra l'altro, ci permetterà di eliminare il riferimento al sito del produttore di cui abbiamo appena parlato.

Tanto la semplicità quanto l'eleganza di questo modulo è davvero disarmante e quindi non occorre aggiungere altro; portata a termine questa piccola esercitazione possiamo avere certamente un'idea più approfondita della funzione "da vetrina" dei moduli di frontend che si affianca a quella più comune, che possiamo definire "di servizio", quando essi sono utilizzati per mostrare i menu e le varie voci di cui sono composti. Salviamo dunque tutte le impostazioni effettuate sinora e godiamoci questo modulo nelle pagine del nostro sito in cui abbiamo deciso di mostrarlo.

Per concludere, possiamo affermare che i moduli sono certamente estensioni utili e interessanti, poiché sono in grado di migliorare, se ben selezionati, il colpo d'occhio generale delle pagine del nostro sito e offrire non solo soluzioni d'effetto ma anche di grande utilità pratica.

❖ La gestione dei Plugin

Il lavoro svolto dai plugin si può certamente definire "nascosto" perché, a differenza dei moduli, che sono elementi del CMS sempre in vista e con funzioni pratiche e semplici, per i plugin accade esattamente il contrario; infatti essi svolgono le proprie mansioni in maniera discreta, efficiente e trasparente agli utenti, regolando e potenziando particolari funzioni del CMS del tutto essenziali come per esempio:

- ✓ Sistema (controllano parecchie operazioni di base).
- ✓ Autenticazione e altre funzioni necessarie a gestire gli utenti.
- ✓ Gestione ed editing dei contenuti.
- ✓ Gestione degli aggiornamenti delle estensioni.
- ✓ Sistemi per la ricerca.

In parole più semplici, i plugin sono script che si aggiungono al codice base di Joomla per modificare, amplificare e migliorare le sue funzioni; per esempio se desideriamo un editor più evoluto per la scrittura dei contenuti, se siamo a caccia di un effetto particolare nell'apertura delle immagini o molto più semplicemente abbiamo necessità di inserire contenuti speciali nei nostri articoli, è molto probabile che ci serve installare un apposito plugin.

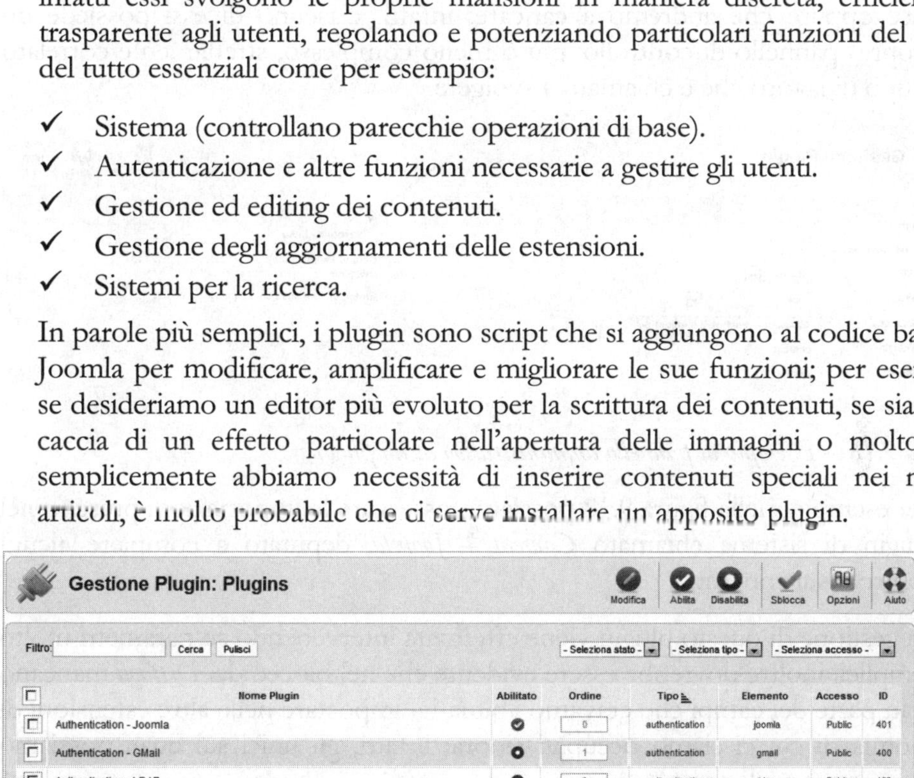

Figura 9.17– Il pannello per la completa gestione dei plugin.

Come possiamo osservare nella figura 9.17, il pannello della *Gestione Plugin* ha un aspetto molto simile a quello dei moduli; in questo caso, addirittura, si presenta più semplice perché nella pulsantiera troviamo meno funzioni e, in particolare, notiamo la mancanza dei link che sottendono alla creazione di nuovi elementi e alla possibilità di duplicarli.

Il motivo è molto semplice ed è dovuto al fatto che i plugin sono elementi molto più complessi dei moduli; infatti, ognuno di essi va approntato da un esperto programmatore che conosca non solo il linguaggio PHP ma anche tutto l'ambiente operativo di Joomla.

Amministrazione dei plugin

Abbiamo già descritto più volte, in altri ambienti di Joomla, gli elementi che sono presenti nel pannello della *Gestione Plugin*; quindi, a questo punto delle nostre conoscenze, la loro funzione dovrebbe essere familiare a tutti.

Discorso completamente diverso, invece, per ogni singolo plugin presente di base oppure che andremo a caricare; infatti, ciascuno di essi possiede un proprio pannello di controllo, più o meno complesso, strettamente correlato al tipo di lavoro che è chiamato a svolgere.

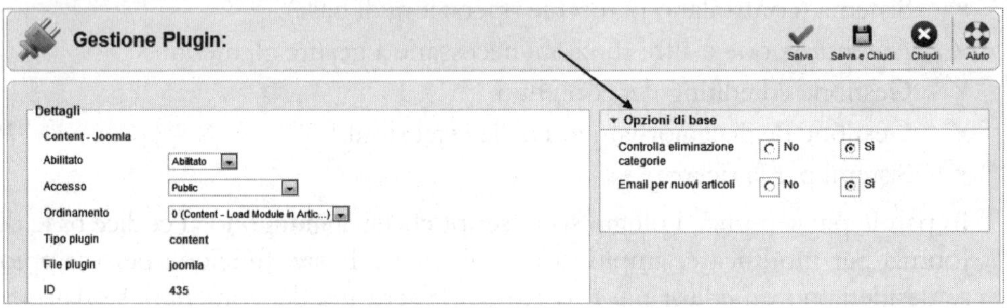

Figura 9.18 – Esempio di pannello amministrativo di un plugin.

Per esempio, nella figura 9.18 possiamo osservare le impostazioni presenti nel plugin di sistema chiamato *Content – Joomla*, deputato a compiere alcuni controlli sui contenuti.

La gestione di questo plugin viene effettuata intervenendo su parametri molto semplici; inoltre dovrebbe essere evidente che nel blocco dei *Dettagli* mancano gran parte dei campi che eravamo abituati a impostare nelle altre estensioni di Joomla di cui ci siamo occupati sinora; infatti, gli unici sui quali possiamo agire sono quelli per:

- ✓ abilitare o disabilitare il plugin;

- ✓ assegnare un livello di accesso;
- ✓ definire l'ordine di lista rispetto ad altri plugin che operano sui contenuti.

Dal lato *Opzioni di base*, invece, troviamo i campi che sono caratteristici del tipo di plugin impiegato e che servono a influenzare le modalità di lavoro; in particolare possiamo decidere se (figura 9.18):

- ✓ Joomla debba controllare se le categorie sottoposte a cancellazione sono completamente vuote o meno;
- ✓ l'amministratore debba ricevere un'email quando, dal frontend, sono inviati nuovi contenuti.

Trattandosi di plugin di sistema, tali valori sono già impostati sui parametri più corretti ma, come abbiamo visto, possiamo modificarli molto facilmente se dovessimo realmente averne realmente bisogno.

In ogni caso, se ancora non siamo molto pratici di tutto l'ambiente amministrativo, il consiglio è di rimandare la modifica delle impostazioni a quando saremo più esperti, poiché settaggi effettuati a casaccio possono influenzare negativamente il corretto funzionamento di tutto il CMS.

Installazione pratica di un Plugin per i Social Network

A dimostrazione della loro estrema versatilità, proviamo adesso a caricare un plugin che ci permetterà di implementare alcuni pulsanti, verso i maggiori ambienti social, subito prima del testo di ciascun articolo pubblicato, come mostrato nella figura 9.19.

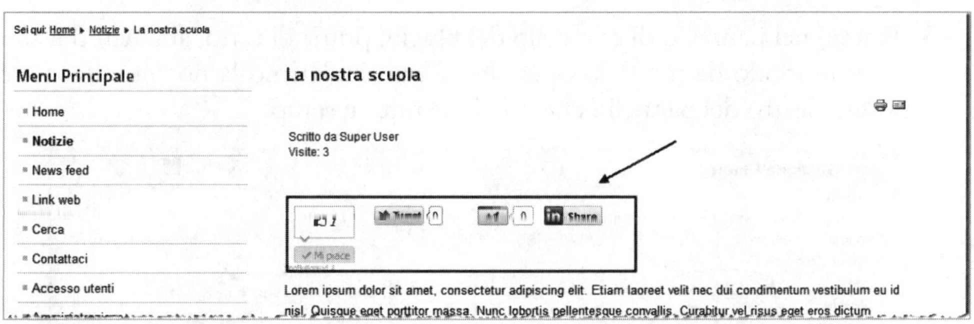

Figura 9.19 – Impiego di un plugin per implementare i pulsanti verso i social network.

Tutta la procedura è molto semplice e probabilmente si fa prima a portarla a termine che a descriverla; in ogni caso, qui di seguito riportiamo tutti i passaggi necessari per procurarci il plugin necessario allo scopo e a impostarlo sul nostro sito Joomla 2.5.

1. Il plugin in questione di chiama *plg_socbuttons* e possiamo scaricarlo gratuitamente e senza neanche eseguire la registrazione, da questo sito:

   http://max-site.net.ua/news/236-social-share-buttons-plugin.html

   Il sito utilizza caratteri cirillici quindi del tutto incomprensibili per noi Italiani, in ogni caso nella pagina è presente il traduttore Google e quindi procediamo subito a scegliere la lingua italiana per rendere il testo completamente comprensibile (figura in basso).

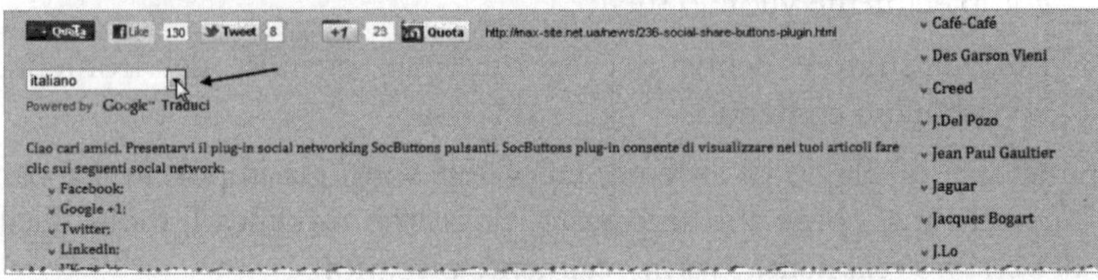

2. Installiamo normalmente il plugin e quindi apriamo il pannello della *Gestione plugin* e clicchiamo sul suo nome per poterlo impostare.

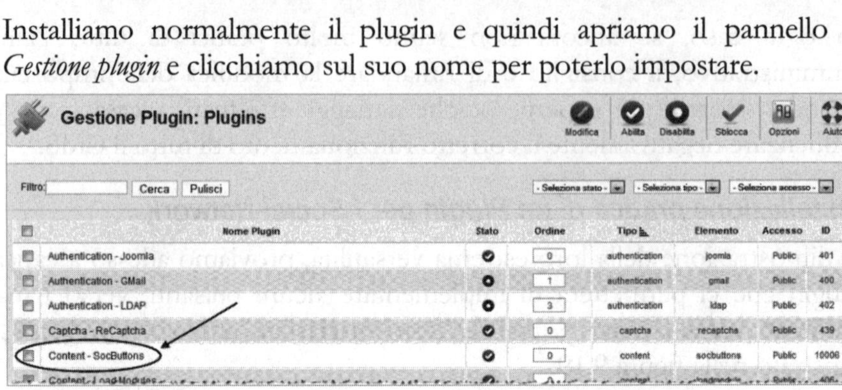

3. Entrati nel pannello di controllo del plugin, prima di tutto, abilitiamo il suo *Stato* in modo da renderlo operativo e poi rivolgiamo la nostra attenzione al lato destro del pannello che contiene tutto il setup.

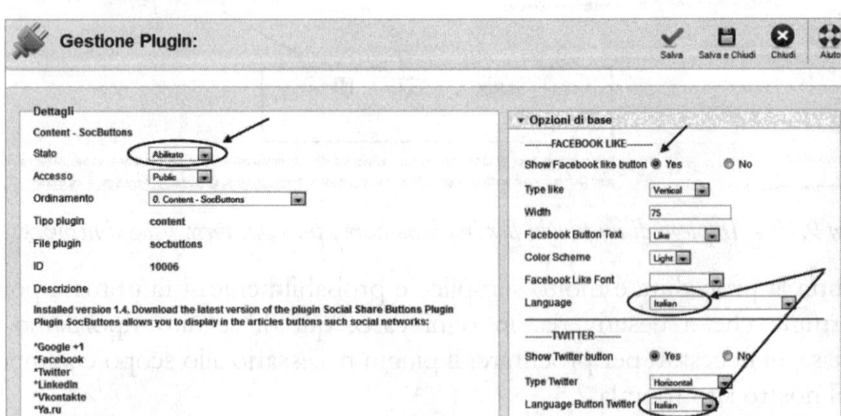

Come possiamo osservare dalla figura precedente, nelle blocco *Opzioni di base* sono presenti i vari Social Network, per ognuno di essi dobbiamo eseguire le seguenti operazioni:

- ✓ Abilitare la visibilità del bottone social che desideriamo utilizzare.
- ✓ Solo nel primo blocco, quello riguardante Facebook, impostiamo l'occupazione orizzontale e se desideriamo visualizzare i bottoni in orizzontale o verticale.
- ✓ Scegliere la lingua italiana in modo che i testi dei pulsanti appaiano nella nostra lingua, per esempio *Mi piace* e non *I like.*
- ✓ Disabilitare i Social che pensiamo siano inutili; in questo caso ve ne sono due probabilmente diffusi nell'Europa dell'est che risultano abbastanza sconosciuti da noi.
- ✓ Per ultimo troviamo un blocco chiamato *Display Option* nel quale, se lo riteniamo necessario, possiamo definire dove visualizzare i pulsanti (in alto o in basso dell'articolo) e le eventuali categorie di contenuti di cui il plugin non deve tener conto (figura in basso).

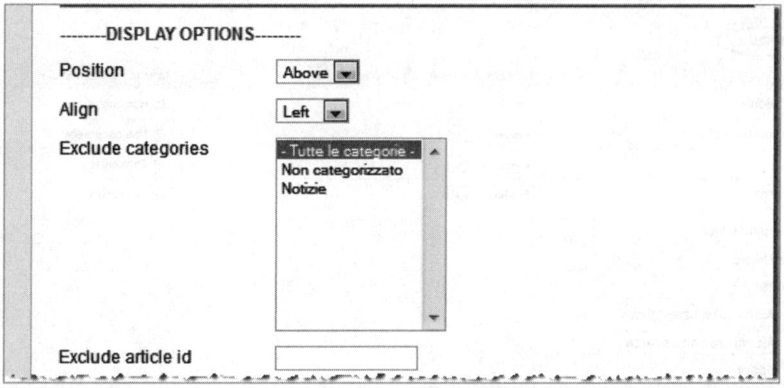

Al termine di queste semplici procedure potremo richiamare un qualsiasi articolo pubblicato nel nostro sito e verificare la presenza della barra con i pulsanti che avremo deciso di mostrare come nell'esempio di figura 9.19.

Nota: *Può valere la pena di porre l'accento, a questo punto, sulla provata semplicità con cui molte estensioni possono essere recuperate e installate anche da assoluti principianti.*

Infatti, la qualità dei programmatori e la bontà di un ambiente operativo come quello di Joomla si fondono per rendere questi processi estremamente semplici e alla portata di chiunque; questa è una delle ragioni del successo planetario del CMS Joomla che i neofiti e i principianti non mancano di apprezzare maggiormente.

I permessi dei Plugin

Il pannello delle *Opzioni* al quale possiamo accedere, cliccando sull'omonimo pulsante, è abbastanza sobrio per effetto della particolare funzione svolta dai plugin; consente solo il setup dei permessi e quelli sui quali possiamo agire sono quelli che servono a concedere o negare le seguenti autorizzazioni:

- ✓ *Accesso al componente*: accesso al pannello *Gestione Plugin*;
- ✓ *Configurazione*: accesso alle *Opzioni*;
- ✓ *Modifica*: accesso ai controlli dei singoli plugin della *Gestione Plugin*;
- ✓ *Modifica stato*: accesso al cambio di stato del plugin portandolo da *Abilitato* a *Disabilitato* e viceversa.

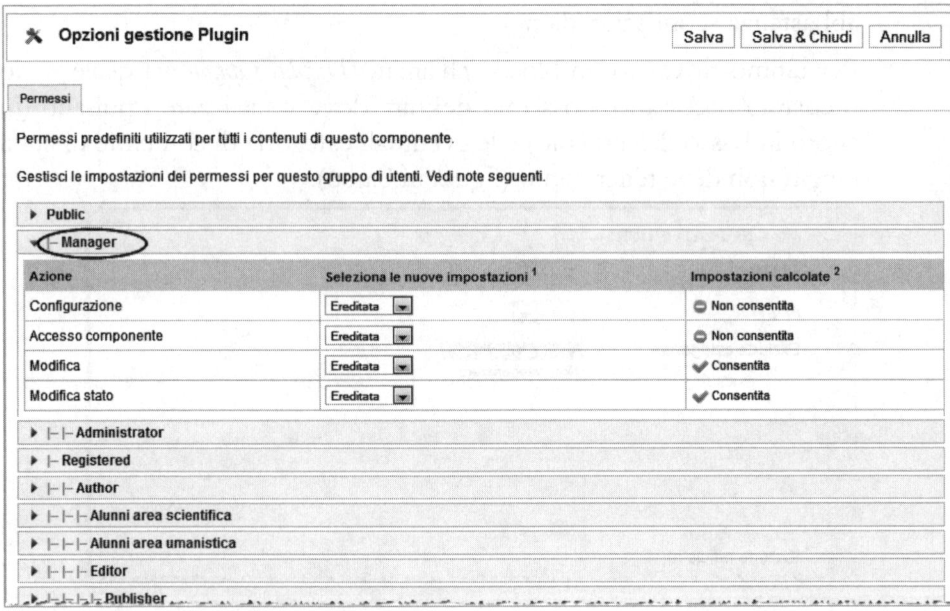

Figura 9.20 – Pannello delle Opzioni gestione Plugin, configurazione dei permessi.

Premesso che i controlli sui plugin rappresentano un'operazione squisitamente di carattere amministrativo poiché le impostazioni effettuate si ripercuotono su tutto il sito, possiamo affermare che concedere permessi di accesso a gruppi più o meno numerosi potrebbe rivelarsi un'azione poco utile se non addirittura controproducente; in pratica sarebbe come se autorizzassimo una o più persone (capaci o meno non importa) a mettere le mani nelle sofisticate regolazioni di un moderno motore. Dopo poco tempo il risultato, facilmente prevedibile, sarebbe quello di ritrovarci con seri problemi di funzionamento che potrebbero portare al blocco totale del sito.

Cerchiamo quindi di ridurre al minimo le possibilità di accesso ai plugin da parte di eventuali collaboratori esterni e riserviamo solo a noi la responsabilità di gestire queste importanti estensioni le cui azioni influenzano le prerogative e la resa funzionale di tutto il sito.

È per questo motivo che nella figura 9.20, l'utente *Manager* che pure ha accesso all'area amministrativa si ritrova con i permessi bloccati per quanto riguarda l'*accesso* e la *configurazione* al pannello delle *Opzioni*; che poi siano consentite le azioni di *modifica* e *modifica stato*, non ha alcuna importanza poiché per effetto delle impostazioni precedenti esse rimangono inaccessibili.

Per motivi di studio il consiglio è di lavorare esclusivamente su server locale in modo da verificare velocemente gli effetti delle modifiche e riuscire a ripristinare, se occorre, tutta la piattaforma in tempi veramente rapidi.

❖ La gestione dei template

I temi grafici rappresentano una potente possibilità di personalizzazione del sito molto apprezzata dagli utenti di Joomla; con la loro semplicità di gestione e la relativa facilità con cui possiamo installarli e personalizzarli rappresentano elementi non di poco conto, che tuttora riescono a spiegare i motivi della grande diffusione di questo CMS.

Per tutte le versioni precedenti di Joomla, è stata sviluppata un'enorme quantità di temi sia gratuiti sia a pagamento che attualmente sono in fase di aggiornamento per essere utilizzabili anche con la release 2.5.

Gli utenti che migrano da Joomla 1.5 alle nuove versioni potrebbero avere qualche problema se decidessero di voler mantenere i vecchi template anche nel nuovo sito; infatti i temi delle vecchie versioni non sono utilizzabili sulla 2.5 in quanto, nelle ultime release, sono state apportate alcune modifiche alla sintassi e alla struttura del codice che non li rendono compatibili.

L'occasione però potrebbe essere sfruttata per decidere di cambiare tema grafico e dare così una bella rinfrescata all'aspetto del sito regalandogli una nuova veste grafica certamente più bella e accattivante.

Gran parte delle modifiche rispetto alla versione 1.5, risiedono non solo nel riassetto grafico del pannello che permette l'amministrazione dei template ma anche nella possibilità di controllarli tramite una nuova opzione: gli *Stili*.

Questi contengono tutta una serie di parametri, in grado di influenzare la grafica e le caratteristiche di un tema, cui possiamo accedere da un comodo pannello di controllo; implementati a partire dalla versione di Joomla 1.6, gli stili hanno la proprietà di poter essere duplicati, modificati e quindi assegnati a pagine del sito in modo da ottenere una rapida personalizzazione del loro aspetto con pochissimi click. In più dobbiamo considerare che tutto questo ci permette di evitare il caricamento di altri template come invece avveniva nelle precedenti versioni di Joomla.

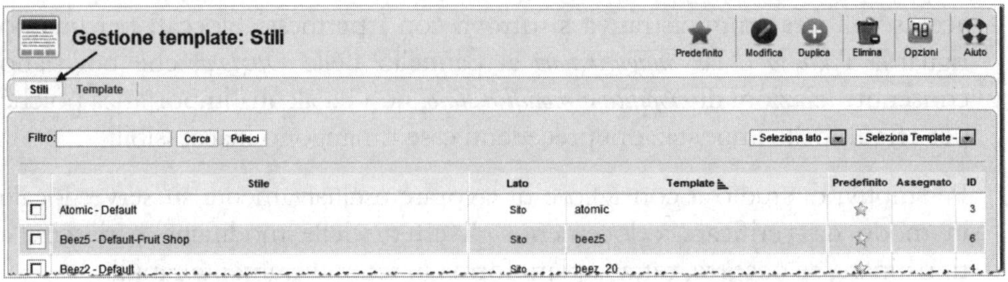

Figura 9.21 – In evidenza il tab degli Stili nel pannello della Gestione template.

Il pannello Gestione template

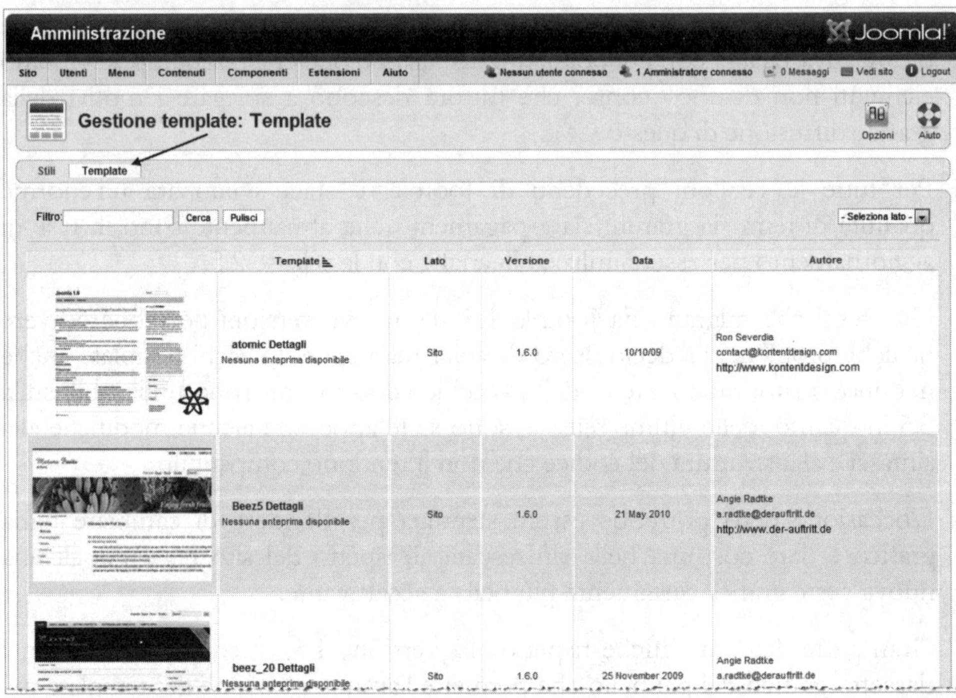

Figura 9.22 – Aspetto della scheda Template.

Questo pannello è formato da due schede che raccolgono al loro interno, rispettivamente, l'elenco degli *Stili* e dei *Template*; facciamo caso al fatto che la scheda degli stili preceda quella dei temi: questo non è un fatto banale o casuale ma serve piuttosto a mettere in risalto la grande importanza che gli stili hanno nelle nuove versioni di Joomla.

In queste schede, infatti, non scegliamo più il tema grafico per il sito ma piuttosto uno stile appartenente a un tema grafico; ne abbiamo prova dal fatto che la scheda *Template* serve a mostrare solo l'elenco dei temi grafici caricati, al solo scopo di essere utilizzato per operare eventuali modifiche al codice e ad altri parametri di carattere strutturale, ma non esiste più alcuna opzione che ci permetta di scegliere da qui il tema da assegnare al sito.

Inoltre, anche la pulsantiera dei vari comandi varia sensibilmente tra le due schede *Stile* e *Template* tanto è vero che in quest'ultima vediamo presente solo il pulsante *Opzioni* e ciò in virtù del ruolo marginale che essa ricopre nella scelta del tema e dello stile grafico da applicare alle pagine (figura 9.22).

Iniziamo quindi l'esame del pannello della *Gestione template* in modo da prendere subito la dovuta confidenza.

Pulsantiera principale della scheda Stili

A parte il pulsante delle *Opzioni* e quello per l'*Aiuto*, tutte le funzioni assegnate a questi pulsanti possono essere eseguite solo se risulta selezionato un elemento nella lista degli stili sottostante; a questo scopo ricordiamo che la selezione di un elemento avviene tramite i checkbox presenti a sinistra del nome.

- ✓ *Predefinito*: rende lo stile selezionato predefinito per tutto il sito.
- ✓ *Modifica*: permette di entrare nel pannello di controllo dello stile selezionato per operare le modifiche desiderate.
- ✓ *Duplica*: esegue un duplicato dello stile selezionato.
- ✓ *Elimina*: cancella uno stile senza possibilità di recupero.
- ✓ *Opzioni*: richiama il solito pannello dei permessi da assegnare ai vari gruppi; avremo modo di descriverlo a breve.

Filtri e intestazione delle colonne

Nella figura 9.23 che segue possiamo osservare le parti essenziali della scheda *Stili* che abbiamo badato a numerare per riuscire a individuarle meglio.

1. **Consueto sistema a schede** che permette di accedere agli *Stili* e ai *Template* installati nel nostro CMS.
2. **Barra dei menu a discesa**; in questo pannello sono solo due:

a. *Seleziona lato*: permette di visualizzare solo i temi del lato pubblico o di quello amministrativo;

b. *Seleziona template*: questo menu riporta l'elenco di tutti i temi; dopo averne selezionato uno, saranno mostrati solo gli stili appartenenti a quel particolare tema.

3. **Intestazione delle colonne**; come al solito i nomi sono ipertestuali e servono a influenzare l'ordinamento dell'elenco sottostante; da notare la colonna *Predefinito* che ci permette di conoscere qual è lo stile di base del sito, inoltre le stelline sono cliccabili ed è questa la via più veloce per far passare uno stile da *normale* a *predefinito*.

   Teniamo anche presente la colonna *Assegnato* che segnala l'assegnazione di stili a una o più voci di menu tramite la presenza di un pallino verde con un segno di spunta bianco al centro (figura 9.24).

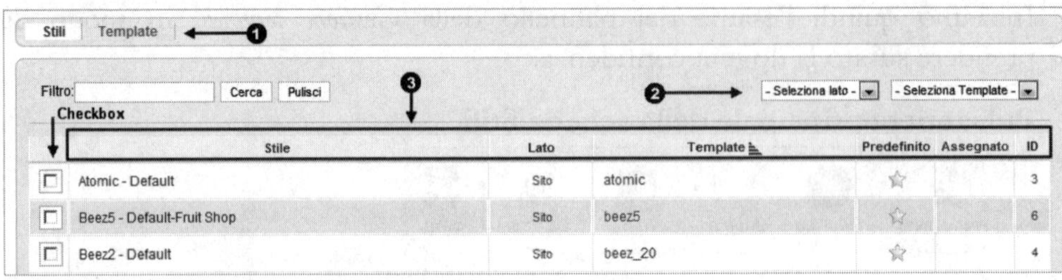

Figura 9.23 – Le aree di setup del pannello dei template.

La scheda Stili e loro impiego

Possiamo creare tutte le variazioni previste dallo stile base semplicemente duplicando quello principale e poi accedendo al suo pannello di controllo per impostare le modifiche desiderate.

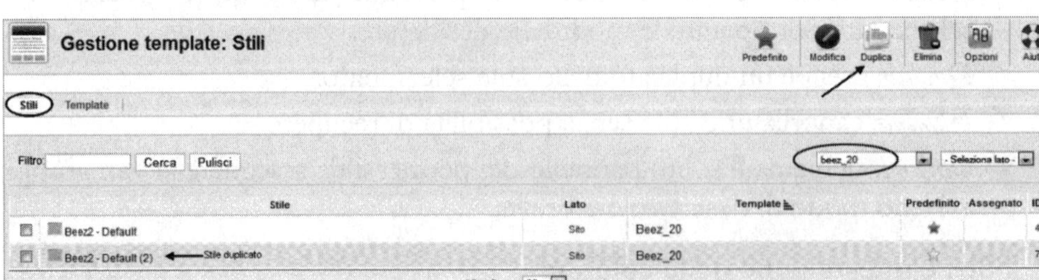

Figura 9.24 – Procedura di creazione di un nuovo stile.

Con riferimento alla figura 9.24, vediamo come procedere in concreto:

1. per prima cosa, dalla scheda *Gestione template* → *Stili*, utilizziamo il menu a discesa *Seleziona template* per scegliere il tema sul quale vogliamo lavorare;

template ed evitare così di fare errori;

2. utilizzando il *checkbox* a sinistra del nome, selezioniamo lo stile da doppiare e poi clicchiamo sul pulsante *Duplica.* La procedura crea subito un nuovo elemento con lo stesso nome di quello principale e vi aggiunge un numero in parentesi per poterlo distinguere (figura 9.24);
3. adesso disponiamo di un nuovo stile perfettamente identico a quello da cui deriva; ciò è normale perché ci serve come base di partenza; clicchiamo sul suo nome ed entriamo nel pannello di controllo per riuscire a impostarlo opportunamente (figura 9.25).

Impostazione di uno stile

Subito dopo aver creato un duplicato di uno stile, possiamo iniziare a operare le modifiche cliccando sul nome dello stile stesso ed entrare nel suo pannello di controllo; il pannello dei singoli stili associati a un template può essere in parte complesso secondo il numero di opzioni presenti nel blocco delle *Opzioni avanzate*; tutto il resto dei parametri presenti negli altri due settori, *Dettagli* e *Assegnazione menu*, rimangono sempre uguali.

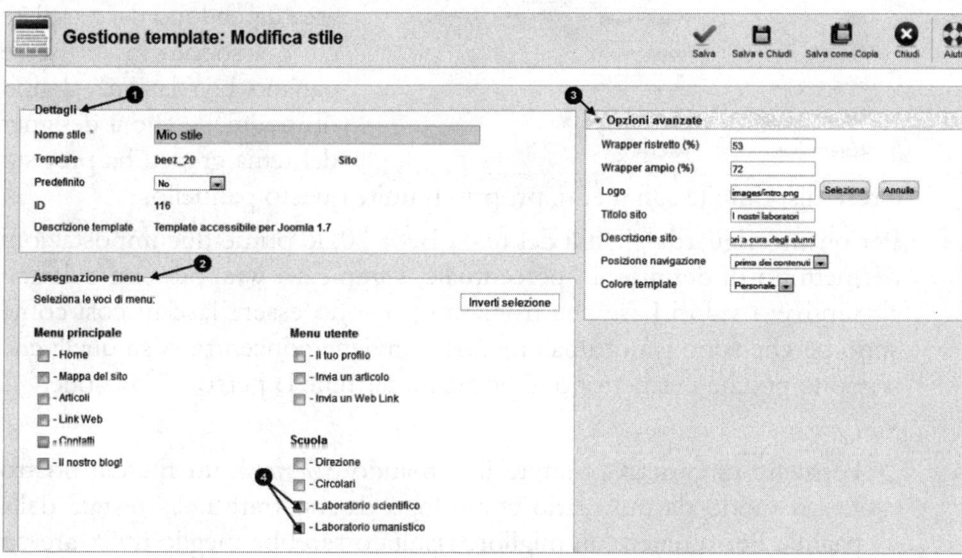

Figura 9.25 – Il setup di uno stile sulla base di parametri a scelta.

Con riferimento alla figura 9.25 ecco di seguito le impostazioni da eseguire:

- **Area 1: *Dettagli***
  Come di consueto contiene i parametri generali dell'elemento; in questo caso possiamo solo modificare i seguenti campi:

– *Nome stile*

Nome da assegnare allo stile; se abbiamo intenzione di crearne più di uno, è bene assegnare un nome che permetta un rapido riconoscimento.

– *Lingua*

È il solito menu a discesa che permette di assegnare uno stile diverso a ogni lingua; in ogni caso, se il plugin *System-Language Filter* non è abilitato, questo menu deve risultare impostato sul No o su Tutte.

➢ **Area 2: *Assegnazione menu***

Da qui possiamo scegliere quali voci di menu e quindi quali pagine debbano aprirsi con questo stile; nella figura 9.25 è selezionata la voce che richiama gli articoli dei laboratori scolastici creati per il nostro esempio; pertanto immaginiamo di voler adeguare gli stili in modo che il visitatore veda uno stile diverso per ciascuna area della scuola.

➢ **Area 3: *Opzioni avanzate***

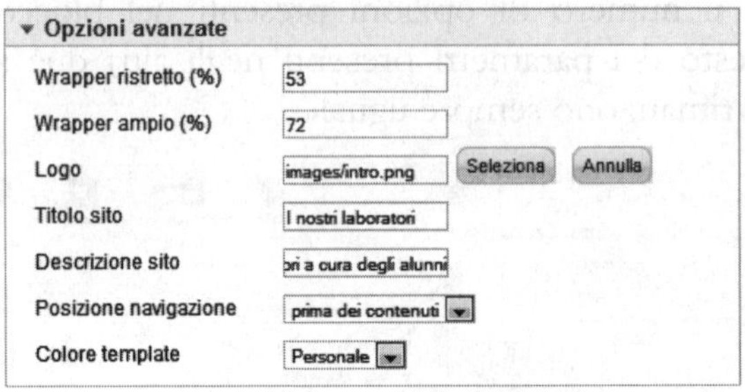

Come abbiamo anticipato, tutte le impostazioni che sono presenti in questa terza area dipendono dal template cui è associato lo stile; esse variano in relazione al tipo di modifiche che il designer del tema grafico ha previsto e reso disponibile agli utenti, proprio tramite questo pannello.

Per quanto riguarda gli stili del tema Beez 20, le prime due impostazioni permettono di definire, in percentuale, l'ampiezza wrapper con colonne aggiuntive; i valori base che troviamo possono essere lasciati così come sono perché sono già ottimali mentre conviene concentrarci su quelli che seguono poiché permettono di portare a termine la personalizzazione:

✓ *Logo*

Permette di caricare, tramite il comando *Seleziona*, un file dal nostro PC in modo da utilizzarlo come logo da mostrare nella testata della pagina. Per ottenere un migliore risultato sarebbe meglio utilizzare un file senza sfondo in formato PNG o GIF; in questo modo il logo potrà integrarsi con i colori sottostanti e senza creare alcun riquadro.

✓ *Titolo sito*

Campo di testo che permette di definire il titolo del sito che sarà mostrato nella testata del template.

- ✓ *Descrizione sito*

  Altro campo di testo che serve ad accogliere uno slogan che poi sarà mostrato giusto sotto il logo.
- ✓ *Posizione navigazione*

  Sposta la colonna dei menu prima o dopo i contenuti.
- ✓ *Colore template*

  In questo menu sono presenti un paio di scelte utili ad assegnare colori diversi al tema grafico; l'esiguo numero di colori disponibili non ci deve preoccupare perché si tratta solo di un tema dimostrativo; in altri template, il numero di questo tipo di opportunità dovrebbe risultare maggiore.

Dopo aver completato tutte le impostazioni, nella figura 9.26 possiamo osservare come appaiono le pagine dei laboratori scolastici a cui è stato assegnato questo "nuovo"stile.

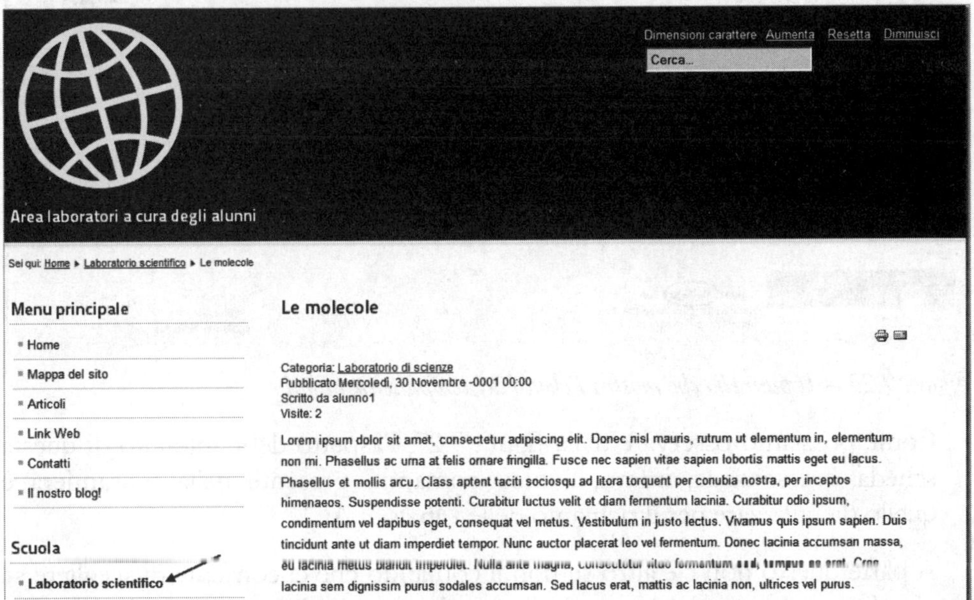

Figura 9.26 – Ecco come appare la pagina a cui è stato assegnato lo stile clonato.

Com'è facile intuire, il numero degli stili che possiamo ottenere con il comando *Duplica*, nella sua semplicità, è virtualmente illimitato; dovremmo però sapere sempre dosare i cambi di stile per non dare false impressioni ai nostri visitatori che potrebbero pensare di essere stati reindirizzati su altri siti e di aver abbandonato quello sul quale stavano navigando.

LA SCHEDA TEMPLATE

Questa è la seconda scheda che troviamo nel pannello della *Gestione template*, ne abbiamo già parlato in generale e non c'è molto da aggiungere se non per analizzare come si presentano il contenuto e le opzioni che offre; soprattutto a beneficio di chi inizia, ricordiamo che:

- ✓ l'installazione di un tema avviene come una qualsiasi altra estensione dal menu *Estensioni → Gestione estensioni*; dopo aver completato il caricamento il nuovo tema deve apparire nella scheda *Template* che stiamo esaminando;
- ✓ la cancellazione di un tema va sempre eseguita dalla scheda *Gestisci* che si trova all'interno del pannello *Gestione estensioni*;

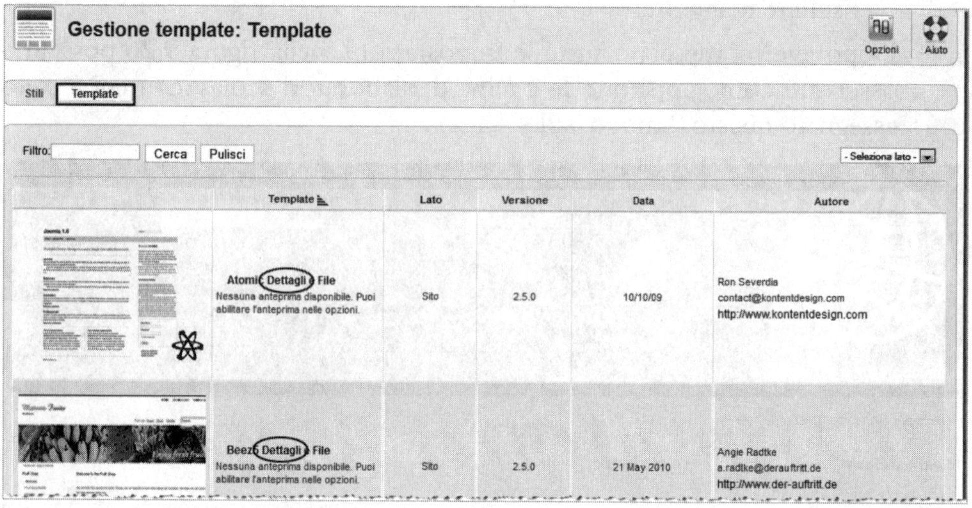

Figura 9.27 – Il pannello che mostra l'elenco dei template installati.

Come possiamo osservare dalla figura 9.27, l'aspetto del contenuto di questa scheda è essenziale; infatti, l'unico comando presente nella pulsantiera è quello da utilizzare per il richiamo delle Opzioni ACL.

A parte questo non c'è altro se non il comando che ci consente di scegliere se visualizzare i temi del lato pubblico o del frontend mentre, più in basso, è presente l'elenco dei temi grafici installati; questi ultimi a differenza delle vecchie versioni, adesso dispongono di un'anteprima più grande; inoltre, cliccando sulla miniatura, si apre un popup che mostra un'immagine ingrandita del tema scelto. Se invece apriamo il link *Dettagli* posizionato accanto al nome di ciascun tema, entriamo nell'ambiente *Personalizza template* mostrato nella figura 9.28; qui troviamo alcuni link tecnici da utilizzare per la modifica online del codice sorgente dei seguenti file:

- ✓ *index.php* file principale del template;
- ✓ *error.php* file per mostrare messaggi d'errore;
- ✓ *component.php* file utilizzato per la stampa della pagina;
- ✓ *più di un file .CSS* che, nell'insieme, soprassiedono alla formattazione dell'aspetto grafico della pagina.

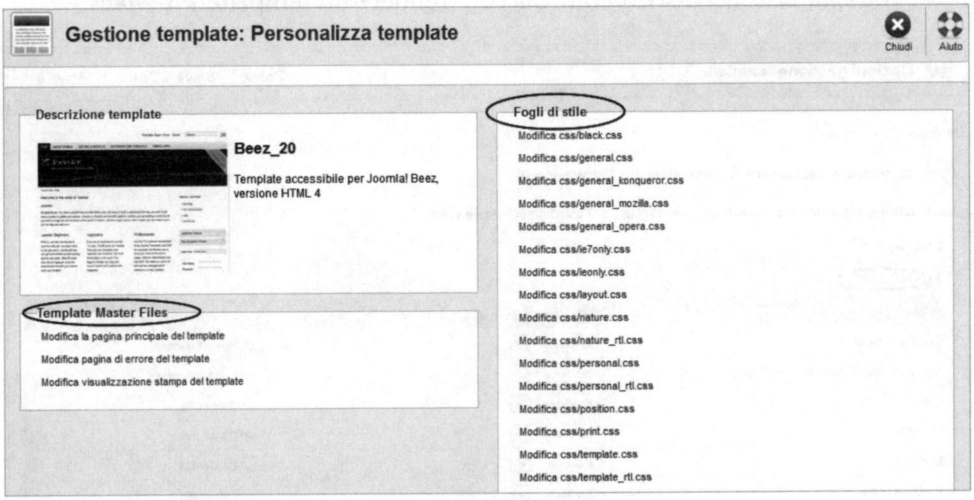

Figura 9.28 – L'ambiente che permette la personalizzazione dei template.

Dopo aver portato a termine la modifica al codice e averla salvata, essa si rende immediatamente disponibile; si tratta di un ambiente per chi conosce la programmazione ed è quindi in grado di eseguire azioni del genere in piena sicurezza; infatti, ogni minimo errore causerebbe, in gran parte dei casi, problemi di funzionamento del CMS.

Le Opzioni *dei template*

Avevamo già parlato, in questo stesso capitolo, della scheda *Template* nel paragrafo *Conoscere i nomi delle posizioni modulo* a pagina 279; in quel caso abbiamo utilizzato proprio il pulsante *Opzioni* dei template per visualizzare il nome dei blocchi moduli all'interno dell'anteprima di ciascun tema. Se non dovessimo ricordare l'utilità di questa impostazione, ai fini del corretto posizionamento dei moduli, sarebbe meglio tornare a rileggere il paragrafo.

La seconda scheda, *Permessi*, riguarda invece l'attribuzione delle autorizzazioni per accedere alla gestione dei temi e quindi a eventuali modifiche; l'aspetto e i relativi permessi sono del tutto identici a quelli esaminati per i moduli, infatti, sono presenti le seguenti opzioni:

- ✓ *Accesso componente*: accesso al pannello *Gestione template*;
- ✓ *Configurazione*: accesso alle *Opzioni* dei template;
- ✓ *Crea*: accesso al pulsante *Duplica* per la creazione di nuovi stili;
- ✓ *Elimina*: accesso al pulsante *Elimina* per la cancellazione degli stili;
- ✓ *Modifica*: accesso ai controlli dei singoli stili della *Gestione template →Stili*;
- ✓ *Modifica stato*: accesso al controllo per rendere un template *Predefinito*.

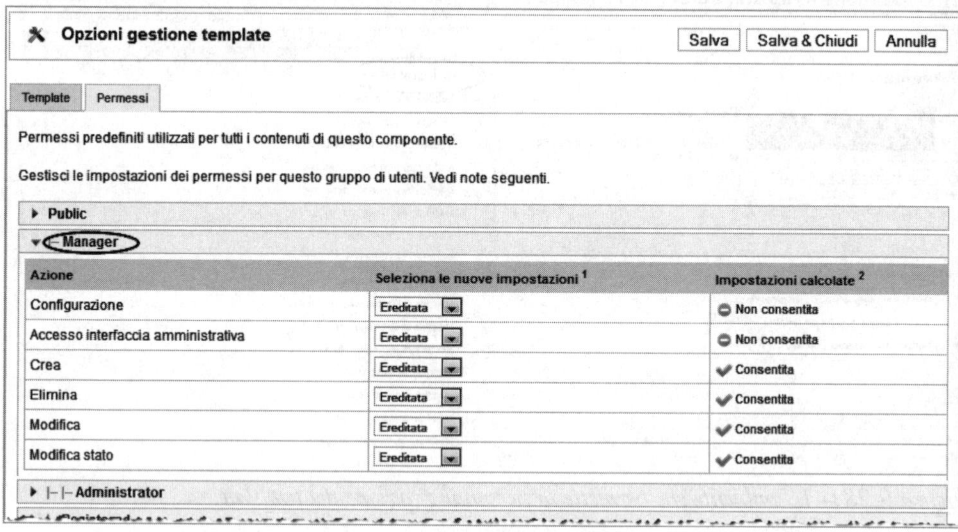

Figura 9.29 – Pannello dei permessi relativi alle azioni sui template.

❖ La gestione delle lingue

Anche nella versione 2.5 di Joomla, l'installazione di nuove lingue riguarda sia il frontend sia il backend in maniera separata; il caricamento, per gli entrambi gli ambienti, va eseguito con la normale procedura di installazione delle estensioni che, a questo punto, dovrebbe apparirci davvero familiare; tutto quello che ci dobbiamo procurare è il pacchetto compresso contenente la lingua desiderata.

Ovviamente il cambio di lingua riguarda solo i messaggi di sistema e non gli articoli o i nomi dei moduli e quant'altro pubblicato nel CMS; infatti tutto questo dovrà essere gestito necessariamente tramite appropriate traduzioni.

Inoltre, come avremo modo di verificare a breve, a partire dalla versione 1.6 di Joomla il team di sviluppo ha implementato, nel core base del CMS, una nuova funzione che permette di creare e gestire siti multilingua con relativa facilità, ma con modalità del tutto diverse rispetto a quelle già offerte da componenti specifici come per esempio l'ottimo *Joomfish* che, per anni, ha rappresentato l'unico punto di riferimento per tutti i webmaster alle prese con siti multilingua di ogni dimensione.

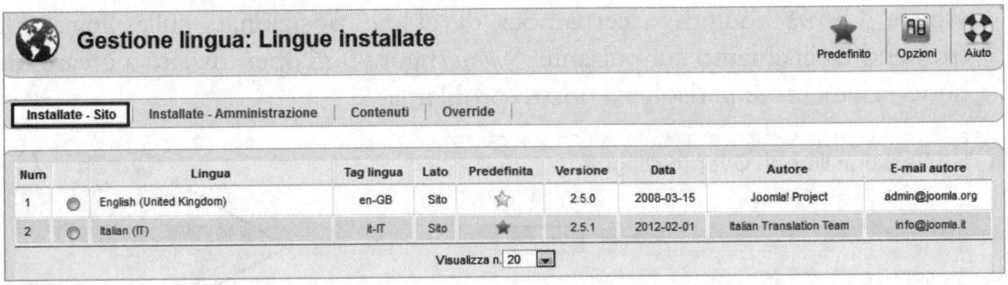

Figura 9.30 – Il pannello della Gestione lingua che mostra quelle installate.

Diciamo subito che se utilizziamo i pacchetti di Joomla già localizzati forniti dal sito di supporto italiano *Joomla.it,* vi troveremo la lingua italiana già installata, mentre in quelli provenienti dal sito internazionale *Joomla.org* è presente solo la lingua inglese; dobbiamo quindi procedere a scaricare anche i file appropriati per rendere l'ambiente operativo di Joomla in Italiano.

> ***Da non dimenticare***: non cerchiamo mai di eliminare questi file per via FTP operando quindi una cancellazione a mano, perché il sito andrebbe subito in errore; è sempre necessario portare a termine questo genere di procedure dal pannello *Gestione estensioni* come per tutte le altre estensioni Joomla.

Esaminando il pannello delle lingue mostrato nella figura 9.30, possiamo renderci conto della sua semplicità. L'icona *Predefinito*, ovviamente, serve per impostare la lingua base del sito mentre più in basso vediamo quattro schede:

- ✓ **Installate - Sito**: serve a richiamare l'elenco dei pacchetti di lingua installati nel CMS per il lato frontend del sito;
- ✓ **Installate - Amministrazione**: come il precedente ma in questo caso visualizza l'elenco delle lingue lato backend.
- ✓ **Contenuti**: mostra le lingue disponibili per i contenuti multilingua, come vedremo a breve.
- ✓ **Override**: si tratta di una nuova funzione implementata a partire proprio dalla versione 2.5 di Joomla; il termine *override* significa *sostituzione* e quindi, siccome ci troviamo nel pannello della *Gestione lingue*, serve a modificare, quando necessario, qualche frase o parola tradotta in modo non opportuno o che intendiamo comunque modificare.

  Il suo impiego è molto semplice e ne parliamo nel prossimo paragrafo poiché rappresenta una delle novità di questa versione.

L'Override nelle lingue

Immaginiamo di avere buoni motivi per voler modificare una stringa con parole appartenenti alla traduzione italiana di Joomla; iniziamo aprendo la scheda *Override* quindi accertiamoci di essere posizionati sulla lingua di frontend e clicchiamo sul pulsante *Nuovo* (figura 9.31) per iniziare a creare un nuovo elemento che risolva il nostro problema.

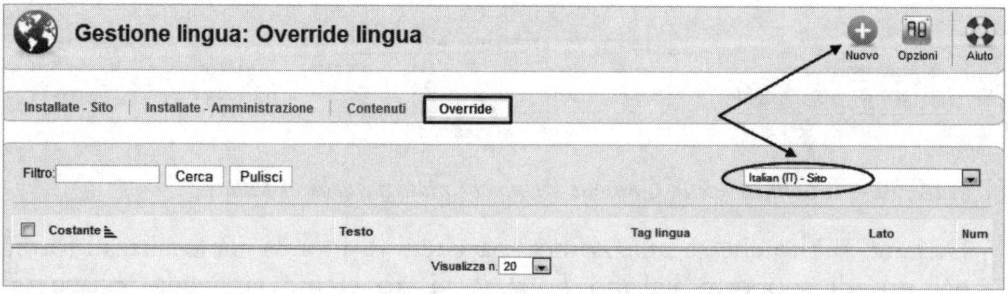

Figura 9.31 – Il pannello dell'Override di lingua

Dopo aver cliccato sul pulsante nuovo, ci viene offerta la schermata che vediamo riprodotta nella figura 9.32.

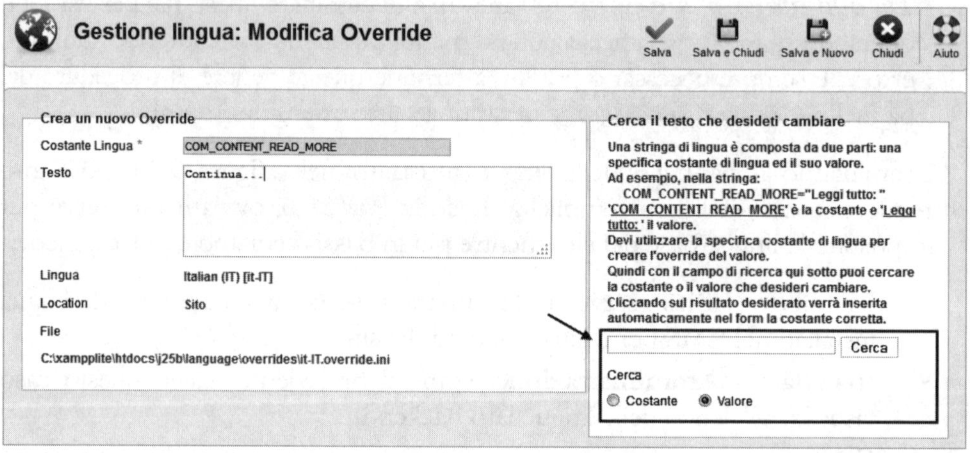

Figura 9.32 – Procedura per la creazione di un override di lingua.

Il setup è molto semplice ma per poterlo completare è necessario conoscere almeno uno di questi elementi:

✓ La *costante di lingua*: non è altro che il nome della variabile che di volta in volta è tradotta nelle varie lingue; nel nostro caso, per esempio potrebbe essere `COM_CONTENT_READ_MORE` che è la costante della nota stringa *Leggi tutto:* utilizzata normalmente negli articoli.

- ✓ Il *valore*: che è appunto il contenuto in lingua da modificare, nel nostro caso è il famoso *Leggi tutto*.

Nel caso in cui la *costante di lingua* ci sia totalmente sconosciuta possiamo cercarla tramite il campo di ricerca predisposto all'uopo nello stesso pannello mostrato nella figura precedente o, in alternativa, possiamo anche cercare il testo in Italiano, per esempio *Leggi tutto*.

Trovato il nome della *costante* cui siamo interessati dobbiamo inserirla nell'unico campo obbligatorio presente nel form e, quindi, subito più in basso inserire la nostra nuova traduzione.

Nell'esempio proposto in figura 9.33, la scritta *Leggi tutto* è sostituita da quella che abbiamo deciso di adottare e cioè: *Continua…*

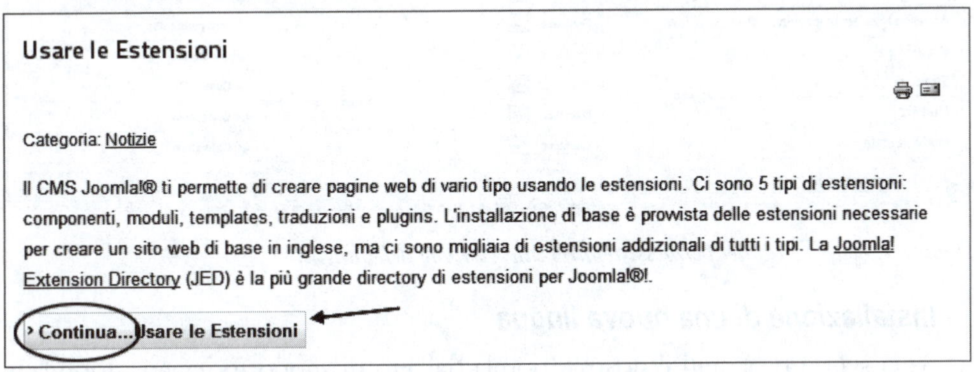

Figura 9.33 – Risultato dell'override proposto nella figura precedente.

Le Opzioni delle lingue

Le opzioni per impostare tutti i permessi per operare con le lingue non sono dissimili da quelle già esaminate per altri tipi di estensioni (figura 9.34).

- ✓ *Accesso componente*: accesso al pannello *Gestione lingua*;
- ✓ *Configurazione*: accesso ai permessi delle lingue;
- ✓ *Crea*: accesso al pulsante *Nuovo* della *Gestione lingua* → *Contenuti* tramite il quale aggiungiamo una nuova lingua da rendere disponibile per i contenuti; va precisato che la lingua deve risultare disponibile e quindi essere presente nel pannello *Gestione lingua* → *Installate*;
- ✓ *Elimina*: accesso al pulsante *Svuota cestino* presente all'interno del *Cestino* nella scheda *Contenuti*. In sostanza permette di eliminare gli elementi cestinati; facciamo attenzione al fatto che cestinare una lingua nella scheda *Contenuti* significa non renderla disponibile per l'impiego nei siti multilingua;

- ✓ *Modifica*: accesso al pannello di controllo delle singole lingue caricate nella scheda *Gestione lingua → Contenuti*;
- ✓ *Modifica stato*: accesso ai controlli utili a pubblicare o sospendere una lingua; negando questo permesso, l'utente non ha neanche la possibilità di cestinare un elemento presente nella lista.

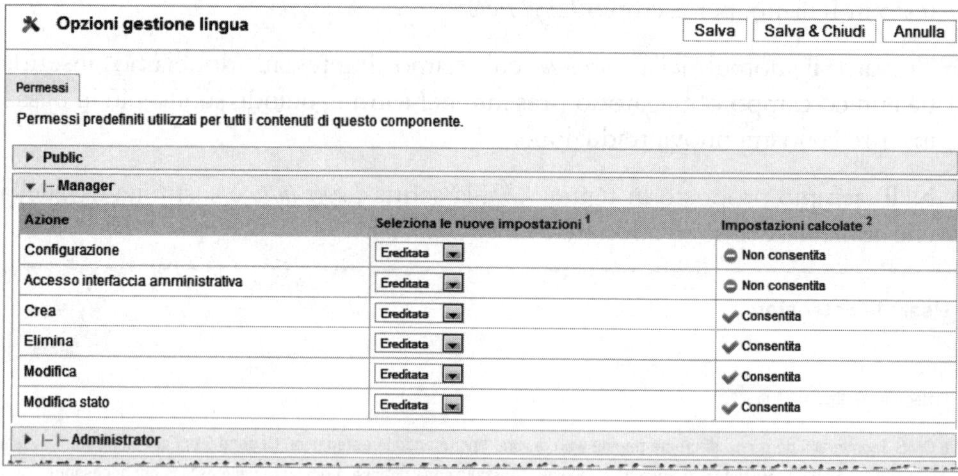

Figura 9.34 – Setup dei permessi relativi alla gestione delle lingue.

Installazione di una nuova lingua

Se ci siamo procurati il nostro Joomla dal sito di supporto italiano Joomla.it, troveremo già installata la lingua italiana oltre a quella inglese presente di base.

Per fare un po' di esercizio, proviamo adesso a caricare un nuovo pacchetto di lingua sia per il lato frontend sia per il backend; potremo così verificare le potenzialità di Joomla 2.5 nella costruzione dei siti multilingua.

Tutte le traduzioni disponibili per il CMS Joomla sono reperibili gratis sul sito di supporto mondiale al seguente indirizzo:

http://extensions.joomla.org/extensions/languages/translations-for-joomla

Qui di seguito ecco le fasi da seguire per implementare una nuova lingua:

1. Immaginiamo di voler aggiungere la lingua francese; nel prelevare il file dobbiamo assicurarci di scegliere proprio la versione per Joomla 2.5.
2. Facciamo attenzione al fatto che potrebbero essere resi disponibili in due modalità diverse, quella con le traduzioni di frontend e backend collocati in un unico archivio compresso e quella con i download separati dei due file. In ogni caso accertiamoci di avere i due file di lingua sul nostro PC.

3. Procediamo a installare la nostra nuova lingua tramite il normale pannello della *Gestione estensioni*; il caricamento dura un attimo e subito dopo la lingua dovrà essere presente nei rispettivi elenchi delle schede *Installate - Sito* e *Installate - Amministrazione* del pannello *Gestione lingua* come mostrato nella figura qui in basso. Ovviamente, tutta questa procedura dovrà essere ripetuta anche per tutte le altre lingue di cui vorremo dotare il sito.

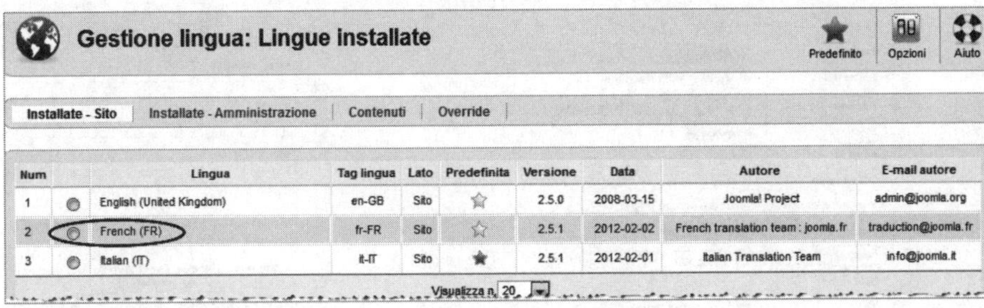

Facciamo attenzione al fatto che la lingua che abbiamo appena caricato è ora disponibile per essere utilizzata nel frontend e nel backend del sito ma non è ancora pronta per l'impiego nei siti multilingua; per poterla utilizzare anche per questo scopo dobbiamo importarla nella scheda *Contenuti*, come vedremo a breve nel prossimo paragrafo.

❖ Creare un sito multilingua

Si tratta di una delle prerogative più attese di Joomla implementata a partire dalla versione di Joomla 1.6/1.7; parliamo del supporto nativo alle lingue. In questo modo, infatti, possiamo creare con relativa facilità un sito multilingua che lascia al visitatore straniero la scelta della lingua nella quale visualizzare sia il sito sia i contenuti che abbiamo predisposto opportunamente; ecco come procedere praticamente.

1 – Attivazione modulo e plugin

L'installazione base di Joomla ha provveduto a caricare anche due elementi essenziali per la gestione e il richiamo dei contenuti in lingua; si tratta di un modulo e di un plugin che, nell'ordine, dobbiamo necessariamente attivare.

Il modulo Lingua (per la scelta della lingua)

- ✓ Iniziamo richiamando dal menu *Estensioni* la *Gestione moduli*.
- ✓ Nella finestra della *Gestione moduli* clicchiamo sul pulsante *Nuovo* e, nella finestra popup che si apre, scegliamo come tipologia di modulo *Lingua*.
- ✓ L'amministrazione del modulo *Lingua* è molto semplice; in sostanza ci basta abilitare il modulo e, se necessario, inserire qualche parola di

commento utilizzando gli appositi campi *Testo precedente* e *Testo successivo*. In questo modulo troviamo anche l'impostazione che ci consente di scegliere se visualizzare le icone delle bandiere riguardanti le lingue utilizzate nel sito oppure un menu a discesa con i loro nomi (figura in basso).

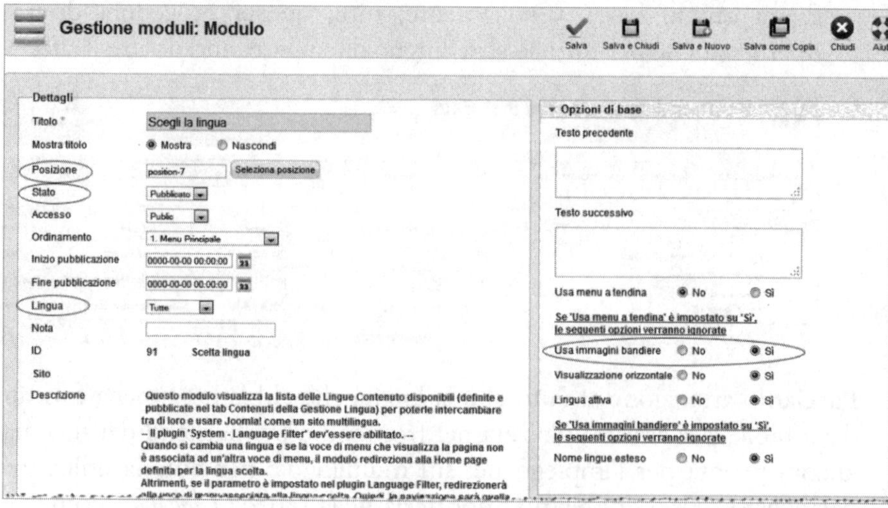

✓ Le impostazioni essenziali che dobbiamo eseguire sono quelle messe in evidenza con un bordino nero nella figura in alto:

- *Posizione*: scelta del blocco in cui mostrare il modulo, meglio optare per una posizione alta che sia immediatamente visibile ai visitatori.
- *Pubblicato*: rende il modulo disponibile al pubblico.
- *Lingua*: dovrebbe essere sempre impostato su *Tutte* in modo che sia sempre possibile cambiare lingua quando serve.
- *Usa immagini bandiere*: l'impostazione è già sul *Sì* di default, è la scelta migliore anche perché l'impiego delle immagini con le bandiere rende l'aspetto del sito più professionale e piacevole rispetto all'altra opzione che è quella di mostrare un menu a discesa con il nome delle lingue.

Subito dopo aver salvato le impostazioni, il modulo deve risultare visibile nella home page ma non aspettiamoci di vedere le bandierine perché non abbiamo ancora assegnato alcun contenuto alle varie lingue; inoltre risulta necessario abilitare anche il plugin *System – Language filter*.

Il plugin System – Language filter

✓ Dal menu *Estensioni* apriamo il pannello *Gestione plugin*.

✓ Dopo aver visualizzato l'elenco completo dei plugin, scorriamo la lista per trovare l'elemento che ci interessa; si chiama: *System – Language Filter*.

Potrebbe bastare abilitarlo utilizzando l'apposito bottoncino, meglio però cliccare sul suo nome per esaminare anche il suo pannello di controllo.

✓ Nella figura seguente possiamo osservare l'aspetto del pannello di controllo del nostro plugin, iniziamo dal menu *Abilitato* per attivare l'estensione, poi diamo un'occhiata alle sue *Impostazioni di base*.

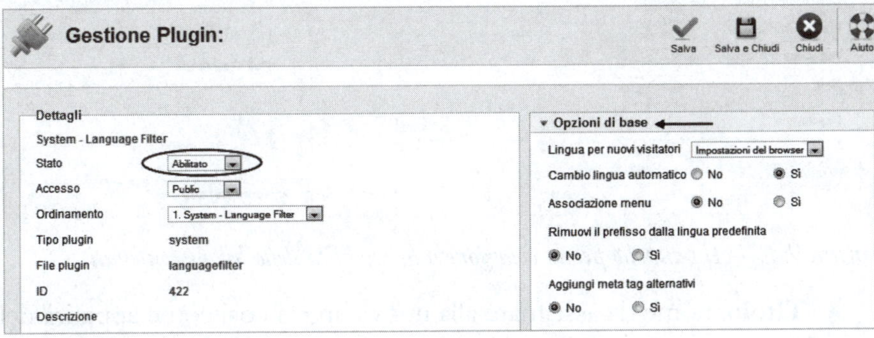

- **Lingua per i nuovi visitatori**: permette di scegliere quale lingua i visitatori debbano trovare disponibile al loro arrivo sul sito; le scelte possibili sono le seguenti:
  - *lingua predefinita del sito*;
  - *Impostazioni del browser*: Joomla effettua la scelta in base a quella che il visitatore utilizza per il proprio browser.
- **Cambio lingua automatico**: con questa opzione attiva, quando la lingua che un utente utilizza per il sito viene cambiata, cambia in automatico anche la lingua dei contenuti.

Infine salviamo le nostre impostazioni e, a questo punto, possiamo dedicarci alla selezione delle lingue da gestire per il nostro sito multilingua; per questo esempio utilizzeremo l'*Italiano*, l'*Inglese* e il *Francese*.

2 – Impostazione delle lingue dei contenuti

Ritorniamo alla scheda *Contenuti* del pannello *Gestione lingua*; subito dopo l'installazione base può presentarsi completamente vuoto oppure con le due lingue base, Italiano e Inglese, già presenti.

In ogni caso la procedura che seguiremo per la terza lingua che avevano installato in precedenza (il Francese) può essere ripetuta, adattando i parametri, a qualsiasi altra desideriamo utilizzare.

Il primo passaggio è senz'altro quello di scegliere il pulsante *Nuovo* della scheda *Gestione lingua* → *Contenuti* ed eseguire tutte le impostazioni richieste dai campi mostrati nella figura 9.35.

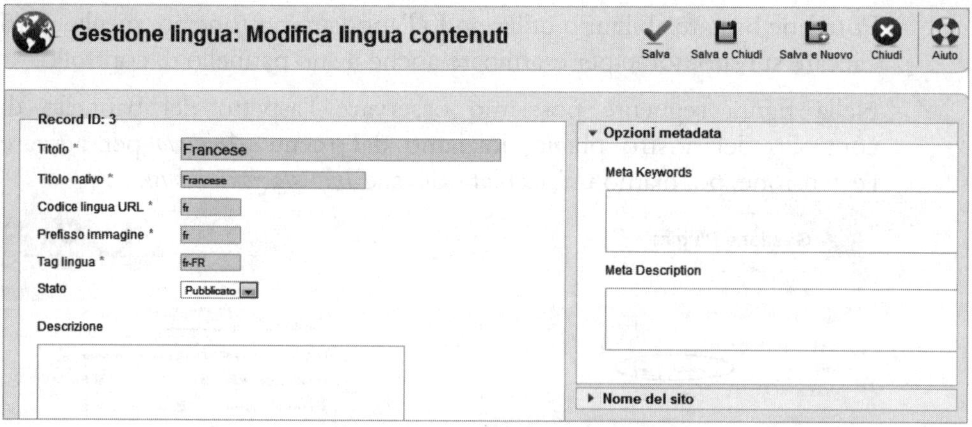

Figura 9.35 – Il pannello per la creazione o la modifica delle lingue contenuti.

- **Titolo**: nome da assegnare alla nuova lingua così come apparirà nella lista.
- **Titolo nativo**: nome originale della lingua.
- **Codice lingua URL**: codice che individua la lingua; per esempio: *it* per l'Italiano, *en* per l'Inglese, *fr* per il Francese e così via; questo codice sarà poi inserito nell'URL della pagina e servirà proprio a richiamare l'articolo nella lingua richiesta, per esempio: *http://www.miosito.abc/it*
- **Prefisso immagine**: se, nel modulo della scelta del linguaggio, abbiamo scelto di visualizzare le bandierine delle varie lingue utilizzate dal sito, in questo campo è necessario inserire il nome del file che mostra la bandiera della lingua scelta; tutti i file con le bandierine del mondo sono già presenti di base e li troviamo dentro alla cartella media/mod_languages/images. Quindi, come già fatto per il campo *Codice*, anche in questo caso dobbiamo inserire per l'Italiano *it*, per l'Inglese *en* e per il Francese *fr*.
- **Tag lingua**: nei linguaggi di programmazione, le lingue sono identificate tramite delle etichette chiamate *tag* in modo che i dati presentati possano essere mostrati con una modalità che sia linguisticamente corretta; in questo campo, quindi, dobbiamo inserire l'esatto *tag* che identifica la lingua di cui ci stiamo occupando: *it-IT* per l'Italiano, *en-EN* per l'Inglese (USA) e *fr-FR* per il Francese. Ulteriori tag relativi ad altre lingue potranno essere trovati molto facilmente con semplici ricerche su internet.
- **Pubblicato**: tale valore va impostato su *pubblicato* in modo che la lingua sia attiva e disponibile per i contenuti.
- **Descrizione**: si tratta del solito campo da utilizzare per accogliere un commento o una descrizione utile nel caso vi sia la presenza di più amministratori; possiamo lasciarlo vuoto.

Ripetiamo questa stessa operazione per tutte le altre lingue da implementare e alla fine dovremmo avere una lista come quella mostrata nella figura 10.36.

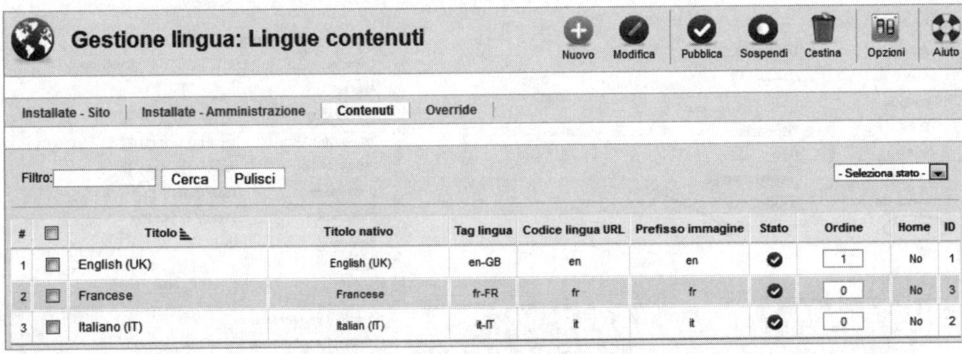

Figura 9.36 – Elenco delle lingue per i contenuti utilizzate per questo esempio.

Pur avendo svolto tutte le operazioni descritte senza errori, richiamando il frontend del sito potremo renderci conto che il modulo non mostra ancora le bandierine delle lingue implementate, infatti, ancora manca un passaggio importante; ossia quello di scegliere una *Pagina predefinita* per ciascuna lingua, come vedremo a breve nel paragrafo *Richiamare contenuti in lingua* e seguenti.

3 – Creare contenuti in lingua

Per poter testare efficacemente il funzionamento del nostro sito multilingua è bene predisporre subito alcuni contenuti da destinare alle varie lingue; per questa prova, ovviamente, è inutile eseguire delle vere e proprie traduzioni dei contenuti ma ci basterà utilizzare il solito testo *lorem ipsum*, preceduto dalle parole: *testo in Inglese*, *Francese*, *Italiano* ecc., in modo da verificare il corretto richiamo dal frontend, del testo nella lingua richiesta (figura 9.37).

Partiamo da uno scenario in cui i contenuti in Italiano siano già pronti; adesso non ci resta che seguire questa procedura:

1. Apriamo il primo articolo e modifichiamo il parametro *Lingua*, in modo che risulti impostato su Italiano, quindi salviamo l'articolo con il comando *Salva* in modo da non uscire da questa schermata.

2. Rimanendo nel pannello di controllo dello stesso articolo, iniziamo a tradurre il titolo, l'alias (essenziale cambiare anche quest'ultimo perché è utile ai fini del SEO) e, se utilizziamo il testo *lorem ipsum* inseriamo all'inizio una parola che identifichi la lingua (figura 9.37); soprattutto non dimentichiamo di modificare il parametro *Lingua* e al termine salvare con il comando *Salva come copia*.

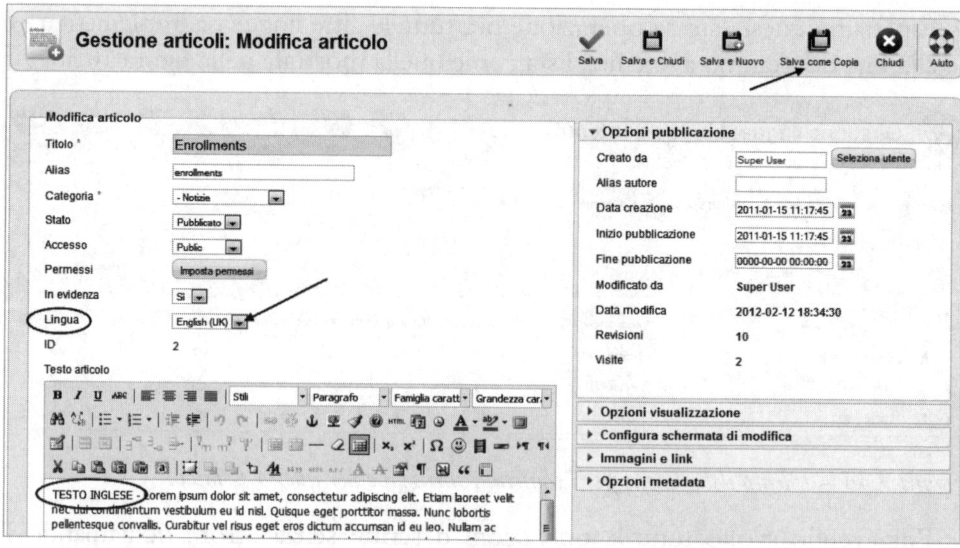

Figura 9.37 – Esempio delle impostazioni eseguite per l'articolo in Inglese.

3. Procediamo ad apportare tutte le traduzioni negli altri articoli e ogni volta salviamo utilizziamo l'opzione *Salva come copia* in modo da lasciare intatto l'articolo originale e creare un duplicato con la sua traduzione.

4. Ripetiamo la stessa operazione per ognuna delle lingue che desideriamo utilizzare. Nella figura 9.38, vediamo il particolare dei tre articoli prodotti per questo esercizio che vi consigliamo di ripetere nei minimi particolari.

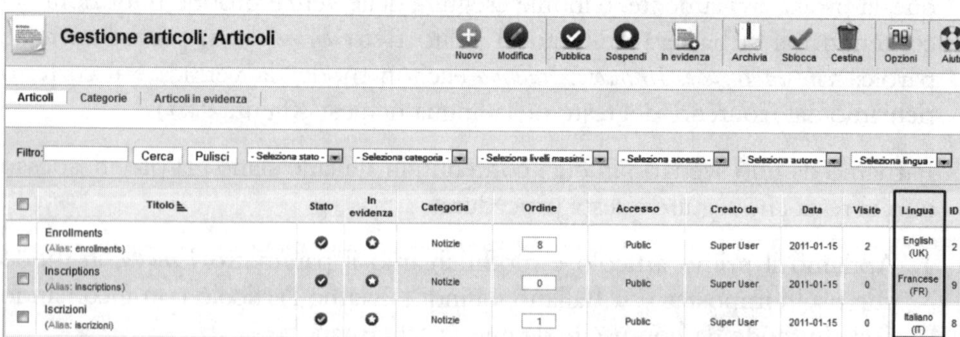

Figura 9.38 – Ecco lo stesso articolo tradotto nelle tre lingue che avevamo scelto.

4 – Richiamare i contenuti in lingua

Dopo aver completato la fase preparatoria precedente approntando i vari contenuti nelle lingue desiderate, non ci rimane che creare le voci per richiamarli da menu; a questo proposito mettiamo subito in evidenza quello che potrebbe essere un effetto indesiderato. Quando un utente naviga nel sito e decide di scegliere una lingua diversa da quella che sta utilizzando al momento, è rispedito alla home page della nuova lingua scelta, perdendo così di vista la pagina che stava visitando in quel momento.

Appare evidente che se il motivo del cambio di lingua è dettato proprio dall'interesse alla lettura di quel particolare articolo, la cosa è alquanto seccante perché l'utente vede sparire inopinatamente l'articolo che sperava di vedere tradotto; nell'utilizzo di siti multilingua, quindi, è necessario tenere conto di questo *modus operandi*, che andrebbe anche spiegato ai visitatori del sito, magari tramite un apposito articolo di avvertenze.

Stando così le cose, se a ogni click su una bandierina siamo spediti alla home page della lingua scelta, quello che occorre fare subito è la creazione di una home page per ogni lingua e la traduzione di ciascuna delle voci del nostro menu; iniziamo quindi con la prima home page.

Impostare la home page in lingua

Per ogni voce di menu è molto semplice creare la corrispondente in lingua, eseguendo gli stessi passi compiuti con gli articoli; trattandosi però della home page, abbiamo un ostacolo da superare: Joomla impone che il parametro lingua, presente nella voce di menu che richiama la *Pagina predefinita*, debba essere tassativamente impostata su *Tutte*.

In caso contrario il CMS si rifiuta di salvare la modifica e segnala l'errore proprio come mostrato nella figura 9.39; tutto ciò è dovuto al fatto di rilevare un setup non consentito.

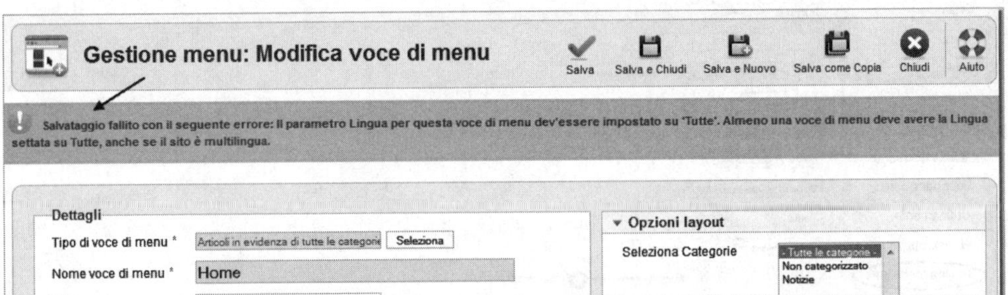

Figura 9.39 – Il messaggio di errore per l'impostazione errata del parametro lingua.

Per risolvere il problema appena esposto dobbiamo necessariamente ricorrere a un piccolo *escamotage* eseguendo questi passaggi:

a. creiamo un nuovo menu, nel nostro esempio si chiama *menu nascosto*;

b. al suo interno apriamo una voce in grado di richiamare la nostra home page con le stesse impostazioni di quella originale;
c. impostiamo il parametro *Lingue* su *Tutte*;
d. rendiamo questa voce *predefinita*;
e. salviamo le nostre impostazioni. Subito dopo il nuovo menu deve apparire con gli altri nel pannello dei menu (figura 9.40).

> **Nota:** *Per chi ancora non avesse capito il motivo di tutto questo lavoro eccolo spiegato: si tratta di liberare la vecchia voce dai vincoli imposti dal sistema verso la home page; infatti, questi ultimi sono adesso a carico della nuova voce di menu appena creata.*

A questo punto, poiché il nuovo menu non ha altre funzioni da assolvere, possiamo benissimo decidere di non visualizzarlo. Evitiamo perfino di creare il relativo modulo oppure, se il modulo fosse già pronto e attivo, entriamo nel suo pannello di controllo e impostiamolo in modo che non sia visibile su alcuna pagina, infatti questa impostazione non ha nessuna influenza ai fini del risultato che vogliamo ottenere.

Impostazione delle voci di menu italiane

Torniamo adesso al menu principale del sito che resterà utilizzato solo per la lingua italiana, entriamo nella voce che apre la home page e, operando all'interno del suo pannello di controllo, apportiamo le seguenti impostazioni evidenziate dalle frecce in figura 9.40.

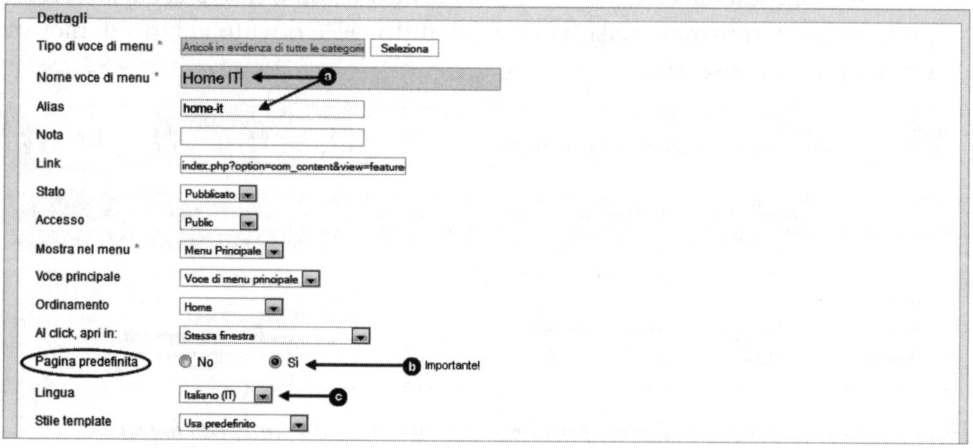

Figura 9.40 – Impostazione della voce di menu italiana predefinita.

a. Questi campi accolgono il *nome* e l'*alias* in lingua della voce di menu; per questo esempio abbiamo inserito il suffisso IT in modo che in fase di test sia più semplice individuare la corretta funzionalità.

b. L'impostazione *Pagina predefinita* va a carico solo della home page per ognuna delle lingue utilizzate quindi deve trovarsi obbligatoriamente sul *Sì*; per tutte le altre voci di menu, invece, l'impostazione da utilizzare è *No*.

c. Nel menu lingua scegliamo la lingua nella quale dovrà essere mostrato il contenuto, in questo caso è quella base, quindi l'Italiano.

d. Salviamo e procediamo aprendo tutte le altre voci del nostro menu italiano e modificando il parametro *Lingua* per portarlo da *Tutte* a *Italiano*.

e. Infine non ci resta che entrare nella *Gestione moduli*, aprire il modulo *Menu principale* (è quello che contiene il menu con le voci che abbiamo appena impostato) e modificare il parametro *Lingua*, portandolo su Italiano.

A questo punto, se abbiamo operato correttamente, visitando il frontend del sito (figura 9.41) dovremo vedere il modulo delle lingue che visualizza già la prima bandierina; se questo non accade ripetiamo i passaggi precedenti perché certamente abbiamo commesso qualche errore.

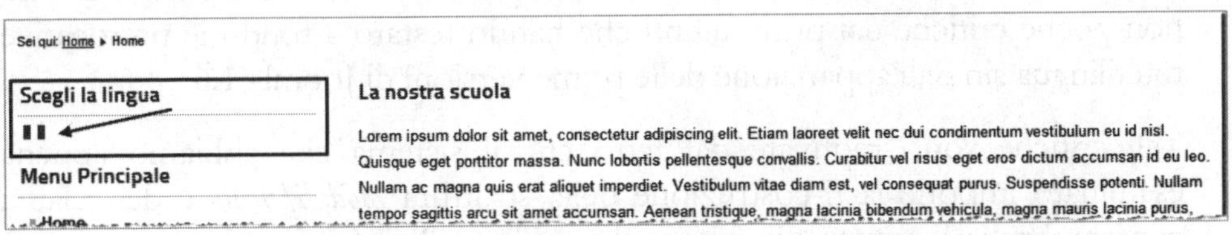

Figura 9.41 – La prima bandierina appare, segno che il setup è corretto!

Riepilogando, sinora abbiamo portato a termine le seguenti operazioni indirizzate esclusivamente alla gestione dei contenuti in lingua italiana:

- ✓ *Impostato la voce di menu per la home page in Italiano rendendola predefinita.*
- ✓ *Assegnato tutte le altre voci del menu principale alla lingua italiana.*
- ✓ *Associato il modulo del menu principale alla lingua italiana.*

Impostazione delle voci di menu in altre lingue

Per ciascuna delle lingue di cui vogliamo dotare il nostro sito, dobbiamo necessariamente ripetere le stesse operazioni già eseguite per quella italiana partendo dalla creazione dei menu e replicando tutte le voci a iniziare da quella predefinita che serve per richiamare la home page in lingua.

Per tutte le altre voci i passaggi più essenziali da compiere sono i seguenti:

a. Iniziamo a creare un nuovo menu principale per ciascuna delle lingue da implementare nel sito.

b. A ciascuno dei nuovi menu associamo un modulo (assegnandolo di volta in volta a una delle lingue impiegate) non dimenticando di collocarlo nello stesso blocco del template occupato dal modulo italiano.

c. All'interno dei nuovi menu inseriamo le varie voci che servono a richiamare i contenuti tradotti nelle varie lingue; di fatto vanno riprodotte, per ciascuna lingua, le stesse voci del menu italiano.

Al termine del lavoro possiamo compiere un test di funzionamento dal frontend; finalmente il modulo può mostrare le bandierine delle lingue scelte e cliccando su ciascuna di esse il sito deve adeguarsi di conseguenza.

In sostanza si tratta di creare una nuova coppia *menu/modulo* per ogni lingua e procedere poi a riportare le varie voci una a una con le corrette traduzioni; quindi alla fine per un sito con tre lingue, ci ritroveremo con tre menu uguali ma che si mostrano e soprattutto richiamano contenuti nelle lingue scelte. Tutta la procedura di creazione dei nuovi menu e dei relativi moduli è stata descritta esaurientemente nel capitolo 6.

Tutto questo procedimento, certamente ripetitivo e ridondante, ha ricevuto non poche critiche dai primi utenti che hanno testato a fondo le prerogative multilingua sin dall'apparizione delle prime versioni di Joomla 1.6.

Tali critiche sono motivate dal fatto che il sistema che abbiamo appena esaminato impone la ri-costruzione della struttura *moduli/menu* e dei relativi contenuti per un numero di volte pari a quello delle lingue implementate.

Sul piano dei vantaggi, invece, abbiamo la certezza di essere liberi dall'uso di componenti esterni e di riuscire ad avere il nostro sito sempre in ordine con il solo aggiornamento dei file che compongono il core di Joomla.

❖ Conclusioni

In questo capitolo abbiamo preso confidenza con tutte le principali estensioni di Joomla a esclusione dei *Componenti* che, per le loro particolari proprietà, occuperanno tutto il capitolo successivo; abbiamo quindi imparato a conoscere i *moduli*, i *plugin*, i *template* e le *lingue* che, nel complesso, rappresentano la struttura portante e scalabile del CMS.

Qualora alcune differenze tra *moduli*, *plugin* e *componenti* non fossero ancora ben chiare, è segnale che occorre ancora fare un po' di pratica mettendo in preventivo più tempo per acquisire confidenza con l'amministrazione di Joomla e cercando di prefissarci qualche obiettivo concreto da raggiungere; siamo certi che i risultati non tarderanno ad arrivare.

10

I Componenti

Contenuto del capitolo

I componenti sono dei veri e propri programmi che possiamo integrare perfettamente sulla piattaforma Joomla in maniera quasi simbiotica; infatti, tutte le funzioni base del CMS, tra cui la gestione degli utenti e dei contenuti, possono essere sfruttate dai vari componenti che di contro permettono di aggiungere al sito funzioni e prerogative al di fuori dalle normali possibilità previste dai programmatori stessi di Joomla.

Tra tutti gli elementi raggruppati sotto il nome di *Estensioni*, i *componenti* rappresentano non solo il braccio operativo del CMS ma anche la sua parte più potente. Tutto ciò in virtù degli incarichi multiformi che riescono a svolgere; se abbiamo eseguito tutti gli esercizi e le prove consigliate, non ce ne siamo probabilmente accorti ma abbiamo già fatto uso di molti componenti per tutte le funzioni di base, tra i quali i più importanti sono: i *menu*, i *media*, gli *utenti* e, non ultimo, quello più versatile e potente impiegato per la gestione dei *contenuti* chiamato *com_content*.

Tutti questi componenti fanno parte del cosiddetto core di Joomla e pertanto, essendo utilizzati per la gestione delle funzioni base del CMS, rappresentano elementi di sistema che non possono essere assolutamente rimossi come invece è possibile fare per tutta la nutrita schiera di componenti prodotti da terze parti, facilmente reperibili in internet.

Possiamo installare questi ultimi allo scopo di aggiungere nuove funzioni al sito e, con la stessa facilità, li possiamo anche rimuovere tramite l'apposita procedura di sistema già esaminata per gli altri tipi di estensioni di cui abbiamo parlato nei capitoli precedenti.

Per l'importanza che rivestono, i componenti fruiscono di un menu dedicato che permette il loro rapido richiamo dal backend amministrativo e avviare così la messa a punto dei caratteristici parametri di lavoro.

❖ Il menu *Componenti*

Subito dopo l'installazione base di Joomla, in questo menu, troviamo ben sette componenti già installati e pronti all'uso (figura 10.1); essi hanno il compito di fornire alcune utili funzionalità per la veloce pubblicazione del sito.

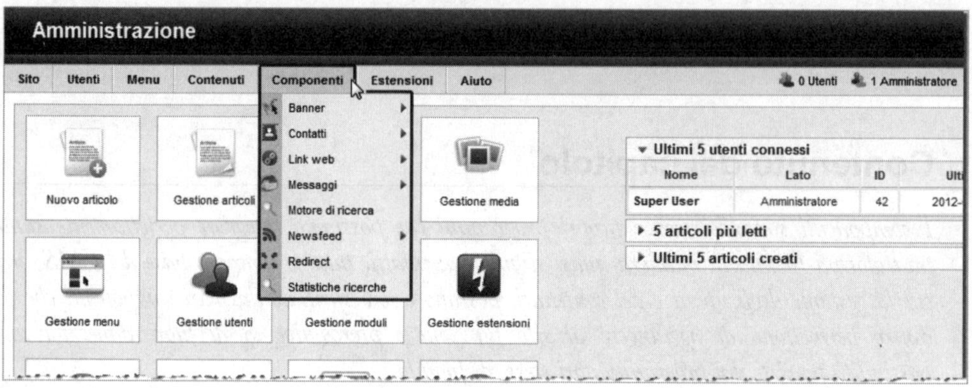

Figura 10.1 – Il menu che raccoglie i componenti di base per le funzioni più generali.

Questo menu presenta quindi le seguenti voci:

- **Banner**: Gestione di banner pubblicitari a rotazione.
- **Contatti**: Gestione di moduli per favorire i contatti da parte degli utenti.
- **Link Web**: Gestione di link verso siti di interesse.
- **Messaggi**: Sistema di messaggistica esclusivo per gli utenti di backend.
- **Motore di ricerca**: Componente per la gestione delle ricerche interne.
- **Newsfeed**: Gestione di feed provenienti da altri siti.
- **Redirect**: si tratta di un componente che permette di reindirizzare l'URL di una pagina web che non esiste più verso un nuovo indirizzo che ha sostituito il precedente; questa operazione risulta molto utile per non perdere l'indicizzazione acquisita sui motori di ricerca.
- **Statistiche ricerche**: componente che analizza i termini delle ricerche effettuate dagli utenti del sito e ne fornisce le relative statistiche.

Componente: Banner

Quello che stiamo per descrivere è molto più di un semplice componente che cura la visualizzazione di banner pubblicitari in successione; infatti, ci basta visitare la sua area amministrativa per renderci conto delle sue reali possibilità. Queste comprendono la suddivisione dei banner in categorie, il conteggio dei click ricevuti, l'associazione di più banner a un cliente e anche la vendita a consumo di pacchetti di click dimensionabili a piacere.

Nella figura 10.2 vediamo in evidenza i parametri più importanti di questo pannello del quale tralasciamo le funzioni associate alla pulsantiera, poiché è del tutto simile a quella dei contenuti inclusa la possibilità di archiviare e cestinare i banner proprio come accade con gli articoli.

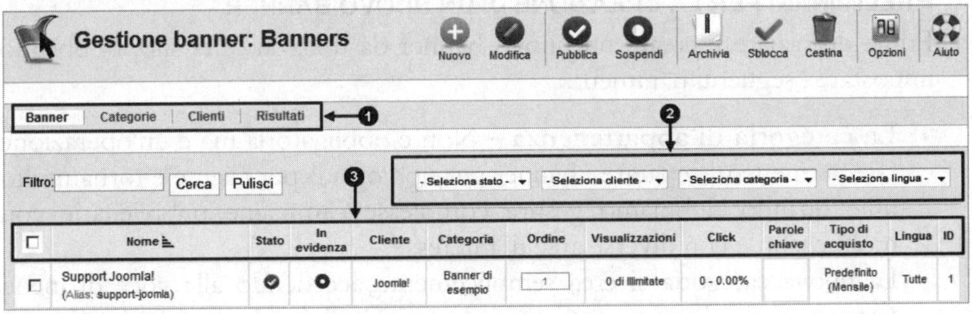

Figura 10.2 – Il pannello della gestione dei banner.

1. Schede funzioni

Sono presenti tutte le opzioni necessarie alla corretta impostazione dei banner; come al solito richiamano gli stessi elementi presenti nel menu e sono composte dalle seguenti schede che hanno nomi già di per sé esplicativi:

- ✓ *Banner: creazione e gestione dei banner.*
- ✓ *Categorie: suddivide i banner per categorie omogenee.*
- ✓ *Clienti: gestione dei clienti per i quali vengono esposti i banner.*
- ✓ *Risultati: controllo dei click e delle esposizioni di ciascun banner.*

2. Filtri di ricerca

Si tratta dei soliti menu a discesa utili a filtrare i banner e visualizzare solo quelli desiderati; questa operazione può avvenire tramite:

- ✓ **Stato**: *Pubblicato, Sospeso, Archiviato, Cestinato, Tutte.*
- ✓ **Seleziona cliente**: mostra i banner assegnati a un cliente.
- ✓ **Seleziona categoria**: mostra i banner di una categoria a scelta.
- ✓ **Seleziona lingua**: mostra i banner assegnati a una delle lingue del sito.

3. Intestazioni attive delle colonne

La tabella che riunisce tutti i banner creati si mostra particolarmente ricca di informazioni utili; lo possiamo rilevare da subito proprio dal nome assegnato a ciascuna colonna, il cui significato è facilmente interpretabile da chiunque.

In particolare vanno segnalate le colonne che mostrano in maniera semplice e immediata alcuni parametri molto interessanti quali: il numero totale delle visualizzazioni, quello dei click ricevuti, il tipo di acquisto che ha effettuato il cliente che può essere di tipo *illimitato*, *annuale*, *mensile*, *settimanale* e *giornaliero*; è inclusa anche la colonna *lingua*, che consente di richiamare automaticamente i banner assegnati a una particolare lingua.

PRELIMINARI PER LA CREAZIONE DI UN NUOVO BANNER

Prima di iniziare a creare un nuovo banner da utilizzare nel sito, dobbiamo impostare i seguenti parametri:

- **La categoria di appartenenza –** Non è obbligatoria ma è un'operazione che permette di separare i banner per tipologia o per cliente e torna molto utile quando dobbiamo gestire complesse campagne pubblicitarie con molti clienti e con diverse aree di interesse.
  La nuova categoria si crea semplicemente accedendo alla voce di menu *Componenti* → *Banner* → *Categorie* oppure utilizzando la scheda *Categorie* presente nel pannello della *Gestione Banner*; come vediamo nella figura in basso, i campi sono quelli tipici e già esaminati in altre occasioni.

- **Il nome del cliente –** Nell'apposita scheda mostrata qui in basso, è richiesto il nome del cliente, il nome della persona da contattare, la sua email e, a seguire, la scelta del tipo di acquisto temporale effettuato e quella che permette di tracciare le visualizzazioni e i click ricevuti.
  Sul lato destro dello stesso pannello possiamo osservare lo spazio per indicare le keyword più appropriate sempre utili ai fini del SEO.

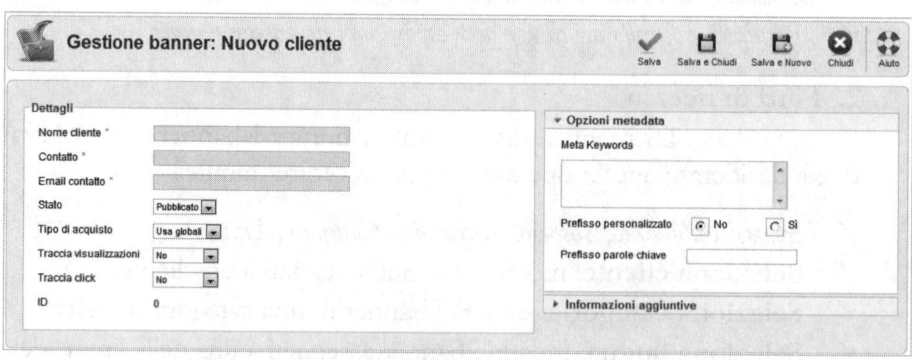

CREAZIONE DI UN NUOVO BANNER

A meno di non desiderare l'utilizzo della modalità banner solo testo, dobbiamo necessariamente approntare un banner di dimensione adeguata agli spazi disponibili nel template. La misura standard, uguale a quella dei file dimostrativi presenti di base, è di *468* x *60* pixel ma, ovviamente, nulla ci vieta di produrli anche in misura diversa in modo da riempire spazi ben definiti; procediamo quindi a disegnare un nuovo banner e a seguire tutti i passaggi necessari che sono: *Creazione grafica del banner*, *Impostazione del banner* e *Creazione del modulo* per riuscire a visualizzarlo.

1. **Creazione grafica**: utilizzando un programma grafico realizziamo il nostro banner nella misura desiderata e salviamolo sul nostro PC, in un formato *JPG*, *GIF* o *PNG*.
2. **Impostazione**: dal pannello della *Gestione banner* clicchiamo su *Nuovo*; ci viene mostrata la scheda che servirà a impostare tutti i parametri del nuovo banner; essa è formata da tre aree essenziali (figura in basso):
   a. Dettagli
   b. Opzioni di pubblicazione
   c. Opzioni metadata

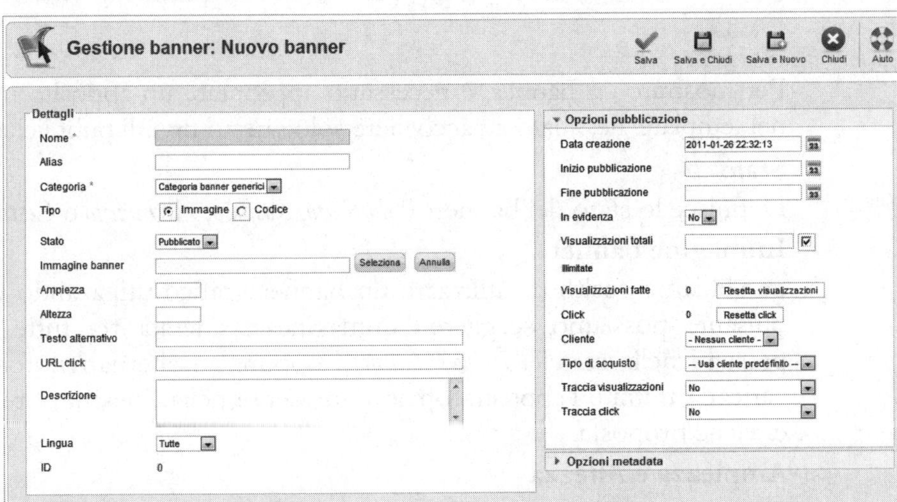

Area Dettagli

Include i seguenti parametri:

➢ **Nome e Alias**

Si tratta dei soliti parametri che servono a impostare il titolo e il suo alias come accade per qualsiasi altro elemento dinamico di Joomla.

- **Categoria**
  Quando dobbiamo gestire un gran numero di elementi diversi e abbiamo l'esigenza di creare più categorie, da questo menu possiamo selezionare quella più opportuna in cui includere il banner.
- **Tipo**
  Doppia possibilità di scelta per definire la tipologia di banner che intendiamo creare; come vediamo può essere *Immagine* o *Codice*.
  Se scegliamo di utilizzare un'immagine dovremo produrre un banner con un qualsiasi programma grafico per poi caricarlo nell'apposita cartella banners presente all'interno della directory *images*.
  Se, invece, preferiamo utilizzare l'opzione *codice*, ci appare un nuovo campo nel quale andare a inserire il codice utile a mostrare un banner testuale, formattato con normali tag HTML, come nella figura in basso.

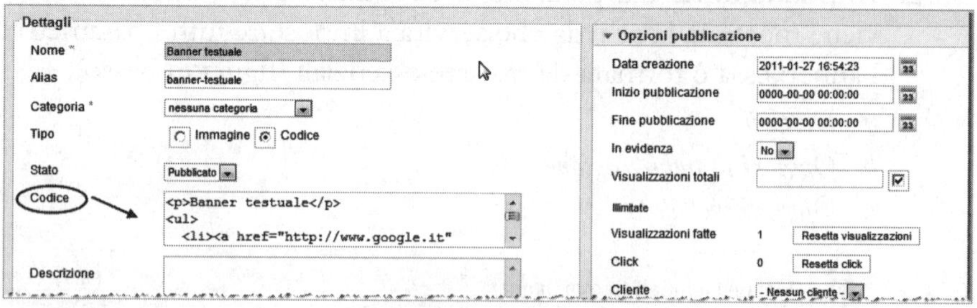

  Per mostrare un banner, è necessario approntare un apposito modulo nel template, destinato ad accogliere solo questo tipo di pubblicità.
- **Stato**
  Definisce lo stato del banner: *Pubblicato*, *Sospeso*, *Archiviato* e *Cestinato*.
- **Immagine banner**
  Se abbiamo scelto di utilizzare un banner grafico utilizzando questo pulsante possiamo scegliere l'immagine desiderata tra tutte quelle presenti nella cartella *images/banners*; oppure, in alternativa possiamo caricarla tramite l'apposita opzione presente nella finestra popup che ci viene proposta.
- **Ampiezza e Altezza**
  In questi campi possiamo impostare le dimensioni dei banner grafici; se non inseriamo alcun valore, rimangono valide quelle dell'immagine.
- **Testo alternativo**
  Si tratta del classico tag *Alt*; il testo inserito descrive la funzione associata all'immagine; in questo caso potrebbe essere: "*Clicca per visitare il sito* ...". Può essere utile inserire parole chiave utili all'indicizzazione e, ai fini dell'accessibilità, è uno dei parametri

essenziali che non andrebbe mai dimenticato anche perché viene sfruttato dai programmi vocali utilizzati dagli ipovedenti.

- **Tipo**
  Doppia possibilità di scelta che permette di definire la tipologia di banner che intendiamo aprire: *Immagine* o *Codice*.
- **Url click**
  Imposta l'indirizzo da raggiungere quando il banner è cliccato.
- **Descrizione**
  Area per la descrizione del banner.
- **Lingua**
  Assegna una lingua al banner in modo che possa essere visualizzato solo quando tale lingua sia stata selezionata dal visitatore per tutto il sito.

Opzioni di pubblicazione

In questo blocco troviamo tutto il complesso delle impostazioni che regolano le modalità di visualizzazione dei banner che abbiamo creato. Le prime tre opzioni in particolare sono quelle classiche che definiscono la *data di creazione* e, come accade per gli articoli, i *tempi di inizio* e *fine pubblicazione*; poi seguono alcuni parametri caratteristici:

- **In evidenza**
  Un elemento messo in evidenza, verrà privilegiato rispetto ad altri.
- **Visualizzazioni totali**
  Nel caso vendiamo pacchetti con numeri di visualizzazioni predefiniti, in questo campo, possiamo inserire tale numero; in ogni caso l'esposizione del banner segue la linea temporale impostata nei campi che regolano i tempi di inizio e di fine pubblicazione.
- **Visualizzazioni fatte**
  Mostra il numero di visualizzazioni effettuate dal banner, il pulsante di reset riporta a zero tale valore. Per poter funzionare, l'opzione *Traccia visualizzazioni*, posta più in basso, dev'essere abilitata.
- **Click**
  Mostra il conteggio dei click ricevuti dal banner; come nel caso precedente il pulsante di *reset*, azzera tale valore; per funzionare, l'opzione *Traccia click*, posta più in basso, dev'essere abilitata.
- **Cliente**
  Menu a discesa mostra tutti i clienti inseriti con l'apposita opzione e permette di scegliere quello che ha commissionato il banner.

- **Tipo di acquisto**
  Altro menu a discesa che imposta il tipo di contratto definito con il cliente per la visualizzazione dei banner; le opzioni che possiamo scegliere sono: *illimitato*, *annuale*, *mensile*, *settimanale* e *giornaliero*.
- **Traccia visualizzazioni e Traccia Click**
  Se abilitati permettono di avviare la tracciatura delle visualizzazioni e dei click ricevuti dal banner; i valori rilevati sono presentati negli appositi campi presenti poco più in alto.

Opzioni metadata

- **Meta keywords**
  In questo ampio campo possiamo inserire tutte le parole chiave personalizzate e in tema con l'argomento pubblicizzato; queste saranno aggiunte alla pagina che visualizzerà il banner.
- **Prefisso personalizzato e Prefisso parole chiave**
  Permette di utilizzare le *keyword* con un prefisso personalizzato collegato al cliente; in caso di parole chiave uguali, Joomla prende in considerazione solo quelle con il prefisso impostato in questo campo.

3. Creazione e impostazione del modulo banner:

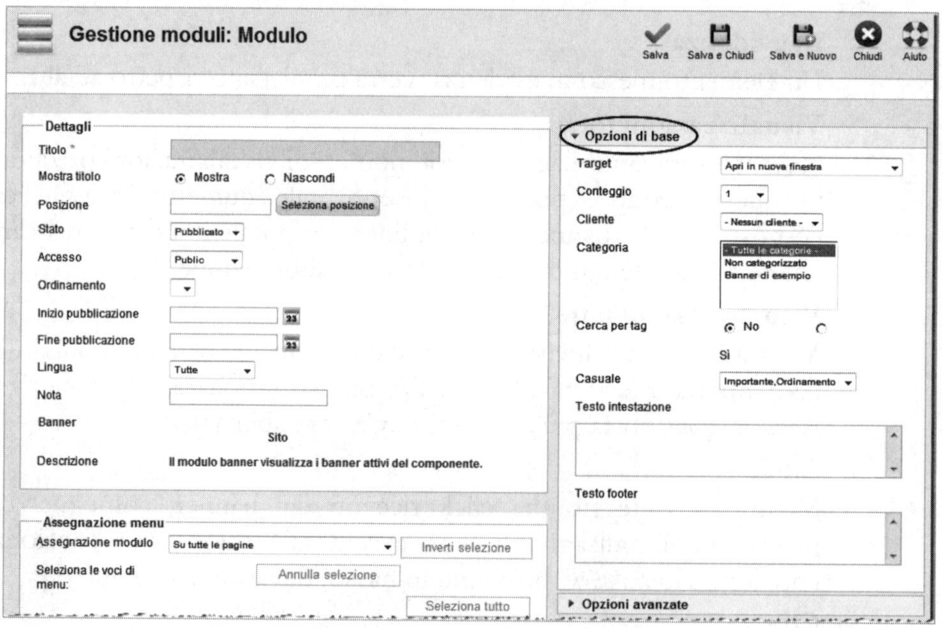

Figura 10.3 – Il pannello per la creazione di un modulo banner.

Come accade per i menu, tutte le impostazioni eseguite sin qui sarebbero inutili se poi non procediamo alla creazione di un modulo in grado di permettere la visualizzazione dei banner gestiti dal componente, sia nel formato testuale e sia in quello grafico.

A questo proposito è bene ricordare che possiamo utilizzare più moduli per mostrare anche tre o quattro banner contemporaneamente; inoltre possiamo assegnarli in posizione verticale o orizzontale e, generalmente, ovunque ci siano posizioni libere nel template.

Ecco come procedere praticamente:

1. Da *Estensioni* → *Gestione moduli* clicchiamo sul pulsante *Nuovo* e scegliamo la tipologia del nuovo modulo da creare, selezionando l'opzione *Banner*.

2. All'interno del pannello di creazione del modulo, i parametri delle aree *Dettagli* e *Assegnazione Menu* sono quelli che già conosciamo per averli utilizzati nel capitolo dedicato ai moduli; pertanto focalizziamo l'attenzione sulle impostazioni del blocco *Opzioni di base* poiché di tratta di parametri caratteristici del modulo dedicato alla visualizzazione dei banner.

   Le impostazioni presenti nell'area *Opzioni di base* sono le seguenti:

➢ **Target**
Definisce dove debba aprirsi il contenuto richiamato dal link del banner; le opzioni sono quelle classiche:
– Apri in una nuova finestra
– Apri nella stessa finestra
– Apri in un popup.

L'opzione di default è la migliore perché permette di aprire la nuova pagina conservando quella del nostro sito che così ha l'opportunità di rimanere attiva e a disposizione del nostro visitatore.

➢ **Conteggio**
Serve a definire quanti banner visualizzare.

➢ **Cliente**
Assegna il modulo a un cliente, facendo in modo che siano visualizzati solo i banner di sua competenza.

➢ **Categoria**
Definisce quale categoria di banner visualizzare; per esempio, può essere utile per suddividere i banner testuali da quelli grafici o per visualizzare, in alcune parti del sito, banner a tema con il contenuto trattato.

- **Cerca per tag**

  Se questa opzione è attiva, Joomla sceglie i banner automaticamente quando i loro tag corrispondono a parole chiave contenute negli articoli; in sostanza è un modo sofisticato per riuscire a ottenere banner a tema con il contenuto mostrato.
- **Casuale**

  Imposta l'ordine di visualizzazione che può essere quello con cui essi appaiono nell'elenco oppure del tutto casuale.
- **Testo intestazione e testo footer**

  Permettono di inserire un po' di testo nella parte alta e in quella bassa del modulo che contiene il banner.

LE OPZIONI DEL COMPONENTE BANNER

Il pannello delle *Opzioni* è composto da due schede: *Opzioni clienti* e *Permessi*; la prima, *Opzioni clienti*, contiene le impostazioni che valgono come valori di default per tutti i banner creati; infatti, le abbiamo appena commentate nel paragrafo *Opzioni di pubblicazione* a pagina 329.

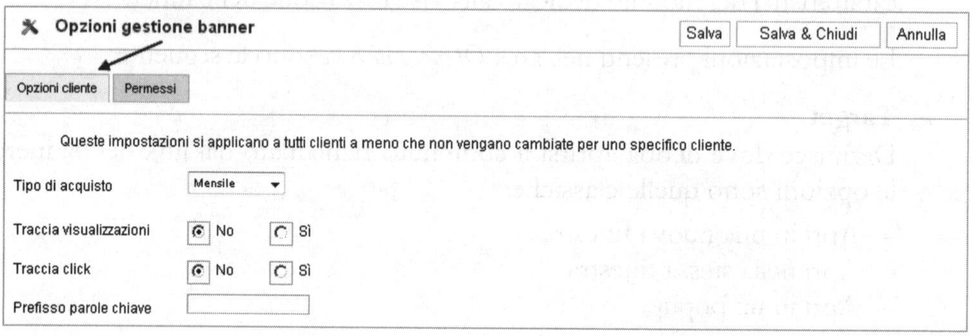

Figura 10.4 – Schermate delle Opzioni relative al componente Banner.

Nella scheda *Permessi*, invece, è presente il pannello per le impostazioni dei *permessi di accesso*. Nella figura 10.5 possiamo osservare le autorizzazioni riguardanti l'utente *Manager* che ribadiamo, nella *configurazione globale*, è colui che possiede le autorizzazioni minime nell'accesso al backend amministrativo e quindi rappresenta la base dalla quale partire per concedere i permessi a eventuali collaboratori del sito o a clienti che vogliano gestirlo in proprio.

In totale sono presenti le seguenti opzioni:

- ✓ *Configurazione*: accesso al pulsante *Opzioni* della *Gestione banner*;
- ✓ *Accesso componente*: accesso al pannello *Gestione banner*;
- ✓ *Crea*: accesso al pulsante *Nuovo* per la creazione di nuovi banner;

✓ *Elimina*: accesso al pulsante *Svuota cestino* presente nel pannello *Cestino*;

✓ *Modifica*: accesso alle impostazioni dei singoli banner nella *Gestione banner*;

✓ *Modifica stato*: accesso ai pulsanti *Pubblica*, *Sospendi*, *Archivia*, *Sblocca* e *Cestina*.

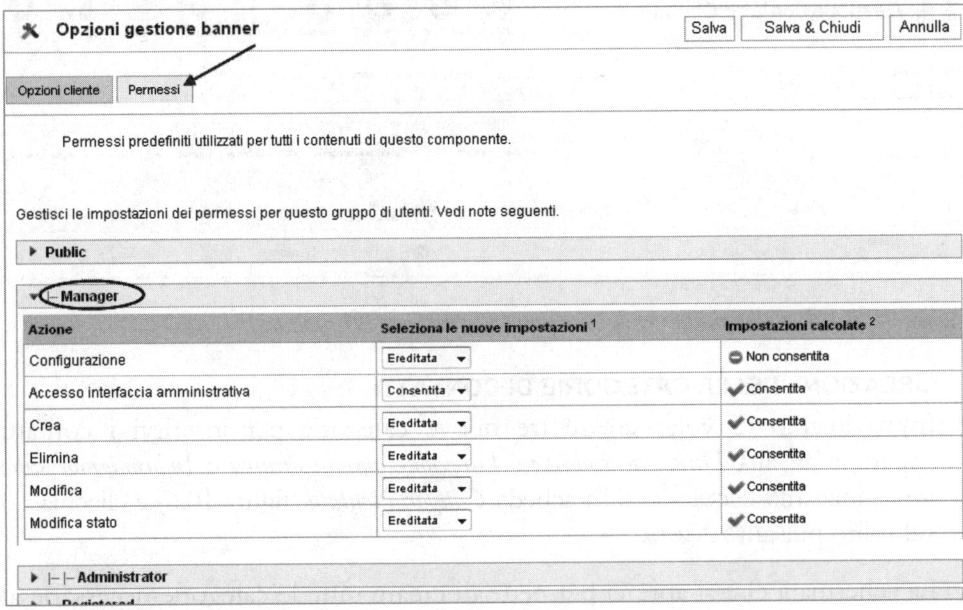

Figura 10.5 – Stato delle autorizzazioni di default del gruppo Manager.

Come possiamo osservare, con le impostazioni base, l'utente *manager* può operare in maniera pressoché completa nella gestione dei banner; eventuali modifiche possono riguardare i permessi per la cancellazione o la modifica dello stato, ma dobbiamo considerare il lato commerciale che ogni banner può rivestire. Quindi ognuno di essi, quasi sempre, rimane legato strettamente all'attività di un amministratore di alto livello in grado di settare i tempi di visibilità o la messa in evidenza, secondo il contratto sottoscritto.

Il componente Contatti

Si tratta di un componente di estrema utilità in un sito perché permette di creare vari form di contatto personalizzati; tramite questi form, i visitatori possono scrivere ai responsabili del sito o a quanti altri debbano essere reperibili per assistenza o per rispondere a richieste di informazioni.

Le impostazioni, ancora una volta, sono abbastanza standard e il pannello della *Gestione contatti* contiene due schede che mostrano, rispettivamente, l'elenco dei contatti creati e quello delle categorie in cui possono essere suddivisi i contatti stessi quando ne dobbiamo impiegare in gran numero.

Anche la pulsantiera (figura 10.6) non presenta particolari novità rispetto a quelle già esaminate; pertanto, l'uso di questo componente dovrebbe essere largamente intuitivo anche ai principianti.

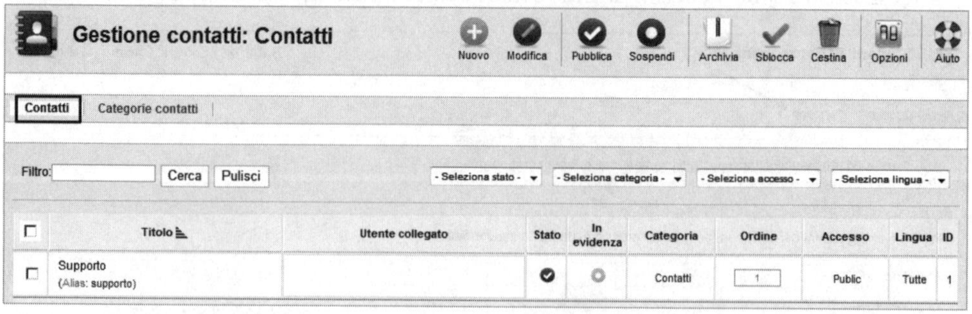

Figura 10.6 – La schermata per la creazione e la gestione dei contatti del sito.

Creazione delle categorie di contatti

Immaginiamo di voler creare tre nuove categorie per inserirvi i contatti appartenenti alla *Direzione scolastica*, *Direzione amministrativa* e *Informazioni sulla scuola*; iniziamo cliccando sulla scheda *Categoria contatti* (figura 10.6) e clicchiamo sul solito pulsante *Nuovo*.

La schermata che si apre ci permette di creare tutte le categorie necessarie al nostro sito, un po' come succede con i contenuti; la struttura di tali categorie può essere nidificata seguendo la logica ad albero e quindi può diramarsi in sottocategorie in modo da venire incontro a qualsiasi esigenza, anche di quelle aziende che devono poter disporre di molte decine di contatti.

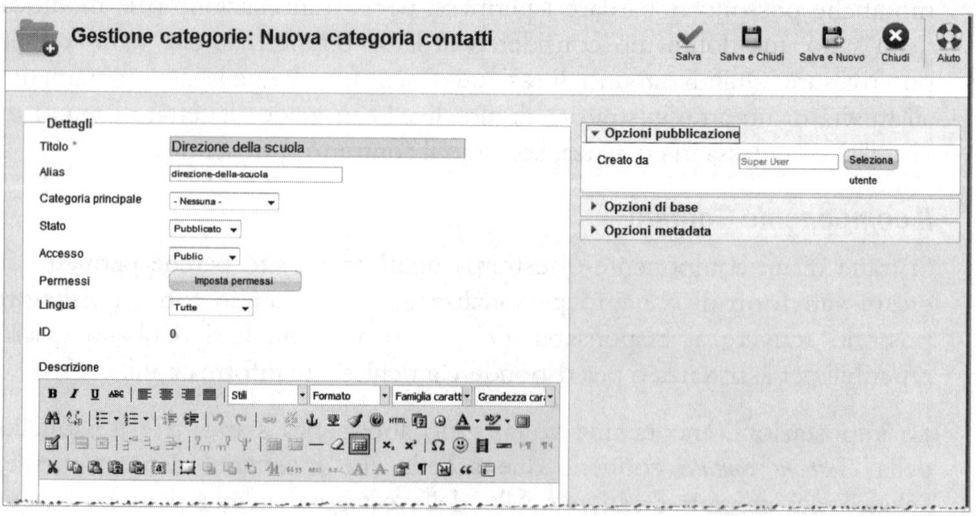

Figura 10.7 – Il semplice pannello per la creazione delle categorie.

Come possiamo osservare, i parametri richiesti sono quelli classici cui siamo abituati da tempo; va messo in risalto solo il pulsante *Imposta permessi* che richiama le autorizzazioni per l'amministrazione dei contatti appartenenti a questa specifica categoria. Gli stessi permessi li ritroveremo anche nel pannello delle *Opzioni* e pertanto li esamineremo direttamente in quella sede, non appena avremo completato l'apertura delle categorie e dei contatti.

INSERIMENTO DI NUOVI CONTATTI

Anche per la creazione di nuovi contatti la procedura è semplice e guidata; dal pannello della *Gestione contatti*, scegliamo la scheda *Contatti* e quindi clicchiamo sul pulsante *Nuovo*; nella schermata che ci è proposta, inseriamo i dati richiesti come quelli mostrati nella figura 10.8. Questi si riferiscono alla creazione di un semplice modulo per la richiesta di informazioni; come sempre tutte le opzioni sono sistemate nei pannelli scorrevoli di destra.

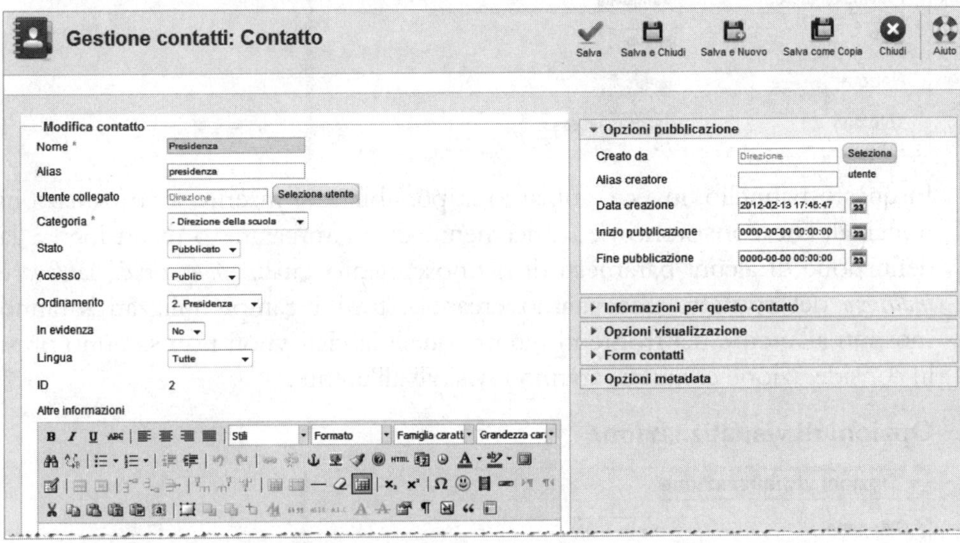

Figura 10.8 – Schermata per la creazione dei dati relativi ai contatti.

Attraverso la corretta impostazione dei parametri presenti in questi pannelli scorrevoli possiamo modificare l'aspetto e le opzioni presenti nel modulo che il visitatore utilizzerà.

Opzioni di visualizzazione

Le vediamo bene nella figura precedente, si tratta dei soliti parametri più standard e semplici, presenti anche in altri tipi di componenti; si tratta di impostare il *nome* del creatore del contatto, l'*alias* e, se lo reputiamo necessario, anche le date di inizio e fine pubblicazione.

Informazioni per questo contatto

In questo pannello, invece, abbiamo la possibilità di inserire le informazioni principali che consistono nel caricamento di un'immagine o di un logo e la definizione di alcuni parametri di riconoscimento quali: *ruolo*, *email*, *telefono* e *indirizzo* del contatto che stiamo creando; tutti i campi utilizzati saranno mostrati all'utente nel frontend mentre quelli lasciati vuoti non saranno presi in considerazione e quindi saranno invisibili all'utente.

Opzioni di visualizzazione

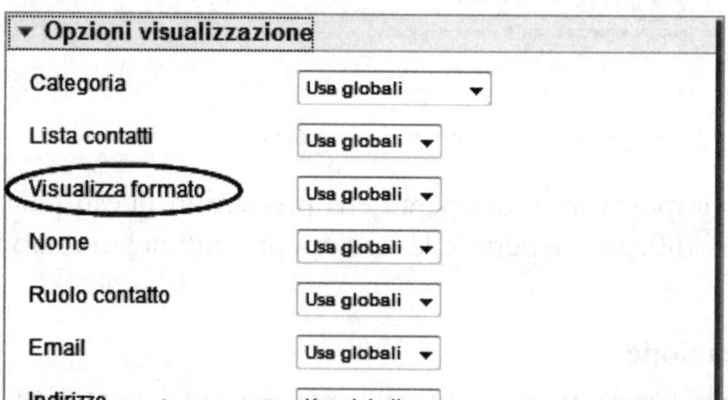

Come possiamo osservare dalla figura in alto, da questo pannello è possibile definire i campi che risulteranno visibili nella scheda contatto di frontend; le *impostazioni globali* di questo componente sono definite nelle *Opzioni*.

Operando da questo pannello, quindi, possiamo creare le nostre schede contatto facendo in modo che ognuna di esse abbia un aspetto differente; da notare il campo *Visualizza formato* che permette di scegliere l'aspetto di frontend delle varie schede del contatto; le opzioni presenti sono:

- ✓ *Slider*: le schede si aprono scorrendo verso il basso;
- ✓ *Tab*: in questo caso le schede si dispongono in orizzontale;
- ✓ *Esteso*: tutte le schede sono visibili e disposte in verticale.

Form contatti

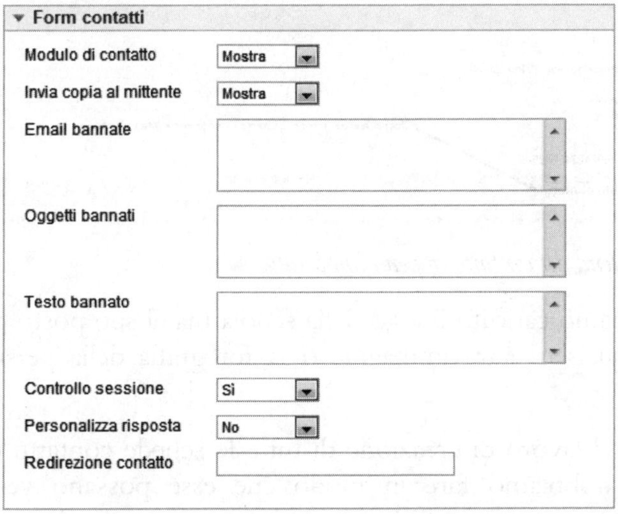

I parametri presenti in questa scheda contengono alcune impostazioni di carattere generale e di sicurezza legati al form che l'utente andrà a utilizzare; tramite loro, infatti, possiamo creare una *blacklist* contenente *email*, *oggetti* e *parole* non idonee. In questo modo dovremmo riuscire a eliminare, quanto più possibile SPAM e l'uso di termini vietati; le regole sono le seguenti:

- ✓ *Email bannate*: blocca la posta elettronica proveniente da email non desiderate. In questo campo vanno quindi inscrite tutte le mail non desiderate, è sufficiente separarle da un punto e virgola.
- ✓ *Oggetti bannati*: quando nel campo oggetto della mail è presente qualcuno dei termini inseriti in questo campo (per esempio porno, viagra ecc.), la mail è bloccata automaticamente; anche in questo caso, ciascun termine va separato con un punto e virgola.
- ✓ *Testo bannato*: qui possiamo inserire le parole vietate che non possono essere usate perché scurrili o perché sono termini frequenti del linguaggio di chi invia SPAM; esse vanno sempre separate con un punto e virgola.

Il risultato di tutte le impostazioni è visibile nella figura 10.9.

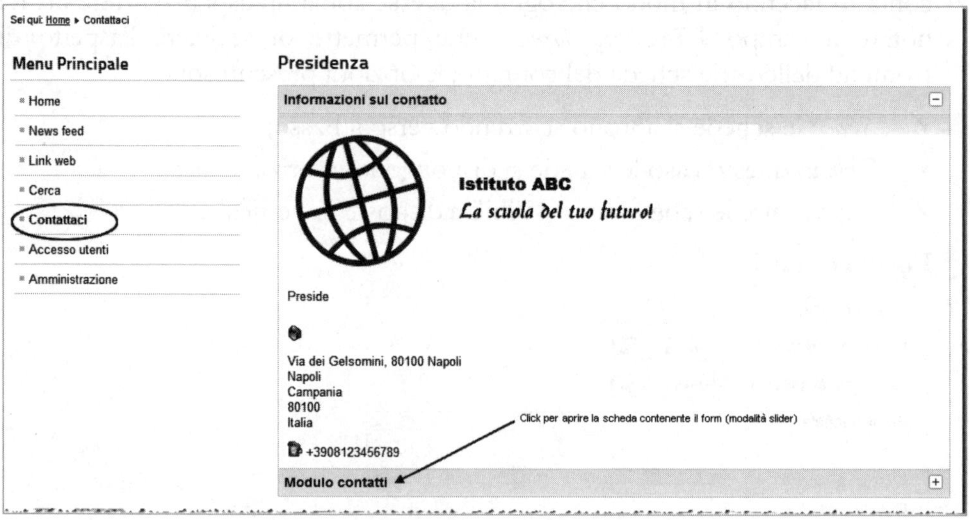

Figura 10.9 – Aspetto di frontend del contatto appena impostato.

In questo esempio abbiamo caricato il logo della scuola ma al suo posto può anche essere inserita qualsiasi altra immagine o la fotografia della persona intestataria del contatto.

Dopo aver completato il lavoro di creazione di tutte le schede contatto che reputiamo necessarie, dobbiamo fare in modo che esse possano venire richiamate dal frontend; a questo scopo è necessario aprire una o più voci di menu che possano essere utilizzate dai visitatori del sito.

Le opzioni che ci vengono offerte nel pannello di scelta del *Tipo voce di menu* sono le seguenti:

- ✓ *Lista dei contatti di tutte le categorie*
- ✓ *Lista dei contatti di una categoria*
- ✓ *Singolo contatto*
- ✓ *Contatti in evidenza.*

Non ci resta che scegliere quelle più adatte ai nostri scopi e pubblicarle in uno dei menu del sito in modo renderle disponibili ai visitatori.

LE OPZIONI DEL COMPONENTE CONTATTI

Il pannello delle *Opzioni* è composto da diverse schede che però ripercorrono le impostazioni già viste nella scheda di contatto; ci occuperemo quindi solo delle impostazioni relative ai permessi necessari per accedere e operare con questo componente nel backend amministrativo.

Figura 10.10 – I permessi per l'accesso al componente dei contatti relativi al gruppo manager.

Sono presenti le seguenti azioni:

- ✓ *Configurazione*: accesso alle *Opzioni* della *Gestione Contatti* (figura 10.10);
- ✓ *Accesso componente*: accesso al pannello amministrativo *Gestione contatti*;
- ✓ *Crea*: accesso al pulsante *Nuovo* per la creazione di nuovi contatti;
- ✓ *Elimina*: accesso al pulsante Svuota cestino presente nel pannello Cestino;
- ✓ *Modifica*: accesso alle impostazioni delle singole schede contatto, presenti nella lista della *Gestione contatti*;
- ✓ *Modifica stato*: accesso ai pulsanti *Pubblica*, *Sospendi*, *Archivia*, *Sblocca* e *Cestina*;
- ✓ *Modifica elementi propri*: permette la modifica solo dei propri contatti.

Il componente Link Web

Questo componente serve a gestire un archivio di link utili da proporre ai visitatori delle nostre pagine; rappresenta uno dei servizi più classici e apprezzati di un sito se riesce a fornire una raccolta ragionata e ben diversificata di quanto offre il web. Inoltre, costituisce un'ottima via per fare in modo che i visitatori tornino a visitarci se stiamo attenti a proporre vere novità e indicazioni di valore, costantemente aggiornate.

In figura 10.10, possiamo osservare il pannello riguardante la gestione delle categorie e dei link che possiamo introdurre da frontend da parte di chi ha accesso a quest'area e dal frontend direttamente a cura del gruppo di utenti autorizzati a proporre nuovi link da pubblicare.

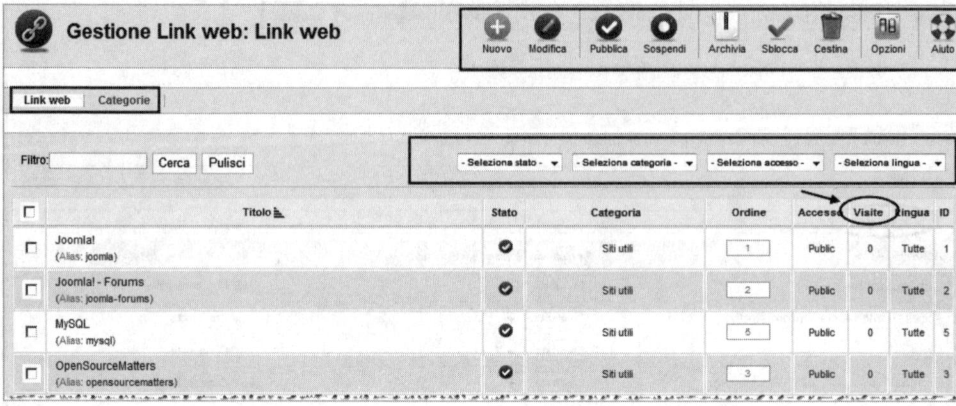

Figura 10.10 – Il pannello per la creazione e la gestione dei link.

Come possiamo osservare dalla figura precedente non occorre soffermarci più di tanto sulle funzioni e la gestione dei link poiché queste sono del tutto simili a quelle già trattate in altri ambienti. Si tratta di creare prima le categorie e poi di introdurre i link da pubblicare in modo da separarli in maniera omogenea per argomento; può essere utile evidenziare la colonna *Visite* che riporta i click ricevuti dai visitatori del sito per ogni link inserito e che può servirci per ottenere una scala di gradimento e di preferenze.

INSERIMENTO DI UN LINK WEB DAL FRONTEND

Una cosa interessante da concedere ai visitatori è la possibilità di interagire con il sito proponendo i propri link in modo che possano essere pubblicati direttamente o dopo l'approvazione di un amministratore.

Infatti, come accade anche per gli articoli, possiamo fare in modo che i visitatori autorizzati possano proporre dei link da pubblicare; con le impostazioni dei permessi globali di base, i gruppi di frontend in grado di eseguire questo tipo di operazione, sono i seguenti:

- ✓ *Registered*: nessuna possibilità.
- ✓ *Author*: può inviare un link ma deve attendere che venga autorizzato da qualcuno preposto a questa incombenza; a pubblicazione avvenuta, egli potrà riuscire a modificare solo i propri link.

✓ *Editor*: uguale comportamento degli utenti *Author*, ma in più può modificare anche altri link oltre ai propri; infatti egli vede la piccola icona a forma di matita che permette di avviare la modifica di un link.

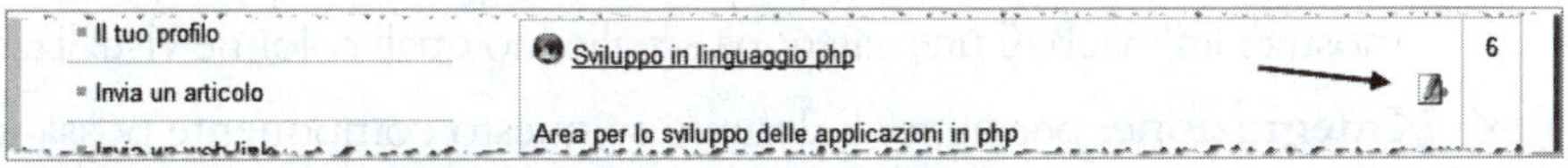

✓ *Publisher*: è ovviamente l'utente di frontend con i maggiori permessi che gli permettono di *creare*, *modificare* e *pubblicare* sia i propri link che quelli inviati da altri utenti appartenenti a gruppi con minori permessi. Infatti, come vediamo nella figura qui in basso, è l'unico a visualizzare il menu *Stato* che permette di eseguire la pubblicazione diretta senza dover attendere l'intervento di un moderatore o di un amministratore.

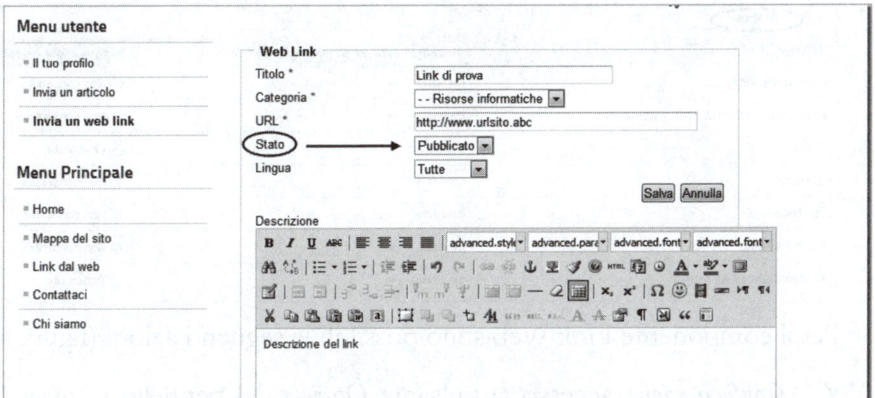

Se desideriamo che anche i semplici *utenti registrati* possano inviare nuovi link al pari di quelli *Author*, non dobbiamo fare altro che concedere il permesso *Crea* nel pannello delle autorizzazioni che stiamo per esaminare.

LE OPZIONI DEL COMPONENTE WEB LINK

Cliccando sul pulsante *Opzioni* del pannello di *Gestione web link*, ci appare una finestra che contiene le seguenti schede:

✓ **Link web**: impostazione che si riferiscono al layout dei web link.

✓ **Categoria**: impostazioni che si applicano alle liste di link richiamate da apposite voci di menu; esse sono applicate salvo che non esistano direttive diverse all'interno delle singole voci di menu.

✓ **Categorie**: impostazione simile alla precedente ma in questo caso si tratta di definire l'aspetto delle liste e dei livelli nidificati di tutte le categorie di link utilizzate nel sito. Le impostazioni effettuate in questo pannello valgono se non sono utilizzate quelle presenti nella voce di menu che richiama la pagina della lista dal frontend.

- ✓ **Lista layout**: in questa scheda possiamo regolare l'aspetto della tabella che mostra i link web di una categoria scegliendo quali colonne visualizzare.
- ✓ **Integrazione**: permette di definire se questo componente possa integrarsi con altre estensioni per operare una sorta di scambio dati.

Discorso a parte, infine, con la scheda *Permessi* perché è quella che definisce chi può fare e cosa; nella figura in basso vediamo le autorizzazioni concesse al gruppo degli *Author* che, coma abbiamo già detto in precedenza, operando dal frontend può inviare nuovi link ma deve attendere che essi siano validati almeno da un utente di livello superiore.

▾ |– Author

Azione	Seleziona le nuove impostazioni [1]	Impostazioni calcolate [2]
Configurazione	Ereditata ▾	Non consentita
Accesso interfaccia amministrativa	Ereditata ▾	Non consentita
Crea	Consentita ▾	✔ Consentita
Elimina	Ereditata ▾	Non consentita
Modifica	Ereditata ▾	Non consentita
Modifica stato	Ereditata ▾	Non consentita
Modifica elementi propri	Ereditata ▾	✔ Consentita

Per il componente Link Web sono possibili le seguenti azioni (figura in alto):

- ✓ *Configurazione*: accesso al pulsante *Opzioni* del pannello *Gestione Link web* (figura 10.10);
- ✓ *Accesso componente*: accesso al pannello amministrativo *Gestione Link web*;
- ✓ *Crea*: accesso al pulsante *Nuovo* per la creazione di nuovi link;
- ✓ *Elimina*: accesso al pulsante *Svuota cestino* presente nel pannello *Cestino*;
- ✓ *Modifica*: accesso alle impostazioni dei singoli link, presenti nella lista della *Gestione Link web*;
- ✓ *Modifica stato*: accesso alle funzioni: *Pubblica*, *Sospendi*, *Archivia*, *Sblocca* e *Cestina*;
- ✓ *Modifica elementi propri*: permette la modifica solo dei propri link.

Se volessimo accordare agli utenti registrati la possibilità di proporre i propri link, i permessi del gruppo *Registered* devono essere del tutto uguali a quelli del gruppo *Author*; inoltre non dimentichiamo di modificare anche il livello della voce *Invia un link web* presente nel menu *Utente*, portandola al livello *Registered*, altrimenti non sarà accessibile agli utenti di questo gruppo.

CREAZIONE DI UNA VOCE DI MENU PER I LINK

Le possibilità offerte da Joomla per mostrare i link gestiti da questo componente sono le seguenti:

- ✓ *Lista dei link web di tutte le categorie*
- ✓ *Lista dei link di una categoria*
- ✓ *Invia un link web*: permette ai visitatori di proporre un proprio link.

Nel pannello di setup delle prime due opzioni troviamo tutte le impostazioni presenti anche nel pannello delle *Opzioni* e in più, come accade anche per le altre voci di menu, possiamo definire i *metadata* e scegliere i moduli assegnati a questa voce di menu; insomma, dopo un rapido esame delle possibilità offerte non dovrebbe essere difficile creare l'area con i nostri link web preferiti.

Il componente Messaggi

Questo componente serve unicamente per lo scambio di messaggi da parte di utenti di backend appartenenti a qualsiasi livello, quindi non può essere impiegato per inviare messaggi a utenti di frontend né tantomeno può essere usato da questi ultimi per contattare l'amministratore del sito.

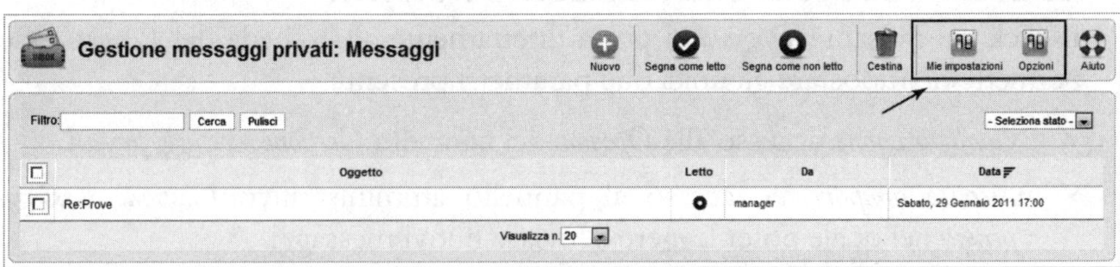

Figura 10.11 – Il semplice pannello che gestisce lo scambio di messaggi tra amministratori.

Il suo funzionamento è estremamente semplice: entrati nel pannello della *Gestione messaggi privati*, possiamo visualizzare l'elenco dei messaggi in attesa, mentre per poterli inviare non dobbiamo fare altro che cliccare su *Nuovo*.

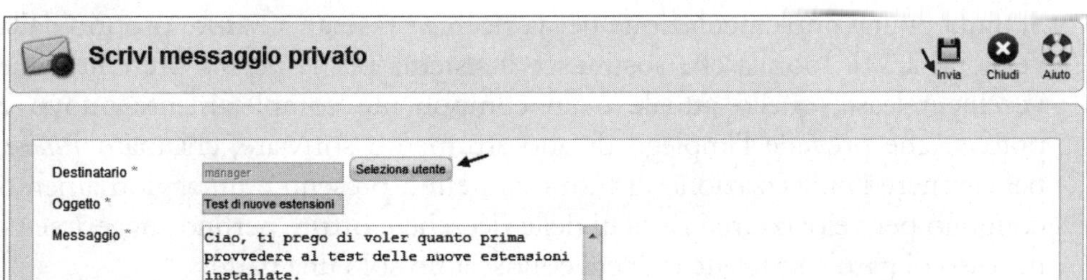

Figura 10.12 – Il form per l'invio dei messaggi privati di backend.

A questo punto si apre il pannello mostrato nella figura 10.12, nel quale abbiamo la possibilità di scegliere il destinatario tramite il pulsante *Seleziona utente* e iniziare subito a scrivere il nostro messaggio; questo sarà inviato tramite il sistema di messaggistica interna al CMS e anche via email.

Per quanto riguarda le impostazioni sulle quali possiamo agire, sono anch'esse molto semplici e sono due: *Mie impostazioni* e *Opzioni*. Cliccando su questo insolito pulsante chiamato *Mie impostazioni* (figura 10.11), si apre una piccola finestra che permette l'impostazione dei seguenti parametri:

- **Blocca inbox**
  Chiude la casella postale e quindi non consente l'arrivo di messaggi privati.
- **Email nuovi messaggi**
  Imposta se il messaggio interno debba essere inviato anche via email.
- **Eliminazione automatica**
  Qui troviamo un campo utile a impostare il numero di giorni oltre il quale tutti i messaggi giacenti saranno cancellati dal sistema; il valore di default è *7* ma possiamo modificarlo a nostro piacimento.

LE OPZIONI DEL COMPONENTE MESSAGGI PRIVATI

Il click sul pulsante *Opzioni* ci porta direttamente alla scheda dei *Permessi* che permette di impostare gli unici due parametri presenti:

- ✓ *Configurazione*: accesso alle *Opzioni* del pannello *Gestione messaggi privati*.
- ✓ *Accesso componente*: accesso al pannello amministrativo *Gestione messaggi privati* nel quale poter leggere e inviare nuovi messaggi.

La ragione della presenza di così poche impostazioni risiede nel fatto che il componente ha un uso esclusivamente rivolto all'ambiente amministrativo; per questo motivo, è particolarmente semplice sia nelle funzioni sia nel setup.

Il componente Motore di ricerca

Si tratta di una implementazione per la ricerca presente a partire proprio dalla versione 2.5 di Joomla che sostituisce il sistema per la ricerca presente nelle vecchie release; quello attuale è un componente completamente nuovo e potente che prevede l'impiego di uno strumento software, chiamato *Finder*, per ottenere l'indicizzazione di tutti i contenuti presenti e un aggiornamento continuo per velocizzare i risultati delle ricerche e offrire perfino suggerimenti nel caso di parole sbagliate o di cui conosciamo solo una parte.

Qui di seguito ecco i passaggi necessari per riuscire a sfruttare le potenti funzionalità di questo componente.

Step 1: Attivazione plugin

Questo componente *Motore di ricerca* (chiamato anche *Smart Search*) per riuscire a funzionare correttamente ha bisogno che siano attivati un plugin di sistema della sezione *Search*; come vediamo nella figura 10.13, possiamo visualizzarli velocemente inserendo la voce *Search* nel menu *Seleziona tipo*; verifichiamo quindi che siano tutti attivi e poi procediamo al setup del componente.

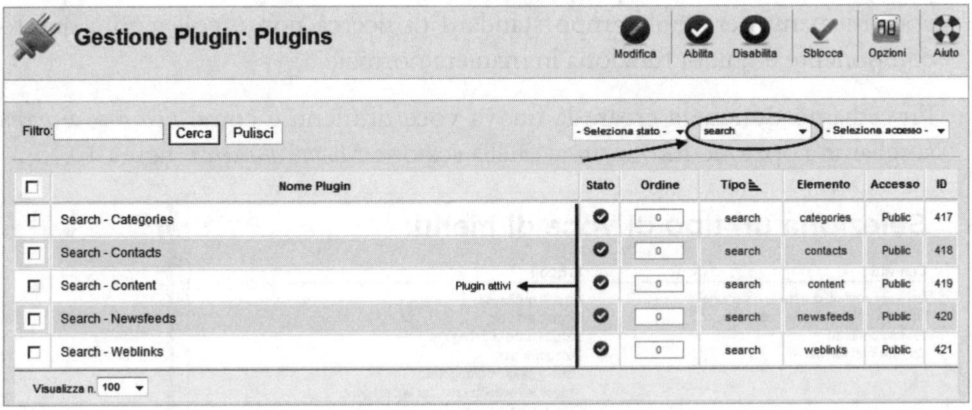

Figura 10.13 – Controllo dell'attivazione dei plugin per la ricerca.

Passiamo adesso a richiamare l'ambiente di setup di questo componente dal menu *Componenti → Motore di ricerca* (figura 10.14).

Figura 10.14 – Ambiente amministrativo del componente per la ricerca.

Step 2: Avvio della prima indicizzazione

Nella figura 10.14 vediamo già il pannello della *Gestione contenuti indicizzati* già popolato con alcune voci; al primo accesso a questo componente ovviamente lo troveremo completamente vuoto e quindi per fare in modo che inizi a svolgere il suo lavoro dobbiamo avviare la prima indicizzazione cliccando sul pulsante *Indice* presente nella pulsantiera.

Step 3: Creazione della voce di menu

A questo punto tutto è pronto e possiamo testare il funzionamento del programma di ricerca ma prima dobbiamo necessariamente creare un'apposita voce di menu perché il campo standard di ricerca non è collegato a questo componente e quindi funziona in maniera normale.

Procediamo dunque a creare la nuova voce di menu e come *tipo voce di menu* scegliamo l'opzione *Ricerca* situata nella sezione *Motore di ricerca* (figura 10.15).

Figura 10.15 – In evidenza il tipo di voce di menu da scegliere.

Step 4: Prova pratica di frontend

Non ci resta che utilizzare il link di frontend per visualizzare la pagina di ricerca; come vediamo nella figura 1.16, già inserendo le prime lettere della parola cercata, il componente ci suggerisce alcune alternative frutto dei dati memorizzati tramite l'operazione di indicizzazione effettuata in precedenza.

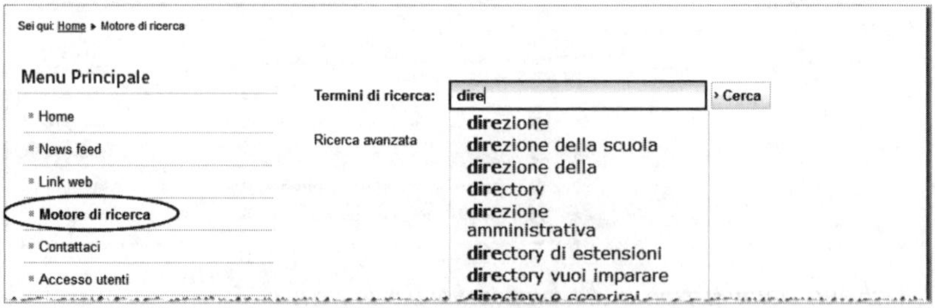

Figura 10.16 – Test pratico di funzionamento del motore di ricerca interno.

Ma tutto questo non basta, infatti nel caso in cui il risultato sia senza riscontri, magari per un errore, il componente è in grado di fornire un'alternativa.

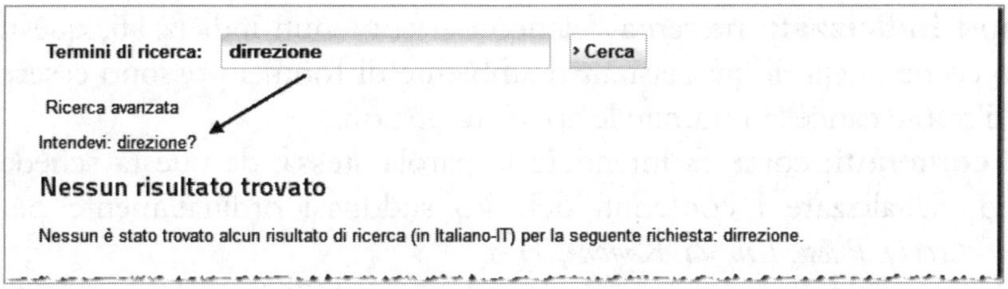

Figura 10.17 – Esempio di suggerimento in caso di termine non trovato.

Step 5: Creazione di un modulo di ricerca

Ovviamente, oltre che tramite voce di menu, possiamo richiamare le funzioni di questo utilissimo componente anche tramite i normali moduli che potranno andare a sostituire quelli standard.

Da pannello della *Gestione moduli* ci basta iniziare la procedura per la creazione di un nuovo elemento e, nella fase di indicazione della tipologia, scegliere la voce *Modulo Motore di ricerca*, quindi completare la pubblicazione del modulo.

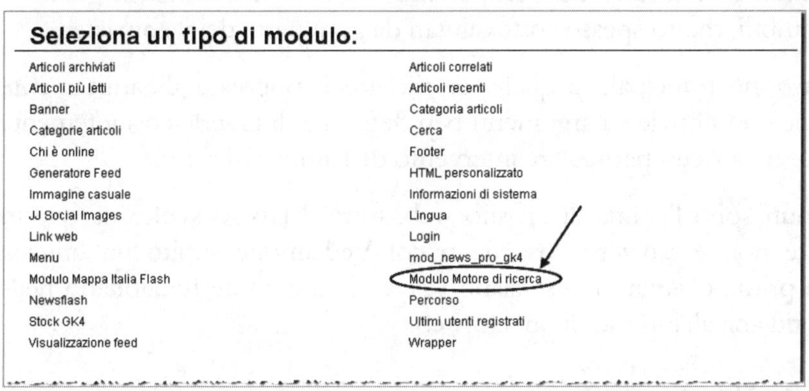

Figura 10.18 – Opzione da scegliere per la creazione del modulo di ricerca.

ALTRE FUNZIONI DEL COMPONENTE MOTORE DI RICERCA

Come abbiamo potuto osservare, tutto sommato, il componente è di facile gestione e implementazione, con pochi click tutto è pronto per sostituire la funzione base di ricerca senza neanche dover effettuare setup complessi.

Nella pulsantiera gli elementi sono tutti conosciuti a parte il link *Indice* che abbiamo già impiegato per avviare l'indicizzazione dei contenuti e il pulsante *Statistiche* che, come fa intuire il nome, presenta un report statistico del lavoro svolto dal componente.

Per ultimo, il pannello della *Gestione dei contenuti indicizzati* (figura 10.14), presenta tre schede che svolgono i seguenti compiti:

- **Contenuti indicizzati**: presenta l'elenco dei contenuti indicizzati; questi elementi come quelli di qualsiasi altro ambiente di Joomla possono essere cercati, filtrati e cancellati tramite le apposite opzioni.
- **Mappe contenuti**: come fa intendere la parola stessa, da questa scheda possiamo visualizzare i contenuti del sito suddivisi ordinatamente per *Autore*, *Categoria*, *Paese*, *Lingua*, *Regione*, *Tipo*.
- **Filtri di ricerca**: da qui possiamo creare dei filtri di ricerca personalizzati utilizzando gli stessi criteri presenti nelle *Mappe contenuti* di cui abbiamo appena parlato nel paragrafo precedente.

Per quanto riguarda le *Opzioni* di questo componente, sono tutte di impiego semplice ma conviene modificarle solo in presenza di un reale bisogno, inoltre sui permessi attribuibili non c'è da aggiungere molto perché sono solo due, ossia: *Configurazione* e *Accesso all'area amministrativa.*

Il componente Newsfeed

Si tratta certamente di uno dei componenti "storici" di Joomla in grado di svolgere compiti, molto spesso sottovalutati da gran parte dei webmaster.

La sua funzione principale è quella di riuscire a popolare dinamicamente intere pagine con notizie su argomenti ben definiti e di tenerle costantemente aggiornate, senza alcun particolare intervento dell'amministratore.

Se i contenuti sono l'anima di un sito web, tutto il lavoro svolto da questo componente non è davvero cosa da poco! Vediamone subito un utilizzo pratico ma prima chiariamo cosa siano i *News Feed* e come funzionano nella pratica quotidiana all'interno di un sito web.

Cosa sono i News feed?

Possiamo identificarli come canali o flussi di informazioni disponibili in un formato standard che vengono distribuiti gratuitamente da chi ha interesse ad aumentare la propria visibilità e mantenerla al top. Gli utenti che invece sfruttano questa opportunità hanno il vantaggio di poter disporre di contenuti di qualità, da offrire ai visitatori del proprio sito, in modo immediato e senza dover sostenere alcuna spesa.

Durante l'impostazione di questo componente possiamo scegliere quali *feed* mostrare per arricchire l'offerta di informazioni del nostro sito. Per chi fornisce questo servizio, invece, c'è un ritorno considerevole poiché assieme alle notizie sono passati anche i link verso il sito che le distribuisce; tutto questo serve quindi a convogliare verso di esso nuovi visitatori e quindi potenziali clienti ai propri servizi.

COME INIZIARE A UTILIZZARLI

Ancora una volta la procedura è sempre la stessa, basata quindi sulla creazione delle categorie e dei relativi elementi da associare che in questo caso sono proprio i *feed*. Tralasciamo questa fase più tecnica che, a questo punto, dovrebbe essere stata acquisita ampiamente perché comune a tutte le aree di Joomla che abbiamo trattato in precedenza ed esaminiamo la fase di ricerca dei feed e il loro setup per ottenere i risultati migliori.

Step 1: La ricerca delle fonti

In pratica c'è solo l'imbarazzo della scelta! Infatti, tutti i più grossi network dell'informazione e moltissimi siti web hanno già da tempo attivato questa possibilità all'interno dei propri siti internet, creando delle aree apposite da cui gli utenti possono prelevare i propri newsfeed.

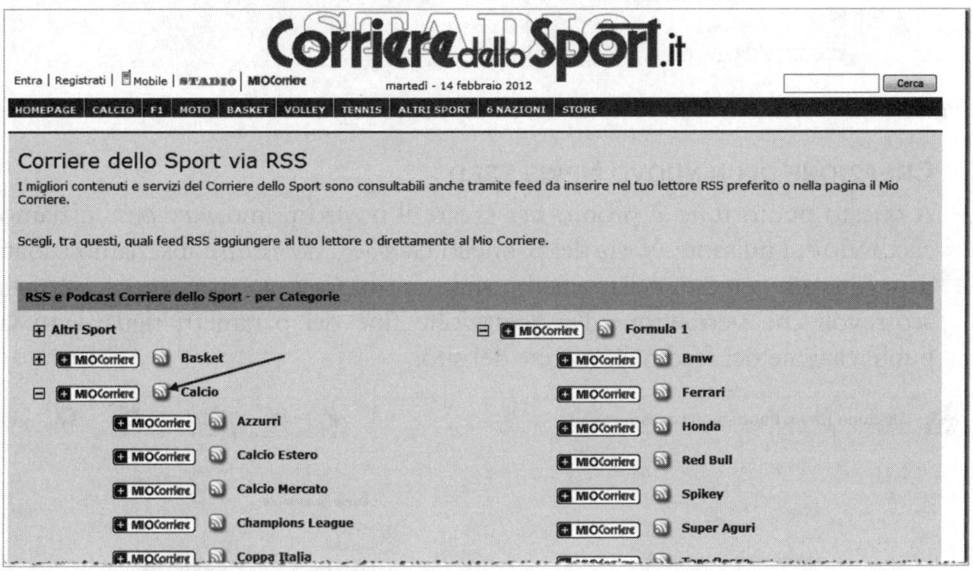

Figura 10.19 – Pagina del sito web di un quotidiano sportivo dedicata agli RSS

Facciamo un esempio pratico e immaginiamo di voler creare, sul nostro sito, una pagina che possa mostrare informazioni sportive sugli avvenimenti più recenti e sui risultati del campionato di calcio.

In questo caso, il nostro sito di riferimento può essere quello del nostro quotidiano sportivo nelle pagine dedicate proprio alla distribuzione gratuita dei link RSS, il cui indice si trova all'indirizzo:

http://www.corrieredellosport.it/rss/rss.shtml

Da qui preleviamo i link di nostro interesse, con una semplice operazione di *Copia* cliccando, con il tasto destro del mouse, sulla piccola icona (figura 10.19) che riproduce il simbolo dell'*RSS* e scegliendo poi l'opzione *Copia collegamento* o *Copia indirizzo* a secondo del browser utilizzato (figura 10.20).

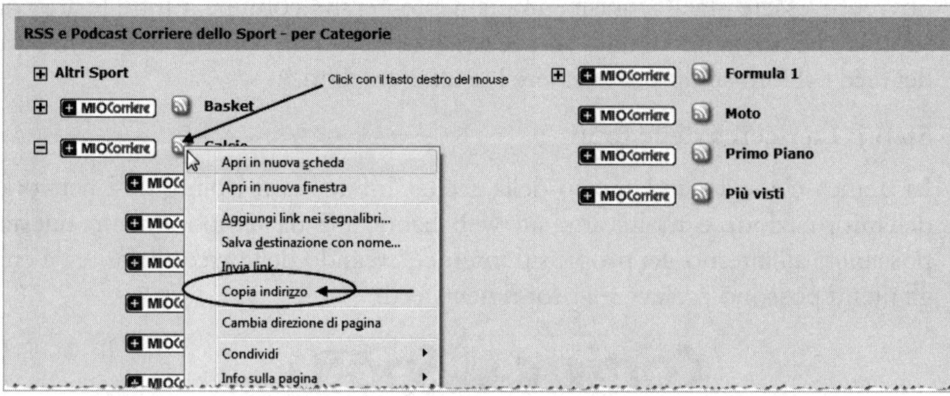

Figura 10.20 – La procedura di copia dell'URL relativo al feed desiderato.

CREAZIONE DI UN NUOVO NEWS FEED

A questo punto tutto è pronto per creare il nostro primo *news feed*; iniziamo cliccando sul pulsante *Nuovo* del pannello *Gestione News Feed* e inseriamo i soliti dati generici richiesti nella scheda; sulla destra, invece, troviamo i pannelli scorrevoli che permettono l'impostazione fine dei parametri riguardanti la pubblicazione dei feed nelle pagine del sito.

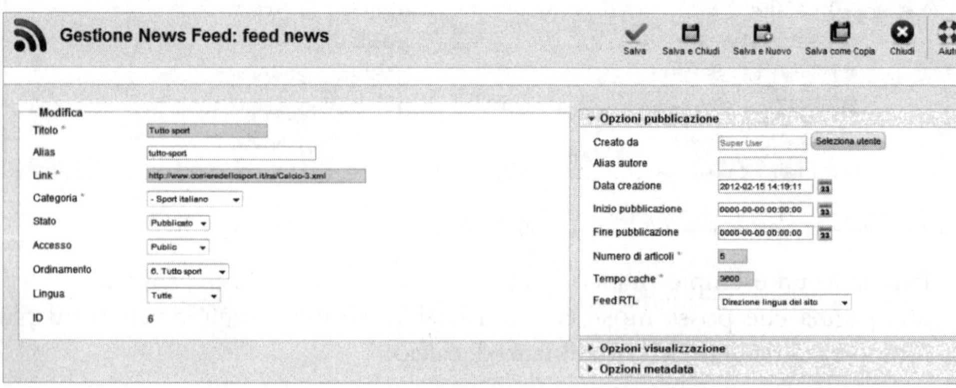

Figura 10.21 – La scheda per la creazione di un nuovo News Feed.

Opzioni pubblicazione

In questo blocco le impostazioni che incontriamo sono quelle che regolano la modalità di lavoro dei feed, più precisamente:

- **Numero di articoli**
  In questo campo dobbiamo indicare il numero massimo di notizie che saranno visualizzate nella nostra pagina; il valore di default è 5 ma può essere modificato. Se il nostro sito è collocato su un server condiviso non molto performante, sarebbe bene non eccedere con il numero delle notizie da scaricare perché questo tipo di operazione, compiuta di frequente, rallenta il sito e il caricamento della pagina stessa.
- **Tempo cache**
  Rappresenta l'intervallo di tempo intercorrente tra un aggiornamento delle notizie e quello successivo. Il valore inserito è ottimale, se lo abbassiamo troppo il refresh delle notizie avviene a minore distanza di tempo l'uno dall'altro e corriamo il rischio di affaticare l'operatività del server.
- **Feed RTL**
  Il termine *RTL* è un acronimo che in inglese significa *Right to left*; questa funzione va impostata quando dobbiamo consentire la lettura di contenuti da *destra verso sinistra*. Non interessa noi europei ma può essere utile quando è necessario impiegare alcune lingue, come l'arabo, che adottano un sistema di scrittura diverso da quello occidentale.

Opzioni di visualizzazione

In questo pannello scorrevole troviamo altre impostazioni tipiche dei feed che però influenzano di più l'aspetto finale:

- **Immagine feed**
  Mostra o nasconde le immagini contenute nel feed.
- **Descrizione feed**
  Mostra o nasconde la descrizione del feed.
- **Testo articolo**
  Mostra o nasconde il testo del feed.
- **Conteggio caratteri**
  Valore che determina il numero massimo dei caratteri che compongono l'anteprima del feed; è bene non eccedere per non rallentare il server; il resto dell'articolo sarà letto sul sito dell'editore.
- **Layout alternativo**
  Utilizza un diverso layout (se esiste) per mostrare i feed.

Infine non può mancare il pannello con le solite *Opzioni metadata* presenti in tutti gli altri ambienti di Joomla e che permettono di ottimizzare i parametri SEO già ampiamente descritti in altre occasioni.

Creazione della voce di menu per i News feed

Come accade per altri tipi di contenuti, la visualizzazione dei nostri feed può essere impostata richiamando:

- ✓ *l'albero delle categorie al completo;*
- ✓ *la lista dei feed di una sola categoria;*
- ✓ *un feed a scelta tra quelli presenti.*

Nelle impostazioni della voce di menu, ritroviamo i parametri per il setup dei feed che, in questa sede, possiamo modificare se lo reputiamo necessario; oltre alla parte generale del blocco *Dettagli*, nel pannello delle *Impostazioni richieste* va impostato il feed o la categoria di feed che desideriamo mostrare.

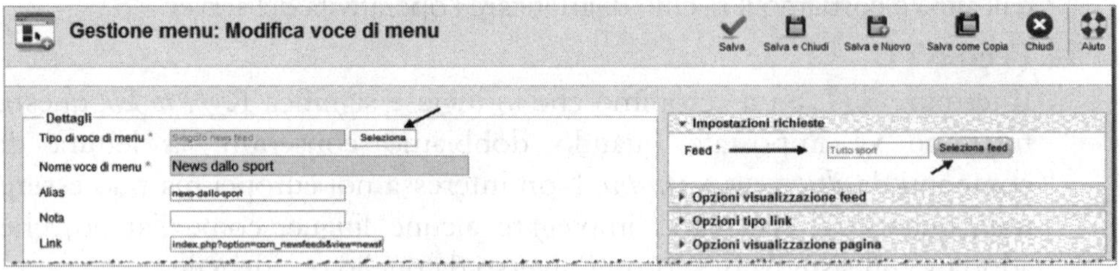

Figura 10.22 – In evidenza il setup essenziale per la voce di menu che richiama i feed.

Le Opzioni del componente News feed

Il pannello delle *Opzioni*, che possiamo aprire tramite l'omonimo pulsante, mostra il pannello contenente le impostazioni base del componente e quello delle autorizzazioni che, in questo caso, riguardano solo gli utenti abilitati all'accesso di backend.

La schermata proposta nella figura 10.23 mostra i permessi assegnati al gruppo *manager*, perché come al solito questi si rivelano essere quelli più rappresentativi per gli utenti di livello base.

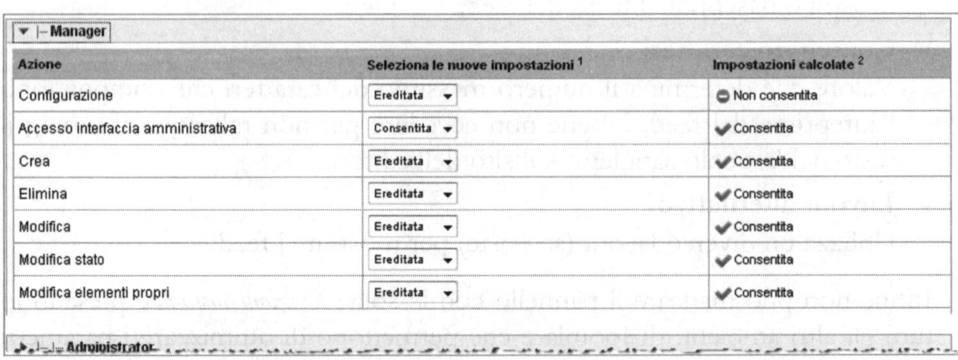

Figura 10.23 – Il pannello dei permessi relativi ai feed per il gruppo manager.

Per il componente *News feed* possiamo agire sui seguenti permessi:

- ✓ *Configurazione*: accesso al pulsante *Opzioni* della *Gestione News Feed*;
- ✓ *Accesso componente*: accesso al pannello amministrativo *Gestione News Feed*;
- ✓ *Crea*: accesso al pulsante Nuovo per la creazione di nuovi feed;
- ✓ *Elimina*: accesso al pulsante *Svuota cestino* presente nel pannello *Cestino*;
- ✓ *Modifica*: accesso alle impostazioni dei singoli feed, presenti nella lista della *Gestione News Feed*;
- ✓ *Modifica stato*: accesso ai pulsanti *Pubblica*, *Sospendi*, *Archivia*, *Sblocca* e *Cestina*;
- ✓ *Modifica elementi propri*: permette la modifica solo dei propri feed.

Componente: Redirect

Si tratta di un componente di cui spesso, nel passato, abbiamo sentito la mancanza; questo elemento risulta particolarmente utile quando alcune pagine del sito vengono eliminate dopo che i motori le hanno indicizzate e quindi esse continuano ad apparire all'interno di eventuali ricerche effettuate in rete.

Il risultato di questa situazione non solo è quello di presentare un desolante messaggio di *Pagina non trovata* a chi clicca su quel link ma risulta anche molto controproducente ai fini della posizione acquisita nei motori di ricerca che, rivisitando il sito, potrebbero addirittura penalizzarlo; in ogni caso se una pagina raggiunge un buon posizionamento e poi viene cancellata, perché perdere questo vantaggio e non sfruttarlo a nostro favore?

In sostanza, questo componente svolge proprio questo importante lavoro: trova le pagine mancanti e reindirizza verso nuovi contenuti coloro che richiamano link obsoleti o non più disponibili per i motivi più svariati.

In questo modo, agli utenti non appaiono messaggi di errori e, nel contempo, non perdiamo i vantaggi dell'indicizzazione acquisita nel tempo.

Nella figura 10.24 vediamo il pannello della *Gestione redirect* che ha già raccolto automaticamente alcuni link di pagine non più esistenti.

Prima di iniziare a operare, però, accertiamoci che il plugin *System – Redirect* sia abilitato; all'interno del suo pannello di controllo non vi sono campi da impostare e, per far sì che inizi a lavorare correttamente, è sufficiente accertarci che esso risulti attivo. Le parti essenziali del pannello mostrato nella figura 10.24 sono le seguenti:

1. Nella tabella troviamo tutti gli indirizzi delle pagine non trovate e, nella colonna Nuovi URL, il reindirizzamento che abbiamo programmato.

2. Questo messaggio ci conferma che il plugin *System – Redirect* è attivo e sta funzionando regolarmente; se così non fosse, non potrebbe raccogliere gli indirizzi delle pagine non più esistenti.
3. Impostazione dell'indirizzo verso il quale redigere chi dovesse utilizzare qualcuno dei link scaduti; questi ultimi vanno prima selezionati tramite il checkbox posto a sinistra del nome, poi è sufficiente cliccare sul pulsante Aggiorna link.

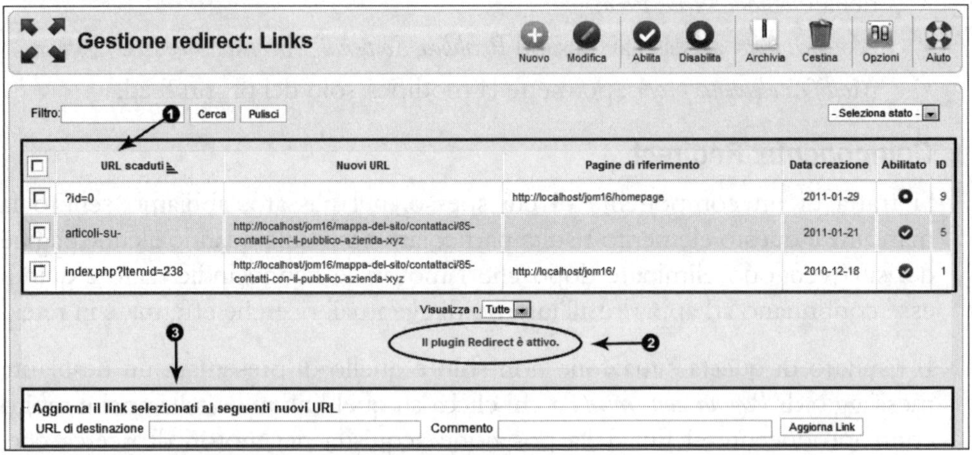

Figura 10.24 – Il pannello per la gestione dei redirects.

Per ciascuna delle pagine non trovate possiamo anche predisporre un redirect personalizzato; infatti, è sufficiente entrare nel pannello di controllo del link e riempire i campi richiesti come mostrato nella figura 10.25.

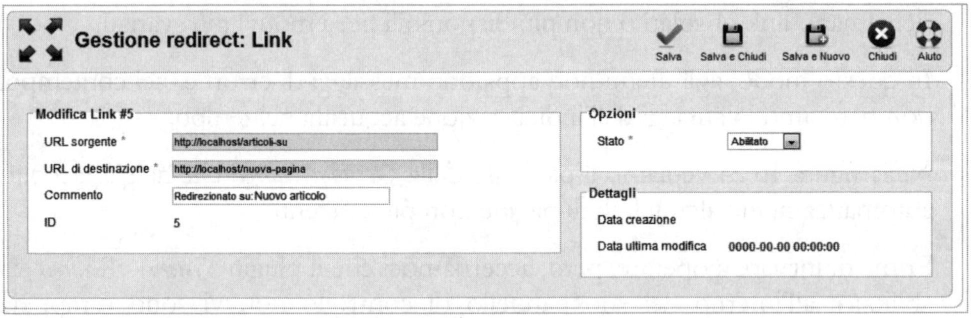

Figura 10.25 – La semplice creazione di un link personalizzato.

Le Opzioni del componente Redirect

Com'è facile arguire il *Redirect* è un componente di natura squisitamente amministrativa che andrebbe gestito con la dovuta cura andando a esplorare, di tanto in tanto, la lista degli indirizzi non più validi (figura 10.24) in modo da riuscire a prendere per tempo le contromisure descritte in questo capitolo e non incorrere in magre figure con i nostri visitatori e, ancora peggio, in gravi penalizzazioni da parte di Google e compagni.

Le *Opzioni* di questo componente, quindi, sono molto semplici e riguardano unicamente i seguenti permessi:

✓ *Configurazione*: accesso al pulsante *Opzioni* della *Gestione Redirect*;

✓ *Accesso componente*: accesso al pannello amministrativo *Gestione Redirect*.

❖ Reperimento di nuovi componenti

Oltre ai componenti presenti nel core di Joomla che abbiamo appena descritto, in rete, abbiamo la possibilità di trovarne tantissimi altri di ogni genere e funzione. Infatti, la disponibilità degli *add-on* per Joomla conferma l'enorme diffusione di questo CMS e l'altrettanto grande comunità di sviluppatori che, per nostra fortuna, esiste alle sue spalle; praticamente possiamo trovare di tutto e per ogni utilizzo nel cosiddetto JED (*Joomla Extension Directory*) che possiamo visitare a questo indirizzo:

http://extensions.joomla.org/

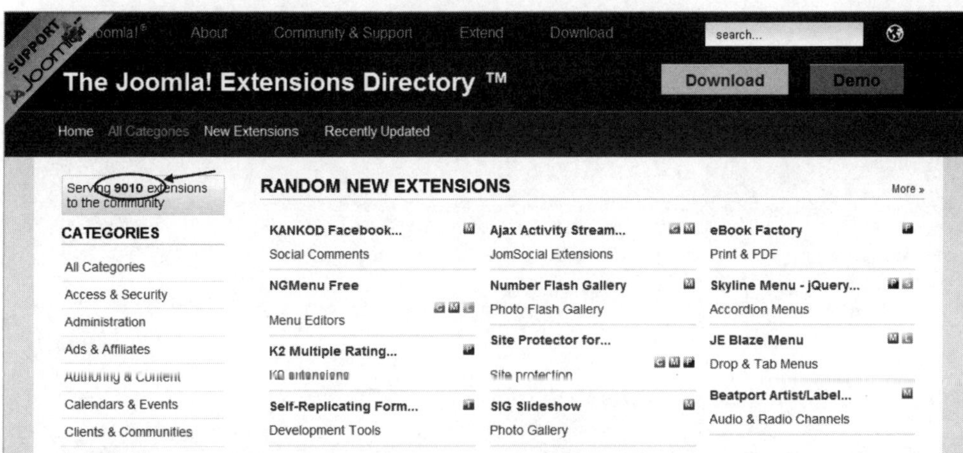

Figura 10.26 – L'area di Joomla.org con oltre 9000 estensioni disponibili.

In questo sito possiamo trovare estensioni gratuite e a pagamento e il consiglio è quello di non scartarle a priori perché spesso, solo incentivando i piccoli programmatori è possibile riuscire a utilizzare estensioni di pregio e dal costo assolutamente irrisorio.

Per quanto riguarda la procedura di installazione di un nuovo componente non si differenzia da quella necessaria per qualsiasi altra estensione; la differenza, se mai, consiste nella modalità di utilizzo che differisce da componente a componente in virtù delle funzioni che questo deve espletare.

❖ Conclusioni

I componenti rappresentano dunque un allargamento, praticamente senza confini, delle possibilità di base del CMS; tramite le giuste estensioni, possiamo creare qualsiasi tipologia di sito in grado di soddisfare anche esigenze di tipo professionale e di qualsiasi livello.

L'importante, come sempre, è non esagerare con il loro impiego poiché, una volta installati, andrebbero tutti seguiti e aggiornati; l'ideale sarebbe ricorrere massimo a due o tre componenti esterni che svolgano il lavoro necessario a ottenere tutte le funzionalità desiderate.

11

Aggiornamenti, sicurezza, backup e restore del sito

Contenuto del capitolo

È indubbio che gli script dinamici come quelli di Joomla rappresentano una via semplice e veloce nella produzione di siti professionali e accattivanti da parte di chiunque abbia un minimo di creatività e di predisposizione informatica. Di contro, il problema è quello della sicurezza con cui dobbiamo sempre fare i conti cercando di mantenere sempre aggiornati non solo il core di Joomla ma anche tutte le estensioni installate; di tutto questo e di altro ancora ci occuperemo in questo undicesimo capitolo dedicato interamente a questi argomenti.

Tutti coloro che nel passato hanno già avuto modo di lavorare con gli script dinamici sanno bene, per esperienza, quanto sia importante tenerli aggiornati man mano che gli sviluppatori rilasciano le nuove versioni.

Il rilascio di queste nuove release è necessario non solo per correggere i bug riscontrati dagli utenti ma anche per chiudere pericolose falle di sicurezza in grado di mettere seriamente in pericolo non solo il nostro sito ma anche l'integrità di tutto il server internet utilizzato.

Generalmente, per conoscere eventuali aggiornamenti al core di Joomla o alle estensioni che abbiamo installato può bastare una visita settimanale ai siti di supporto *joomla.org* oppure *joomla.it*, perché questo tipo di notizie sono diffuse molto di frequente quando si tratta di aggiornamenti importanti o addirittura vitali per la sicurezza dei siti realizzati con quel codice.

Un'altra via per rimanere aggiornati è quella di iscriverci alle *newsletter* oppure sottoscrivere un *newsfeed* come quelli diffusi costantemente dal *Security Center* del sito di supporto mondiale *joomla.org*, reperibile a questo indirizzo:

http://developer.joomla.org/security.html

❖ Aggiornamenti delle estensioni e del core

Il sistema degli aggiornamenti implementati a partire dalla versione 1.6 e 1.7 di Joomla è stato notevolmente potenziato e migliorato con le release 2.5 e, da adesso in poi, possiamo davvero dimenticarci di tutte le operazioni lunghe e complicate che facevamo una volta!

Come stiamo per verificare, attualmente ci basta un click e a tutto il resto pensa Joomla; prima di tutto, però ricordiamoci che si tratta pur sempre di una procedura delicata e quindi va eseguita solo ed esclusivamente dopo aver completato un backup completo (*file* + *database*) del nostro sito.

I problemi potrebbero sorgere dalla caduta del collegamento internet, un blocco del PC, un riavvio del server, mancanza di energia elettrica e molto altro ancora; in questo caso l'operazione non sarebbe ultimata e potremmo correre il rischio di non riuscire più a visualizzarlo.

La raccomandazione è dunque d'obbligo; infatti tentare di ripristinare al danno, in assenza di un backup completo, potrebbe rivelarsi un'impresa impossibile.

Aggiornare le estensioni

Per quanto riguarda le estensioni, sappiamo già che in Joomla 2.5 esiste un'apposita pagina del backend (*Gestione estensioni* → *Aggiorna*) dalla quale possiamo ottenere segnalazioni circa il rilascio di nuovi aggiornamenti di tutto quello che abbiamo installato nel nostro CMS.

Inoltre da questa stessa pagina, possiamo eseguire anche l'*update* automatico delle estensioni con estrema facilità; ovviamente, perché questo avvenga, le estensioni devono essere programmate per assolvere a questa funzione perché solo così potranno utilizzare le apposite routine predisposte da Joomla.

Nell'esempio riportato nella figura 11.2, possiamo osservare la segnalazione circa il componente per il backup *Akeeba* che risulta obsoleto e quindi da aggiornare immediatamente.

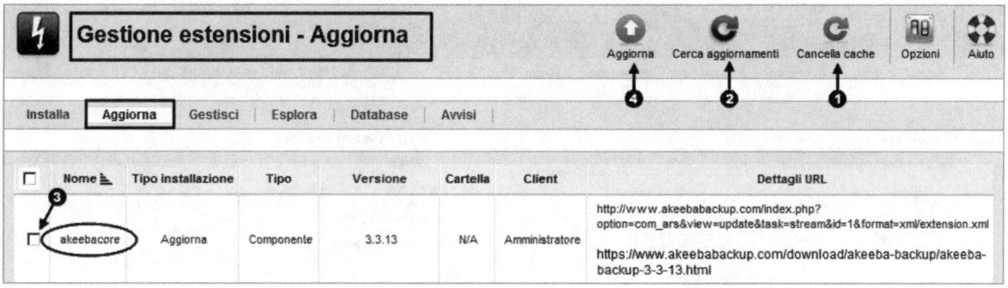

Figura 11.2 – La procedura automatizzata per la ricerca e l'aggiornamento delle estensioni.

La sequenza delle operazioni da effettuare per la ricerca e il successivo avvio della procedura di aggiornamento è la seguente (figura 11.2):

1. *Cancella cache*: svuota la cache e prepara Joomla per una nuova ricerca;
2. *Cerca aggiornamenti*: avvia la procedura di ricerca; se sono trovati nuovi aggiornamenti li vedremo elencati nella tabella sottostante;
3. *Checkbox*: elemento da selezionare per segnalare alla procedura tutte le estensioni che devono essere aggiornate;
4. *Aggiorna*: avvia la procedura di aggiornamento.

Oltre a questo metodo automatico, ovviamente, rimane sempre valida la possibilità di disinstallare la vecchia estensione e installare quella nuova; prima però, dobbiamo fare sempre riferimento alle istruzioni che generalmente sono rilasciate assieme alle nuove versioni delle estensioni per salvaguardare gli eventuali dati presenti nel database.

Nota: È veramente molto importante ricordarci di non procedere mai a cancellare manualmente i file delle estensioni regolarmente installate; infatti occorre sempre disinstallare utilizzando la procedura appositamente predisposta nel menu *Gestione estensioni → Gestisci*.

Per alcune estensioni, programmate in modo sapiente e organico, non occorre neanche fare uso del pannello di aggiornamento di Joomla in quanto dispongono di opportuni avvisi all'interno dei propri pannelli di controllo o in quello di Joomla in modo che la disponibilità della nuova versione non possa passare inosservata per lungo tempo.

Per esempio nella figura 11.3 vediamo l'ambiente amministrativo del notissimo componente *AkeebaBackup* che avvisa in modo molto chiaro della disponibilità di un nuovo aggiornamento; cliccando semplicemente sull'icona, diamo inizio al caricamento dell'upgrade.

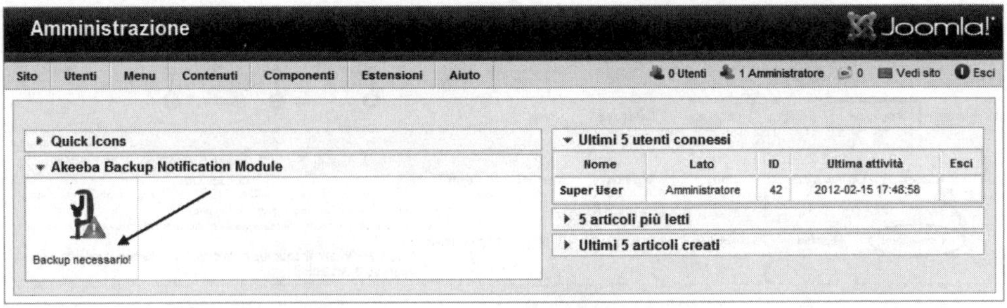

Figura 11.3 – L'avviso circa la disponibilità di un aggiornamento di Akeeba backup.

Se quanto appena descritto, accade per alcune estensioni meglio programmate, purtroppo, ciò non succede per altre estensioni e pertanto è bene riepilogare i passaggi da compiere per un aggiornamento senza rischi:

- ✓ non iniziamo l'aggiornamento senza un backup completo del sito;
- ✓ non cancelliamo mai i file delle estensioni a mano agendo per via FTP;
- ✓ apriamo periodicamente il *pannello degli aggiornamenti* di Joomla per verificare se vi siano indicazioni o avvisi (*Gestione estensioni → Aggiorna*);
- ✓ nel pannello di controllo dell'estensione controlliamo se esista un link o un pulsante per la ricerca di nuovi aggiornamenti; in caso affermativo, seguiamo quella procedura guidata o, in alternativa, le istruzioni fornite;
- ✓ se non rientriamo in nessuno dei casi precedenti, prima di procedere all'aggiornamento di qualsiasi estensione, controlliamo se esistano istruzioni su come compiere correttamente l'upgrade; generalmente, se essa non utilizza il database, possiamo disinstallarla tranquillamente prima di caricare quella aggiornata.
- ✓ in caso di dubbi o di messaggi contradditori non esitiamo a visitare il sito di chi ha prodotto le estensioni oppure a servirci dei forum specializzati come quelli di joomla.org o joomla.it, dove persone esperte ci potranno dare una mano e indicarci su come procedere correttamente.

Aggiornare Joomla da 1.7 a 2.5

Il pannello degli aggiornamenti che abbiamo appena esaminato con riferimento alle estensioni è ovviamente valido anche per aggiornare il *core* di Joomla con le stesse identiche modalità appena descritte nel paragrafo precedente; infatti se la procedura, dopo la ricerca, trova in rete una nuova versione, la segnala come farebbe con una normale estensione. A questo punto l'aggiornamento del *core* di Joomla è davvero uno scherzo, dobbiamo solo selezionare il file e cliccare sul pulsante *Aggiorna* come mostrato in figura 11.4.

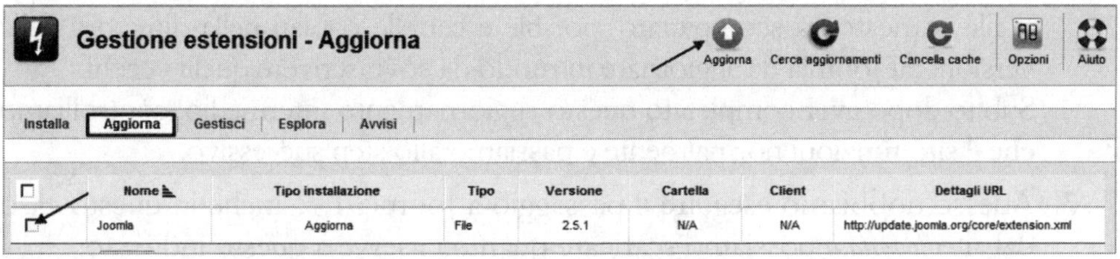

Figura 11.4 – Aggiornamento del core di Joomla possibile dalle versioni precedenti 1.6 e 1.7

Con questa procedura possiamo dunque partire da una qualsiasi versione di Joomla 1.7 per ottenere l'aggiornamento del sito in pochissimo tempo e senza le operazioni manuali di trasferimento dei file che erano effettuate nelle precedenti release di Joomla 1.0 e 1.5.

Aggiornare Joomla da 1.6 a 2.5

Quando, invece, partiamo da versioni di Joomla precedenti alla 1.6.5 (per esempio 1.6.0, 1.6.1, 1.6.2 ecc.) la situazione è un po' meno semplice perché dobbiamo effettuare i seguenti le seguenti operazioni passando per la 1.7.

1. Prima di ogni cosa eseguiamo un backup completo del sito e mettiamo offline il sito in modo da poter operare con tranquillità; inoltre è opportuno impostare come tema di default il classico Beez 2.
2. Procediamo con il primo aggiornamento per arrivare all'ultima versione 1.6 disponibile (attualmente 1.6.6). A questo scopo possiamo utilizzare gli appositi pacchetti di upgrade disponibili, con le istruzioni per l'uso, disponibili nell'area download del sito italiano a questo indirizzo:

http://www.joomla.it/download/412-joomla-1.html

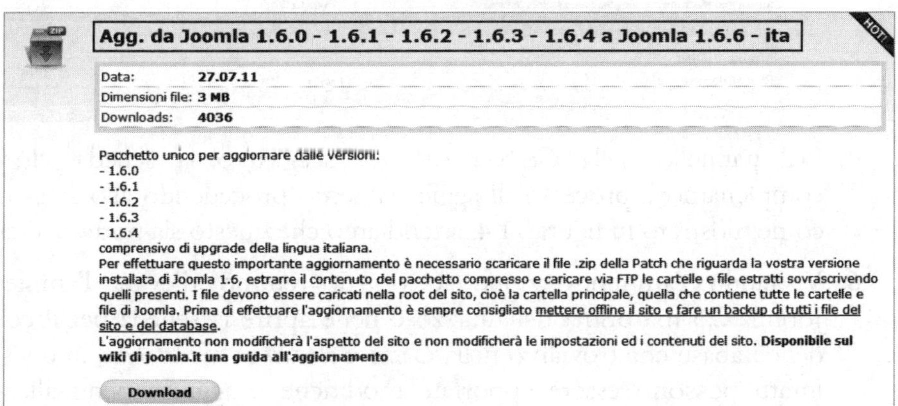

Il file scaricato va scompattato, poi file e cartelle copiati nella directory della versione di Joomla da aggiornare in modo da sovrascrivere quelli vecchi. Subito dopo aver completato questo aggiornamento intermedio, controlliamo che il sito funzioni normalmente e passiamo allo step successivo.

3. Adesso dobbiamo eseguire il passaggio a Joomla 1.7; anche in questo caso dal sito *joomla.it* possiamo scaricare quanto ci serve a questo indirizzo:

http://www.joomla.it/download/414-joomla-1.html

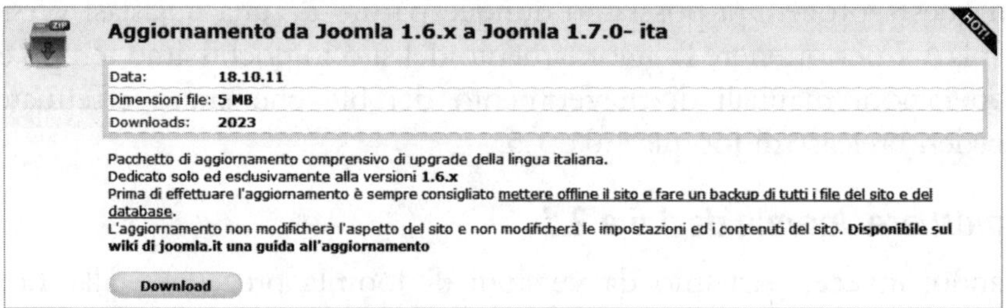

Scarichiamo dunque questo pacchetto di aggiornamento sul nostro PC, poi apriamo l'area *Estensioni* del nostro sito e utilizziamo la procedura per il caricamento delle estensioni allo scopo di individuare il file e farlo installare in modo del tutto automatico (figura in basso).

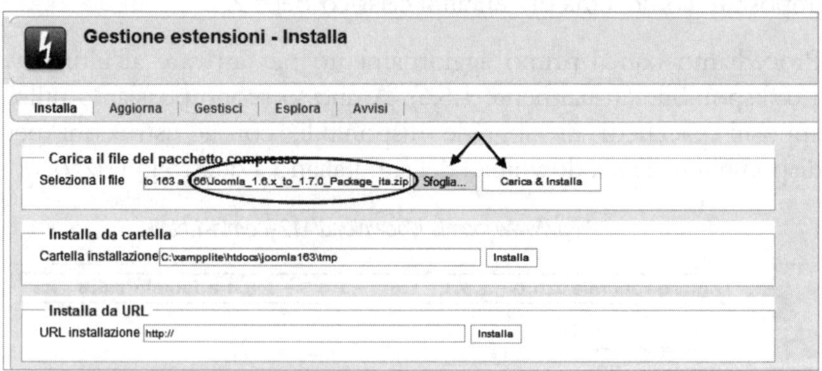

4. Dal pannello della *Gestione estensioni* scegliamo la scheda *Aggiorna* e completiamo il processo di aggiornamento procedendo allo stesso modo come mostrato in figura 11.4, attendiamo che questo sia portato a termine.

5. Visitando l'amministrazione adesso dovremmo rilevare l'ambiente di Joomla 2.5 ma prima dell'utilizzo è bene aprire la scheda per il controllo del database che troviamo nella *Gestione estensioni* → *database*; in questa fase infatti possono essere apportate modifiche e aggiustamenti alle tabelle come possiamo osservare nella figura che segue; nella stessa figura notare come la pagina si sia aggiornata con l'aggiunta proprio di questa scheda.

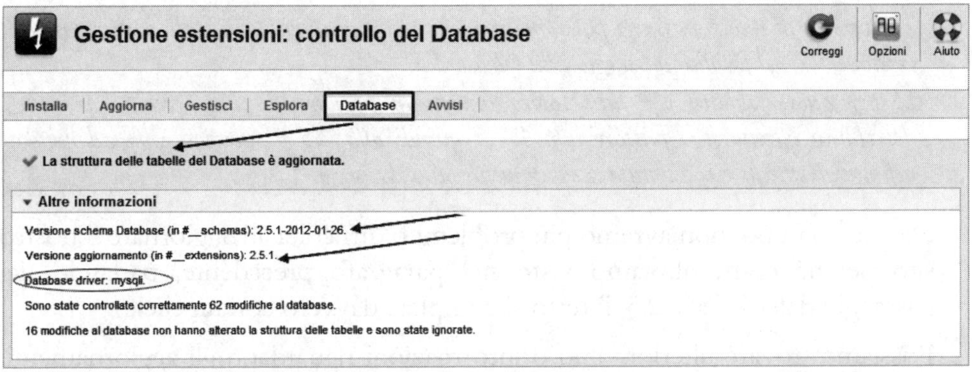

Figura 11.5 – Passaggio obbligato per la scheda database al termine dell'aggiornamento.

6. A questo punto può accadere che l'aggiornamento sia stato completato ma alcuni elementi dell'amministrazione non appaiano tradotti (figura 11.6); questo accade perché la fonte degli aggiornamenti è in lingua inglese e quindi dobbiamo provvedere da noi a implementare quella italiana.

   L'operazione è davvero semplice perché ci basta scaricare il file completo della lingua italiana e caricarla come una qualsiasi altra estensione con la normale procedura di Joomla.

   Anche in questo caso il sito di supporto italiano ci viene in aiuto e infatti possiamo scaricare il solo aggiornamento di lingua a questo indirizzo:

   http://www.joomla.it/download/451-joomla-2.html

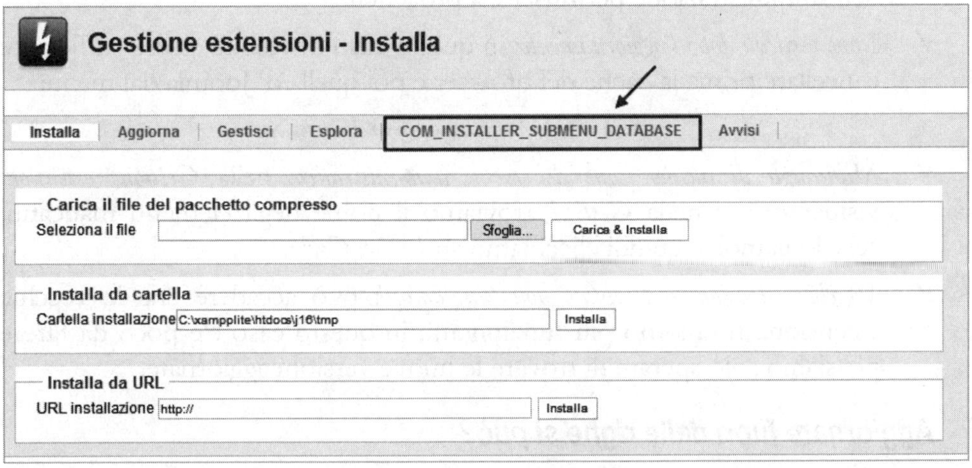

Figura 11.6 – Segnale inequivocabile che occorre l'aggiornamento del file di lingua!

Al termine di questi passaggi possiamo renderci conto di quanto sia stata importante la versione 1.7 nel fatidico passaggio alla release 2.5.
È per questo motivo che tutti coloro ancora in possesso di una vecchia versione dovrebbero affrettarsi a passare alla 1.7 e quindi alla 2.5 o superiore abbandonando definitivamente la 1.6 divenuta assolutamente obsoleta.

Da adesso in poi non avremo più problemi o difficoltà ad aggiornare il nostro sito perché come abbiamo visto nel paragrafo precedente, parlando del passaggio dalla 1.7 alla 2.5, il tutto si completa davvero con un click.

Possiamo trovare ulteriori aiuti o informazioni riguardanti gli aggiornamenti, nell'area *Wiki* di supporto gestita dal sito *joomla.it* che provvede anche a segnalare eventuali aggiornamenti su queste procedure a questo indirizzo:

http://wiki.joomla.it/index.php/Aggiornamento_da_una_versione_di_Joomla_1.7_alla_nuova_2.5.1

Eventuali problemi che si possono verificare

Se il server utilizzato rispetta le richieste tecniche di Joomla 2.5 non dovremmo incontrare grossi problemi; in ogni caso qui di seguito ecco la soluzione a quelli più comuni:

- ✓ *Pagina bianca dopo l'aggiornamento*: questo problema può essere causato da qualche estensione che non è stata "digerita" dalla nuova versione di Joomla; pertanto prima di aggiornare disabilitiamo tutte quelle di cui sappiamo che non esistono in versione nativa per Joomla 2.5. In ogni caso se ci appare, proviamo a ricaricare la pagina e a ricaricare la home dell'amministrazione per riuscire a procedere.
- ✓ *Icone verticali dopo l'aggiornamento*: in questo caso dovrebbe essere sufficiente cancellare prima la cache del browser e poi quella di Joomla dal menu:

  Sito → Manutenzione → Pulisci cache
- ✓ *Mancanza di alcune icone del menu amministrativo*: nella *Gestione estensioni* visitiamo la scheda *Gestisci*, troviamo il nome degli elementi mancanti, selezioniamoli e quindi clicchiamo su *Pulisci Cache*.
- ✓ *Vecchie estensioni o template non funzionanti*: può accadere che le vecchie estensioni, non siano più funzionanti; in questo caso c'è poco da fare e possiamo solo sperare di trovare le nuove versioni aggiornate.

Aggiornare fuori dalle righe si può?

Per gli aggiornamenti che partono dalla 1.7, indubbiamente, non ci sono problemi: discorso diverso per quello che deve eseguire chi dispone della release 1.6, poiché è certamente più complicato.

A questo problema sembra che il team di sviluppo stia lavorando e, infatti, ora accade che anche partendo dalle prime versioni di Joomla 1.6, durante la ricerca di nuovi aggiornamenti, appare la possibilità di arrivare direttamente alla 2.5 in due step in maniera completamente automatica.

È possibile che nel corso dei mesi questa procedura possa essere ancora migliorata e quindi potrebbe essere utile provarla ma con una certa circospezione perché, di quanto stiamo per descrivere, non è stata ancora rilasciata notizia ufficiale; ecco come procedere:

1. Eseguire un backup completo del sito con *Akeeba backup* e poi, se possibile, ripristinarlo sul server locale e non cancellare **mai** il sito originale.
2. Dopo il ripristino, effettuare la ricerca degli aggiornamenti dal pannello *Gestione estensioni* → *Aggiorna* ; svuotata la cache, la procedura dovrebbe rilevare l'aggiornamento a Joomla 2.5, selezioniamolo e avviamo l'upgrade.
3. Partendo da vecchie versioni di Joomla 1.6, al termine di una prima fase, ci verrà segnalato che la procedura è ancora incompleta; infatti dobbiamo nuovamente ripetere la selezione del *core* di Joomla 2.5 e avviare di nuovo l'aggiornamento; in alternativa potrebbe anche apparirci una pagina bianca, niente paura, battiamo F5 e restiamo in attesa.
4. Dopo qualche attimo di attesa la procedura termina e il sito dovrebbe risultare aggiornato alla versione 2.5, apriamo il pannello *Gestione estensioni* → *database* e installiamo la lingua italiana della versione 2.5 per coprire anche quelle voci di Joomla che non erano presenti nella vecchia versione, quindi, possiamo considerare concluso il nostro upgrade.

Si ribadisce che, almeno per il momento, questa procedura non è ufficiale e pertanto va presa un po' con le molle da chi ha piacere di sperimentare e conoscere in anticipo nuove possibilità; in ogni caso, **mai avviarla sui siti in produzione** ma soltanto su server di prova per verificare la fattibilità in rapporto alle proprie condizioni di lavoro.

Questo perché ogni sito ha le proprie caratteristiche e soprattutto le proprie estensioni che potrebbero causare problemi alla riuscita dell'operazione; è per questo motivo, laddove possibile, che occorre sempre verificare che le estensioni utilizzate (inclusi i template) siano compatibili con Joomla 2.5.

La procedura è stata utilizzata sia sul server locale sia in remoto e ha funzionato senza problemi; una volta testata la fattibilità di questa procedura di aggiornamento, non ci resterà che ripetere il backup del sito locale e ripristinarlo in remoto tramite il solito Akeeba di cui ci occuperemo a breve.

❖ Migrare da Joomla 1.5 alla 2.5

In questo caso, a ragion veduta, parliamo di *migrazione* più che di *aggiornamento*, poiché si tratta di un cambiamento radicale che riguarda il *framework* di Joomla, la struttura del database e parecchi altri parametri tecnici che ritroviamo tutti nella versione 2.5 del CMS e che non esistevano nella 1.5.

Tra l'altro, il team degli sviluppatori proprio per le profonde modifiche apportate non ha predisposto alcun tool che possa attuare questo passaggio proprio a segnalare il profondo solco che intercorre tra le due versioni.

Infatti, gli stessi sviluppatori di Joomla non hanno mai nascosto le difficoltà che gli utenti potrebbero incontrare nella migrazione dalla vecchia versione di Joomla 1.5 alla 2.5; il fatto poi che non abbiano predisposto nulla all'interno dei file del core, come avevano invece fatto ai tempi del passaggio dalla 1.0 alla 1.5, la dice lunga sulle concrete difficoltà che potremmo incontrare imbarcandoci in un'operazione del genere.

A risolvere questo problema, per fortuna hanno pensato alcuni sviluppatori di terze parti; infatti, nell'area estensioni del sito joomla.org, all'interno della sezione *Migration* & *Conversion*, esistono alcune estensioni che riescono ad attuare un'ottima migrazione. Dobbiamo tenere presente però che il problema maggiore per tutti i programmi che operano migrazioni del genere è quello di dover tener conto della miriade di *componenti*, *moduli*, *plugin* e *template* per i quali, evidentemente, non è possibile operare il trasporto nella nuova piattaforma e assicurarne, a priori, la perfetta riuscita.

Per questo motivo la procedura di migrazione, che andremo a esaminare a breve, può essere eseguita con successo in tutti quei casi in cui non facciamo uso di estensioni di terze parti soprattutto se poco diffuse; tralasciamo quindi, almeno per il momento, la possibilità di migrare anche i dati delle estensioni utilizzate in Joomla 1.5 e procediamo con l'upgrade del core base e del relativo database. L'indirizzo completo dove possiamo trovare alcuni di questi tool di migrazione è il seguente:

http://extensions.joomla.org/extensions/migration-a-conversion/joomla-migration

In particolare uno di questi, *Jupgrade*, è molto interessante perché il suo programmatore ha iniziato lo sviluppo sin dai primi giorni di vita della prima versione 1.6 di Joomla; ha avuto, quindi, il tempo di migliorarlo fino a rendere disponibile l'attuale versione pressoché perfetta per tutti gli usi standard e soprattutto per migrare la 1.5 direttamente alla 2.5. Considerato il lavoro necessario è certamente un ottimo risultato!

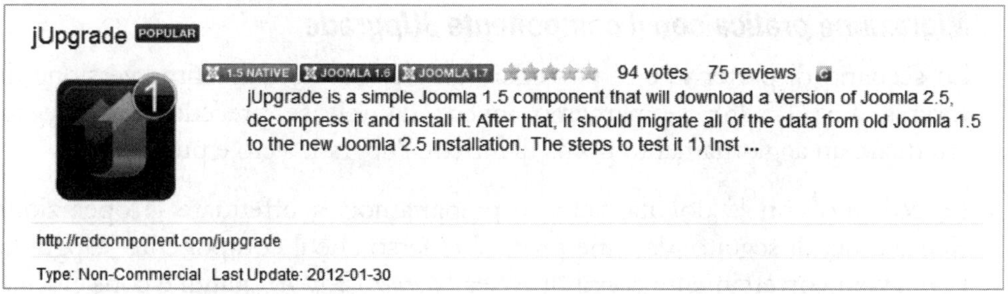

Figura 11.7 – Il componente JUpgrade presentato nell'area estensioni di Joomla.org.

Circa la riuscita di questa delicata operazione, sul sito del programmatore troviamo ampie rassicurazioni tramite un piccolo report che indica le percentuali di compatibilità dei dati da migrare:

- ✓ *Banner - 100%*
- ✓ *Categorie - 100%*
- ✓ *Contatti - 100%*
- ✓ *Contenuti - 100%*
- ✓ *Menu - 100%*
- ✓ *Moduli - 100%*
- ✓ *Newsfeed - 100%*
- ✓ *Utenti - 100%*
- ✓ *Weblink - 100%*

Sito di riferimento: http://www.matware.com.ar/

In ogni caso, in assenza di un tool ufficiale prodotto dallo stesso team di Joomla, prima di cimentarci in operazioni del genere il consiglio è di procedere con la dovuta cautela evitando di operare direttamente su siti in produzione e senza aver prima eseguito un backup completo di file e database.

Meglio ancora sarebbe operare su server locale su una copia del sito trasferito tramite il componente Akeeba di cui avremo modo di descrivere le funzioni a breve; questo ci darebbe la dovuta tranquillità e la possibilità di ripetere l'operazione anche più volte, se qualcosa dovesse andare storto.

Procediamo adesso a descrivere come utilizzare questo componente con la raccomandazione di disinstallare eventuali componenti, moduli e plugin che non sono compatibili con la versione 2.5 di Joomla; infatti lasciandoli al loro posto non darebbero aggiornati e darebbero sicuramente problemi.

Migrazione pratica con il componente JUpgrade

Lo scenario di partenza è di possedere un sito basato sull'ultima versione di Joomla 1.5 (1.5.25); se partiamo invece da release precedenti, è meglio effettuare un aggiornamento prima di iniziare l'upgrade vero e proprio.

Procediamo con la dovuta calma e prepariamoci a effettuare le operazioni elencate qui di seguito; da varie prove è emerso che il componente JUpgrade non lavora correttamente con il browser *Internet Explorer* quindi è consigliabile utilizzare *Mozilla Firefox*:

1. La prima cosa da fare è certamente quella di procurarci il componente JUpgrade; il download è gratuito e per prelevare il file non occorre neanche essere registrati al sito; l'indirizzo è il seguente:

   http://www.matware.com.ar/joomla-projects/jupgrade.html

2. Procediamo a installare il file appena scaricato nella nostra piattaforma Joomla 1.5.25 con la normale procedura prevista per tutte le estensioni.
3. Ultimata l'installazione e richiamato il pannello di controllo del componente, vediamo che ci appare già in Italiano; inoltre è presente un avviso che ci informa di abilitare il plugin *System – Mootools Upgrade*.
4. Entriamo nel pannello *Estensioni → Gestione Plugin* e attiviamo il plugin.
5. Procediamo adesso creando una cartella vuota nella root della nostra installazione di Joomla 1.5 e chiamiamola *jupgrade* (il nome va scritto con lettere tutte minuscole); quindi all'interno di questa directory sistemiamo i file decompressi che fanno parte dell'ultima versione italiana di Joomla 2.5.

> *Da notare che JUpgrade sarebbe perfettamente in grado di scaricare dalla rete i file di Joomla in modo autonomo così da automatizzare maggiormente tutta l'operazione; purtroppo, però, alla fine ci ritroveremmo con il nostro CMS in Inglese e pertanto è meglio provvedere da noi alla creazione della directory jupgrade e al caricamento, al suo interno dell'ultima versione italiana di Joomla 2.5, velocizzando così anche tutta l'operazione di migrazione.*

6. Dal pannello di controllo del componente *JUpgrade* (figura 11.8), adesso clicchiamo sul pulsante *Preferenze* per impostare la modalità di lavoro di questo componente come descritto nella pagina seguente.
7. Avviamo l'operazione di migrazione cliccando sul grande pulsante offerto dal componente e attendiamo il risultato che ci sarà fornito a breve distanza di tempo, senza chiudere la pagina.

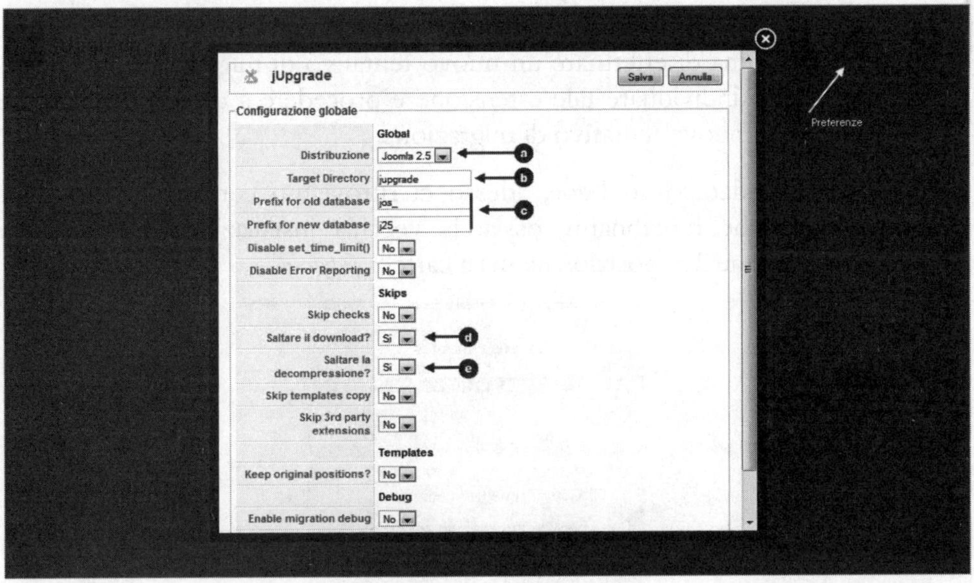

Figura 11.8 – Il setup essenziale del componente JUpgrade.

a. *Distribuzione*: da questo menu possiamo scegliere a quale versione di Joomla migrare, ovviamente in questo caso scegliamo la 2.5.

b. *Target directory*: è la directory di destinazione in cui il programma installerà la nuova versione migrata.

c. *Prefissi di nuove e vecchie tabelle*: questi due campi servono per segnalare al componente i prefissi del database di partenza e quelli che vogliamo assegnare alle tabelle del nuovo Joomla.

d. *Saltare il download*: impostato su *Sì*, evita che il componente scarichi la nuova versione da Internet ; al suo posto, verrà così utilizzata quella che trova nella cartella *jupgrade* che abbiamo approntato in precedenza.

e. *Saltare la decompressione*: è una conseguenza diretta dell'impostazione precedente; se non c'è alcun file da scaricare non c'è neanche bisogno di decomprimerlo prima di procedere alla migrazione. Quindi, per come abbiamo scelto di procedere, anche questa voce va impostata sul Sì.

A conclusione del suo lavoro, JUpgrade ci avviserà se tutta la procedura è stata compiuta con successo; in questo caso il suo lavoro si può considerare completato; se invece qualcosa è andato male, potrebbe essere colpa di qualche estensione, installata su Joomla 1.5, non riconosciuta.

In questo caso dobbiamo individuare tale estensione e procedere a disinstallarla prima di effettuare un nuovo tentativo di migrazione; in questo caso dobbiamo individuare tale estensione e procedere a disinstallarla prima di effettuare un nuovo tentativo di migrazione.

Se invece è andato tutto bene, adesso ci ritroviamo con due piattaforme Joomla entrambe funzionanti, ossia: la vecchia installazione 1.5 e quella nuova, in versione 2.5, posizionata nella cartella *jupgrade*.

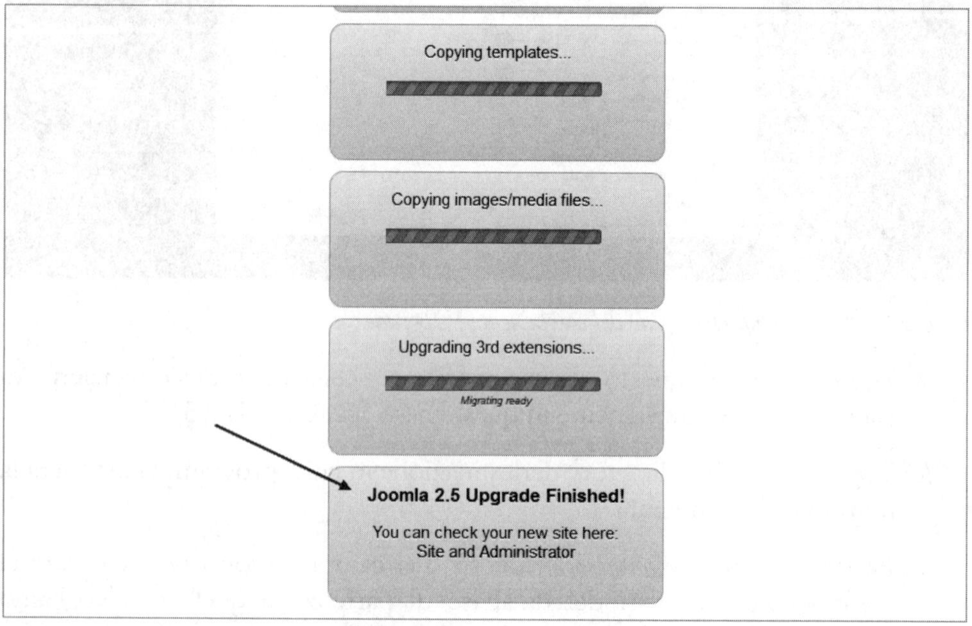

Figura 11.9 – La schermata finale che ci conferma il successo dell'operazione

Prima di rimuovere i vecchi file, accertiamoci che tutto funzioni correttamente e, soprattutto, che i dati più importanti (utenti, articoli, immagini ecc.) siano stati migrati correttamente e completamente.

Infine, le ultime operazioni da effettuare possono essere diverse a seconda della posizione in cui si trova la nostra vecchia piattaforma Joomla:

✓ se abbiamo i file del sito in una directory dedicata (per esempio: *joomla*), la cosa è abbastanza semplice perché non dobbiamo fare altro che rinominarla come meglio ci piace (in modo da non farla più riconoscere) e spostare la directory *jupgrade*, che contiene la nuova versione, nella root del server rinominandola; in questo modo gli utenti potranno raggiungere il nuovo sito sempre con lo stesso indirizzo.

- ✓ se invece il nostro Joomla 1.5 è sistemato direttamente nella root del server, dopo esserci accertati che la nuova versione è perfettamente funzionante, dobbiamo necessariamente cancellare i vecchi file e trasferire quelli della nuova release dalla cartella *jupgrade* alla root del server.

Ovviamente, come più volte raccomandato, prima di effettuare qualsiasi operazione di cancellazione, accertiamoci di avere effettuato un backup completo di file e database in modo da essere al riparo da qualsiasi evenienza.

Da prove effettuate sia in locale che in remoto il componente si è sempre rivelato all'altezza lavorando bene e non creando alcun problema almeno sui siti di prova approntati allo scopo di effettuare i test di migrazione; ciò vuol dire che eventuali problemi possono nascere solo in presenza di estensioni non riconosciute o non aggiornare alle ultime versioni.

Sul sito del programmatore di questo componente esiste una lista aggiornata di frequente che riporta la compatibilità con eventuali componenti installati, la troviamo a questo indirizzo: http://redcomponent.com/jupgrade.

Ma devo aggiornare per forza?

L'uscita di nuove release crea sempre questo tipo di ansia in chi possiede versioni divenute datate in maniera più o meno improvvisa; diciamo subito che se il sito non crea alcun problema e assolve ai propri compiti senza affanni, probabilmente, può continuare a lavorare ancora per parecchio tempo. Molto importante è possedere almeno l'ultima versione rilasciata della serie utilizzata e tutte le estensioni aggiornate per le quali non siano mai stati pubblicati bug o falle che potrebbero favorire l'intrusione da parte di hacker.

Quindi, se non vi sono problemi evidenti di sicurezza possiamo certamente continuare a utilizzare le vecchie versioni di Joomla 1.5, mentre se pensiamo che ci possano essere utili le nuove caratteristiche implementate in Joomla 2.5 allora la migrazione è certamente indispensabile.

Per tutti coloro che invece utilizzano ancora le versioni 1.6 e 1.7, non ci sono difficoltà perché l'aggiornamento, come abbiamo appena visto, non è un grosso problema e quindi l'invito è certamente quello di procedere all'upgrade quanto prima, seguendo le modalità descritte in questo stesso capitolo ma non prima di aver eseguito un backup completo.

Questo aggiornamento ci sarà utile per arrivare alla versione più potente di Joomla e fruire delle maggiori performance del CMS, tenuto conto del fatto che da quel momento riuscire a mantenerlo sempre aggiornata sarà davvero semplice e immediato.

❖ Il backup del sito

Completato tutto il lavoro necessario a mettere online il nostro nuovo sito dinamico, certamente abbiamo un'idea ben chiara di tutta la fatica e il tempo necessario per riuscire a completarlo nei minimi particolari.

È questo il momento più opportuno per pensare alla sua sicurezza passiva che consiste nell'eseguire una copia completa dei file di Joomla più il database e di tenerli al sicuro per ogni evenienza; ci troviamo, infatti, nella condizione migliore perché possiamo operare con calma effettuando anche qualche prova che ci possa far diventare esperti nelle operazioni di backup e restore.

Non dimentichiamo che i pericoli, per un sito dinamico, possono presentarsi improvvisamente a causa della natura stessa degli script che li compongono poiché possono ricevere input di vario genere in grado, in alcuni casi, di favorire intrusioni dall'esterno da parte di hacker o pseudo tali.

Alla possibilità di hackeraggio del sito, dobbiamo aggiungere anche i fattori accidentali che possono presentarsi improvvisamente e che sono rappresentati da guasti all'hardware, sbalzi di corrente, fulmini, incendi, furti e perfino dal fallimento delle società che gestiscono il servizio di hosting.

Per questo motivo, quasi tutti i provider, attualmente, offrono un servizio di backup (salvataggio dei dati) effettuato periodicamente; però, questa possibilità non è sempre presente negli hosting più economici e in ogni caso, a volte, può essere necessario eseguire un backup immediato, come per esempio quando introduciamo grosse quantità di dati e non vogliamo correre il rischio di perderli per una qualsiasi delle cause sopra elencate.

Le procedure descritte di seguito, quindi, potranno tornare utilissime anche quando dovessimo attuare un trasferimento del sito tra server differenti o più semplicemente dal server locale a quello remoto e viceversa.

Backup e restore automatici con Akeeba

Fino a qualche tempo fa questo tipo di operazione era parecchio complessa perché dovevamo operare in maniera completamente manuale copiando sul nostro PC tutti i file di Joomla del nostro sito per via FTP e il database SQL tramite l'apposita funzione di *Esporta* presente nel *PhpMyAdmin* fornito da tutti i provider proprio per favorire la gestione del database.

Attualmente però possiamo contare sull'aiuto di programmi specializzati e anche gratuiti che non solo ci permettono di realizzare questa operazione in modo semplice e veloce ma, all'occorrenza, di ripristinare il sito altrettanto velocemente sia sul server remoto sia su quello locale.

IL COMPONENTE DA UTILIZZARE: *AKEEBA BACKUP* (ed. 2012)

Si tratta di un ottimo programma prodotto da un team che segue il progetto da anni e che lo segue e lo migliora costantemente nel tempo; è uno di quei software che si ha piacere a utilizzare perché svolge egregiamente il proprio lavoro perfino meglio dei programmi commerciali e qui di seguito impareremo a utilizzarlo per non farci mai trovare impreparati di fronte all'esigenza di disporre di un backup del nostro sito. Ecco come procedere:

1) Procuriamoci il componente

Apprestiamoci quindi a scaricare il componente principale da questa pagina:

https://www.akeebabackup.com/download/akeeba-backup.html

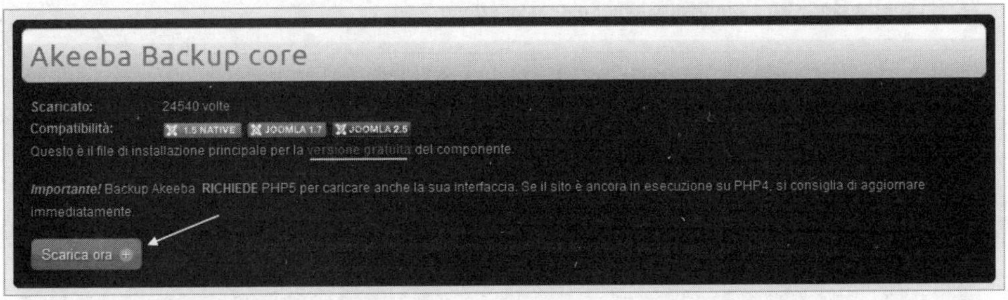

Figura 11.10 – Il componente Akeeba da scaricare per i nostri backup.

2) Scarichiamo anche l'utility che servirà per il ripristino del backup

Dallo stesso sito scarichiamo anche un piccolo script chiamato *Kickstart* che ci servirà per operare il ripristino immediato del backup ottenuto con il componente Akeeba, su qualsiasi server anche diverso da quello di partenza; lo troviamo a questo indirizzo:

https://www.akeebabackup.com/download/official/akeeba-kickstart.html

3) Scarichiamo il file di lingua italiana per localizzare Akeeba

Inoltre, per il componente è necessario scaricare anche il file di lingua italiana che possiamo scaricare da qui:

http://d2n13qx8m4psnz.cloudfront.net/language/akeebabackup/index.html

Infine, consideriamo l'opportunità di scaricare, dai link sopra indicati, anche le guide in PDF che il team dei programmatori ha rilasciato a corredo e che contengono la descrizione dettagliata del funzionamento di *Akeeba* e del *Kickstart*; sono in lingua inglese ma possono rivelarsi utilissime per gli utenti più avanzati che non si accontentano delle prestazioni di base.

INSTALLAZIONE DEL COMPONENTE

Il file così come lo abbiamo scaricato può essere subito installato con la procedura standard riservata a tutte le estensioni di Joomla; subito dopo avremo conferma dell'avvenuto caricamento e provando a entrare in Akeeba ci apparirà una schermata in Inglese con alcune opzioni.

Lasciamo tutto così senza modificare nulla e carichiamo il file di lingua del componente Akeeba che ci eravamo procurati in precedenza; anche questo va installato tramite la procedura standard da *Estensioni → Gestione Estensioni*; al termine richiamiamo il componente Akeeba e vedremo la schermata precedente che ora però si presenta in Italiano (figura 11.11).

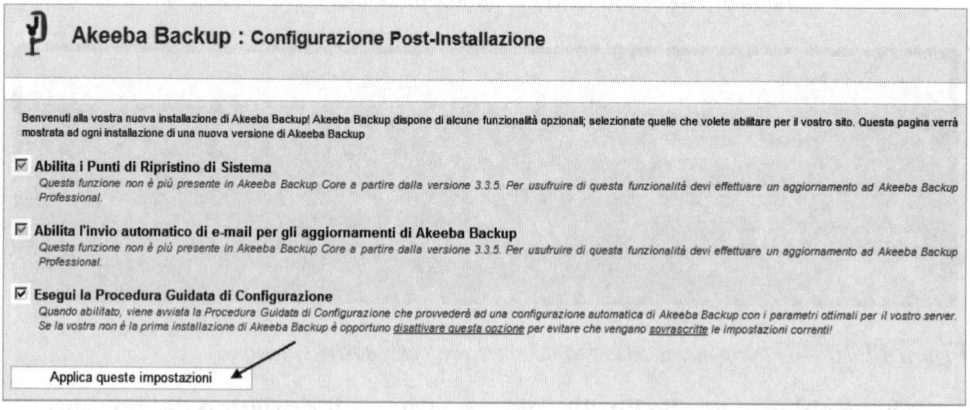

Figura 11.11 – La schermata di post installazione di Akeeba backup in italiano.

Come possiamo osservare dalla figura precedente non possiamo modificare le prime due opzioni perché fanno parte dell'edizione *Professional* che è a pagamento, mentre possiamo decidere di disabilitare la terza opzione che si riferisce alla configurazione guidata del componente.

Se stiamo installando Akeeba per la prima volta, il consiglio è di non modificare questo setup perché la procedura guidata permetterà ad Akeeba di scegliere le migliori impostazioni in relazione al server utilizzato.

Quindi clicchiamo sul pulsante *Applica queste impostazioni* e attendiamo che il componente svolga il suo lavoro di auto-impostazione, subito dopo saremo pronti a utilizzarlo al meglio.

Infatti il programma presenta, nel proprio pannello di controllo, l'invito a effettuare immediatamente il backup del sito, segno che non occorre fare altro o ricorrere a impostazioni difficili; accettiamo l'invito per avere conferma che tutto funziona correttamente.

IL PANNELLO DI CONTROLLO DI AKEEBA

La gestione amministrativa di questo componente può avvenire solo dal backend del sito da parte di un *Super utente* richiamandola dal menu *Componenti*; da notare che, nel frattempo, nel pannello di controllo di Joomla si è aggiunto quello di Akeeba contenente solo l'icona di notifica che ricorda se sia il caso di eseguire un nuovo backup (figura 11.12).

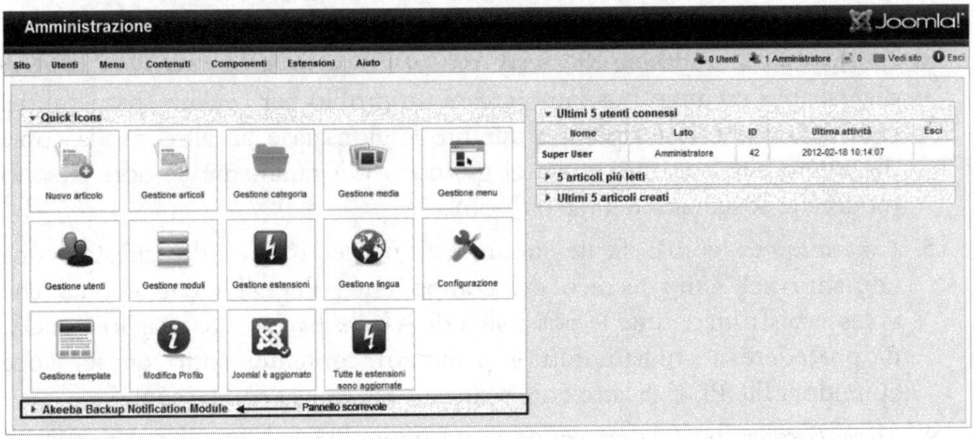

Figura 11.12 – In evidenza il pannello chiuso di Akeeba con l'icona di avviso backup.

Entrando, invece, nel pannello di controllo di Akeeba possiamo iniziare a prendere confidenza con questo ambiente ben disegnato e ordinato nel quale abbiamo bisogno di effettuare poche impostazioni.

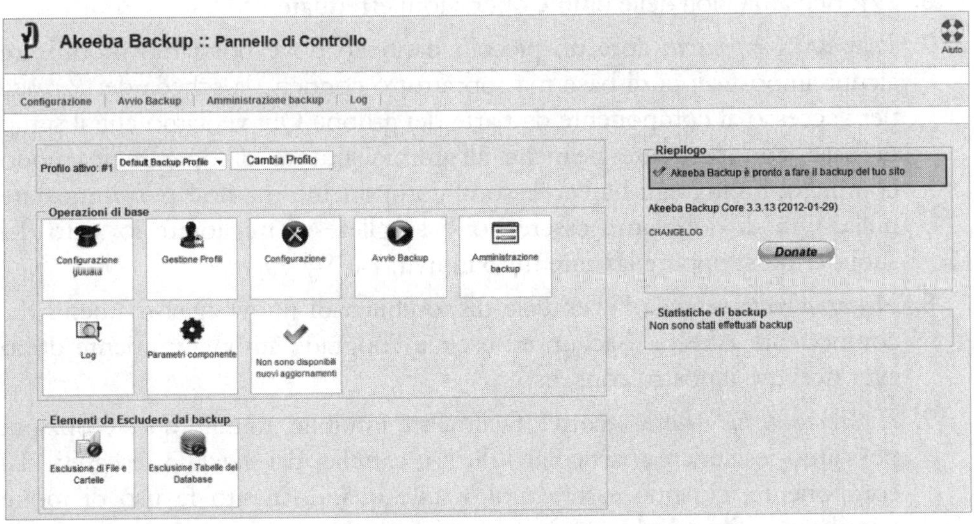

Figura 11.13 – L'ordinato centro di comando di Akeeba backup.

Ecco qui di seguito la funzione assegnata a ciascun pulsante presente:

1. *Configurazione guidata*: le impostazioni di base sono già ottimali per eseguire immediatamente un backup del sito senza crearci troppi problemi; questo pulsante, tuttavia, permette di effettuare nuovamente la *configurazione automatica* già eseguita subito dopo l'installazione. Il componente, tramite un apposito *benchmark*, è in grado di impostare i parametri per ottenere i risultati migliori, in funzione del server impiegato e delle sue prestazioni.
2. *Gestione profili*: permette di creare più profili associati a forme di backup diverse; per esempio possiamo creare un profilo per backup frequenti del solo database che si ripetono durante la giornata e un altro per la copia dell'intero sito solo una volta al giorno o più raramente se non vi sono modifiche sostanziali dei file di Joomla.
3. *Configurazione*: com'è facile intuire dal nome, utilizzando questa icona entriamo nel setup tecnico del componente. Per gli utenti evoluti che volessero sfruttare tutte le possibilità di *Akeeba Backup*, il consiglio è quello di procedere a studiare tutti i parametri contenuti sotto questa voce aprendo il file PDF di istruzioni scaricato assieme al componente.
4. *Avvio Backup*: inizia la creazione di un nuovo backup relativo al profilo in uso scelto dal menu *Profili* e cliccando poi sul pulsante *Cambio profilo*.
5. *Amministrazione Backup*: cliccando questa icona ci appare il pannello che elenca tutti i backup realizzati; da qui possiamo copiarli sul nostro PC o cancellarli definitivamente.
6. *Log*: richiama i log delle ultime operazioni effettuate.
7. *Parametri componente*: apre un piccolo pannello dove possiamo modificare alcune impostazioni di base ma soprattutto contiene la scheda dei *Permessi* per l'accesso al componente da parte dei gruppi. Qui vediamo che il setup di base non permette neanche all'amministratore di operare in modo completo; infatti, egli ha l'accesso al componente ma non può impostare nulla. Quindi dobbiamo essere noi a scegliere se migliorare lo stato dei suoi permessi oppure lasciare tutto in mano al *Super user*.
8. *Aggiornamenti*: segnala l'eventuale disponibilità di nuovi aggiornamenti del componente Akeeba Backup ed esegue l'upgrade automaticamente dopo aver ricevuto il nostro consenso.
9. *Esclusione di file e cartelle*: com'è facilmente intuibile, tramite queste opzioni possiamo escludere particolari file o cartelle dai backup eseguiti dal componente; ciò può essere molto utile quando il sito fa uso di molte immagini o filmati che però sostanzialmente rimangono sempre uguali.

La loro esclusione permette un backup di tutto il resto in modo più veloce e senza impegnare troppe risorse del server utilizzato.

10. *Esclusione di tabelle del database*: se occorre, con questo comando, possiamo scegliere quali tabelle salvare e quali escludere.

Dove salvare il backup

Una delle impostazioni più importanti di Akeeba è certamente quella che permette di scegliere dove salvare i backup prodotti dal componente; ciò perché il percorso di default (figura 11.14) punta all'interno della cartella del componente stesso (lato amministrazione) ed è ovviamente conosciuto da tutti, quindi potrebbe essere oggetto di attacchi esterni.

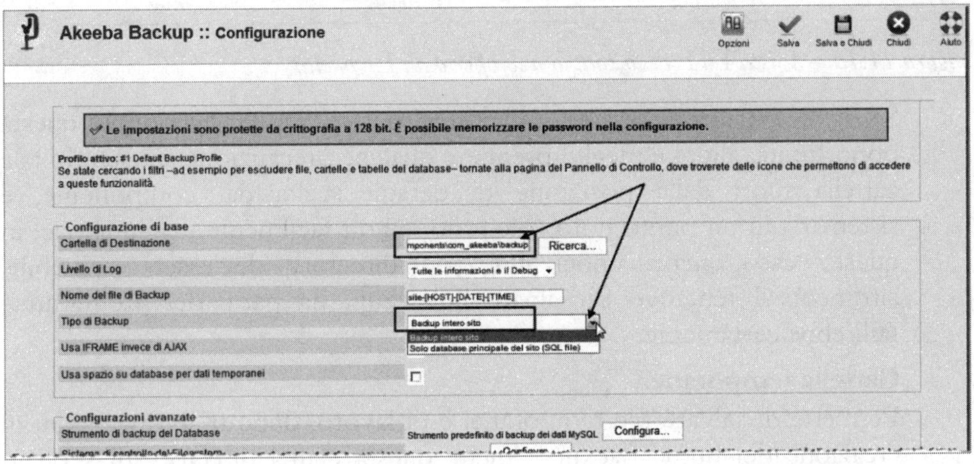

Figura 11.14 – L'area della configurazione di base e della scelta del tipo di backup.

Questo setup avviene nel blocco della *Configurazione di base*, dove troviamo alcune impostazioni essenziali; quelle più importanti sono le seguenti:

- **Cartella di output**

  Definisce il percorso per arrivare alla directory dove saranno salvati tutti i backup; la cosa migliore è spostare tale cartella fuori dalla *root* del sito in modo che sia inarrivabile a chi tentasse di raggiungerla per giocare brutti scherzi. Non sono molti gli *hosting provider* che consentono una tale operazione a differenza di altri che invece mettono a disposizione una directory particolare da utilizzare con le applicazioni che producono *backup* e file con dati importanti da salvaguardare.

  Nella figura 11.15, per esempio, vediamo la *root* di un sito posizionato su *ergonet.it* che rende disponibile una cartella scrivibile, chiamata *private*, fuori dalla directory pubblica *httpdocs* irraggiungibile via browser.

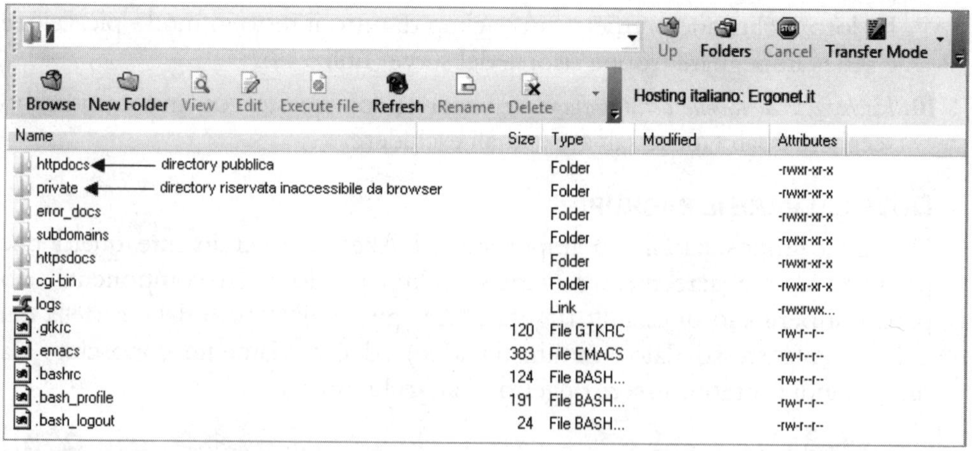

Figura 11.15 – Vista FTP dello spazio web offerto da Ergonet.it

Se, invece, il provider che utilizziamo non ci rende disponibile questa opportunità, allora è meglio prendere qualche precauzione spostando tale cartella fuori dalla posizione di default scelta dal componente, e sistemarla in un punto noto solo a noi e non facilmente raggiungibile; in questo caso, ricordiamoci che tale directory dev'essere scrivibile, altrimenti il tentativo di salvare il backup, da parte del programma, fallirebbe certamente.

- **Cartella temporanea**

  Permette di salvare file temporanei e di lavoro, durante le operazioni di creazione dei nuovi backup. Anche questa è una directory di servizio scrivibile che ha una posizione nota a tutti; se spostiamo quella dei backup, non dimentichiamo di eseguire la stessa operazione anche per quest'ultima in modo che entrambe abbiano un percorso simile.

- **Tipo di backup**

  Akeeba Backup dispone di varie forme di backup in grado di accontentare tutte le esigenze dei propri utenti; quelle più utilizzate sono certamente il backup completo di tutto il sito (file di Joomla più quello del database MySQL) oppure del solo database utile nei siti che aggiornano i propri contenuti più volte al giorno.

  Per esempio, come vedremo nel prossimo paragrafo, possiamo pensare di creare almeno due profili e a ognuno di essi assegnare una forma diversa di backup; così potremo farli eseguire in modo del tutto automatico secondo le esigenze del sito e in rapporto al reale traffico di utenti sviluppato.

La gestione dei profili

La creazione di un nuovo profilo è davvero banale poiché è sufficiente solo assegnare un nuovo nome all'elemento da creare; tutto inizia cliccando sull'icona *Gestione profili* e, dal pannello che ci viene proposto, possiamo iniziare a creare quelli che ci servono cliccando su *Nuovo* (figura 11.16).

In questo modo, in seguito, semplicemente modificando il profilo potremo ottenere il tipo di backup desiderato.

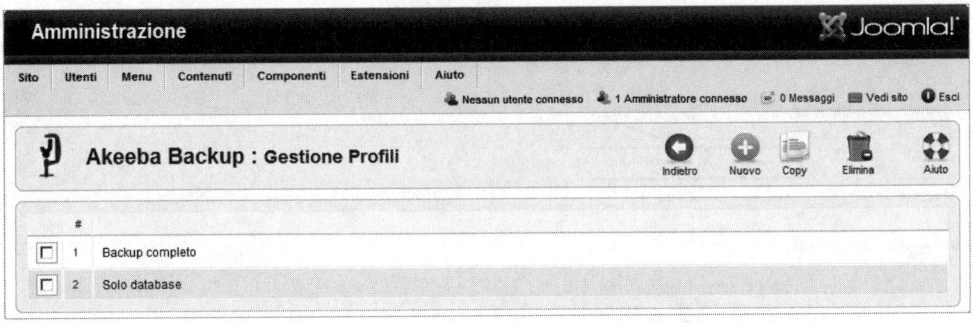

Figura 11.16 – La gestione dei profili utili a richiamare il tipo di backup desiderato.

Subito dopo aver creato i nostri nuovi profili, a ognuno di essi dobbiamo assegnare il tipo di backup da eseguire; ciò avviene in due fasi:

1. scelta del profilo da impostare, utilizzando il menu a discesa presente nel pannello principale di *Akeeba Backup* (figura in basso);

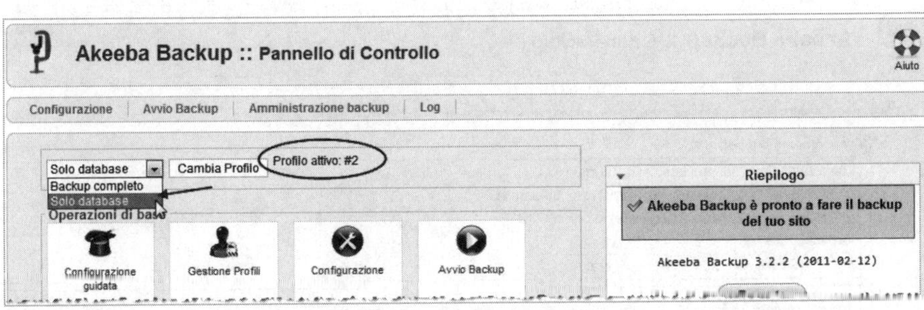

2. attribuzione del tipo di backup da associare al profilo; possiamo eseguire questa operazione entrando nella *Configurazione* di *Akeeba*, selezionando il tipo di backup desiderato (figura 11.14) e infine salvando l'impostazione.

   Tutti gli altri valori presenti nel pannello di configurazione del componente sono ottimali e non conviene spostarli almeno fin quando non saremo maggiormente pratici e sapremo come impostarli per ottenere performance migliori e adeguate a utenze non standard.

CREAZIONE DEI BACKUP DALL'AREA AMMINISTRATIVA

A questo punto tutto è pronto per eseguire il nostro primo backup cliccando sul pulsante *Avvia backup*; poi, nella finestra che ci viene offerta:

- ✓ scegliamo il profilo legato al tipo di backup da eseguire;
- ✓ clicchiamo sul pulsante *Avvio Backup*, facendo attenzione a non uscire mai dalla pagina che riporta la percentuale di avanzamento pena l'immediata interruzione di tutta la procedura in atto.

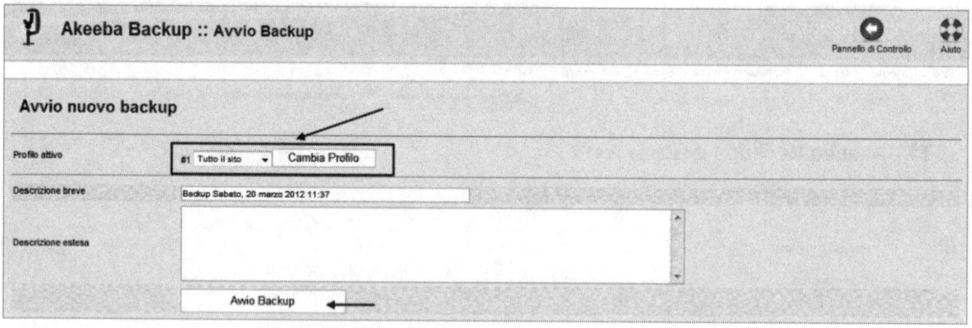

Figura 11.17 – Fasce di scelta del profilo da utilizzare prima di avviare il backup.

Il tempo di esecuzione di tutta la procedura, ovviamente, varia in funzione del sito e del peso complessivo dei file impiegati dallo stesso; in ogni caso Akeeba ci offre un report dettagliato sullo stato di avanzamento di tutta l'operazione in corso e pertanto dobbiamo soltanto attendere.

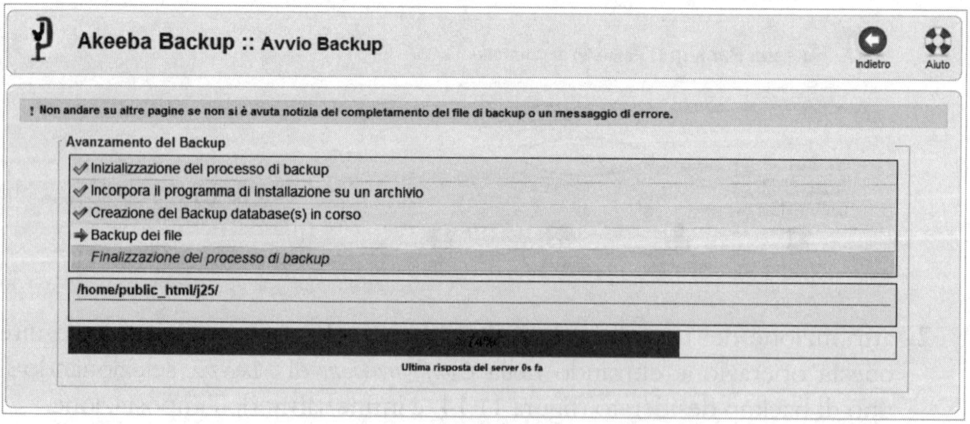

Figura 11.18 – Report visivo dello stato di avanzamento del backup in atto.

Al termine di tutta l'operazione, il programma ci presenta un messaggio a conferma della perfetta riuscita del backup effettuato.

EFFETTUARE BACKUP DAL FRONTEND

Tramite questa opzione di Akeeba Backup, possiamo lanciare l'operazione di backup del nostro sito anche via web, digitando un indirizzo del nostro sito che includa una particolare sintassi e una password per fare in modo che non possa essere avviato da altri neanche per sbaglio.

Questa ulteriore possibilità di impiego è molto comoda quando siamo fuori casa e desideriamo procedere comunque a una copia immediata del sito; il comando può essere inviato anche da un terminale mobile collegato a Internet, con questa sintassi (l'URL va scritto senza interruzioni di riga; in basso appare su due perché è molto più lungo dello spazio disponibile):

www.miosito.abc/
index.php?option=com_akeeba&view=backup&task=step&key=password&profile=x&format=raw

Dove i parametri:

- ✓ *key=password*, deve corrispondere alla parola segreta inserita nella scheda *Backup via frontend* che esamineremo a breve. I caratteri utilizzati devono essere alfanumerici e non dobbiamo inserire spazi;
- ✓ *profile=x* deve riportare il numero del profilo da eseguire; in mancanza di questo parametro, il programma esegue il backup del profilo principale: *...=com_akeeba&view=backup&task=step&key=roberto1234&profile=2&format=raw*

Ecco come procedere praticamente:

1. Apriamo il pannello dei *Parametri componente* e scegliamo la scheda *Backup via frontend* (figura in basso).

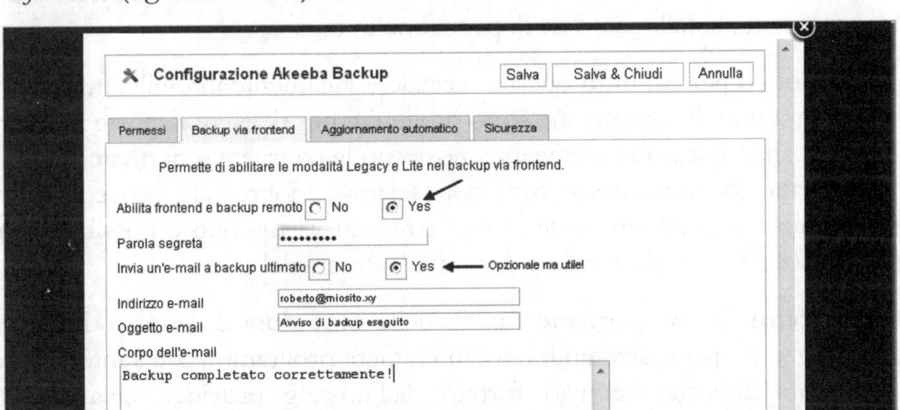

2. Attiviamo l'opzione che abilita il *backup remoto* da frontend, quindi inseriamo la password che dovrà essere utilizzata per il riconoscimento e non manchiamo anche di attivare la possibilità di farci inviare una mail

dopo ogni backup eseguito, in modo da conoscerne l'esito e capire se l'operazione è eseguita nei tempi desiderati.

3. Salviamo e proviamo dal frontend a lanciare un backup digitando nella barra degli indirizzi del browser l'URL indicato in precedenza; ovviamente non aspettiamoci di vedere nulla poiché la pagina rimane del tutto bianca come se stesse in attesa di caricare qualcosa; in ogni caso, dobbiamo attendere fino a quando, ultimata l'operazione, ci sarà mostrata solo la seguente scritta: 200 OK. A questo punto, se stiamo lavorando su server remoto, controlliamo anche la posta perché all'indirizzo email che abbiamo inserito in precedenza dovrebbe esserci arrivata l'email che conferma l'avvenuto backup.
4. Salviamo e proviamo dal frontend a lanciare un backup digitando nella barra degli indirizzi del browser l'URL indicato in precedenza; ovviamente non aspettiamoci di vedere nulla poiché la pagina rimane del tutto bianca come se stesse in attesa di caricare qualcosa; attendiamo semplicemente fino a quando, ultimata l'operazione, ci sarà mostrata solo la seguente scritta: *200 OK*. Adesso, se stiamo lavorando su server remoto, controlliamo la posta perché all'indirizzo email che abbiamo inserito in precedenza dovrebbe esserci pervenuta l'email che conferma l'avvenuto backup.

Considerazioni sull'impiego di Akeeba dal frontend

In merito alle funzionalità descritte nel paragrafo precedente va subito precisato che l'operazione avviata da un comune browser potrebbe rivelarsi impossibile per i siti particolarmente pesanti, infatti i tempi più lunghi di esecuzione dello script potrebbero mandare in errore il browser stesso con conseguente fallimento dell'operazione in corso.

Il motivo per cui tutto questo succede è facilmente intuibile, infatti, i normali programmi di navigazione sono progettati per ricevere risposte in tempi brevi e, quando questo non avviene, mostrano le consuete schermate di pagina non trovata che certamente tutti conosciamo; inoltre tale procedura del tutto manuale può andare bene in casi straordinari ma non è possibile pensare di utilizzarla in modo regolare per tutta la durata del sito!

Il comando che permette l'avvio della procedura di backup, infatti, è stato progettato per essere utilizzato, in maniera programmata e a intervalli regolari, da un apposito servizio fornito dall'hosting provider, chiamato *CRON*; purtroppo non tutti gli hosting più economici forniscono questo tipo di servizio e quindi in sua mancanza dobbiamo ricorrere a siti esterni che, al momento, sono perlopiù a pagamento, come per esempio **webcron.org** che mediamente costa 1 euro per ogni 1000 CRON inviati.

UTILIZZO DEL CRON FORNITO DALL'HOSTING

Se disponiamo invece di un servizio di CRON fornito direttamente dal nostro provider non abbiamo ulteriori problemi perché in questo caso basta inserire la stringa dell'indirizzo che abbiamo utilizzato in precedenza, all'interno dell'apposito campo (figura 11.19); teniamo presente però che la sintassi e le modalità di impiego potrebbero variare a secondo del servizio di hosting impiegato; se è il caso facciamoci aiutare dall'assistenza non prima però di eseguire qualche prova perché tutto sommato si tratta di un'operazione abbastanza semplice e guidata nella gran parte dei casi.

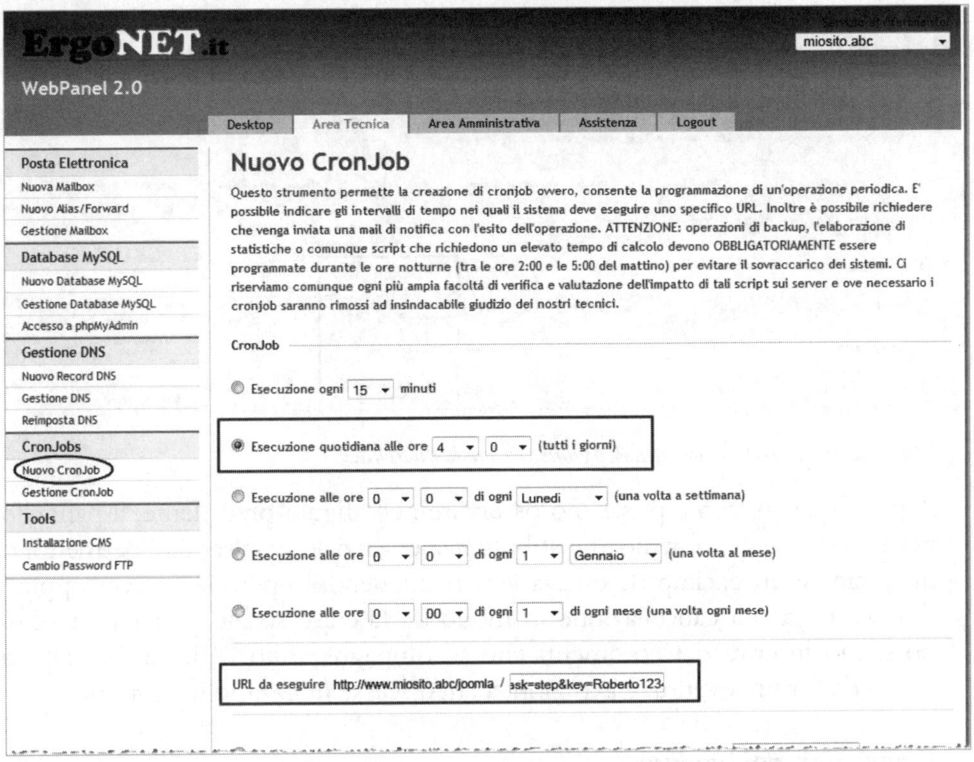

Figura 11.19 – Il pannello per la gestione del CRON del provider Ergonet.it

Come possiamo osservare nell'immagine precedente, il setup è molto semplice da interpretare; in base alle impostazioni scelte abbiamo un backup giornaliero effettuato alle ore 4:00 del mattino.

Per i server italiani quest'orario è in genere quello di minore lavoro; con questa impostazione li andiamo a impegnare quando sono meno impegnati con altre operazioni. Dopo aver approntato questo setup testiamo il corretto funzionamento e prepariamoci a dormire sonni tranquilli.

GESTIONE DEI BACKUP OTTENUTI

Utilizzando il link *Amministrazione backup* di Akeeba, possiamo amministrare e gestire le nostre copie; la cosa migliore è non lasciarle tutte sul server remoto ma, periodicamente, portare sul nostro PC almeno un paio di queste, man mano che si verificano modifiche di una certa entità al sito.

Il download dei file può avvenire direttamente dal browser cliccando sul link presente nell'ultima colonna *Gestione & Download* (figura 11.20) ma è più consigliabile operare il trasferimento via FTP perché è più sicuro e certamente ci sono minori possibilità che il file ci arrivi corrotto.

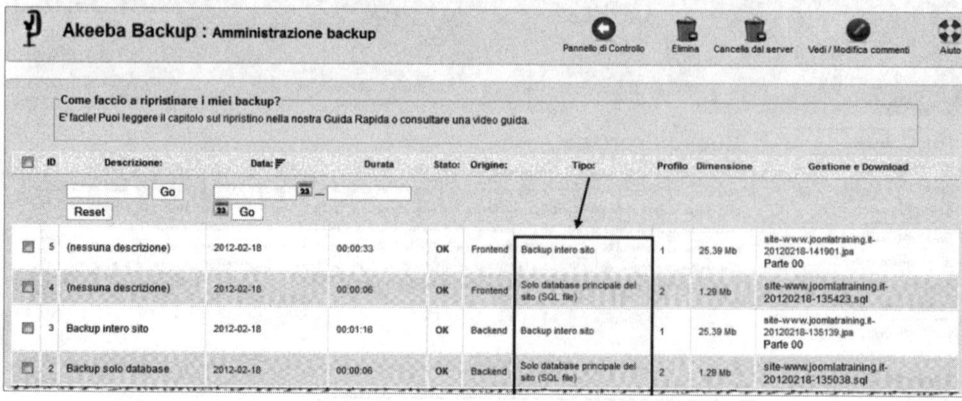

Figura 11.20 – Area di amministrazione dei backup creati.

A parte questo, come possiamo osservare nella figura precedente, il pannello per la gestione dei download è abbastanza essenziale; i pulsanti ci permettono di eliminare un backup da questa lista mantenendolo però sul server oppure di operare la sua cancellazione in modo da liberare spazio prezioso; inoltre possiamo inserire dei commenti che accompagneranno il file di backup in modo da fornire eventuali istruzioni a chi dovesse utilizzarlo in seguito.

Il ripristino dei backup

In questo paragrafo esamineremo il caso più complicato, ossia quello in cui è necessario ripristinare ex novo un sito da una copia effettuata in precedenza; può valere la pena precisare che la procedura che stiamo per esaminare rimane identica in tutti i seguenti casi:

- ✓ *ripristino del sito in remoto da backup eseguito in locale*;
- ✓ *ripristino del sito in locale da backup eseguito in remoto*;
- ✓ *ripristino del sito in locale o remoto da backup eseguito sullo stesso server*;

✓ *ripristino di un sito causato da un trasferimento e quindi eseguito su server remoto per essere ripristinato su un altro server remoto.*

Vediamo quindi come procedere praticamente; al termine del nostro lavoro dovremo ottenere una copia esatta del sito dal quale proviene il backup.

I STEP: COSA OCCORRE PRIMA DI INIZIARE

I programmatori di *Akeeba backup* hanno svolto un lavoro eccellente anche sul piano del ripristino del sito programmando una procedura guidata talmente semplice che sembra più difficile descriverla che attuarla!

Ecco tutto quello di cui abbiamo bisogno:

1. *Il file di backup compresso completo di file e database.*
   Questo file può essere creato in formato *jpa* oppure *zip* secondo come abbiamo impostato questo parametro nella configurazione di Akeeba; il valore di default è il *jpa* e sarebbe opportuno non modificarlo in quanto presenta maggiori garanzie nella produzione di un archivio integro.
2. *Il file Kickstart.php*
   Lo avevamo scaricato assieme al componente. Si tratta di un file in formato PHP che non va installato su Joomla ma va usato esclusivamente sul server, quindi non può essere aperto direttamente sul nostro PC.
3. *I parametri del nuovo database*
   In fase di ripristino, la procedura del *Kickstart* ci chiederà di indicare i parametri del nuovo database nel quale importare le tabelle del sito; meglio utilizzarne uno nuovo e completamente vuoto.

Per tutti quelli che effettuano questa operazione per la prima volta è bene precisare che i dati di accesso al database di provenienza non sono più validi e quindi dobbiamo disporre di quelli relativi al nuovo server; come al solito, sono: l'*host*, il *nome utente*, la *password di accesso* e il *nome del database*.

II STEP: TRASFERIMENTO DEL BACKUP

A questo punto possiamo procedere a trasferire o spostare il nostro backup; per iniziare dobbiamo solo copiare nella directory di destinazione il *kickstart.php*, il file di lingua italiana (non obbligatorio) e il nostro backup.

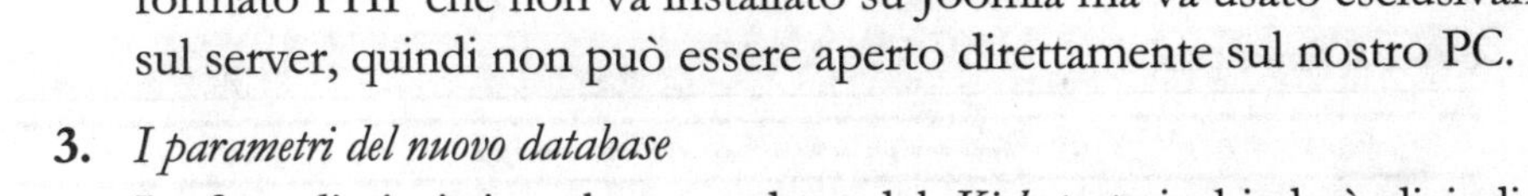

Figura 11.21 – La directory di destinazione pronta al ripristino.

Quindi non ha importanza il server utilizzato che può essere locale o remoto anche diverso da quello che ha generato il file compresso di backup .jpa.

III STEP: RIPRISTINO DEL SITO

Adesso tutto è pronto per ripristinare il nostro backup, non ci resta che richiamare il file *kickstart.php* in modo che possa iniziare la procedura di recupero dell'archivio compresso e proseguire poi con il ripristino completo.

1. Se abbiamo posizionato il sito nella root, dal nostro browser digitiamo il seguente indirizzo:

   http://www.miosito.abc/kickstart.php

   oppure digitiamo:

   http://www.miosito.abc/nome_directory/kickstart.php

   se lo abbiamo salvato in una sottodirectory.

2. Se l'indirizzo è corretto il *kickstart* individua automaticamente il file del backup e non ci resta che cliccare sul pulsante *Start*, come mostrato nella schermata qui in basso, per avviare la procedura di recupero.

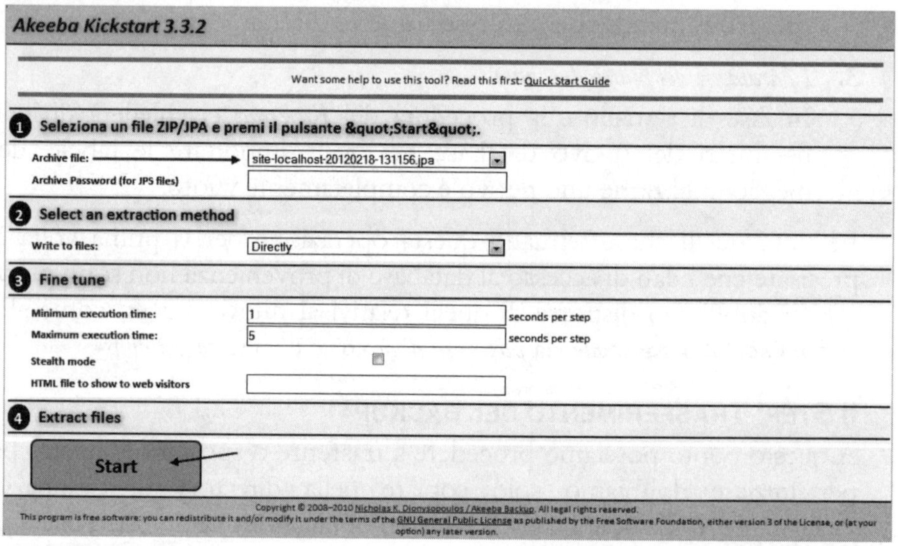

3. Immediatamente inizia l'operazione di decompressione del file contenente il backup del sito; soprattutto in questa fase, facciamo attenzione che non vengano segnalati errori perché vorrebbe dire che il file che stiamo lavorando non è completo oppure è corrotto e quindi andrebbe sostituito con un altro integro.

4. Al termine dell'operazione ci viene mostrata la schermata riprodotta nella figura in basso; è il segnale che tutto l'archivio è stato recuperato senza problemi e che il programma può ora procedere con il ripristino del sito; clicchiamo sul pulsante *Run the installer.*

5. Di pari passo con il procedere del recupero del sito, vengono presentate alcune schermate che servono di controllo e per eventuale richiesta dati; la prima effettua i controlli dei parametri richiesti dal server, se è tutto a posto procediamo cliccando sul pulsante *Successivo* (figura in basso).

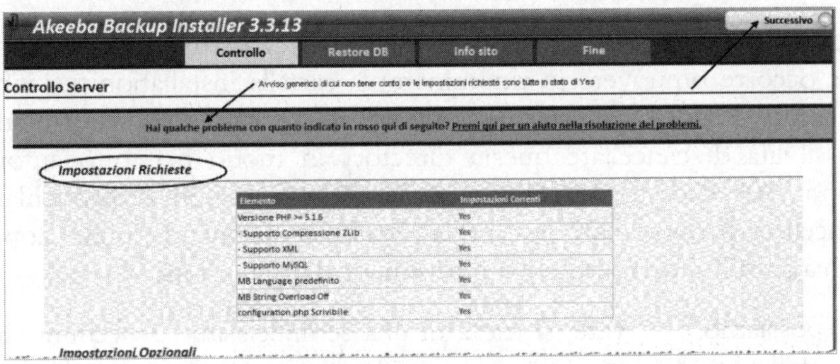

6. Nella nuova schermata dobbiamo inserire i dati del nuovo database, quello del nuovo server; i vecchi dati oramai non servono più.

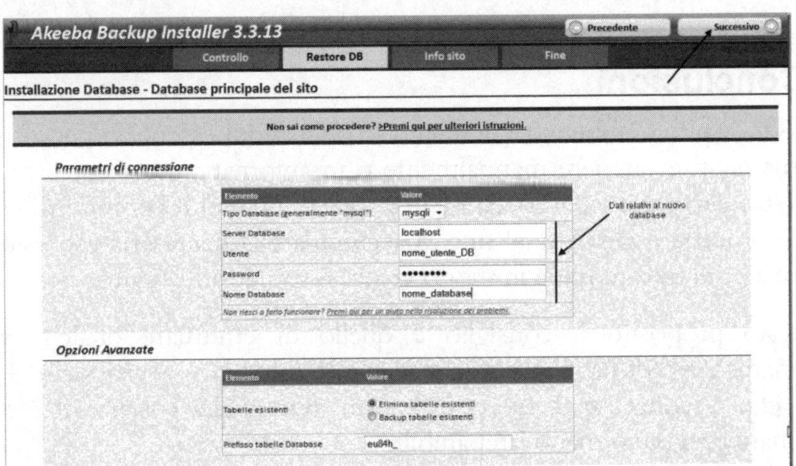

7. Dopo aver lavorato sul database, il programma ci presenta i campi per ridefinire, se necessario, i parametri base del sito; dovrebbero risultare già impostati correttamente, eventualmente eseguiamo le modifiche che desideriamo apportare e andiamo avanti per concludere il ripristino.

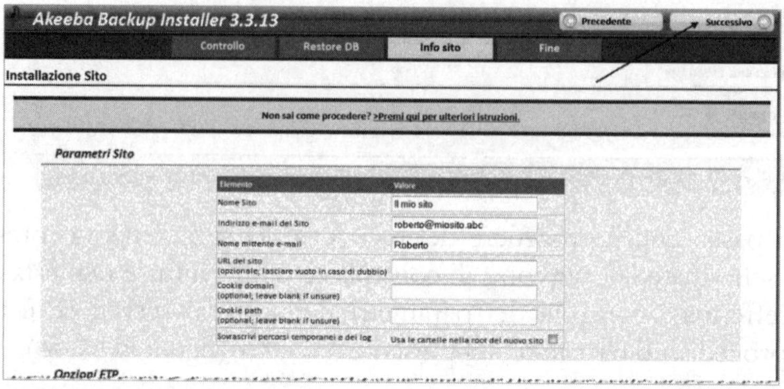

8. Il ripristino è stato felicemente ultimato e la schermata finale ci ricorda che occorre rimuovere (o rinominare) la cartella installation per iniziare a utilizzare il sito. In questa stessa schermata la procedura ci offre anche la possibilità di cancellare questa directory in modo del tutto automatico dopo aver cliccato sul link evidenziato; infine non dimentichiamo di cancellare o rinominare la cartella *installation* altrimenti, subito dopo aver richiamato il sito, ripartirebbe nuovamente l'installazione.

Come possiamo osservare, si tratta di una semplicissima procedura che può essere utilizzata per spostare un sito ovunque desideriamo; dopo averla eseguita un paio di volte anche a scopo di esercizio, siamo certi che chiunque sarà in grado di portarla a termine nel tempo massimo di una decina di minuti.

❖ Conclusioni

In questo capitolo abbiamo esaminato le operazioni essenziali per attuare gli aggiornamenti e ottenere manualmente o in automatico una copia completa del nostro sito Joomla; a ciascun lettore spetta adesso il compito di eseguire tutte le procedure descritte al fine di accumulare la necessaria esperienza per riuscire a portarle a termine in modo veloce e soprattutto sicuro.

A questo proposito il consiglio è quello di effettuare qualche test di aggiornamento e di backup con conseguente ripristino servendoci del server locale che ci consente di operare in tutte tranquillità e senza il timore di combinare guai più o meno irreparabili.

12

Applicazioni e utility veloci

Contenuto del capitolo

Quest'ultimo capitolo è dedicato ad alcune applicazioni di pronto uso che possono essere utili a tutti i lettori al fine di completare al meglio il proprio sito; in questo caso, volutamente, non ci dilungheremo con le spiegazioni ma andremo direttamente al cuore di ciascuna di esse descrivendole nelle linee essenziali in modo da consentire un pronto impiego.

Abbiamo già avuto modo di parlare della quantità davvero enorme di estensioni di cui Joomla dispone; questo è indice del gran seguito di cui gode questo CMS e del fatto che, quasi certamente, non avremo problemi a trovare l'*add-on* che ci permetterà di completare il nostro sito qualunque sia il settore di attività di cui dovremo occuparci.

In questa sede, ovviamente, non abbiamo la pretesa di riuscire ad accontentare tutti i lettori; ci preoccuperemo piuttosto di descrivere alcune estensioni di uso generico che possono tornare utili per gli impieghi più diversi.

Si tratta di prodotti non commerciali anche se attualmente, con l'uscita della versione 2.5, stiamo assistendo al passaggio, quasi massiccio, di molte estensioni gratuite verso il settore commerciale; certo, non c'è nulla di male se i vari programmatori cercano di monetizzare il proprio lavoro purché i prezzi rimangano bassi e alla portata di tutti soprattutto se l'impiego di questi script è rivolto a utenze non professionali.

In sostanza iniziamo ad abituarci ad abbandonare l'idea del tutto gratis sempre e in ogni caso; del resto spendere pochi euro per soluzioni professionali e all'avanguardia può rivelarsi cosa utile sia a noi per distinguerci dalla massa sia ai programmatori che si vedono incentivati a produrre nuove cose e a migliorarle nel tempo.

❖ *Lazybackup 2.5* per salvare il solo database

JOOMLA 2.5 JOOMLA 1.7 1.6 NATIVE

Cos'è

Lazybackup è un piccolissimo plugin del peso di soli 30 Kbyte; è opera del programmatore *Stefan Granholm* che qualche anno fa lo ha rilasciato per la versione di Joomla 1.5. In seguito questo progetto non è stato più aggiornato con grande rimpianto di chi lo aveva utilizzato e apprezzato nel tempo per la sua leggerezza e l'efficacia del lavoro svolto.

In Italia, da qualche tempo, è stato ripreso dal team di programmatori della *2punti.eu* e aggiornato nel codice per far sì che possa essere utilizzato anche con le versioni di Joomla 1.6/1.7 e 2.5.

A cosa serve

Permette di attuare un backup giornaliero del solo database e di inviarlo alla persona desiderata tramite allegato compresso di una comune email; anche se utilizziamo forme di backup più complesse questo piccolo plugin può essere utilissimo per salvare tutti i dati dei nostri siti. Il consiglio è di creare una casella apposita *gmail* e di utilizzarla solo per ricevere le email con i backup giornalieri effettuati; così facendo, in qualsiasi momento, saremo in grado di ripristinare il database e riportare il sito indietro alla data desiderata!

Dove trovarlo

Il plugin aggiornato possiamo scaricarlo gratuitamente da questo sito:

http://www.2punti.eu/lazybackup-translation.html

Come funziona

Molta dell'efficacia di questo plugin risiede anche nell'estrema semplicità delle sue impostazioni; ecco come occorre procedere:

1. scarichiamo il file del plugin sul nostro PC;
2. senza scompattare il file, procediamo a installarlo come una qualsiasi altra estensione di Joomla;
3. apriamo il pannello della *Gestione plugin* per visualizzare la lista;

4. troviamo il plugin *lazybackup* e clicchiamo sul suo nome per visualizzare il pannello di controllo (figura in basso);

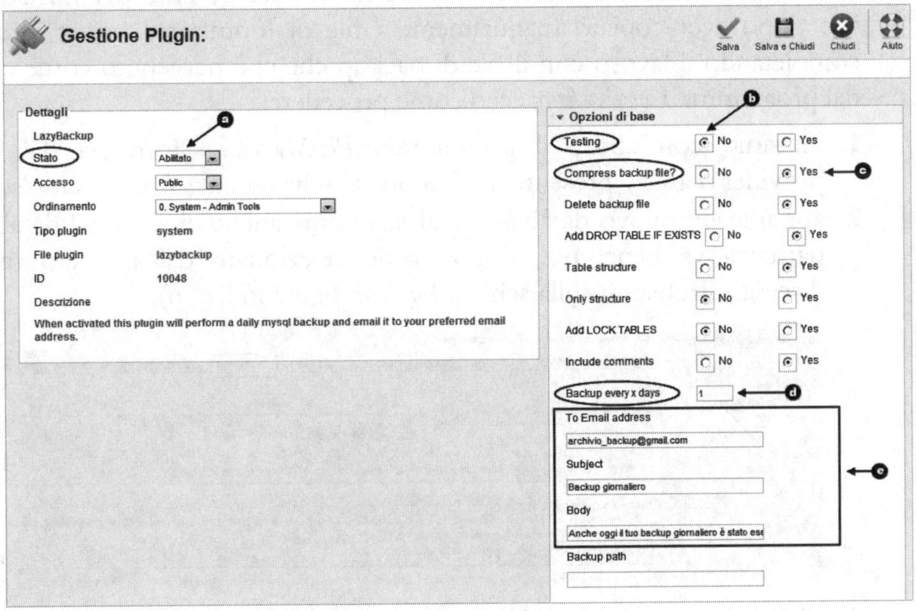

5. le impostazioni da portare a termine sono quelle evidenziate nella figura e descritte qui di seguito; quelle rimanenti riguardano le modalità di copia e di creazione del file di backup e non occorre modificarle:

   a. per prima cosa abilitiamo il plugin dal menu *Stato*;
   b. *Testing*, nell'uso normale, deve restare sul *No*;
   c. *Compress backup file*, meglio abilitare questa funzione per ricevere i file di backup in formato compresso e meno pesanti;
   d. *Backup every days*: definisce l'intervallo di giorni che deve intercorrere tra un backup e l'altro; il valore di default è *1* e può andare bene nella grande maggioranza dei casi.
   e. *To email address*: in questi campi dobbiamo inserire l'indirizzo di posta al quale saranno inviati i backup, l'oggetto dell'email e l'eventuale testo.
   f. *Backup path*: è l'ultimo campo e non è obbligatorio, serve per definire la cartella del server nella quale saranno salvati i backup; lasciandola in bianco, questi saranno memorizzati nella cartella */media* di Joomla, diversamente dobbiamo indicare un percorso assoluto (completo).

Salvate queste impostazioni non abbiamo che da provare il funzionamento del plugin; per farlo dobbiamo solo accedere alla home page del sito come comuni visitatori, subito dopo controlliamo la posta per verificare la corretta ricezione dell'email con il file del backup allegato.

Ripristino manuale di un database

Questa procedura può essere utilizzata convenientemente per ripristinare il sito dopo aver copiato manualmente i file di Joomla sul server internet e completando il lavoro con il file di backup che ci è pervenuto come allegato dal programma *Lazybackup*; ecco come procedere:

1. iniziamo con aprire il programma *PhpMyAdmin* fornitoci dal nostro provider o anche presente in Xampp all'indirizzo: *localhost/phpmyadmin*;
2. apriamo un nuovo database, qualsiasi nome anche diverso dal database di partenza va bene; poi, dopo averlo selezionato dall'apposito menu a discesa, clicchiamo sulla scheda *Importa* (figura in basso);

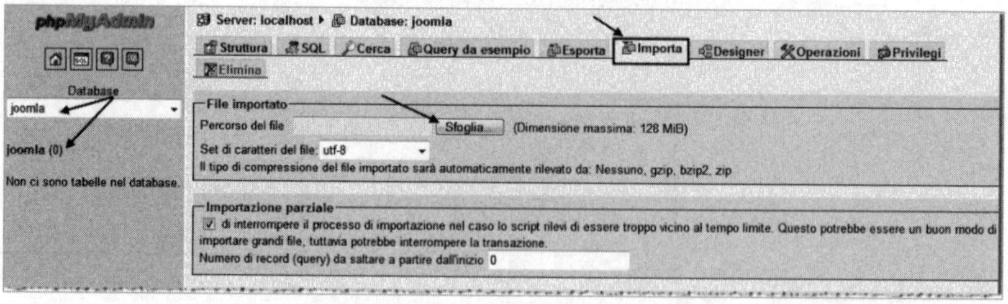

3. adesso, tramite il tasto *Sfoglia*, troviamo il file di backup sul nostro PC e facciamolo caricare al programma e, dopo qualche secondo, dovremmo ricevere conferma dal *PhpMyAdmin* che l'operazione è andata a buon fine come mostrato nella figura seguente.

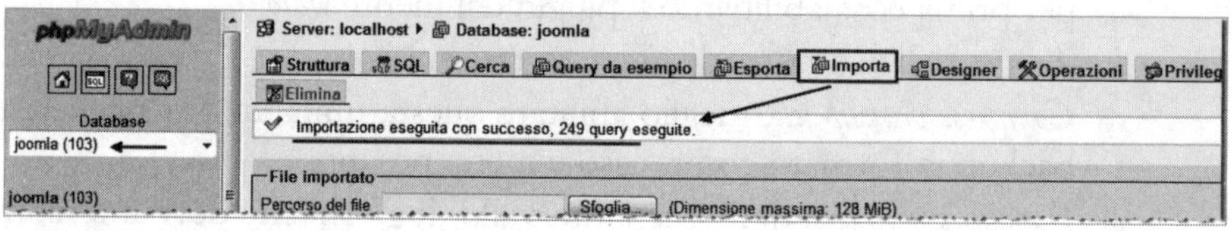

Completate queste semplici operazioni il database, con le relative tabelle, è stato importato e quindi possiamo utilizzarlo adeguando i riferimenti amministrativi quali: *nome utente*, *password*, *nome del database* e *host* sul file *configuration.php* di Joomla, se necessario.

❖ Un traduttore immediato con *GTraslate*

JOOMLA 2.5 JOOMLA 1.7 1.6 NATIVE

Cos'è

Si tratta di un piccolo modulo che, tramite servizi esterni come quello offerto da Google, consente la traduzione delle pagine del nostro sito "al volo"; si tratta di una soluzione semplice e veloce per tutti coloro che non hanno tempo o voglia di sobbarcarsi tutto il lavoro necessario per proporre il proprio sito con veri contenuti multilingua utilizzando il sistema interno di Joomla che abbiamo descritto dettagliatamente nel capitolo 9.

Dove trovarlo

Il modulo è scaricabile gratuitamente dal sito del programmatore a questo indirizzo: ***http://gtranslate.net/***; è offerto in una versione del tutto gratuita e una a pagamento chiamata *Pro*. La prima va bene per gli usi più generali ed è proprio quella che abbiamo provato con successo.

Come funziona

Si installa come un comune modulo e lo si imposta facilmente collocandolo in un punto ben visibile del template; mostra una serie di bandierine e un menu di scelta, che gli utenti possono utilizzare per visualizzare la pagina tradotta nella lingua desiderata.

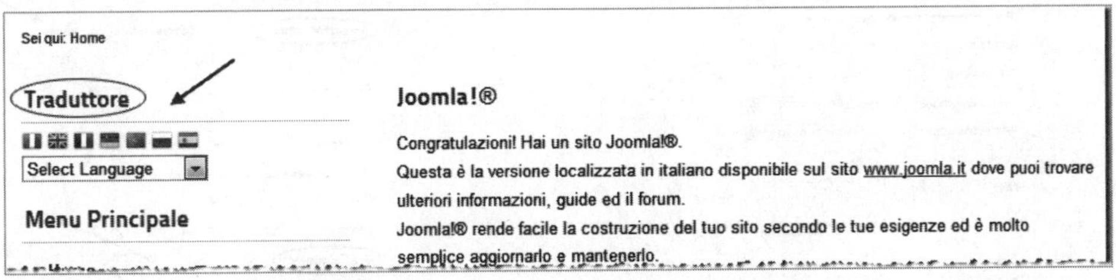

Ovviamente si tratta di un lavoro elettronico e quindi non è accurato come potrebbe essere quello operato da un umano; ciò nonostante, può risultare utile per far comprendere almeno il senso dei contenuti presenti nel sito ai nostri visitatori stranieri che non conoscono l'Italiano.

Dopo averlo installato ecco i passaggi da eseguire per impostarlo:

1. dal pannello della *Gestione moduli*, apriamo quello chiamato *GTraslate*;
2. pubblichiamo il modulo dal menu *Stato* e scegliamo la posizione del template dove desideriamo mostrarlo;
3. nel blocco *Assegnazione menu*, non dimentichiamo di impostare la sua visibilità su tutte le pagine;
4. sulla parte destra del pannello amministrativo del modulo lasciamo tutte le impostazioni così come le troviamo (avremo tempo di modificarle in seguito se sarà necessario), tranne le seguenti:
   a. *Translation method*: le opzioni sono due *Google* e *Redirect*. Nel primo caso il contenuto è tradotto al volo e la pagina può perdere la propria formattazione presentando un aspetto alquanto caotico; nel secondo invece, i visitatori sono inviati a una nuova pagina con i contenuti già

tradotti. Quest'ultimo sistema permette migliori risultati ma funziona soltanto con i siti che non siano su server locale.

b. *Site language*: scegliamo la lingua base del sito: *Italiano*;

c. *Scelta delle lingue*: più in basso sono elencate tutte le lingue in cui è possibile ottenere la traduzione dei contenuti; di default sono tutte attive ma quelle che non ci servono possono essere disattivate con l'apposita opzione.

Dopo queste semplici impostazioni potremo provare dal frontend del sito il funzionamento di questo piccolo modulo e visualizzare le relative traduzioni.

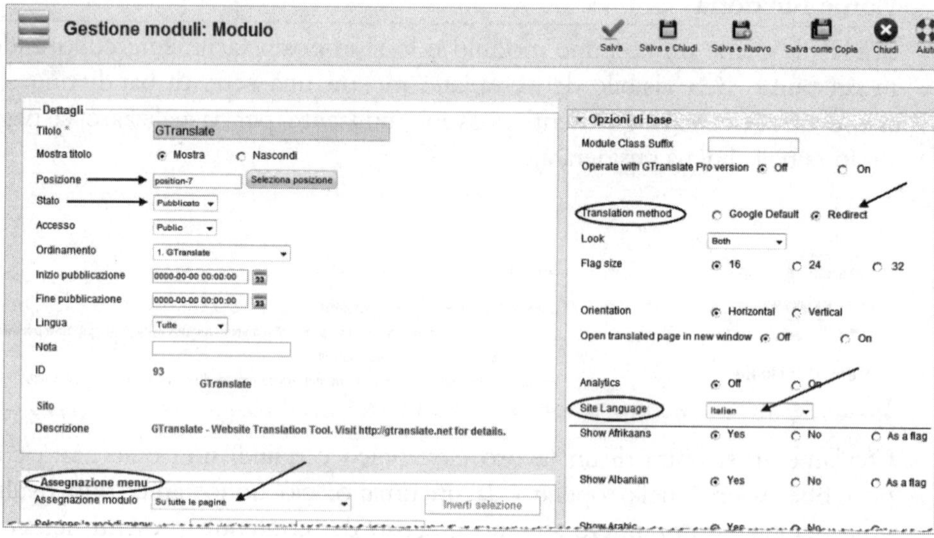

❖ Autenticazione al sito con un account Gmail

JOOMLA 2.5 JOOMLA 1.7 1.6 NATIVE

Cos'è

Si tratta di utilizzare un plugin nativo di Joomla, non attivo di default, che permette l'autenticazione al nostro sito tramite un account di posta *Gmail*. In siti molto trafficati ciò può tornare utile per consentire un accesso veloce ai contenuti riservati agli utenti registrati e avere comunque una traccia dell'utente tramite l'email che ha utilizzato per effettuare il login.

Dove trovarlo

Essendo un'estensione già presente nell'installazione base di Joomla non occorre installare nulla ma ci basterà visitare il pannello della *Gestione plugin* e attivare quello con il nome *Authentication – Gmail*.

Dopo il primo login effettuato con account Gmail, l'utente viene trascritto automaticamente nella lista della *Gestione utenti* con l'*userid* legata alla stessa casella di posta elettronica come se avesse seguito la normale procedura.

Secondo la tipologia di sito che intendiamo creare, possiamo decidere se disabilitare il plugin standard di Joomla oppure utilizzarli entrambi; però teniamo presente che se disattiviamo il plugin per l'autenticazione standard gli utenti registrati in precedenza non potranno più loggarsi.

Come utilizzarlo

Essendo un'estensione già presente nell'installazione base di Joomla non occorre installare nulla ma ci basterà visitare il pannello della *Gestione plugin* e attivare quello che si chiama *Authentication – Gmail* (figura in basso).

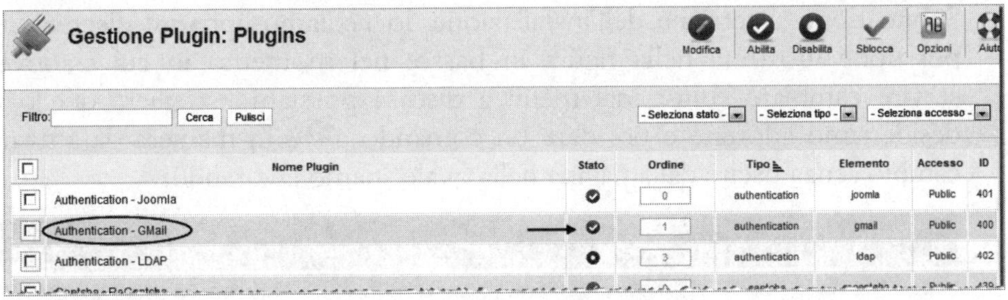

Fatto questo non occorre altro; possiamo richiamare il frontend del sito e provare a effettuare il normale login con un nostro account Gmail; allo scopo possiamo utilizzare solo il nome della casella eliminando la parte *@gmail.com*.

❖ Cambiare editor "al volo"

JOOMLA 2.5

Cos'è

È un piccolissimo plugin che ci permette di cambiare, tramite un apposito menu sempre presente in ambiente amministrativo, il tipo di editor da utilizzare per la composizione, senza doverci servire della *Configurazione globale*.

Tutti sappiamo quanto possa essere utile cambiare editor per inserire del codice sorgente in un articolo o in un modulo HTML; non per niente il team dei programmatori di Joomla ha predisposto la possibilità di non utilizzare alcun editor oppure di scegliere quello per gestire il codice come il *Code-Mirror* notevolmente migliorato proprio in questa versione 2.5.

Oltre a queste possibilità, sappiamo bene che esistono altri editor che supportano Joomla e che quindi possiamo installare e utilizzare per migliorare le funzioni di composizione dei nostri articoli.

Dove trovarlo

Si chiama *Editor Switcher* ; possiamo scaricare questo utilissimo *tool* all'indirizzo indicato qui in basso; ovviamente si tratta di un estensione del tutto gratuita ed è riservata solo a Joomla 2.5 o versioni superiori.

http://anything-digital.com/downloads.html#Public-Downloads

Come utilizzarlo

Questo plugin pesa pochi *Kbyte*, quindi non potrà certamente appesantire il nostro sistema; dopo averlo scaricato dal sito del produttore, installiamolo e... abbiamo finito! A differenza di altre estensioni di questo tipo, infatti, non ha bisogno di alcuna attivazione né tanto meno necessita di essere impostato.

Subito dopo il termine dell'installazione, lo vediamo apparire discreto nella posizione mostrata nella figura in basso; nel momento in cui ci dovesse servire cambiare editor, dal menu a discesa possiamo scegliere quello che desideriamo adottare e poi dare un comando *Salva* in maniera da attivare il cambio senza uscire dalla pagina nella quale stiamo lavorando.

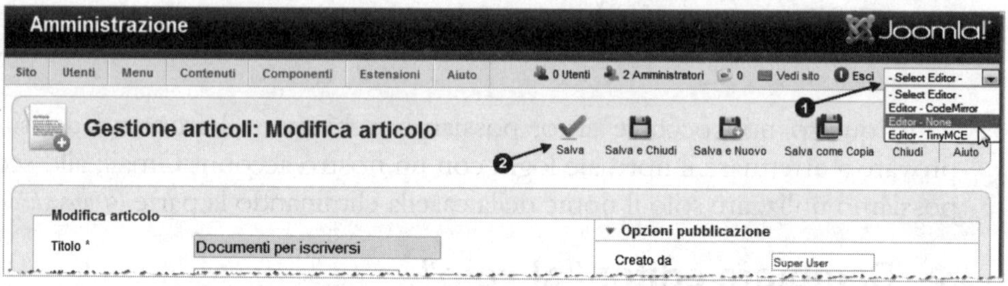

❖ Un piccolo modulo per lo slide show di immagini

JOOMLA 2.5 JOOMLA 1.7 1.6 NATIVE

Cos'è

È un modulo che pesa meno di 200 Kbyte; a dispetto delle sue piccole dimensioni però, questa utility, fa parte di quelle estensioni di grande bontà il cui utilizzo procura grandi soddisfazioni per l'estrema semplicità d'uso, la facile adattabilità a qualsiasi template e, non ultimo, il notevole effetto scenico prodotto durante il passaggio da un'immagine all'altra.

Dove trovarlo

Si chiama *BT Slideshow*, va bene per tutte le versioni di Joomla e possiamo scaricarlo direttamente dal sito del programmatore a questo indirizzo, previa la registrazione: *http://bowthemes.com/bt-slideshow.html*

Come utilizzarlo

Questo modulo è particolarmente efficace in molte occasioni poiché è possibile impostare le dimensioni dello *slide show* in modo che possa essere utilizzato sia per abbellire la testata di un sito sia per essere inserito in uno degli spazi laterali di qualsiasi template come mostrato nella figura in basso.

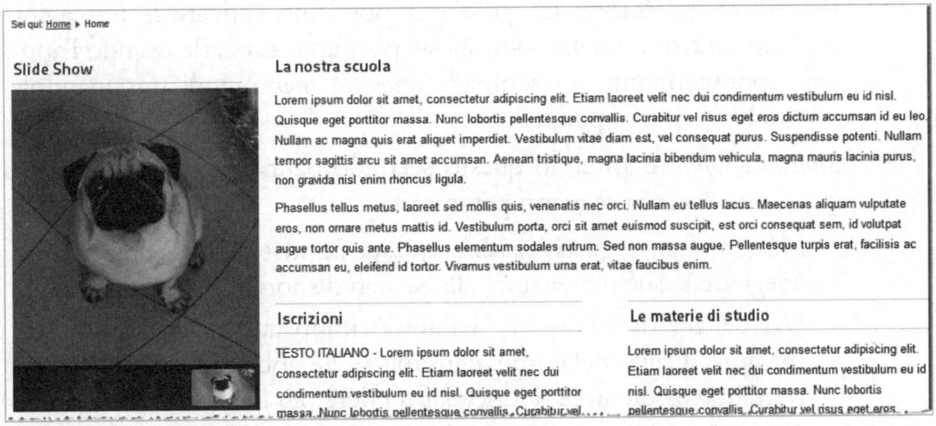

Installiamo questo modulo con le solite modalità, poi apriamo la *Gestione moduli* per poterlo individuare nella lista ed entrare nel suo pannello di controllo; da qui possiamo renderci conto dell'estrema semplicità delle impostazioni necessarie a renderlo operativo.

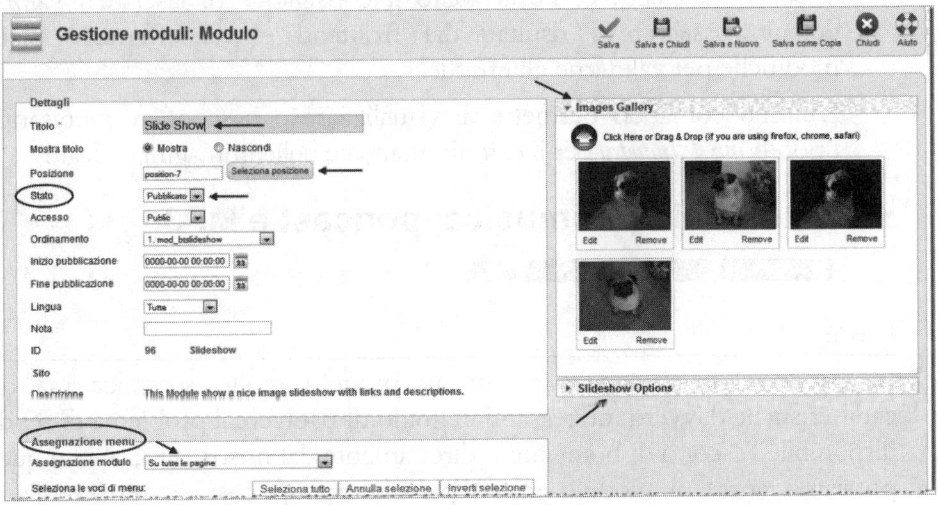

Le operazioni generali da compiere sono sempre le solite:

- ✓ assegnare un nome al modulo
- ✓ stabilire la posizione del template in cui mostrarlo;

- ✓ pubblicare il modulo tramite il menu *Stato*;
- ✓ assegnare la visibilità del modulo ai vari menu del sito nella sezione *Assegnazione menu*.

Invece le impostazioni relative al setup delle sue funzioni sono:

- ✓ *Pannello Images Gallery*: in quest'area possiamo caricare le immagini che vogliamo mostrare nello slide show; possiamo caricarle usando l'apposito link oppure tramite un semplice *drag & drop*, quindi trascinandole dal nostro PC a questo pannello.
- ✓ *Slideshow Options*: aprendo questo secondo pannello scorrevole possiamo impostare invece i seguenti parametri:
  - *Altezza e larghezza del modulo*: questa impostazione è importante per adeguare le sue dimensioni allo spazio disponibile sul template.
  - *Qualità jpeg*: il valore di default è impostato al massimo per una migliore qualità delle immagini ma se ne abbiamo molte da mostrare potrebbe essere utile ridurlo per rendere più fluide le transizioni.
  - *Dimensioni delle miniature*: in questo caso possiamo definire *altezza* e *larghezza delle miniature* che saranno cliccabili e saranno disposte sotto l'immagine principale.

  A seguire ci sono ulteriori impostazioni che riguardano il tipo di effetto, la sua durata ecc.; come al solito il consiglio è di lasciare i valori di default, osservare i risultati dal frontend e poi effettuare piccole modifiche per valutarne gli effetti.

  L'ultimo comando permette di visualizzare o nascondere i pulsanti di tipo *Avanti / Indietro* per il cambio manuale delle immagini caricate.

❖ Un modulo per musica, podcast e MP3

JOOMLA 2.5 | JOOMLA 1.7 | 1.6 NATIVE

Cos'è

In questo caso ci occupiamo di un modulo molto semplice ma dalle caratteristiche davvero interessanti in grado di risolvere il problema di rendere disponibile l'ascolto di brani audio direttamente dal nostro sito; oltre a questo possiamo aprire il modulo in un piccolo popup così da rendere l'audio continuo anche durante la navigazione del sito.

Un prodotto del genere, quindi, può essere utile a tutti coloro a cui serve proporre musiche, brani dimostrativi, podcast, discorsi o qualsiasi altro file audio digitale, registrato nel classico formato MP3.

Dove trovarlo

Tutto il lavoro viene svolto dal solo modulo che si chiama *Simple MP3 Player*; possiamo scaricarlo gratis e senza bisogno di alcuna registrazione da questo sito tedesco: *http://www.medienstroeme.de/web/simple-mp3-player.html*

Come utilizzarlo

Si installa come una qualsiasi estensione, poi dobbiamo solo attivare i soliti controlli uguali per tutti i moduli ed effettuare le semplici impostazioni elencate più in basso; il risultato ottenuto è mostrato nella figura seguente dove possiamo osservare il modulo in azione.

Infine teniamo presente che è in grado di gestire una *playlist* fino a 200 brani utilizzando anche una finestra popup e che possiamo personalizzare l'aspetto del pannello di frontend in dimensioni e colori.

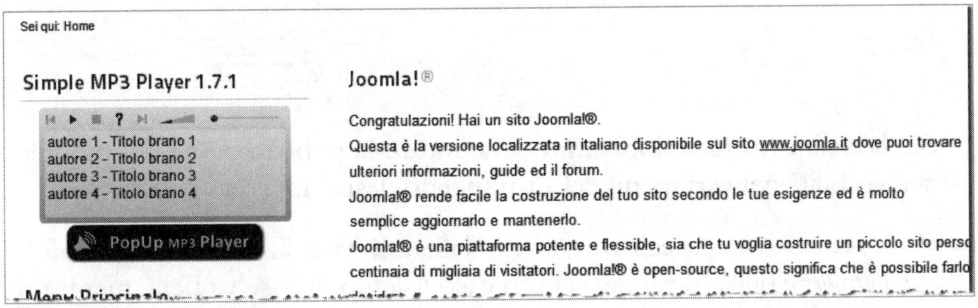

Impostazioni necessarie

1. iniziamo con il creare una nuova cartella nella *root* del nostro sito Joomla e chiamiamola *mp3*, al suo interno inseriamo i file *mp3*;
2. con un editor di testi dobbiamo adesso creare la lista testuale con il nome dei brani caricati nella cartella *mp3*; questo file dev'essere salvato in formato *.txt* all'interno della directory *mp3* e deve chiamarsi: *playlist.txt*. È necessario approntare questa lista con molta cura perché sarà utilizzata dal programma per mostrare l'elenco dei brani e per mandarli in esecuzione;
3. la sintassi da utilizzare per creare questa lista di brani è rigida ma semplice:

   http://www.miosito.abc/directory_di_joomla/mp3/titolo1.mp3|Artista 1 - Titolo 1

   Si tratta dunque di utilizzare un rigo per ogni brano *mp3* che intendiamo utilizzare. Inoltre, facciamo attenzione al fatto che i titoli dei brani *mp3* siano scritti tutti in lettere minuscole e senza spazi vuoti; invece i nomi degli artisti e i titoli, avendo valore di semplice etichetta, possiamo scriverli anche con i normali spazi che separano le parole.

Nella figura seguente sono indicate dalle frecce le impostazioni essenziali da eseguire, le rimanenti potremo personalizzarle in seguito, con comodo.

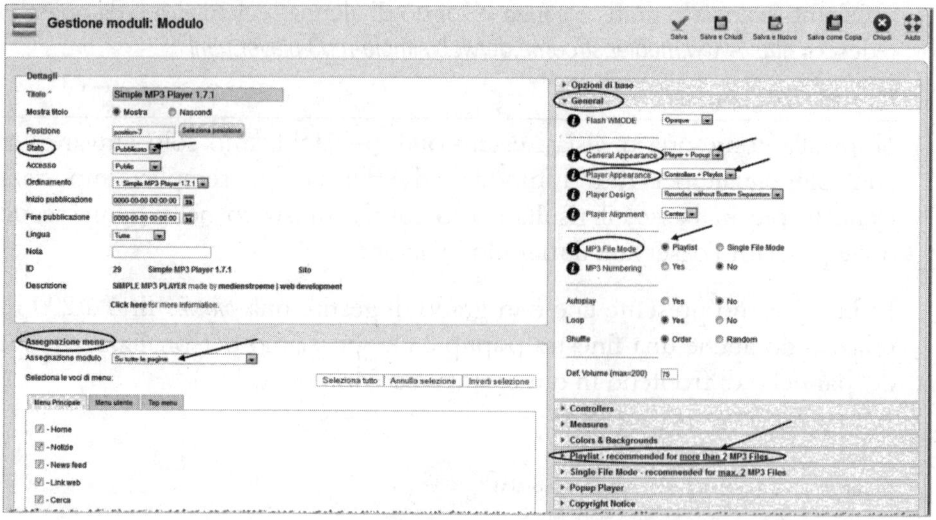

Sul lato sinistro non dobbiamo dimenticare la pubblicazione del modulo e la sua visibilità nei vari menu del sito; sul lato destro invece:

✓ *Scheda General*: scegliamo la modalità di visualizzazione del *modulo*, del *controller* e della *playlist*; in questo caso il setup di base va bene mentre risulta molto importante la scelta del campo *MP3 File mode* che è necessario impostare su *Playlist*. In questo modo il programma andrà a utilizzare la lista preparata in precedenza con l'elenco dei brani *MP3* che abbiamo elencato al suo interno.

✓ *Playlist - recommended for more than 2 MP3 Files*: in questa scheda è presente solo un campo nel quale dobbiamo inserire il percorso assoluto che punta alla nostra playlist, per esempio:

http://www.miosito.abc/directory_di_joomla/mp3/playlist.txt

Tutte le altre impostazioni presenti non sono essenziali perché servono per la personalizzazione del modulo; infatti riguardano le sue dimensioni, i colori del pannello, i comandi e i nomi presenti nella lista.

Inoltre per coloro a cui occorre utilizzare solo uno o due file MP3, c'è anche la possibilità di scegliere l'opzione *Single file mode* presente nella scheda *General*; qui è possibile inserire il percorso assoluto di questi file negli unici due campi presenti nella scheda *Single file mode*; in questo modo si evita la creazione della *playlist* e si finalizza il lavoro in maniera molto più veloce.